公共文化服务体系示范区创建：呼和浩特模式研究

刘锦山　主编

国家图书馆出版社

图书在版编目(CIP)数据

公共文化服务体系示范区创建:呼和浩特模式研究/刘锦山主编. --北京:国家图书馆出版社,2018.6

ISBN 978 - 7 - 5013 - 6433 - 6

Ⅰ.①公… Ⅱ.①刘… Ⅲ.①公共管理—文化工作—研究—呼和浩特 Ⅳ.①G127.261

中国版本图书馆 CIP 数据核字(2018)第 087933 号

书　　名	公共文化服务体系示范区创建:呼和浩特模式研究
著　　者	刘锦山　主编
责任编辑	高　爽　唐　澈

出　　版　国家图书馆出版社(100034　北京市西城区文津街 7 号)
　　　　　　(原书目文献出版社　北京图书馆出版社)

发　　行　010 - 66114536　66126153　66151313　66175620
　　　　　　66121706(传真)　66126156(门市部)

E-mail　nlcpress@ nlc. cn(邮购)

Website　www. nlcpress. com ——→投稿中心

经　　销　新华书店

印　　装　北京华艺斋古籍印务有限公司

版　　次　2018 年 6 月第 1 版　2018 年 6 月第 1 次印刷

开　　本　787×1092(毫米)　1/16

印　　张　18.25

字　　数　456 千字

书　　号　ISBN 978 - 7 - 5013 - 6433 - 6

定　　价　65.00 元

《公共文化服务体系示范区创建：呼和浩特模式研究》编委会

公共文化服务实践总结和理论提升的新成果

党的十八大提出统筹推进经济建设、政治建设、文化建设、社会建设、生态建设"五位一体"的总体布局,指明了中国特色社会主义的发展方向。"五位一体",经济建设是根本,政治建设是保证,文化建设是灵魂,社会建设是条件,生态文明建设是基础。习近平总书记在党的十九大报告中指出,文化是一个国家、一个民族的灵魂。文化兴,国运兴;文化强,民族强。没有高度的文化自信,没有文化的繁荣兴盛,就没有中华民族伟大复兴。建设富强民主文明和谐美丽的社会主义现代化强国,文化建设的重要性不言而喻。党的十八大以来,党中央国务院对我国现代公共文化服务体系建设做出了一系列重要部署,推动公共文化服务跨越式发展,开辟了中国道路,践行了中国方案,创造了中国经验,取得了举世瞩目的成就。

中国社会跨入新时代,主要矛盾已经转化为人民日益增长的美好生活需要和不平衡不充分的发展之间的矛盾。毋庸置疑,在公共文化服务领域,也存在着这样的矛盾。新时代伊始,一系列重要的问题摆在我们面前,比如,如何进一步强化公共文化对人民的精神引领作用,如何进一步发挥公共文化在传承优秀传统文化、继承革命文化、发展社会主义先进文化中的作用,如何进一步解决公共文化服务城乡、区域、人群的不平衡,如何进一步完善公共文化服务体系、深入实施文化惠民工程、丰富群众性文化活动,如何进一步深化公共文化体制机制改革,等等。新时代公共文化服务体系建设使命崇高、任务艰巨。

2011年,文化部、财政部启动了国家公共文化服务体系示范区这一文化惠民项目,目的是推动各地研究和解决公共文化服务体系建设面临的突出矛盾和问题,探索建立公共文化服务体系可持续发展的长效保障机制,打造我国公共文化服务体系建设的先行区、公共文化体制机制改革的创新实践区,为全国公共文化服务体系建设探索路径、积累经验、提供示范。呼和浩特市从2014年开始筹备示范区创建,2015年7月成功入选第三批国家公共文化服务体系示范区创建城市。作为我国北疆重要的中心城市和中西部地区承东启西的节点城市,呼和浩特市的公共文化示范区创建工作卓有成效,已经取得了一系列突破,尤其是在探索实践中形成的新思路、新机制、新路径,具有广泛的借鉴意义和示范价值。将他们的创建经验进行总结提炼,让成功的探索和做法传播开去,充分发挥借鉴和示范作用,这也正是创建国家公共文化服务体系示范区的初心所在。

本书有理论思考,有实践总结,有政策梳理,有案例剖析,有纵向追溯,有横向比较,总体来看,以下几个特点鲜明突出:

一是对公共文化服务体系理论做了较为深入的思考。本书从理论根据、政策根据和法律根据三个方面阐述了公共文化服务体系建设的要义,体现了理论和政策对实践的指导,也体现了建设者基于实践而获得的理论升华。

二是对公共文化服务体系建设的基本原则、制度、单元、设施、内容、技术、标准、体系、效能建设和可持续发展进行了较为深入的探索。纵向梳理了最近 10 多年来我国公共文化服务体系建设取得的成就，多方面阐述了公共文化服务体系建设"怎么办"的问题。

三是较为全面、系统地总结了呼和浩特市公共文化服务体系建设的理念思路、实践过程、主要成就以及由此引发的思考，回答了公共文化服务"如何干"和"为谁干"的问题。这是本书的主要内容，从中我们可以体会到建设者为此付出的智慧和心血，可以看到示范区创建对呼和浩特市公共文化服务体系建设的推动和促进，可以看到公共文化服务的繁荣兴盛给老百姓带来的获得感和幸福感。

本书还介绍分析了九个来自全国不同地区的公共文化示范区建设案例。通过不同地区的横向比较，可以看到近年来全国公共文化服务体系建设百花争艳的生动局面，也有利于更好地理解和认识呼和浩特之路的特色所在。

2018 年 3 月 11 日，内蒙古自治区党委宣传部在北京举行"鸿雁悦读"计划专家评审会暨"鸿雁悦读"平台开题报告会。"鸿雁悦读"计划是呼和浩特市公共文化服务的品牌项目，我有幸参会，借此对"鸿雁悦读"计划有了较为全面深入的了解。我在评审会上说道，"鸿雁悦读"计划的特色亮点和普遍意义在于：政府有效调动全社会力量参与公共文化服务；公共文化机构与经营性文化企业深度融合；借助社会力量，公共文化设施网点快速布局、快速推进；互联网＋全民阅读，有效带动了互联互通的网络平台建设；以典型项目带动和推进总分馆制建设，公共文化设施从孤岛化走向体系化；变革了公共图书馆传统的采购方式和业务流程，创新基层公共图书馆资源采购方式；探索了公共文化促进文化消费的实现方式。"鸿雁悦读"计划是呼和浩特市以改革创新促进公共文化服务跨越发展的缩影，为呼和浩特的公共文化示范区创建书写了浓墨重彩的一笔。

我国经济社会发展的不平衡，决定了公共文化服务体系建设必然要因地制宜，探索和总结不同地区的建设模式和成功经验，把相对成熟的经验和做法有针对性地加以推广，有助于我国公共文化服务体系建设水平的整体提升。我们欣喜地看到，各地在探索和创造适合本地区公共文化服务建设模式的同时，也在理性地进行理论总结和提炼，这是我国公共文化服务体系建设走向深入的标志。本书的出版，为我国公共文化服务体系建设的实践总结和理论提升贡献了新的成果。

李国新

2018 年 5 月 1 日

公共文化服务体系建设的创新探索

2013 年,针对经济全球化、文化多元化、政治多极化、社会信息化的国际形势,习近平总书记代表我国正式向国际社会发出了"构建人类命运共同体"的倡议。这是中国领导人对人类文明未来发展提出的重要理念,受到国际社会的广泛认同,并已写入我国宪法和联合国决议。构建人类命运共同体,是要建设一个持久和平、普遍安全、共同繁荣、开放包容、清洁美丽的世界。在构建人类命运共同体过程中,文化建设具有基础性作用。通过不同文明在互相包容与尊重的基础上进行交流对话,进而增进文化认同、促进文化融合,为人类命运共同体的构建奠定坚实的文化基础。

中华文化源远流长,华夏文明博大精深。在构建人类命运共同体过程中,中华民族应当而且必须做出自己的贡献,唯如此,才能不负时代赋予我们的历史使命。一个具有坚定文化自信、牢固共同体意识的中华民族,对于人类命运共同体的构建具有十分重要的现实和历史意义。这既是我们对于人类命运的自觉担当,更是国际社会对我们的热切期许。只有具备坚定文化自信和牢固共同体意识的民族才能对人类命运共同体构建做出应有的积极贡献。在坚定文化自信和构建以社会主义核心价值观为引领的中华民族共同体意识过程中,公共文化服务事业起着十分重要的作用。通过公共文化服务体系建设,为广大群众提供以社会主义核心价值观为基础的喜闻乐见的公共文化服务,可以很好地坚定文化自信和铸牢中华民族共同体意识。

2011 年启动的国家公共文化服务体系示范区(项目)创建工作,就是我国在弘扬社会主义核心价值观、增强民族凝聚力、建设社会主义文化强国方面的一项重大举措和重大任务。目前,国家公共文化服务体系示范区(项目)创建工作已取得巨大成效,2018 年 3 月公示了第四批通过示范区(项目)创建资格评审的名单,包括 27 个创建示范区、47 个创建示范项目。第一批和第二批共有 63 个创建示范区、102 个创建示范项目通过评审验收。第三批有 30 个创建示范区、54 个创建示范项目获得创建资格,内蒙古呼和浩特市是其中的示范区创建城市之一。

内蒙古自治区是我国最早成立的民族自治区,是党的民族区域自治制度最早付诸实施的地方,地处祖国北疆,战略地位十分重要。一直以来,党和国家领导人十分关注内蒙古的发展,习近平总书记多次到内蒙古考察,对包括文化建设在内的多项工作做出了重要指示。2017 年 8 月,内蒙古自治区成立 70 周年,习近平总书记的题词"建设亮丽内蒙古 共圆伟大中国梦"给内蒙古带来强大激励;11 月,内蒙古苏尼特右旗乌兰牧骑的队员们收到习近平总书记的回信,总书记勉励大家,努力创作更多接地气、传得开、留得下的优秀作品,永远做草原上的"红色文艺轻骑兵"。2018 年 3 月,习近平总书记在参加十三届全国人大一次会议内蒙古代表团审议时指出要建设各民族共有精神家园,铸牢中华民族共同体意识。

内蒙古自治区党委和政府多年来认真贯彻落实习近平总书记和党中央、国务院指示精神，十分重视文化建设，为发展社会主义先进文化、坚定文化自信、铸牢中华民族共同体意识做出了重要贡献。2003 年，内蒙古自治区党委、政府做出《关于进一步加快文化发展的决定》，提出了建设民族文化大区的战略决策。2011 年，内蒙古自治区第九次党代会提出推动自治区从民族文化大区向民族文化强区跨越。2016 年，内蒙古自治区第十次党代会以习近平总书记考察内蒙古重要讲话精神为指导，积极推动文化创新发展，为提速民族文化强区建设指明了方向、描绘了蓝图。

呼和浩特市是以蒙古族为主体民族，汉族占多数，回族、满族、达斡尔族、鄂温克族等 42 个民族聚居的城市，全市常住人口超过 300 万，少数民族人口在总人口中占比超过 13%。作为内蒙古自治区首府，呼和浩特市是内蒙古的政治、经济、文化、科教和金融中心，有条件、有责任通过加快现代公共文化服务体系建设，为广大人民群众提供更加丰富、更加便利的"文化福利"，对推进内蒙古文化事业发展负有不可推卸的重任。因此，呼和浩特市将建设民族文化大市作为"十三五"期间一项重要的发展战略目标，不断加大对文化事业的投入，文化建设步伐不断加快。2014 年，呼和浩特市开始筹备示范区创建，2015 年 7 月，呼和浩特市获得第三批国家公共文化服务体系示范区创建资格。这标志着呼和浩特市的公共文化服务事业发展进入一个新的历史阶段。

在创建示范区过程中，在内蒙古自治区党委宣传部、内蒙古自治区文化厅的关心和指导下，在呼和浩特市委市政府的领导下，呼和浩特市文化新闻出版广电局认真贯彻落实习近平总书记以人民为中心的发展思想，贯彻落实十九大报告"坚定文化自信，推动社会主义文化繁荣兴盛"的精神，坚持政府主导，从供给侧结构性改革入手，指导要素自主配置，创新文化产业与文化事业融合机制，打造"鸿雁悦读"计划核心品牌，为解决公共文化服务"最后一公里"问题，满足人民群众日益增长的精神文化需求，提升公共文化服务效能，建立现代公共文化服务长效机制，培育新时代中国特色社会主义文化自信，形成了具有丰富内涵和鲜明时代特点的公共文化服务体系建设模式——呼和浩特模式。

呼和浩特模式的形成过程，是一个认真学习、认真研究其他城市创建经验的过程，也是一个结合本地实际不断创新的过程。通过在实践中不断加以提炼、调整、完善，呼和浩特市逐步确立了包括核心理念、核心目标、核心抓手、主要举措、核心效果、核心品牌和核心特点在内的呼和浩特模式理论体系，明确了创建范式和路径，在这一理论体系的指导下，呼和浩特市的创建工作持续推进，行稳致远，取得了良好的成效。

希望呼和浩特市的探索和经验可以为我国其他地区开展公共文化服务体系建设提供有益借鉴，并对我国建设各民族共有精神家园、铸牢中华民族共同体意识、构建人类命运共同体发挥积极作用。

兰 毅
2018 年 5 月 1 日

|目 录|

绪　　论

一、社会发展与公共文化服务体系建设

2005 年 10 月 11 日,党的十六届五中全会审议通过的《中共中央关于制定国民经济和社会发展第十一个五年规划的建议》提出,"加大政府对文化事业的投入,逐步形成覆盖全社会的比较完备的公共文化服务体系"。这是中央文件中首次明确提出"公共文化服务体系"的概念。此后,党和政府对公共文化服务体系建设日益重视,我国的公共文化服务事业和整个社会的发展都发生了巨大变化。而人们也逐渐形成了一个共识,即公共文化服务体系建设是社会发展的必然要求,是社会主义现代化建设的重要内容,是加快中国特色社会主义事业发展的强大动力,对推进社会全面发展、建设社会主义文化强国、实现中华民族伟大复兴中国梦有着重大而深远的意义。

1. 公共文化服务体系建设是社会发展的必然要求

自古以来,我国就一直有着"小康社会"的理想。改革开放之初,邓小平在规划中国社会发展蓝图时也是以"小康社会"来阐明其战略构想。随着改革开放的不断深入,我国对"小康社会"内涵的认知日益明晰。2002 年 11 月,十六大报告提出"全面建设小康社会",并从经济、政治、文化、可持续发展四个方面做了具体界定,简要来说就是"使经济更加发展、民主更加健全、科教更加进步、文化更加繁荣、社会更加和谐、人民生活更加殷实"。2012 年 11 月,党的十八大报告首次提出"全面建成小康社会",并指出,建设中国特色社会主义的总体布局是"经济建设、政治建设、文化建设、社会建设、生态文明建设五位一体"。所以,"小康社会"是一个经济发展、政治民主、文化繁荣、社会和谐、环境优美、生活殷实、人民安居乐业和综合国力强盛的社会,是物质文明、政治文明、精神文明、社会文明和生态文明全面协调发展的社会。

政治、经济、文化是构成人类社会赖以存续和协调发展的三个基本方面。在人类社会生活中,政治、经济、文化虽指不同方面,但彼此互相关联,相互影响,不可分离。所以,一个社会的发展进步需要政治、经济、文化等方面的全面发展。但复杂事物的发展过程中往往有许多矛盾存在,集中力量解决主要矛盾,有利于更快地推动事物的发展。基于此,改革开放后,1981 年,党的十一届六中全会通过的《关于建国以来党的若干历史问题的决议》指出,在社会主义改造基本完成以后,我国所要解决的主要矛盾,是人民日益增长的物质文化需要同落后的社会生产之间的矛盾。这个对我国社会主要矛盾的认知以及我国处于社会主义初级阶段的判断在近几十年内一直是我国制定各项政策的基本依据,在此影响下,推动经济发展成为一切工作的重心。改革开放开展数十年以来,我国国民经济得到迅猛发展,物质条件日益丰富,人们生活水平不断提升。

而随着物质需求的不断满足,人们在精神文化生活方面的需求不断凸显,用于娱乐教育

文化方面的消费不断增加,尤其对公共文化服务形成迫切需要。然而,长期以来,由于投入严重不足,我国公共文化服务事业一度处于十分尴尬的状态,并遗留下不少问题。因此,我国近年来逐渐加大对公共文化服务事业的投入,2005 年明确提出了建设公共文化服务体系的要求,有力地改善了我国公共文化服务水平的落后状况。这里提供一组来自国家统计局的年度国内生产总值①和"三馆"基本数据②对比作为佐证。

表 0-1　我国国内生产总值与"三馆"数量统计

年份(年)	国内生产总值(亿元)	文化馆(个)	公共图书馆(个)	博物馆(个)
1985	9098.9	3029	2356	719
1995	61 339.9	2890	2619	1165
2005	187 318.9	2868	2736	1556
2015	689 052.1	3315	3136	2956
2017	827 122③	3327	3162	3217

以"建设公共文化服务体系"这一战略目标被正式提出的 2005 年为界,表中统计数据选取了当前最新数据,即 2017 年,和"建设公共文化服务体系"目标提出后 10 年的 2015 年,以及其前 10 年的 1995 年,和前 20 年的 1985 年,以这 5 年数据来进行对比。可以看到,几十年来,我国国内生产总值的增长一直十分惊人。但相对而言,在 2005 年前,最主要的公共文化服务机构——文化馆、公共图书馆和博物馆,发展十分缓慢,其中文化馆不但没有增加,总数还在持续减少,我国公共文化服务事业的发展状况也可就此略窥一斑。2005 年到 2017 年间,我国"三馆"的发展虽然对比国内生产总值的增长速度还是显得有些不够,但与 2005 年前"三馆"的发展状况相比明显增长更快,也意味着,2005 年后我国的公共文化服务事业有了更快增长。而将"三馆"的发展与国内生产总值的增长联系起来看,又可以发现:我国在强调经济发展优先、忽视公共文化发展的时候,经济一开始增长很快,但后劲不足,表现为从 1995 年到 2005 年 10 年国内生产总值的增长率要低于从 1985 年到 1995 年的十年;转为强调全面协调发展、加强公共文化发展后,我国国内生产总值的增长率又重新反弹上涨,并高于之前。由此,可以得出这一结论,社会的发展不能只片面强调某一方面,而应实现全面均衡进步,公共文化是社会发展中不可忽视的存在,加强公共文化事业建设是社会发展的必然要求。

2. 构建公共文化服务体系是实现社会现代化发展的重要内容

文化对于一个社会的重要性不言而喻。所谓"文化",我国古人认为是"观乎人文以化成天下",是"以文化人"。今天我们也经常提到,文化是一个国家、一个民族的灵魂,文化延续着一个国家和民族的精神血脉。1982 年,联合国教科文组织在《墨西哥城文化政策宣言》

---

① 国家统计局.查数[DB/OL].[2018-03-07].http://data.stats.gov.cn/search.htm.

② 国家统计局.全国年度统计公报[EB/OL].[2018-03-07].http://www.stats.gov.cn/tjsj/tjgb/ndtjgb/index.html.

③ 此数据为初步核算数据,详见国家统计局 2017 年度统计公报:http://www.stats.gov.cn/tjsj/zxfb/201802/t20180228_1585631.html。

中提出,"文化可以被界定为由不同的精神、物质、智力和情感的特征赋予某一种社会或社群团体的复杂整体。它不仅是艺术、文学,而且包括信仰、传统、价值系统、人类的基本权利和生活模式"。文化沉淀着人们的价值观念、道德判断、精神追求和思想信仰,并展现在社会的方方面面。文化如春雨,润物细无声。在社会中生活的每一个人都浸润在文化的影响中,受文化熏陶,在文化的作用力下塑造或改造自己,在文化认同的基础上与他人凝聚一心,团结奋斗,共同创造美好生活。也就是说,一个社会的和谐稳定、健康有序发展,核心关键在于文化的作用力。

文化所具有的这一属性功能,在"公共文化服务"上表现得更加突出。和其他文化类型、样态相比,公共文化服务最突出的特点是它是属于政府提供的基本公共服务。提供公共文化服务是政府的责任和重要职能,这决定了公共文化服务必须由政府主导,由公共财政支撑。在我国政府的主导下,公共文化服务不仅仅是满足广大人民群众的文化需求,保障其文化权益,让人民群众有书读,有报看,能够看电视、听广播,进行公共文化鉴赏,参与公共文化活动,同时还承担着以社会主义核心价值观引领社会思潮、凝聚社会共识、培育合格公民的重任①。这在我国的相关文化政策中一直都有体现。2015 年 1 月,中共中央办公厅、国务院办公厅印发的《关于加快构建现代公共文化服务体系的意见》中提出的第一条基本原则就是,"坚持正确导向。以人民为中心,以社会主义核心价值观为引领,发展先进文化,创新传统文化,扶持通俗文化,引导流行文化,改造落后文化,抵制有害文化,巩固基层文化阵地,促进在全社会形成积极向上的精神追求和健康文明的生活方式"。这一价值取向决定了公共文化服务必须体现公益性、基本性、均等性和便利性的要求。公益性是要坚持政府主导,以公共财政为经费保障,免费提供基本公共文化服务。基本性是要保障人民群众最基础的文化权益,满足基本的文化需求。均等性是要让公共文化服务普惠所有人,实现不同人群之间、城乡之间、地区之间公共文化服务的均衡协调发展。便利性是要求公共文化服务从方便群众获取和利用出发,以群众需求为导向,把公共文化服务送到群众身边,融入老百姓的日常生活中。

纵观人类历史,社会的发展就是在不断走向现代化。社会的现代化发展实质上是一个连续不断的历史过程,是指与之前的社会相比更加先进、更加文明、人民生活质量更高的发展状态,所以,对世界上任何一个国家或社会来说,现代化是代表着一种前进的、发展的状态,没有一劳永逸的现代化。而在衡量一个国家或社会的现代化程度时,文化是非常重要的一项指标,常表现为国民整体素质更高,精神生活更加丰富,社会环境更加和谐,百家争鸣、百花齐放的健康发展局面,与"人"息息相关。不可否认,人的现代化才是社会现代化的核心和关键。社会现代化发展的最终目标是人的现代化,即通过在社会中的人的思想观念、思维方式、生活方式、行为方式等层面的革新和重建,使人得到全面自由的发展。而且,必须是广大民众的现代化,只有大多数人的素质得到提升才能实现国民整体素质的提升,才能推动社会真正走向现代化。公共文化服务肩负着熏陶人、塑造人、改造人的重要职责,能最大限度地惠及全体国民,对于提升国民整体素质、推动社会文化繁荣可发挥重要作用,是社会现代化发展中的重要内容。正如李国新教授所言,没有丰富多彩、普遍均等的公共文化服务,社

① 李国新. 对我国现代公共文化服务体系建设的思考(图)[DB/OL]. [2018 - 03 - 09]. http://www. chinalibs. net/ArticleInfo. aspx?id = 430701.

会主义核心价值体系建设、社会主义文化强国建设就失去了基础①。

我国目前正处于全面建成小康社会的关键时期和加快推进社会主义现代化建设的攻坚阶段,需要高度重视并大力加强公共文化服务体系建设。2017 年 10 月,党的十九大报告强调,中国特色社会主义进入新时代,我国社会主要矛盾已经转化为人民日益增长的美好生活需要和不平衡不充分的发展之间的矛盾。同时,十九大报告也指出,我国社会主要矛盾的变化,没有改变我们对我国社会主义所处历史阶段的判断,我国仍处于并将长期处于社会主义初级阶段的基本国情没有变,我国是世界最大发展中国家的国际地位没有变。这一重大政治论断是基于当前中国社会发展实际而做出的科学判断。结合公共文化服务体系建设来说,这一论断揭示出,当前我国国民在文化精神生活方面的需求日益增长,对公共文化服务的要求在不断提升,但现实中公共文化服务的发展相对滞后,而且存在城乡之间、地区之间的发展不平衡问题,而最有效的解决办法就是推进公共文化服务体系建设。

和发达国家相比,我国公共文化服务的"体系化"程度相对偏低。基于我国地域广阔、人口众多的基本国情,单体设施、单一机构即使建设发展得再好,如果不形成体系化,终究无法真正具备全覆盖的能力,反而只会导致不均衡现象更加严重。木桶理论告诉我们,一个木桶能装多少水,并不取决于最长的那块木板,而是取决于最短的一块板。公共文化服务也是如此,不均衡发展下存在的短板将严重限制公共文化服务普惠社会全体成员最终目标的实现,十分不利于社会的现代化发展。因此,需要将加快构建现代公共文化服务体系作为推动社会现代化发展的一项重要内容来抓。在现代公共文化服务体系建设中,需要通过科学规划、合理布局,加强公共文化服务设施网络建设,推进基本公共文化服务标准化均等化,实现固定设施、流动设施、数字服务设施的相辅相成、互为补充,消灭服务空白点,补齐发展短板,完善各项功能,使公共文化服务人人可获得,处处可获得,时时可获得。推进公共文化服务体系建设,还需要将原本"各扫门前雪"的单个公共文化服务机构联结起来,如通过总分馆制建设形成一个互联共通的组织体系,实现资源共建共享,服务上下联动,把上层的资源送达基层,让农村也可以共享城市的服务,由此解决基层、农村资源和服务总量不足、质量不高的问题,推动形成城乡一体化发展模式,从根本上解决公共文化服务发展不均衡的问题。

3. 建立健全公共文化服务体系是推进社会更快发展的强大动力

推进公共文化服务体系建设是社会发展的必然要求,是实现现代化建设中的重要内容。除此之外,建立健全公共文化服务体系,还可以为建设中国特色社会主义、实现文化强国提供强大动力。

当今世界,一个国家的综合国力不仅体现在政治、经济、军事等硬实力方面,也高度体现在文化软实力上。尤其在进入信息时代后,文化软实力的重要性正日益增强。从发展历程来看,人类社会已经历了农业经济时代和工业经济时代,目前随着信息技术的不断发展,已进入知识经济时代。在以创新为动力的知识经济时代中,知识、文化成为最重要的资源,以知识、信息等智力成果为基础构成的无形资产在各种生产要素中的地位越来越重要,文化产业创造的价值越来越多,在国内生产总值中所占比重也越来越大。在发达国家,文化生产力

---

① 李国新. 对我国现代公共文化服务体系建设的思考(图)[DB/OL]. [2018 - 03 - 09]. http://www. chinalibs. net/ArticleInfo. aspx?id = 430701.

已成为社会生产力的一个最重要的组成部分。当然,公共文化服务事业有别于文化产业,不以获得经济效益为目的,追求的是社会效益的最大化。也正因为此,公共文化服务不能像电影行业那样,以票房收入来直观展现其效益。相对来说,公共文化服务是作为现代社会发展的精神动力、智力支持和思想保证来展现自身效益。建立健全公共文化服务体系,有助于提升民族凝聚力和创造力,加强全体人民的文化认同感。而文化软实力在实质上指的是一个国家或地区文化的影响力、凝聚力和感召力。由此可以说,公共文化服务能力是一个国家文化软实力的基础。

我们国家领导人曾明确指出,提高国家文化软实力,关系着"两个一百年"奋斗目标和中华民族伟大复兴中国梦的实现。同样的,我们也可以基于此来深刻认识构建现代公共文化服务体系的重大意义。我国文化建设正面临着前所未有的发展局面,文化民生、文化权利、文化善治等现代理念与思想日益融入文化建设实践中,政府的公共服务、社会管理职能不断得到强化,正由传统大包大揽的管制型政府朝着让人民满意的服务型政府进行转变,这也是国家治理体系和治理能力走向现代化的必然要求。在这一形势下,构建公共文化服务体系作为我国文化体制改革方面重要的理论和制度创新,现已被我国政府纳入全面深化改革全局,为新环境下我国文化改革发展提供了前进方向,使各级政府能够更好地适应时代转变,切实转变政府职能,更好地为人民群众服务。

从人类社会三个基本方面——政治、经济、文化的关系来看,一定的文化是一定社会经济和政治的反映,同时,当文化被广大群众自觉接受和吸纳,并内化于人心中后,就会对社会的政治、经济发展产生极大能动作用。结合我国国情来说,中国特色社会主义文化是社会主义社会的重要特征,是社会主义社会有机统一体中的重要组成部分,是社会主义制度优越性的重要表现;同时,中国特色社会主义文化还是使中国现代化建设沿着正确方向发展的保证,不但为社会主义现代化建设提供强大的精神动力和文化支持、智力支持,更为社会主义现代化建设创造良好稳定的社会环境提供保证。中国特色社会主义文化建设的根本是在全社会形成共同理想和精神支柱。现阶段我国各族人民的共同理想,是把中国建设成为富强、民主、文明、和谐、美丽的社会主义现代化强国。现代公共文化服务体系建设作为中国特色社会主义文化建设的一部分,必然也要以坚定这一共同理想为任务。从现有经验和发展规划来看,我国的现代公共文化服务体系建设一直坚持积极传播和弘扬社会主义核心价值观,引导人们树立并坚定中国特色社会主义道路自信、理论自信、制度自信、文化自信,众志成城,同心同德,为中国特色社会主义事业提供着坚强的思想保证、强大的精神动力、有力的舆论支持和良好的文化条件,有利于推动我国更快实现现代化的宏伟蓝图。

二、我国公共文化服务体系建设的发展历程

我国在 2005 年 10 月的中央文件《中共中央关于制定国民经济和社会发展第十一个五年规划的建议》中首次明确提出建设"公共文化服务体系",由此拉开我国公共文化服务体系建设的序幕。在此之前,我国的公共文化服务体系建设虽然没有概念化,但也在中央政府的主导下开展了相关实践探索,积累了一些经验。我国的公共文化服务体系建设是由上而下开展的,党和中央政府的相关决策对建设进展起着决定性作用,因而从时间上来说,建设

历程与我国的国民经济和社会发展五年计划较为一致。为此，我们这里将"十三五"前我国公共文化服务的发展历程分为几个阶段：2005年前我国的公共文化服务建设探索和"十一五""十二五"我国公共文化服务体系建设的发展。

1. 2005年前：曲折前进的探索之路

从中华人民共和国建立到2005年是一段颇长的时间，但由于历史原因，我国在公共文化服务建设方面的探索虽有所进展，但效果并不理想，还曾经走过了一段"以文补文"的备受争议的阶段。实际上，"公共文化"这一概念在我国出现的时间并不长。在2005年前，我国长期使用的概念是社会文化、群众文化。值得注意的是，"公共文化"是一个十分具有中国特色的概念，目前在国外并没有与其严格对应的文化分类方式①。所以，在公共文化服务体系建设的发展历程中，我国也是属于摸着石头过河，难免经历曲折。

中华人民共和国初期，我国实行的是高度集中的计划经济体制，多以"群众文化"指代我们现在所说的公共文化。从中央到地方，都设有专门的文化行政主管机构和文化事业单位负责当时的群众文化建设，管理体系比较系统完整。从中华人民共和国建立到改革开放前（不包括"文革"时期），这一时期的群众文化体系是适应我国计划经济体制而建立和发展的，主要由国家投资、单一渠道建设，群众文化虽然形式多样，但其主要任务是传播主流意识形态，是国家意识形态的一部分②。在计划经济的大包大揽下，国家提供的全部文化活动在一定意义上来说都具有公共性质，人们所获得的公共文化服务相对均等，但资源贫乏社会总供给严重不足也导致这时的公共文化服务是较低水平的，而且难以全面覆盖到农村和偏远地区。

改革开放后，受市场经济影响，文化产业初见端倪，以营利为目的的文化活动开始兴起，文化事业单位也广泛开展"以文补文"的文化经营活动，以应对经费不足的问题。1983年，在政策支持下，以经营承包责任制为主要形式的体制改革在全国范围内的文化事业单位中开始试行，随后迅速普遍开展。但文化事业单位的市场化经营也在社会上引起了激烈争议。"以文补文"的初衷本是缓解经费不足的问题从而扩大公共文化服务，但由于没有将"公益性的文化事业"与"经营性的文化产业"明确分离开来，导致原应提供公共文化服务的文化事业单位反而放弃了这一职能，使得我国这一时期的公共文化服务在事实上走向滑坡，前面列举的年度统计公报中文化馆总数在不断减少即是一大证明。人们所能免费获得的公共文化服务越来越少，在老少边穷地区和低收入家庭这一情况更是严峻。在不断的探索中，我们逐渐认识到这一问题，提出了"双轨制"文化体制改革意见，有意识地将文化产业从文化事业单位中分离出来，融入市场经济体制，公益性的其余部分则逐步纳入公共文化服务体系，并强调要把社会效益放在首位，切实尊重和保障人民基本文化权益。但因为投入不足，与同期文化产业所展现的蓬勃生产力相比，公共文化服务事业的改革发展进展缓慢，收效甚微，矛盾日益突出，亟待解决。

在这期间，我国在公共文化服务建设，更准确来说应该是文化建设方面的探索出现了如

---

① 李国新. 对我国现代公共文化服务体系建设的思考（图）[DB/OL]. [2018 - 03 - 09]. http://www. chinalibs. net/ArticleInfo. aspx?id = 430701.

② 孙丹. 新时期文化产业建设考察[J]. 当代中国史研究,2003(1):85 - 96.

下几个重要节点：

1998 年 8 月，文化部文化产业司成立并制定工作规则，这是政府部门第一次设立文化产业专门管理机构。

2000 年 10 月 11 日，《中共中央关于制定国民经济和社会发展第十个五年计划的建议》提出了"深化文化体制改革""完善文化产业政策"的任务，这是我国首次在中央文件中使用"文化产业"概念。

2002 年 11 月 8 日，党的十六大报告中首次将文化发展分为"文化事业"和"文化产业"两个方面，提出"发展各类文化事业和文化产业都要贯彻发展先进文化的要求，始终把社会效益放在首位"。

2003 年 10 月，党的十六届三中全会审议通过了《中共中央关于完善社会主义市场经济体制若干问题的决定》，明确了公益性的文化事业与经营性的文化产业分途发展的方针，提出"公益性文化事业单位要深化劳动人事、收入分配和社会保障制度改革，加大国家投入，增强活力，改善服务"。

2."十一五"期间：初步形成覆盖城乡的公共文化服务网络

2005 年 10 月，以建设公共文化服务体系被作为国家战略目标明确提出为标志，我国的公共文化服务发展开始了历史性的转折。2006 年 9 月，中共中央办公厅、国务院办公厅印发了《国家"十一五"时期文化发展规划纲要》，这是我国第一个关于文化五年发展的战略规划，"公共文化服务"在其中占据一个单独的章节，与"文化产业"完全分开论述，并被置于"文化产业"之前，展现出我国政府对公共文化服务建设的高度重视。2007 年 6 月，中共中央政治局专题研究公共文化服务体系建设，系统地提出了我国公共文化服务体系建设的方针原则、目标任务和发展方向。2007 年 8 月，中共中央办公厅、国务院办公厅印发了《关于加强公共文化服务体系建设的若干意见》。2007 年 10 月，党的十七大把加快建立覆盖全社会的公共文化服务体系列入建设更高水平小康社会的奋斗新目标，提出"推动社会主义文化大发展大繁荣"的要求，意味着我国公共文化服务事业迎来了新的历史阶段。

"十一五"期间，在党和国家的高度重视下，我国在公共文化服务体系建设方面的投入不断加大，由此得到快速发展并取得了丰硕成果。截至 2010 年年底[①]，我国共有公共图书馆 2884 个，其中省级馆 37 个，设置率为 119%，地（市）级馆 334 个，设置率为 100%，县（市）级馆 2512 个，设置率为 88%；文化馆（含群众艺术馆）3264 个，其中省级馆 31 个，设置率为 100%，地（市）级馆 343 个，设置率为 103%，县（市）级馆 2890 个，设置率为 101%；乡镇（街道）文化站 40 118 个，设置率为 102%。此外，全国博物馆总数达到 2435 所，艺术表演场馆 2112 处，初步形成了覆盖城乡的公共文化设施体系。2008 年，全国公共博物馆（含纪念馆）率先实现免费开放。

"十一五"时期，我国在文化事业上投入的经费年均增长 19.3%，是改革开放以来增长速度最快的时期；五年间我国文化事业费（不含基本建设投资和文化管理部门行政运行经费）总计 1220.40 亿元，是"十五"时期的 2.46 倍；2010 年和 2005 年相比，城市文化建设投入

---

① "十一五"时期公共文化服务体系相关数据均出自：李国新，杨永恒，毛少莹.中国公共文化服务体系建设的历史性转折［R］//中国公共文化服务发展报告（2012）.北京：社会科学文献出版社，2012：29－45.

增长 110.24%，农村文化建设投入增长 140.98%，均实现了投入总量五年"翻一番"的目标；2005 年我国人均文化事业费为 10.23 元，2010 年已增加到 24.11 元，同比增长 135.6%，同样实现了五年"翻一番"。

从"十一五"开始，全国文化信息资源共享工程（简称"文化共享工程"）、广播电视"村村通"工程、乡镇综合文化站建设工程、农村电影放映工程、农家书屋工程等重点文化惠民工程，成为公共文化服务体系建设的推进器和重要抓手，有力地提升了农村公共文化基础设施水平，显著提升了基层公共文化产品和服务供给能力。尤其是文化共享工程的实施，使公共文化服务具备了数字资源提供能力和远程服务能力，现已成为我国公共数字文化服务体系的骨干工程。截至 2010 年年底，文化共享工程的数字资源总量达到 108TB；建立文化共享工程县级支中心 2814 个，覆盖全国 96% 的县；建立乡镇服务点 15 221 个，覆盖全国 44% 的乡镇，并与全国农村党员干部现代远程教育合作共建村级基层服务点 75 万个。

"十一五"期间，我国公共文化服务的相关法规政策建设也取得了多项突破。2008 年 4 月 16 日，《公共图书馆建设用地指标》作为我国首个公共文化设施国家标准率先出台，随后，《文化馆建设用地指标》《公共图书馆建设标准》《文化馆建设标准》也相继颁布，确立了根据服务人口确定建设规模的原则，将流动人口纳入服务人口计算范围，对文化设施的服务半径提出具体要求，为公共文化服务设施建设提供规范。2008 年 11 月，我国《公共图书馆法》立法工作正式启动，文化部委托国家图书馆联合中国图书馆学会，负责完成图书馆立法的相关支撑性研究。此外，全国多地积极探索地方性公共文化法规政策建设，推动我国公共文化法治化水平不断提高。

3. "十二五"期间：全面推进、重点突破、稳步提升

"十二五"期间，党中央和国务院对公共文化服务体系建设的重视程度进一步加强，表现在更多相关政策文件、法律法规的制定和出台。从"十五"到"十二五"时期，三个五年计划期间我国分别出台了 22、31、36 个国家层面的公共文化政策、法律法规、部门规章、标准、规划等①。和之前相比，"十二五"时期出台的政策法规同样有全面规划布局持续推进公共文化服务体系建设。2011 年 10 月 18 日，党的十七届六中全会通过的《中共中央关于深化文化体制改革　推动社会主义文化大发展大繁荣若干重大问题的决定》提出要基本建立覆盖全社会的公共文化服务体系，努力实现基本公共文化服务均等化。2013 年 1 月，首个国家层面的公共文化服务体系建设规划《文化部"十二五"时期公共文化服务体系建设实施纲要》提出，到 2015 年初步建立覆盖城乡、结构合理、功能健全、实用高效的公共文化服务体系。"十二五"期间，国家还更有针对性地面向特殊人群、农村基层和中西部地区推出多个政策。如 2011 年，文化部、人力资源和社会保障部和中华全国总工会印发了《关于进一步加强农民工文化工作的意见》，提出把农民工文化工作纳入公共文化服务体系。2012 年 4 月，文化部启动"春雨工程"——全国文化志愿者边疆行工作，目标任务是积极推进边疆民族地区公共文化服务体系建设。

值得注意的是，"十二五"期间，我国对"公共文化"内涵的认识也在不断深化。2011 年 1 月，文化部、财政部发布《关于推进全国美术馆、公共图书馆、文化馆（站）免费开放工作的

---

① 魏鹏举，戴俊骋. 中国公共文化经济政策探析[J]. 中国行政管理，2016(12)：100 – 104.

意见》，要求全面推动"三馆一站"实现无障碍、零门槛进入，公共空间设施场地全部免费开放，所提供的基本服务项目全部免费。这一举措具有重要的里程碑意义，正如有专家指出的，公共文化设施免费开放是我国公共文化服务体系建设实现历史性转折的标志，是公共文化服务真正走向"公共"的标志①。2012 年 5 月，文化部"社会文化司"正式更名为"公共文化司"。就此，公共文化司负责人明确指出："'公共性'是服务型政府的本质属性，为人民群众提供公共服务是政府的基本职责。发展公共文化事业是公共服务的重要内容，也是服务型政府的基本职能。""社会文化司更名为公共文化司不仅仅是一个更名的问题，更重要的是反映了近年来我国文化事业发展的形势和要求，反映了关于文化建设的新思路、新理念"，"是政府推动文化事业发展的一个标志性事件和新的起点"②。明确公共文化属于基本公共服务，是我国公共文化服务体系取得的一大重要理论突破，由此奠定了公共文化服务实行普遍均等的必要性和合法性，强化了公共文化服务的政府责任，确立了公共文化服务由政府主导、主要由公共财政支撑的合理性与合法性。2012 年 11 月，党的十八大提出公共文化服务体系建设要着力完善服务体系、提高服务效能。2013 年 11 月，党的十八届三中全会通过的《中共中央关于全面深化改革若干重大问题的决定》提出"构建现代公共文化服务体系"。从构建公共文化服务体系到构建现代公共文化服务体系，显然意味着公共文化服务体系建设的重要性得到进一步提升，这也标志着公共文化服务体系建设已经进入新的发展阶段，从基本普惠上升到均等标准多元，更注重完善服务体系，提高服务效能。

围绕完善服务体系、提高服务效能和构建现代公共文化服务体系两大主题，"十二五"期间我国公共文化服务体系在"十一五"建设成果的基础上更进一步发展，公共文化服务设施体系进一步完善，初步建成了包括国家、省、地市、县、乡镇（街道）、村（社区）在内的六级公共文化服务网络。各方面保障均有所加强，公共文化服务经费投入持续增加，公共文化机构服务能力稳步提升，公共文化资源和服务更加丰富多彩，公共文化专业人才队伍规模稳中有升。数字文化建设水平进一步提高，以全国文化信息资源共享工程、数字图书馆推广工程和公共电子阅览室建设计划为代表的公共数字文化惠民工程深入推进，并在此基础上启动国家公共文化数字支撑平台、"边疆万里数字文化长廊"建设项目，公共数字文化服务在更大范围和更高水平上实现共建共享。

重大公共文化项目中，国家公共文化服务体系示范区（项目）创建工作表现尤为亮眼。计划从 2011 年开始，每两年进行一次示范区（项目）申报、创建、验收工作，截至 2018 年 3 月，已经完成第一批、第二批 63 个国家公共文化服务体系示范区、102 个示范项目创建，第三批 30 个示范区、54 个示范项目将于 2018 年 6 月验收，第四批 27 个示范区、47 个示范项目从 2018 年 3 月开始创建。这项重大文化惠民项目旨在推动各地研究和解决公共文化服务体系建设面临的突出矛盾和问题，探索建立公共文化服务体系可持续发展的长效保障机制，为同类地区提供借鉴和示范，为国家制定相关政策提供科学依据和实践经验。这一创建工作还要求与国家公共文化服务体系制度设计研究相结合，与全国文化先进单位评选表彰和文化

---

① 李国新，杨永恒，毛少莹. 中国公共文化服务体系建设的历史性转折[R]//中国公共文化服务发展报告（2012）. 北京：社会科学文献出版社，2012：29－45.

② 文化部. 文化部关于社会文化司更名的通知[DB/OL]. [2018－03－16]. http://www.chinalibs.net/ArticleInfo.aspx?id=432531.

馆、图书馆等公共文化机构评估定级工作相衔接,力度大,范围广,使公共文化建设从文化部门行为上升为党委政府行为,带动设施建设、经费投入、项目实施、队伍配备等重要问题的解决,给"十二五"以来我国的公共文化服务体系建设带来了极为广泛和深远的影响。为保障示范区(项目)创建工作更有序开展,2011 年 3 月,文化部成立了国家公共文化服务体系建设专家委员会,积极开展具有基础性、全局性、战略性、前瞻性的理论研究,为公共文化服务体系建设提供理论支撑和决策参考;2014 年 3 月,由文化部牵头、25 个部门共同组成的国家公共文化服务体系建设协调组正式成立,负责全国公共文化服务体系建设重大事项的协商和部署,有力地促进了我国公共文化服务体系的科学发展。

4. 现状:提升服务效能,加快构建现代公共文化服务体系

构建现代公共文化服务体系是保障人民群众基本文化权益、建设社会主义文化强国的重要制度设计,是中国特色社会主义文化发展道路的重要内容。我们当前正处于"十三五"时期。"十三五"时期是全面建成小康社会的决胜阶段,是促进文化繁荣发展的关键时期,也是建设社会主义文化强国的重要时期。按照规划,到 2020 年,我国将基本建成现代公共文化服务体系。因而,"十三五"时期也是我国现代公共文化服务体系建设的攻坚阶段。2015 年 1 月 14 日,中共中央办公厅、国务院办公厅印发了《关于加快构建现代公共文化服务体系的意见》,对加快构建现代公共文化服务体系,推进基本公共文化服务标准化、均等化,保障人民群众基本文化权益做出了全面部署。该意见的发布成为现代公共文化服务体系建设的标志性重大节点,对"十三五"时期我国公共文化服务体系建设有着重要而深远的意义。

随《关于加快构建现代公共文化服务体系的意见》一起印发的还有《国家基本公共文化服务指导标准(2015—2020 年)》。而在这之后,我国又出台了一系列公共文化政策,频率达到前所未有的密集度,包括:2015 年 5 月 5 日,文化部等四部委印发的《关于做好政府向社会力量购买公共文化服务工作意见的通知》;2015 年 12 月,文化部等七部委联合印发《"十三五"时期贫困地区公共文化服务体系建设规划纲要》;2016 年 12 月 29 日,文化部等五部委发布的《关于推进县级文化馆图书馆总分馆制建设的指导意见》;2017 年 2 月 23 日,《文化部"十三五"时期文化发展改革规划》颁布;2017 年 7 月 7 日,文化部印发的《"十三五"时期全国公共图书馆事业发展规划》和《文化部"十三五"时期公共数字文化建设规划》;2017 年 9 月,中共中央宣部、文化部等七部门联合印发的《关于深入推进公共文化机构法人治理结构改革的实施方案》,等等。这一系列政策文件展现了"十三五"时期公共文化服务体系建设的重心所在:提升公共文化服务效能;促进基本公共文化服务标准化、均等化建设;推动公共文化服务社会化发展。

然而,"十三五"时期以来,我国公共文化服务体系建设方面最为重要的还是《中华人民共和国公共文化服务保障法》(简称《公共文化服务保障法》)和《中华人民共和国公共图书馆法》(简称《公共图书馆法》)的颁布与实施。《公共文化服务保障法》是我国文化领域第一部具有综合性、全局性、基础性的法律,开启了我国公共文化服务建设由行政性维护到法律保障的历史性跨越。而《公共图书馆法》是我国国家层面公共文化领域的第一部专门法律,也是党的十九大之后出台的第一部文化方面的法律,融入了十九大"坚定文化自信,推动社会主义文化繁荣兴盛"的新发展理念。这两部法律的出台毫无疑问可以被称为中华人民共和国成立以来我国公共文化服务体系建设历程中的两大里程碑事件,标志着我国公共文化法治建设取得了历史性突破,也标志着我国的公共文化服务开始走上了法治化轨道。

目前,我国公共文化事业正在步入蓬勃发展的新时期,现代公共文化服务体系已初步形成,基本公共文化服务标准化均等化程度稳步提高,服务能力显著增强。政策法规体系进一步完善。公共文化服务管理运行机制更加完善,着力补短板、兜底线,促进了老少边穷地区公共文化事业的跨越发展。覆盖城乡的六级公共文化设施网络更加完善,"三馆一站"公共文化服务设施全部免费开放,基本实现了"县有公共图书馆、文化馆,乡有综合文化站"的建设目标。群众精神文化生活进一步丰富、文化获得感进一步提升。广播电视"村村通"工程、文化信息资源共享工程、农家书屋等重大文化惠民工程深入实施,推动公共文化服务能力和普惠水平不断提高。国家公共文化服务体系示范区(项目)创建工作自 2011 年开展以来,取得巨大成效。2013 年 9 月,第一批 31 个创建示范区、45 个创建示范项目通过评审验收。2016 年 10 月,第二批 32 个创建示范区、57 个创建示范项目通过评审验收。2015 年 7 月,包括内蒙古呼和浩特市在内的第三批 30 个创建示范区、54 个创建示范项目通过评审,获得创建资格。2017 年 8 月,第四批国家公共文化服务体系示范区(项目)创建工作启动,2018 年 3 月 9 日,东部 8 个、中部 10 个、西部 9 个共 27 个创建示范区,47 个创建示范项目通过创建资格评审,准予公示。

公共文化服务社会化实现稳步发展,发展活力不断增强,在培育和促进文化消费方面展现出更大的能量。截至 2017 年 9 月,各地安排用于购买公共文化服务的资金超过 20 亿元,政府购买公共文化服务走向法制化、常态化①。在政府的主导下,公共文化服务体系建设中也有越来越多社会力量参与进来,发挥积极作用,形成政府、市场、社会共同参与的格局。《文化建设蓝皮书:中国文化发展报告(2017)》②指出,我国居民的文化服务消费意识在不断增强,愿意在文化生活方面投入更多时间和精力,参与公共文化活动的自觉性有较大提高;文化服务消费方式更加多样化,数字化阅读增长迅速,图书馆、博物馆、文化馆(站)等公共文化设施积极拓宽服务范围,创新服务方式,推出了微信图书馆、数字博物馆等创新方式,满足了居民日益丰富的文化消费需求;而公共文化服务水平不断提高,能够更有效地满足群众的文化消费需求,也使得群众对公共文化服务的消费满意度有了显著提高。

在取得令人瞩目的成绩同时,我国公共文化服务体系建设也还存在一些问题,突出表现在体系不完善、发展不均衡、效能不高等方面。下一步还需要继续深化改革,针对当前存在的问题和不足精准施策,加快构建普惠性、保基本、均等化、可持续的现代公共文化服务体系,推动社会主义先进文化建设大发展大繁荣,努力建设社会主义文化强国。

三、我国公共文化服务体系研究概况

2005 年以来,在积极开展公共文化服务体系建设探索实践的同时,我国对于公共文化服

---

① 张永新.着力提升人民文化获得感——中国公共文化服务这 5 年[N].人民日报,2017 - 09 - 29(24).

② 俞俭,王义芳,吴珊.文化建设蓝皮书:我国文化服务消费呈现三大特征[EB/OL].[2018 - 03 - 19].http://www.hb.xinhuanet.com/2017-05/21/c_1121009026.htm.

务体系的理论研究也一直在齐头并进。尤其是在 2011 年启动国家公共文化服务体系示范区(项目)创建工作之后,国家公共文化服务体系制度设计研究被纳入创建工作,文化部成立了国家公共文化服务体系建设专家委员会,相关研究受到高度重视,发展更加迅速,研究活动更加频繁,研究成果更是大量出现,包括专著、期刊论文、学位论文、研究报告等。2015 年,文化部分别在北京大学、清华大学、中国传媒大学、首都师范大学、西南大学、上海图书馆等机构设立了国家公共文化研究基地,以加强我国公共文化领域的政策理论研究和制度设计,为现代公共文化服务体系建设提供理论支撑和智力支持。一批文化部公共文化研究基地的建立,使我国公共文化服务体系研究更加系统,进一步推动了国内研究人员对公共文化服务体系建设展开多层次、跨学科、前瞻性和有针对性的研究。

而正如我们前面所说的那样,"公共文化"是非常具有中国特色的概念,在相关研究方面,虽然也有介绍国外相关经验做法,但更主要的还是集中在对国内公共文化服务体系建设的探讨上。从已有研究成果的内容来看,主要包括以下几个方面。

1. 公共文化服务体系的内涵

公共文化服务体系的内涵是开展相关研究所需要确定的首要问题。从研究成果来看,这方面的研究主要在于公共文化服务体系构建主体方面。在初期,还存在"政府单一主体"之争,但随着公共文化服务体系建设的逐渐深入,以政府为主导、鼓励社会力量参与公共文化服务体系建设的观点渐渐成为共识。蒋永福[1](2007)从保障公民文化权利的角度指出,公共文化服务是由公共部门或准公共部门共同生产或提供的、以满足社会成员的基本文化需求为目的的公共产品和服务行为的总称。闫平[2](2007)认为,公共文化服务体系是政府主导、社会参与形成的普及文化知识、传播先进文化、提供精神食粮、满足人民群众文化需求、保障人民群众文化权益的各种公益性文化机构和服务的总和。夏国锋、吴理财[3](2011)通过梳理评介以往研究人员关于公共文化服务的"公共性"界定争论和对公共文化服务体系内涵的不同理解,提出一个科学的公共文化服务体系,不仅要建立政府主导的自上而下的任务主导机制,更要引入公众、社会评价和需求决定的自下而上的"以需定供"的利益反馈机制。李国新[4](2013)提出现代公共文化服务体系建设需要政府发挥主导作用,但政府主导不是政事不分,并不排斥采用开放、竞争的市场化手段。蒯大申[5](2014)指出保障公民基本文化权利是构建现代公共文化服务体系的出发点和价值基础,公共文化服务的供给方式须从仅仅依靠政府提供的单一方式向多种方式转变,逐步实现由政府、企业、非营利组织和广大公民共同来提供,认为这也是现代公共文化服务与传统公共文化服务的不同之处。李旺珍、吴理财[6](2016)梳理了"公共文化服务体系"和"现代公共文化服务体系"的概念内涵,认为,公共文化服务体系是指各种非营利性文化机构和公益性文化服务的总称,由政府主导、

① 蒋永福.文化权利、公共文化服务体系与公共图书馆事业[J].国家图书馆学刊,2007(4):16-20.
② 闫平.试论公共文化服务体系建设[J].理论导刊,2007(12):112-116.
③ 夏国锋,吴理财.公共文化服务体系研究述评[J].理论与改革,2011(1):156-160.
④ 李国新.现代公共文化服务体系的内涵与标志[N].经济日报,2013-11-28(15).
⑤ 蒯大申.现代公共文化服务体系的内涵与基本特征[N].文汇报,2014-02-24(10).
⑥ 李旺珍,吴理财.试析现代公共文化服务体系的内涵与特征[J].理论月刊,2016(5):144-147.

各种社会力量参与,使人民群众基本文化需求得到满足,使人民群众基本文化权益享有保障,而突显与"传统"相对而言的现代公共文化服务体系更具有时代性,核心是实现服务水平与现有的经济社会发展水平和所处发展阶段大致相适应,重在保基本。高福安①(2018)认为公共文化服务是指为了保障公民基本的文化权益向公众提供的公共文化产品和服务,可划分为基本公共文化服务与非基本公共文化服务两大类,其中,基本公共文化服务是一种由政府主导与保障投入的文化福利,而非基本公共文化服务主要吸纳社会资金参与注入,遵循非营利的原则,存在免费或低价有偿两种方式;公共文化服务体系是公共文化服务的相关制度与系统的总称,是国家公共服务体系的有机组成部分。

2. 公共文化服务体系建设的意义

公共文化服务体系的重要性毋庸置疑,而学术界也从多个角度对公共文化服务体系建设的重要意义做了论证。夏国锋、吴理财②(2011)对此做了总结,主要包括公共文化服务体系建设对社会主义和谐文化建设的重要性;公共文化服务体系建设作为社会大众,尤其是农村居民和弱势群体基本文化权利保障和实现的重要途径;公共文化服务体系建设对提高国家文化"软实力"、提升中国国际形象和影响力的重要意义;从政治意识形态的建构角度论述公共文化服务体系建设的政治价值和战略意义;从文化建设和体制改革的角度论述公共文化服务体系提出的历史背景和时代价值,如对建设文化生态文明、塑造服务型政府所具有的不可替代的价值和意义。此外,近几年来,还有研究人员从公共文化服务体系建设对全民阅读的促进这一角度进行论述,以及从物质和非物质文化遗产角度论述公共文化服务体系建设的必要性③。

3. 公共文化服务体系的内容

关于公共文化服务体系内容的研究主要可分为两个方面,一方面是从公共文化服务体系的框架构建要素来进行研究,另一方面是从公共文化服务体系的服务项目与内容来展开研究。这两方面又都既有系统全面的研究,也有针对其中某一要素或某一服务项目与内容的研究。从公共文化服务体系的构建要素来看,深圳市文化局"公共文化服务体系研究"课题组④(2006)认为,公共文化服务体系主要包括公共文化产品和服务、文化政策法规和公共文化服务管制体系、政府文化行政部门和公益性文化服务机构等公共文化服务提供主体、公共资源配置机制、绩效考核制度等方面的内容。蒋永福⑤(2007)指出,公共文化服务体系包括公共文化政策体系、公共文化基础设施体系、公共文化生产运营体系、公共文化信息体系、公共文化资金保障体系、公共文化人才体系、公共文化创新体系、公共文化监督和评估体系。齐勇锋、李平凡⑥(2012)认为,公共文化服务体系主要包括公共文化内容服务、公共文化产

① 高福安.公共文化服务体系建设创新研究[M].北京:中国传媒大学出版社,2018:1-3.
② 夏国锋,吴理财.公共文化服务体系研究述评[J].理论与改革,2011(1):156-160.
③ 苗美娟,刘兹恒.近五年我国公共文化服务研究综述[J].图书馆论坛,2016(2):35-42.
④ 陈威.公共文化服务体系研究[M].深圳:深圳报业集团出版社,2006:18-19.
⑤ 蒋永福.文化权利、公共文化服务体系与公共图书馆事业[J].国家图书馆学刊,2007(4):16-20.
⑥ 齐勇锋,李平凡.完善公共文化服务体系　提高国家文化软实力[J].中国特色社会主义研究,2012(1):64-72.

品供给、公共文化人才保障、公共文化组织体系、公共文化基础设施、公共文化政策法规几个方面。对于某一要素的研究中，比较多的有公共文化服务体系的基础设施体系建设、保障体系的建立健全、管理体制与运营机制的改革创新、绩效考核与评估体系的建立健全等。关于公共文化服务体系的服务项目与内容方面，十七届六中全会将构建公共文化服务体系的主要任务概括为保障人民群众看电视、听广播、读书看报、进行公共文化鉴赏、参加公共文化活动。后来《国家基本公共文化服务指导标准(2015—2020年)》对此进行了调整，将服务项目与内容扩展为三大类、十四项二十二条。吴理财等①(2015)指出，现阶段国家应该保障的基本公共文化服务项目和内容包括公共文化基础设施建设、群众性文化活动、公共阅读服务、公共视听服务、公共数字文化服务、流动文化服务、文化艺术鉴赏服务、文化知识产权保护服务、文化传承服务、文化教育和培训服务、特定群体公共文化服务等方面。近年来，公共文化服务体系中的全民阅读推广、公共数字文化服务、非物质文化遗产等方面逐渐受到了越来越多研究人员的关注。

4. 基本公共文化服务的标准化均等化

2011年，十七届六中全会提出"努力实现基本公共文化服务均等化"。此后，十八届三中全会又提出要"促进基本公共文化服务标准化、均等化"，并将它作为"具有中国特色的现代公共文化服务体系"的一项重要内容进行建设。于是，"基本公共文化服务体系标准化均等化"迅速成为我国公共文化服务体系建设研究中的一个热点。李国新②(2014)指出，促进基本公共文化服务标准化、均等化，是现代公共文化服务体系建设的主攻方向，是统领其他重点任务的"纲"。柯平等③(2015)指出从"公共文化服务体系"到"基本公共文化服务体系"提法的改变标志着我国公共文化事业从初级阶段迈进了深化阶段，认为基本公共文化服务体系具有目标更明确、路径更具体、定位更准确的突出特征，并针对构建过程中存在的问题提出，应以"标准化"和"均等化"为目标，以制定一套行之有效的"基本标准"为落脚点来构建我国基本公共文化服务体系。李旺珍、吴理财④(2016)提出，国情国力决定我国当前的公共文化服务体系只能保基本，均等化是现代公共文化服务最基本的要求和首要问题，标准化是最基本的依据，是实现基本公共文化服务均等化的前提条件，此外，现代公共文化服务体系还具有法制化、高效化、大众化、信息化、多元化、民主化的特征。李国新⑤(2016)指出，"标准化、均等化不是并列关系，公共文化服务核心是均等化，就是普遍均等，惠及全民，让文化的阳光普照到每一个人，这是公共文化服务的终极目标……标准化是手段，是途径，均等化是目标"。肖希明、完颜邓邓⑥(2016)提出数字化是实现基本公共文化服务均等化的必由

① 吴理财,王前.文化权利导向下的国家基本公共文化服务保障范围研究[J].湖北大学学报(哲学社会科学版),2015,42(5):126-131.

② 李国新.现代公共文化服务体系建设的主攻方向:标准化、均等化[J].公共图书馆,2014(4):2.

③ 柯平,朱明,何颖芳.构建我国基本公共文化服务体系研究[J].国家图书馆学刊,2015(2):24-29.

④ 李旺珍,吴理财.试析现代公共文化服务体系的内涵与特征[J].理论月刊,2016(5):144-147.

⑤ 刘锦山,李国新."十三五"时期现代公共文化服务体系建设的重点任务(图)[DB/OL].[2018-03-19].http://www.chinalibs.net/ArticleInfo.aspx?id=404174.

⑥ 肖希明,完颜邓邓.以数字化促进基本公共文化服务均等化的实践研究[J].图书馆工作与研究,2016,1(8):5-10.

之路,为促进公共数字文化服务在群体、区域、城乡的均等获取,应立足特殊群体需求整合资源,构建全覆盖的农村基层服务网络,通过工程项目建立合作与帮扶机制,利用先进技术创新服务模式。

5. 公共文化服务体系建设的经验成果与模式

在现有研究成果中,有大量关于我国公共文化服务体系各方面建设实践以及各地经验的总结和研究,其中最突出的是对一些地区在探索中形成的具有鲜明特色的公共文化服务体系建设模式的研究。如:陈波、胡小红①(2010)将我国区域公共文化服务体系实践模式归结为软件平台推动型、文化设施助推型、文化服务创新型。戴珩②(2014)长期关注江苏、福建、宁夏等地的公共文化服务体系建设实践。陈嵘等③(2016)记录了苏州进行国家公共文化服务体系示范区创建的全过程,集中展示了苏州示范区创建期间的各项制度设计研究成果。黄凯锋等④(2017)梳理了上海2000年以来的公共文化服务体系建设历程,重点分析了上海在公共文化内容配送、上海市民文化节、文化上海云、华爱社会化服务、上海梅陇文化馆、黄埔区公益文化促进会的经验和做法,并对未来发展提出了建议。高福安⑤(2018)对深圳模式、广东模式、上海模式、青岛模式、江苏模式的建设着力点和特点进行了概述。

6. 图书馆公共文化服务研究

图书馆尤其是公共图书馆作为公共文化服务体系建设中的重要力量,近年来表现突出,成效显著。关于图书馆公共文化服务的研究成果也非常多,特别是和文化馆公共文化服务、博物馆公共文化服务的研究相比更显丰硕。研究角度和层次也呈现多样化,涵盖公共图书馆、高校图书馆、图书馆联盟等,包括基础理论研究、建设现状的专题研究、针对建设中的各种问题提出解决方案的对策研究等。邱冠华等⑥(2008)通过考察我国多地的公共图书馆服务体系建设情况,从基层图书馆建设、总分馆建设、区域性网络建设3个方面对这些实践进行归纳分析,对已有经验做法做了总体评价,并对未来建设提出建议。王世伟⑦(2008)分析图书馆公共文化服务体系建设需要破解的结构布局难题,提出图书馆公共文化服务体系建设中的一些普遍性理念和实践问题,包括均等化发展、反鸿沟战略、实现城市图书馆纵向统筹的总分馆制等。许子媛⑧(2012)分析了图书馆联盟在公共文化服务体系中的功能,进而论述图书馆联盟在公共文化服务体系中的社会定位、服务定位、实力定位和组织定位。孙

① 陈波,胡小红.我国区域公共文化服务体系的实践模式及发展趋势[J].江汉学术,2010,29(3):69-72.

② 戴珩.创新与跨越:公共文化服务体系前沿报告[M].南京:南京师范大学出版社,2014.

③ 陈嵘."苏州之路"诠释公共文化服务的现代化道路:苏州市创建国家公共文化服务体系示范区的探索与实践[M].苏州:苏州大学出版社,2016.

④ 黄凯锋.现代公共文化服务体系建设:上海的实践与思考[M].上海:学林出版社,2017.

⑤ 高福安.公共文化服务体系建设创新研究[M].北京:中国传媒大学出版社,2018:16-17.

⑥ 邱冠华,于良芝,许晓霞.覆盖全社会的公共图书馆服务体系[M].北京:北京图书馆出版社,2008.

⑦ 王世伟.关于加强图书馆公共文化服务体系结构与布局的若干思考[J].图书馆,2008(2):5-7.

⑧ 许子媛.论图书馆联盟在公共文化服务体系中的定位[J].情报理论与实践,2012,35(5):44-47.

乐、周晓分①(2013)提出公共图书馆要加强与其他公共文化服务机构的合作以更好地推进公共文化服务体系建设，并指出公共图书馆在合作中应注意遵循独立性、公益性、主动性及追求共赢的原则。黎梅、奉晓红②(2014)提出高校图书馆也应积极参与地方公共文化服务体系构建，在地方政府主导下发挥自身优势，开展卓有成效的服务。而随着《中华人民共和国公共文化服务保障法》和《中华人民共和国公共图书馆法》的颁布与实施，学术界关于图书馆公共文化服务的研究更是活跃。正如柯平③(2018)所指出的，在当前我国进入公共文化服务体系建设攻坚阶段，建设完善的公共图书馆服务体系成为关键，《公共图书馆法》的颁布和实施为我国公共图书馆体系化建设与发展提供了法律保障。

7. 农村公共文化服务研究

我国农村占地广、人口多，给推进公共文化服务体系建设的均等化带来了很大挑战。一直以来，农村公共文化服务都是我国公共文化服务体系建设的短板，人群之间、城乡之间、地区之间的不平衡现象在农村表现尤为明显，广大农村留守妇女儿童老人是公共文化服务中的弱势群体，农村和城市之间，以及老少边穷地区的农村和其他地区的农村之间公共文化服务水平也存在较大差距。因此，对农村公共文化服务研究也成为我国公共文化服务体系研究中的一个重要内容，近几年更是有了很大发展，内容主要集中于农村公共文化服务体系建设中存在的公共文化服务供给不足和结构失衡、非均等化方面。吴理财④(2008)采用定量分析研究的方法，从财政投入、需求与供给、服务机制等方面分析农村文化服务的非均等化状况，认为我国农村文化服务主要存在服务水平的低度化、发展水平的非均衡化、文化服务和农民需求脱节、文化服务体制落后等方面的问题，并就此提出相应的改进对策。李少惠、王苗⑤(2010)从公共文化服务社会化的角度探究我国农村公共文化服务供给的模式构建，认为存在三种模式，即政府主导型供给模式、合作型供给模式及社会化主体主导型供给模式，并建议在现阶段宜采取合作供给模式，充分发挥政府主导作用，吸引和鼓励社会化主体向农村提供公共文化服务。孙浩、朱宜放⑥(2012)认为，我国农村公共文化服务供给决策具有逆向性特征，农民的需求表达严重不足，造成公共文化服务供需失衡，对此，应增强农民公共文化服务需求表达的能力，拓宽需求表达的渠道，完善需求表达的机制。谢敏仪⑦(2017)

---

① 孙乐，周晓分. 论公共图书馆与其他公共文化服务机构的合作——基于公共文化服务体系建设的背景[J]. 国家图书馆学刊,2013,22(2):33-39.

② 黎梅,奉晓红. 高校图书馆参与地方公共文化服务体系构建研究[J]. 图书馆,2014(5):107-109.

③ 柯平.《中华人民共和国公共图书馆法》全面保障我国公共图书馆体系化建设[J]. 图书馆建设,2018(1):19-23.

④ 吴理财. 非均等化的农村文化服务及其改进对策[J]. 华中师范大学学报(人文社会科学版),2008,47(3):10-17.

⑤ 李少惠,王苗. 农村公共文化服务供给社会化的模式构建[J]. 国家行政学院学报,2010(2):44-48.

⑥ 孙浩,朱宜放. 公共文化服务供给中的农民需求表达研究[J]. 湖北工业大学学报,2012,27(6):9-12.

⑦ 谢敏仪. 农村公共文化服务新模式——"流动的农家书屋"发展构想[J]. 图书馆理论与实践,2017(10):81-84.

提出建立"流动的农家书屋"的服务模式构想,并对其四个发展阶段做了详细深入的探讨和论述,建议通过体制改革,把农家书屋纳入公共图书馆服务体系建设中,形成纯粹的总分馆体系,推动农家书屋实现质的飞跃。黄雪丽[1](2018)从历史制度主义视角探讨我国农村公共文化服务"悬浮化"困境的根源,认为农村公共文化制度变迁过程中受到制度黏性的制约、文化断裂的挑战和思想观念的约束,导致农村公共文化政策难以落地生根,就此提出了一些建议,如采取"政府搭台,农民唱戏"的建设模式,扶持和复兴本土优秀文化,将国家供给的公共文化与农村优秀传统文化相结合,帮助农民群众了解公共文化服务带来的益处进而转变其文化观念等。

四、本书的研究范围

本书将从理论和实践层面对我国公共文化服务体系建设进行研究,全书分为绪论、公共文化服务体系建设的根据、公共文化服务体系建设内容、公共文化服务体系建设创新案例深度研究——呼和浩特模式、部分地区公共文化服务体系建设案例以及附录6个部分。其中,将着重总结呼和浩特市创建国家公共文化服务体系示范区的经验,提炼呼和浩特模式的核心创新点、创新理念和创新举措,以此为其他地区开展公共文化服务体系建设提供参考借鉴。本书的研究范围主要包括:

1. 公共文化服务体系建设的根据

本书第一部分阐述公共文化服务体系建设的根据,包括理论根据、政策根据和法律根据。公民文化权利是我国开展公共文化服务体系建设的理论根据。文化权利是当前国际公认的一项基本公民权利,公民享有充分的文化权利是现代社会文明的重要标志,是建设有中国特色社会主义文化的重要目标和内容。而公共文化服务体系建设是我国政府履行保障公民基本文化权利的重要方式和途径。政策根据指的是2005年"公共文化服务体系"概念明确提出以来,党中央和国务院以及相关中央国家机关颁布的和公共文化服务体系建设有关的文化政策。法律根据指的是《中华人民共和国宪法》(简称《宪法》)以及相关法律法规中和公共文化服务体系建设相关的内容。《公共文化服务保障法》和《公共图书馆法》《博物馆条例》《中华人民共和国文物保护法》(简称《文物保护法》)、《中华人民共和国非物质文化遗产法》(简称《非物质文化遗产法》)以及《中华人民共和国著作权法》(简称《著作权法》)是我国开展公共文化服务体系建设的重要法律根据。

2. 公共文化服务体系建设内容

本书第二部分主要分析公共文化服务体系建设的内容,主要从基本原则、制度建设、单元建设、设施建设、内容建设、技术建设、标准建设、体系建设、效能建设、持续发展这些方面进行论述。基本原则包括坚持正确导向、坚持政府主导、坚持社会参与、坚持共建共享、坚持

---

① 黄雪丽. 我国农村公共文化服务"悬浮化"的阐释——基于历史制度主义的分析视角[DB/OL].[2018 – 03 – 19]. http://www. chinalibs. net/ArticleInfo. aspx?id = 432756.

改革创新五个方面内容；制度建设包括公共文化服务体系政策和制度供给情况与公共文化服务体系制度设计研究和实践两个方面内容；单元建设包括区域单元建设、机构单元建设两个方面内容；设施建设包括公共图书馆设施建设、文化馆设施建设、基层综合性文化（站）服务中心建设三个方面内容；内容建设包括公共图书馆服务内容建设、文化馆（群艺馆）服务内容建设、送戏下乡三个方面内容；技术建设包括政策支持和要求，三大公共文化惠民工程的技术建设，图书馆、文化馆、美术馆技术建设三个方面内容；标准建设包括公共文化服务标准发展历程、国家基本公共文化服务标准体系建设、地方公共文化服务标准的建立三个方面内容；体系建设包括公共图书馆总分馆体系建设、文化馆总分馆体系建设、网格化公共文化服务三个方面内容；效能建设包括影响公共文化服务效能的突出问题和提升公共文化服务效能的主要路径两个方面内容；持续发展从影响公共文化服务体系可持续发展的主要因素和推动公共文化服务体系可持续发展两个方面展开论述。

3. 公共文化服务体系建设创新案例深度研究——呼和浩特模式

本书第三部分专门研究呼和浩特模式，即呼和浩特在国家公共文化服务体系示范区创建过程中的创新经验。主要内容包括呼和浩特模式的创新背景、发展历程、核心理念、核心目标、核心抓手、主要举措、品牌体系、核心效果、核心特点和经验等。创新背景从文化自信与人类命运共同体构建、文化供给侧改革与公共文化服务、国家公共文化服务体系示范区创建三个方面进行论述；发展历程包括呼和浩特的创新发展之路、呼和浩特模式的创建发展两个方面内容；呼和浩特模式的核心理念包括坚持以人民为中心、基本公共服务均等化两个方面内容；呼和浩特模式的核心目标是促进文化消费和培育文化自信；呼和浩特模式的核心抓手是政府主导、多方参与；呼和浩特模式的主要举措包括推进基本公共文化服务制度建设、强化公共文化服务主体单元建设、加强公共文化服务基础设施建设、加强公共文化服务人才队伍建设、跨界融合快速推进服务体系建设和依托现代科技大力提升服务效能；呼和浩特模式的品牌体系由"鸿雁悦读""青城记忆""昭君文化节""百人百组百万人"带动工程、春节·元宵节文化庙会等核心品牌组成；呼和浩特模式的核心效果是体系建设推进迅速、服务效能提升明显；呼和浩特模式的核心特点包括公益文化服务机构＋互联网＋公共文化两个方面；呼和浩特模式的创新经验主要包括具有较为普遍推广价值的工作模式是创新的主要目标、以人民为中心是做好公共文化服务工作的前提、社会力量参与公共文化服务的机制创新和政府角色与作用的创新探索四个方面。

4. 部分地区公共文化服务体系建设案例

本书第四部分是介绍我国部分地区的公共文化服务体系建设实践，总结相关经验，从而更全面地展示我国公共文化服务体系建设的情况，为其他地区开展公共文化服务体系建设提供更多参考和借鉴。第四部分所遴选的地区有：北京市朝阳区、内蒙古鄂尔多斯市、吉林省长春市、广东省东莞市、上海市浦东新区、浙江省嘉兴市、山西省朔州市、贵州省贵阳市、陕西省渭南市。

第一部分

公共文化服务体系建设的根据

一、理论根据

公民文化权利是我国开展公共文化服务建设的理论根据。文化权利是人人都应享有的一项人权,保障公民基本文化权利是任何政府都不可推卸的一项基本职责。对公民文化权利的实质和内涵展开研究,明确认识,可更深刻地理解我国开展公共文化服务体系建设的必要性,明确服务型政府的职责及其在发展公共文化服务事业方面所负的不可推卸的重任,进而对促进现代公共文化服务体系建设产生积极作用。

1."文化权利"的发展与共识

2005 年中央文件中首次提出"公共文化服务体系"的概念时并没有提到"公民文化权利"。但随后在 2006 年 9 月印发的《国家"十一五"时期文化发展规划纲要》中明确提出了我国文化发展要"坚持以人为本,保障和实现人民群众的基本文化权益,使广大人民群众共享文化发展成果"的方针原则。此后,在我国正式发布的政策文件中,基本上都是从公民文化权利的逻辑论述公共文化服务或公共文化服务体系的。

关于"文化权利"和"文化权益"之间是否存在不同,我国学术界曾出现争议。有的研究人员认为文化权益不仅包括文化权利,同时也包括文化利益[1]。另一种观点认为,任何一种权利的内容都由权益、权能和权责构成[2],"文化权利"和"文化权益"两个概念并无实质性区别,我国政治语境中常用"权益"一词替代"权利",是为突出"公益"而弱化带有贬义意味的"自利"[3]。并且在我国法律文本中,通常还是采用"文化权利"的概念。我们这里赞同后一观点,即"文化权益"和"文化权利"只是表述存在不同,并无实质不同,两者是同一概念。明确这一点很有必要,这是我们探讨我国公共文化服务体系建设的理论根据的前提和基础。

"文化权利"概念的提出是随着公民权利和人权理论的发展逐渐产生的,要晚于政治权利、经济权利的出现。文化权利是人权的一个重要组成部分,是人人都应当享有的一种基本权利。从历史发展角度来看,人权共经历了三代发展,文化权利是第二代人权提出的概念,并且在第三代人权的理念下得到丰富和发展。第一代人权产生于 16、17 世纪,在性质上主要是公民权利和政治权利,致力于限制国家权力,保护个人自由不受国家专横的侵犯,主要包括人身权利、财产权利、言论自由、信仰自由以及投票权等。第二代人权产生于 19 世纪,在第一次世界大战后逐渐为各国政府所关注,在性质上主要是社会权利、经济权利和文化权利,其主题是要求国家采取积极行动,救助弱势群体,保障公民中的不同成员都能获得平等的条件和待遇。第三代人权是第二次世界大战后发展中国家提出的,以博爱为中心,从个人人权发展到集体人权,从国内保护扩展到国际保护,涉及人类共同生存、发展所依赖的和平权、环境权和发展权等。

有关"文化权利"的立法最早是 1919 年的德国魏玛宪法,其第二编"德国人民基本文化

---

① 王列生. 论公民基本文化权益的意义内置[J]. 学习与探索,2009(6):54-61.

② 蒋永福. 文化权利、公共文化服务体系与公共图书馆事业[J]. 国家图书馆学刊,2007(4):16-20.

③ 吴理财. 文化权利概念及其论争[J]. 中共天津市委党校学报,2015(1):53-61.

权利及基本任务"中,规定公民的文化权利是受教育权和享受从事艺术、科学活动的自由①。1948 年 12 月 10 日,联合国大会在巴黎通过了《世界人权宣言》,这是人权史上具有里程碑意义的文件,其中第二十二条、第二十七条明确提到了文化权利②。第二十二条指出,"每个人,作为社会的一员,有权享受社会保障,并有权享受他的个人尊严和人格的自由发展所必需的经济、社会和文化方面各种权利的实现,这种实现是通过国家努力和国际合作并依照各国的组织和资源情况"。第二十七条指出,"(一)人人有权自由参加社会的文化生活,享受艺术,并分享科学进步及其产生的福利。(二)人人对由于他所创作的任何科学、文学或美术作品而产生的精神的和物质的利益,有享受保护的权利"。《世界人权宣言》出现之后,人们才对"文化权利"有了较多关注与讨论。根据这一宣言,联合国在 1966 年 12 月通过《公民权利和政治权利国际公约》和《经济、社会及文化权利国际公约》,随后于 1976 年生效,这两份国际公约均对文化权利做了进一步阐述。尤其是《经济、社会及文化权利国际公约》,其中对"文化权利"进行了更集中详细的确认与发展,初步形成了较为系统的界定。联合国的这三份文件构成了世界人权的基本体系,被称为"世界人权宪章"。目前依然是我们认识理解"文化权利"的重要文献。

需要提到的是,在对文化权利的发展和保护方面,联合国教科文组织发挥了极其重要的作用。联合国教科文组织曾通过多个文件对公民文化权利进行补充规定,如 1966 年通过的《国际文化合作原则宣言》,2001 年通过的《世界文化多样性宣言》,2003 年通过的《保护非物质文化遗产公约》,2005 年通过的《文化多样性公约》。目前,尽管还没有出现专门针对文化权利的国际公约,但从上述联合国的三份文件到之后出现的多个涉及文化权利的国际文件、宣言和规约中,文化权利的概念都有被一直沿用下来,这些文件对文化权利从多个角度进行了阐释,也有所细化、补充和发展,虽然依然不够系统化,但"文化权利作为一项基本人权"这一点已是国际社会的共识。尤其在 20 世纪 80 年代之后,世界经济有了迅速发展,全球化进程不断加快,人们对公民文化权利的关注度和重视度也越来越高,多个国家将"文化权利"写进法律,为公民文化权利提供法律保障。

2. 公民文化权利的内容

当前人们对公民文化权利具体有哪些内容的认识通常根据联合国相关文件中的表述和界定。如前面已经提到的《世界人权宣言》第二十七条,规定了公民在参与文化活动、分享和交流文化发展成果、文化创造成果的法律保护方面的权利。《公民权利和政治权利国际公约》③第十九条提出了表达自由和信息获取自由方面的权利,"人人有自由发表意见的权利;此项权利包括寻求、接受和传递各种消息和思想的自由,而不论国界,也不论口头的、书写的、印刷的、采取艺术形式的,或通过他所选择的任何其他媒介"。《经济、社会及文化权利国际公约》第十五条的内容和《世界人权宣言》第二十七条较为一致,第十三条则为受教育权

---

① 王鹤云. 公民文化权利的实现与公共文化服务[J].语言文化研究辑刊,2014(2):133 - 142.

② 联合国.世界人权宣言[EB/OL].[2018 - 03 - 21]. http://www. firstlight. cn/View. aspx?infoid = 3825142.

③ 联合国.公民权利和政治权利国际公约[EB/OL].[2018 - 03 - 21]. http://www. firstlight. cn/View. aspx?infoid = 3825141.

的规定①,"本公约缔约各国承认,人人有受教育的权利"。

依据上述规定,人们一直试图解读公民文化权利的内涵并明确其内容。2001 年 9 月在新加坡召开的"全球背景下的文化权利"亚洲研讨会上,与会人员列出了 15 项文化权利的内容清单②,包括:①文化认同的权利;②自由参加所在族群文化生活的权利;③享受艺术并受益于科学发展及其应用的权利;④保护文化作品的道德或物质利益的权利;⑤保护文化财产或文化遗产,承认原住民知识产权的权利;⑥文化创造的权利;⑦思想、意识和总结自由的权利;⑧自由表达的权利;⑨少数民族和原住民接受教育和建立自己媒体的权利;⑩文化群体不屈服于灭亡的权利;⑪尊重和珍惜所有文化的尊严的权利;⑫发展和保护自己的文化的权利;⑬传播知识,激励智慧和丰富文化的权利;⑭彼此间达成对彼此生活方式更为理解的责任;⑮提高人类精神和物质生活水平的责任。

我国学者也对公民文化权利包括的内容提出了一些见解。嵇亚林、李娟莉③(2006)认为,公民的文化权利包括享受公共文化服务权、享受文化科技进步权、参与文化生活权、接受教育和培训权、文化创意权。王鹤云④(2014)认为文化权利也有广义和狭义之分,广义的包括文化认同、参加文化生活、文化创造、享受科学进步成果、受教育权、保护因创造成果产生的物质和精神利益的权利、文化信息等权利;狭义的文化权利则包括文化生活参与权、文化创造权、文化成果受保护权、文化科学成果享有权、文化传承和选择权。吴理财等⑤(2015)指出,文化权益可分为基本文化权益和非基本文化权益,就我国而言,基本文化权益是指与国家或社会的经济发展水平相适应的、必须由国家和政府加以保障的最低限度的、必要的文化权益;现阶段我国公民基本文化权益至少包括参与文化活动的权利、共享文化成果的权利、文化成果收益得到保护的权利、传承本民族或本地区文化生活方式的权利、接受基本文化教育和培训的权利,以及由此所获取、支配和享有的文化利益。

综上可发现,大家认为的"文化权利"所包括的内容虽有细微差异,但大致还是一致的。而且基本涵盖了我国《国家基本公共文化服务指导标准(2015—2020 年)》中列出的服务项目与内容。我国于 1997 年 10 月 27 日正式签署了联合国《经济、社会及文化权利国际公约》,并于 2001 年 2 月 28 日获得第九届全国人大常委会的批准,2001 年 7 月该公约开始在我国生效。这标志着我国在保护公民文化权利方面进入了一个新的发展阶段,意味着维护和实现文化权利已成为我国政府应承担的法律责任。作为联合国《经济、社会及文化权利国际公约》的缔约国,我国高度重视对公民权利的维护,认可并遵守其规定的公民文化权利,并加强履行政府所承担的服务职责,为公民文化权利提供保障。公共文化服务体系建设正是我国政府为了实现、维护和发展公民文化权利而提出的,是政府向民众提供的"文化福利",也是政府义不容辞的责任。

---

① 联合国.经济、社会及文化权利国际公约[EB/OL].[2018 - 03 - 21]. http://www. firstlight. cn/View. aspx?infoid = 3825140.

② 蒋永福.文化权利、公共文化服务体系与公共图书馆事业[J].国家图书馆学刊,2007(4):16 - 20.

③ 嵇亚林,李娟莉.公民文化权利与公共文化服务——对构建江苏公共文化服务体系的分析与思考[J].艺术百家,2006(7):121 - 125.

④ 王鹤云.公民文化权利的实现与公共文化服务[J].语言文化研究辑刊,2014(2):133 - 142.

⑤ 吴理财,洪明星,刘建.基本文化权益保障:内涵、经验与建议[J].桂海论丛,2015(2):15 - 20.

二、政策根据

从实际来看，我国公共文化事业能在短时间内实现迅猛发展，很大程度上是政策推动的结果。因而，很有必要通过梳理我国的公共文化政策，进一步明确公共文化服务体系建设的政策根据。这里所指的政策根据主要指党中央、国务院和中央政府相关部门发布的政策，不包括法律法规。2005 年至今，我国发布了众多和公共文化服务相关的政策。已有人统计，从 1953 年到 2016 年 6 月，我国出台了 116 个国家层面的公共文化政策，含法律、法规、部门规章、标准、规划等；主要的公共文化政策法规均在 1979 年以后发布，其中，2000 年以后为政策出台密集期，"十一五"以来，公共文化政策出台愈加密集，数量也逐步增多①。当前我们正处于"十三五"时期，出于时效性考虑，有的政策已经不再适用于当前我国的公共文化服务体系建设，因而，我们这里将主要列举一些比较重要的、影响力深远以及适用于"十三五"时期公共文化服务体系建设的政策。

1. 创新发展期的主要政策根据

"十一五"是我国文化建设的创新发展期，公共文化服务体系建设正式拉开序幕。这一时期我国公共文化服务体系建设的主要政策根据有：

2005 年 10 月 11 日，党的十六届五中全会通过的《中共中央关于制定国民经济和社会发展第十一个五年规划的建议》提出"加大政府对文化事业的投入，逐步形成覆盖全社会的比较完备的公共文化服务体系"。这是我国第一个有关公共文化服务体系建设的政策性文件，具有重要意义。

2005 年 11 月 7 日，中共中央办公厅印发《中共中央办公厅、国务院办公厅关于进一步加强农村文化建设的意见》，提出"构建公共文化服务体系，实现和保障农民群众的基本文化权益"。

2005 年 12 月 23 日，《中共中央、国务院关于深化文化体制改革的若干意见》将构建覆盖全社会的公共文化服务体系列为文化体制改革的目标任务之一，提出"以发展为主题，以改革为动力，以体制机制创新为重点，形成科学有效的宏观文化管理体制，完善文化法律法规体系，强化政府文化管理和服务职能，构建覆盖全社会的公共文化服务体系"。提出对现有文化事业单位依据性质和功能的不同进行区别对待、分类指导，明确公益性文化事业单位是指"国家兴办的图书馆、博物馆、文化馆（站）、科技馆、群众艺术馆、美术馆等为群众提供公共文化服务的单位""公益性文化事业单位必须面向基层、面向群众，向社会提供更多更好的公共文化服务"。还提出要加大公益性文化事业投入，加大政府投入，调整资源配置，逐步构建公共文化服务体系。

2005 年 12 月 31 日，《中共中央、国务院关于推进社会主义新农村建设的若干意见》提出，"各级财政要增加对农村文化发展的投入，加强县文化馆、图书馆和乡镇文化站、村文化室等公共文化设施建设，继续实施广播电视'村村通'和农村电影放映工程，发展文化信息资

---

① 魏鹏举，戴俊骋. 中国公共文化经济政策探析[J]. 中国行政管理，2016(12)：100 – 104.

源共享工程农村基层服务点,构建农村公共文化服务体系"。

2006 年 3 月 14 日,第十届全国人大第四次会议批准了《中华人民共和国国民经济和社会发展第十一个五年规划纲要》,其中将"文化建设"作为独立篇章从"社会主义精神文明建设"中单列出来,提出"加大政府对文化事业的投入,逐步形成覆盖全社会的比较完备的公共文化服务体系"。并列出了"十一五"时期公共文化建设的重点工程包括广播电视"村村通"工程、农村电影放映工程、乡镇综合文化站建设工程、文化信息资源共享工程、重大文化自然遗产保护工程、"西新工程"和重大文化设施建设工程。

2006 年 9 月,中共中央办公厅、国务院办公厅印发了《国家"十一五"时期文化发展规划纲要》,把"公共文化服务"一章置于"文化产业"之前进行重点阐述。这一纲要是我国第一个专门部署文化建设的中长期计划,针对完善公共文化服务网络、加强农村文化建设、普及文化知识、建立健全文化援助机制、鼓励社会力量捐助和兴办公益性文化事业等方面提出了指导性意见。

2006 年 10 月 11 日,《中共中央关于构建社会主义和谐社会若干重大问题的决定》提出"加强公益性文化设施建设,鼓励社会力量捐助和兴办公益性文化事业,加快建立覆盖全社会的公共文化服务体系"。

2007 年 4 月 3 日,《文化部、财政部关于进一步推进全国文化信息资源共享工程的实施意见》提出,文化共享工程是"公共文化服务体系的基础工程,是政府提供公共文化服务的重要手段,是实现广大人民群众基本文化权益的重要途径,是改善城乡基层群众文化服务的创新工程,对于打破落后地区信息闭塞的状况,缩小'数字鸿沟',提高广大人民的科学文化素质,推进社会主义新农村建设和建设和谐社会,具有重要作用"。

2007 年 6 月,胡锦涛同志主持召开中共中央政治局会议,专门研究公共文化服务体系建设问题。随后在 2007 年 8 月,《中共中央办公厅、国务院办公厅关于加强公共文化服务体系建设的若干意见》出台,对我国公共文化服务体系建设做出全面部署,提出"按照结构合理、发展均衡、网络健全、运行有效、惠及全民的原则,以政府为主导、以公益性文化单位为骨干、鼓励全社会积极参与,努力建设以公共文化产品生产供给、设施网络、资金人才技术保障、组织支撑和运行评估为基本框架的覆盖全社会的公共文化服务体系,切实保障人民群众看电视、听广播、读书看报、进行公共文化鉴赏、参加大众文化活动等基本文化权益"。2007 年 10 月,党的十七大报告把"覆盖全社会的公共文化服务体系基本建立"列入实现全面建设小康社会奋斗目标的新要求,提出"推动社会主义文化大发展大繁荣"的要求。

2008 年 1 月 23 日,中宣部、财政部、文化部、国家文物局印发了《关于全国博物馆、纪念馆免费开放的通知》,要求全国各级文化文物部门归口管理的公共博物馆、纪念馆、全国爱国主义教育基地全部实行免费开放。

2009 年 7 月 5 日,《国务院关于进一步繁荣发展少数民族文化事业的若干意见》提出繁荣发展少数民族文化事业的政策措施,明确要"加快少数民族和民族地区公共文化基础设施建设。大力推进民族地区县级图书馆文化馆、乡镇综合文化站和村文化室、广播电视'村村通'工程、农村电影放映工程、农家书屋工程、文化信息资源共享工程等建设,保障民族地区基层文化设施有效运转。地广人稀的民族地区配备流动文化服务车和相关设备,建设和完善流动服务网络。大力推进数字和网络技术等现代科技手段的应用和普及,形成实用、便捷、高效的公共文化服务体系。国家实施各项重大文化工程时,切实加大对少数民族和民族地区的倾斜力度"。

2. 深化发展期的主要政策根据

"十二五"时期是我国公共文化服务体系的深化发展期。这一时期我国公共文化服务体系建设的主要政策根据有：

2011 年 1 月 26 日，文化部、财政部发布《关于推进全国美术馆、公共图书馆、文化馆（站）免费开放工作的意见》，提出了美术馆、公共图书馆、文化馆（站）免费开放的指导思想、工作原则、主要目标、基本内容、实施步骤和推进"三馆一站"免费开放的具体举措。

2011 年 3 月 16 日发布的《中华人民共和国国民经济和社会发展第十二个五年规划纲要》中，明确将"公共文化"列入基本公共服务范围，并提出"十二五"时期的重点工作包括基层公共文化、体育设施免费开放；农村广播电视全覆盖，为农村免费提供电影放映、送书送报送戏等公益性文化服务。同时，把"公共文化服务体系建设工程"列为文化事业重点工程，提出"继续推进广播电视村村通、农家书屋工程、文化资源共享工程、'西新工程'、农村数字电影放映工程、边疆少数民族地区新闻出版东风工程建设。规划建设一批地市级公共图书馆、文化馆、博物馆"。

2011 年 10 月 18 日，党的十七届六中全会通过的《中共中央关于深化文化体制改革　推动社会主义文化大发展大繁荣若干重大问题的决定》提出到 2020 年公共文化服务体系的目标和重点任务。关于"构建公共文化服务体系"方面，其中指出"加强公共文化服务是实现人民基本文化权益的主要途径。要以公共财政为支撑，以公益性文化单位为骨干，以全体人民为服务对象，以保障人民群众看电视、听广播、读书看报、进行公共文化鉴赏、参与公共文化活动等基本文化权益为主要内容，完善覆盖城乡、结构合理、功能健全、实用高效的公共文化服务体系。把主要公共文化产品和服务项目、公益性文化活动纳入公共财政经常性支出预算。采取政府采购、项目补贴、定向资助、贷款贴息、税收减免等政策措施鼓励各类文化企业参与公共文化服务。鼓励国家投资、资助或拥有版权的文化产品无偿用于公共文化服务。加强文化馆、博物馆、图书馆、美术馆、科技馆、纪念馆、工人文化宫、青少年宫等公共文化服务设施和爱国主义教育示范基地建设并完善向社会免费开放服务，鼓励其他国有文化单位、教育机构等开展公益性文化活动，各类公共场所要为群众性文化活动提供便利。统筹规划和建设基层公共文化服务设施，坚持项目建设和运行管理并重，实现资源整合、共建共享。加强社区公共文化设施建设，把社区文化中心建设纳入城乡规划和设计，拓展投资渠道。完善面向妇女、未成年人、老年人、残疾人的公共文化服务设施。引导和鼓励社会力量通过兴办实体、资助项目、赞助活动、提供设施等形式参与公共文化服务。推进国家公共文化服务体系示范区创建。制定公共文化服务指标体系和绩效考核办法"。

公共数字文化建设是公共文化服务体系建设的重要组成部分。2011 年 11 月 15 日，《文化部、财政部关于进一步加强公共数字文化建设的指导意见》，提出在"十二五"时期重点实施文化共享工程、数字图书馆推广工程和公共电子阅览室建设计划，加强统筹，协调发展，提升三大公共数字文化惠民工程的整体效能。并在此基础上，全面加强公共数字文化的制度体系、网络体系、资源体系、管理体系和服务体系建设，提高公共数字文化供给能力，创新公共数字文化服务机制。

2012 年 2 月 15 日，《国家"十二五"时期文化改革发展规划纲要》发布，提出我国文化改革发展的主要目标之一是,到 2015 年,"覆盖全社会的公共文化服务体系基本建立,城乡居民能够较为便捷地享受公共文化服务,基本文化权益得到更好保障"。

2012 年 5 月 7 日,《文化部"十二五"时期文化改革发展规划》发布,给我国文化建设提出了更详细的发展规划。其中,公共文化服务体系建设方面的目标是,到 2015 年,"覆盖城乡、结构合理、功能健全、实用高效的公共文化服务体系基本建立,各级各类文化设施更加完善,使人民群众能够公平、就近、便捷享受公共文化服务,基本文化权益得到更好保障"。同时还对公共图书馆、文化馆、博物馆等公共文化服务机构提出了具体的发展指标。

2012 年 6 月 28 日,《文化部关于鼓励和引导民间资本进入文化领域的实施意见》出台,提出鼓励民间资本参与公共文化服务体系建设,为民间资本进入文化领域创造良好发展环境。

2012 年 7 月 11 日,国务院印发了《国家基本公共服务体系"十二五"规划》,提出了"十二五"时期公共文化体育服务的重点任务、国家基本标准和相关保障工程。

2012 年 11 月 8 日,十八大报告首次提出全面建成小康社会,其中也多次提到"公共文化服务体系",明确提出要"加强重大公共文化工程和文化项目建设,完善公共文化服务体系,提高服务效能"。

2013 年 1 月 14 日发布的《文化部"十二五"时期公共文化服务体系建设实施纲要》提出,"到 2015 年,覆盖城乡、结构合理、功能健全、实用高效的公共文化服务体系初步建立,公共文化设施网络更加完善,服务运行机制进一步健全,服务效能明显提高,'十二五'时期公共文化服务国家基本标准有效落实,人民群众基本文化权益得到更好保障"。这是我国首个国家层面的公共文化服务体系建设规划,具有重要意义。

2013 年 1 月 30 日,文化部印发了《全国公共图书馆事业发展"十二五"规划》,提出了"十二五"时期公共图书馆事业发展的总体思路、主要指标、重点任务和保障措施。这是我国首次由政府主管部门牵头制定的全国性的公共图书馆事业中长期发展规划,对明晰"十二五"以及更长一个时期我国公共图书馆事业的发展思路具有重要意义。其中明确提出了"政府主导,社会参与;强化基础,注重创新;统筹兼顾,分类指导;以人为本,提升服务"的基本原则,在提出定性发展目标的基础上,还提出了"十二五"时期我国公共图书馆事业发展的一系列量化指标,并根据东、中、西部的现实发展情况,在"人均公共图书藏书量"的指标上体现差异化,给出不同发展指标。此外,还提出包括法制化与标准化建设、基层图书馆设施网络建设、公共数字文化建设与服务、传统文化资源的保存保护、文献信息资源保障体系建设、服务能力建设、新技术研发与应用、人才队伍建设等在内的 10 个重点任务。

2013 年 11 月 12 日,党的十八届三中全会通过的《中共中央关于全面深化改革若干重大问题的决定》提出"建立健全现代公共文化服务体系"。并提出了"构建现代公共文化服务体系"的要点,"建立公共文化服务体系建设协调机制,统筹服务设施网络建设,促进基本公共文化服务标准化、均等化。建立群众评价和反馈机制,推动文化惠民项目与群众文化需求有效对接。整合基层宣传文化、党员教育、科学普及、体育健身等设施,建设综合性文化服务中心。明确不同文化事业单位功能定位,建立法人治理结构,完善绩效考核机制。推动公共图书馆、博物馆、文化馆、科技馆等组建理事会,吸纳有关方面代表、专业人士、各界群众参与管理。引入竞争机制,推动公共文化服务社会化发展。鼓励社会力量、社会资本参与公共文化服务体系建设,培育文化非营利组织"。

3. 关键发展期的主要政策根据

"十三五"时期是我国全面建成小康社会的决胜阶段,是建设社会主义文化强国的重要时期,也是公共文化服务体系建设的关键时期。这一时期我国公共文化服务体系建设的主要政策根据有:

2015 年 1 月 14 日,中共中央办公厅、国务院办公厅印发了《关于加快构建现代公共文化服务体系的意见》,对加快构建现代公共文化服务体系,推进基本公共文化服务标准化、均等化,保障人民群众基本文化权益做出了全面部署。该意见提出,按照坚持正确导向、政府主导、社会参与、共建共享、改革创新的基本原则,落实好推进均衡发展、增强发展动力、加强产品和服务供给、推进文化与科技融合发展、创新管理体制和运行机制、加大服务保障力度六个方面的重点任务,"到 2020 年,基本建成覆盖城乡、便捷高效、保基本、促公平的现代公共文化服务体系"。《关于加快构建现代公共文化服务体系的意见》的出台具有重要意义,是现代公共文化服务体系建设的标志性重大节点,是我国推进公共文化事业发展的一个重大机遇。

2015 年 5 月 11 日,文化部等四部委发布的《关于做好政府向社会力量购买公共文化服务工作意见的通知》提出,"到 2020 年,在全国基本建立比较完善的政府向社会力量购买公共文化服务体系,形成与经济社会发展水平相适应、与人民群众精神文化和体育健身需求相符合的公共文化资源配置机制和供给机制,社会力量参与和提供公共文化服务的氛围更加浓厚,公共文化服务内容日益丰富,公共文化服务质量和效率显著提高",并在附件中列出了政府向社会力量购买公共文化服务的指导性目录。

2015 年 10 月 2 日,《国务院办公厅关于推进基层综合性文化服务中心建设的指导意见》发布,提出这一工作的指导思想、基本原则和工作目标,突出了加强基层综合性文化服务中心建设、明确功能定位、丰富服务内容和方式、创新基层公共文化运行管理机制、加强组织实施等方面。

2015 年 10 月 29 日,《中共中央关于制定国民经济和社会发展第十三个五年规划的建议》提出,"深化文化体制改革,实施重大文化工程,完善公共文化服务体系、文化产业体系、文化市场体系。推动基本公共文化服务标准化、均等化发展,引导文化资源向城乡基层倾斜,创新公共文化服务方式,保障人民基本文化权益。推动文化产业结构优化升级,发展骨干文化企业和创意文化产业,培育新型文化业态,扩大和引导文化消费。普及科学知识。倡导全民阅读"。

2015 年 12 月,文化部等七部委共同印发《"十三五"时期贫困地区公共文化服务体系建设规划纲要》,明确了"十三五"时期贫困地区公共文化服务体系建设的指导思想、主要任务和保障措施。作为我国贫困地区全面建成小康社会的基本公共文化服务顶层设计,以及指导"十三五"时期贫困地区公共文化服务体系建设的行动纲领,其中提出,到 2020 年我国贫困地区公共文化服务体系建设的总体目标是,公共文化服务能力和水平有明显改善,群众基本文化权益得到有效保障,基本公共文化服务主要指标接近全国平均水平,扭转发展差距扩大趋势,公共文化在提高贫困地区群众科学文化素质、促进当地经济社会全面发展方面发挥更大作用。

2016 年 3 月 17 日发布的《中华人民共和国国民经济和社会发展第十三个五年规划纲

要》，在"构建现代公共文化服务体系"方面提出，"推进基本公共文化服务标准化、均等化。完善公共文化设施网络，加强基层文化服务能力建设。加大对老少边穷地区文化建设帮扶力度。加快公共数字文化建设。加强文化产品、惠民服务与群众文化需求对接。鼓励社会力量参与公共文化服务。继续推进公共文化设施免费开放。繁荣发展文学艺术、新闻出版、广播影视和体育事业。加强老年人、未成年人、农民工、残疾人等群体的文化权益保障"。

2016 年 12 月 29 日，文化部、国家新闻出版广电总局、国家体育总局、国家发展和改革委员会、财政部五部门联合印发《关于推进县级文化馆图书馆总分馆制建设的指导意见》，提出"到 2020 年，全国具备条件的地区因地制宜建立起上下联通、服务优质、有效覆盖的县级文化馆、图书馆总分馆制，广大基层群众享受的基本公共文化服务内容更加丰富，途径更加便捷，质量显著提升，均等化水平稳步提高"。

2017 年 2 月 23 日发布的《文化部"十三五"时期文化发展改革规划》，以新的发展理念为指导，设计了与小康社会发展水平相适应的现代公共文化服务体系的发展蓝图、实现路径与重点任务，为"十三五"时期基本建成现代公共文化服务体系提供了行动指南。其中提出了"坚持政府主导、社会参与、重心下移、共建共享，以基本公共文化服务标准化均等化为突破口，立足人民群众基本文化需求，构建体现时代发展趋势、符合文化发展规律、具有中国特色的现代公共文化服务体系"。还列出了"十三五"时期现代公共文化服务体系建设的重点工程，包括国家级文化设施建设工程、贫困地区公共文化服务体系建设项目、基层综合性文化服务中心建设项目、公共数字文化建设项目、全民文化艺术普及项目、特殊群体文化产品扶持计划、全国文化志愿服务行动计划、边境地区文化建设工程。

2017 年 5 月 7 日，中共中央办公厅、国务院办公厅印发《国家"十三五"时期文化发展改革规划纲要》，提出"坚持政府主导、社会参与、重心下移、共建共享，坚持缺什么补什么，注重有用、适用、综合、配套，统筹建设、使用与管理，加快构建普惠性、保基本、均等化、可持续的现代公共文化服务体系"。

2017 年 7 月 7 日，文化部印发《"十三五"时期全国公共图书馆事业发展规划》和《文化部"十三五"时期公共数字文化建设规划》，确立"十三五"时期我国公共图书馆事业和公共数字文化建设的发展目标、重点任务、保障措施。和"十二五"相比，"十三五"时期全国公共图书馆事业发展主要指标增加了每万人公共图书馆建筑面积、阅览室座席数、县均公共图书馆数字资源等内容；公共数字文化建设方面列出了国家公共文化数字支撑平台建设、数字图书馆推广工程服务平台建设、中西部贫困地区数字文化设施提档升级、边疆万里数字文化长廊建设、全民艺术普及基础资源库、地方特色文化资源库、公共图书馆基础资源库、面向特殊群体的数字图书馆、数字文化馆建设九大重点项目。

2017 年 9 月，中共中央宣传部、文化部等七部门联合印发《关于深入推进公共文化机构法人治理结构改革的实施方案》，这是具有顶层设计性质的公共文化机构法人治理结构改革施工蓝图和行动指南。该方案明确提出，"到 2020 年底，全国市（地）级以上规模较大、面向社会提供公益服务的公共图书馆、博物馆、文化馆、科技馆、美术馆等公共文化机构，基本建立以理事会为主要形式的法人治理结构，决策、执行和监督机制进一步健全，相关方权责更加明晰，运转更加顺畅，活力不断增强，人民群众对公共文化的获得感明显提升"。并提出了2020 年前分两个阶段实施的工作步骤，其中，2017 年至 2018 年是试点阶段，2019 年至 2020年是深入实施阶段。

三、法律根据

法律法规是一切工作顺利、规范开展的重要保障和依据。中华人民共和国成立以来，我国公共文化领域的法律体系建设一直处于比较薄弱状况。公共文化服务体系建设开展后，我国高度重视相关立法工作，逐步推出了一系列和公共文化服务相关的法律法规。按照《宪法》和《中华人民共和国立法法》规定的立法体制，法律效力位阶共分六级，它们从高到低依次是：《宪法》、基本法、普通法、行政法规、地方性法规和行政规章。这里对我国现行国家层面的、与公共文化服务相关的法律法规继续梳理，以此进一步明确我国公共文化服务体系建设的法律根据和保障，进而推动其规范、有序发展。

1.《宪法》

《宪法》是中华人民共和国的根本大法，规定拥有最高法律效力，是制定其他法律的依据，一切法律、法规都不得同《宪法》相抵触。

我国《宪法》第二条赋予人民依法管理国家事务、经济和文化事业的权利。《宪法》第二十二条明确规定："国家发展为人民服务、为社会主义服务的文学艺术事业、新闻广播电视事业、出版发行事业、图书馆博物馆文化馆和其他文化事业，开展群众性的文化活动。"《宪法》第二章在阐述我国公民所享有的基本权利和义务时，第四十七条也特别规定了公民"有进行科学研究、文学艺术创作和其他文化活动的自由"。

2.《公共文化服务保障法》

2016 年 12 月 25 日，《公共文化服务保障法》经全国人大常委会审议通过，并于 2017 年 3 月 1 日起正式施行。《公共文化服务保障法》共六章六十五条，主要内容包括公共文化设施建设与管理、公共文化服务提供、保障措施、法律责任等。这是我国文化领域第一部具有综合性、全局性、基础性的法律，是文化领域一部具有"四梁八柱"性质的重要法律。它的制定和实施，弥补了我国文化立法的"短板"，开启了我国公共文化服务的法治化道路，标志着我国文化法治建设的历史性突破，表现在人民群众基本文化权益和基本文化需求实现从行政性"维护"到法律"保障"的跨越，公共文化服务将实现从可多可少、可急可缓的随机状态到标准化、均等化、专业化发展的跨越[①]，具有十分重要的意义。

《公共文化服务保障法》为我国构建现代公共文化服务体系提供了法律依据，它从法律层面对"公共文化服务"做了界定，第二条指出，"本法所称公共文化服务，是指由政府主导、社会力量参与，以满足公民基本文化需求为主要目的而提供的公共文化设施、文化产品、文化活动以及其他相关服务"。《公共文化服务保障法》展现了多处创新：首次以法律的形式明确了各级人民政府是承担公共文化服务工作的责任主体，第四条规定"县级以上政府应当将公共文化服务纳入本级国民经济和社会发展规划"；首次打破设施行政隶属界限，第十四

---

① 郑海鸥.《公共文化服务保障法》将于 3 月 1 日起正式施行：文化获得感，这样来保障[N]. 人民日报,2017 - 01 - 13(12).

条把科技馆、体育场馆、工人文化宫、青少年宫、妇女儿童活动中心等,纳入公共文化设施范畴。同时,《公共文化服务保障法》还将鼓励和支持社会力量参与上升为法定原则,第四十八条提出"国家鼓励社会资本依法投入公共文化服务,拓宽公共文化服务资金来源渠道",第四十九条规定"国家采取政府购买服务等措施,支持公民、法人和其他组织参与提供公共文化服务"。而且,《公共文化服务保障法》还明确了违反规定所应承担的法律责任,指出侵占、挪用公共文化服务资金,擅自拆除、侵占、挪用公共文化设施等行为都要被追究法律责任。

此外,《公共文化服务保障法》还给我国公共文化服务的制度体系建设做出了历史性的贡献,构建起我国公共文化服务的基本制度体系框架。这部法律所建立的我国公共文化服务基本制度可分为四大类,即基础性制度、针对性制度、政府监管制度和机构责任制度,总量在 20 项左右,包括基本公共文化服务标准制度、公共文化服务设施免费或优惠开放制度、公共文化设施保护制度、公共文化服务公示制度、文化志愿服务制度、有公众参与的公共文化服务考核评价制度、引导和鼓励社会力量参与公共文化服务制度、公共文化服务的政府监管和机构责任等。正如李国新说的,对于我国的现代公共文化服务体系建设来说,这是一部"基本法""母法",具有"压舱石"的作用①。

3.《公共图书馆法》

2017 年 11 月 4 日,第十二届全国人民代表大会常务委员会第三十次会议通过了《公共图书馆法》,并于 2018 年 1 月 1 日起正式施行。这是我国国家层面公共文化领域的第一部专门法律,也是党的十九大之后出台的第一部文化方面的法律,融入了十九大"坚定文化自信,推动社会主义文化繁荣兴盛"的新发展理念,对我国公共图书馆事业的发展以及公共文化服务体系建设均具有重要意义。

《公共图书馆法》共六章五十五条,对公共图书馆的设立、运行、服务、法律责任等分别做了详细规定,开启了新时代我国公共图书馆事业发展的新篇章。作为我国公共文化领域的又一部重要法律,《公共图书馆法》很好地解决了《公共文化服务保障法》没有解决的公共图书馆专门问题,两者之间是专门法与普通法的关系。

从立法工作启动到正式颁布实施,《公共图书馆法》经历了一段较长时间,使得这部法律尤其受到社会各界的广泛关注。《公共图书馆法》以《宪法》为依据,对接《公共文化服务保障法》的要求,确定公共图书馆的基本原则和目标方向,构筑公共图书馆的制度体系,填补我国图书馆立法的一项空白,实现历史性的突破。李国新总结了《公共图书馆法》的历史贡献,主要体现在:对公共图书馆做出了既体现国际一般规律又具有中国特色的法律界定;指引我国公共图书馆事业发展方向;呼应新时代社会主要矛盾转化的历史要求;从设施建设、法定条件、经费和人员这三个方面明确政府设立和保障公共图书馆的责任;创新公共图书馆体制机制,将建立县域总分馆体系和法人治理结构、完善考核评价机制纳入法制轨道;促进公共图书馆服务与现代科技融合发展;确立引导和鼓励社会力量参与的基本方针;明确国家图书馆的性质功能,提出我国国家图书馆兼具公共图书馆功能,完善出版单位出版物交存制度②。

---

① 李国新. 公共文化服务保障法的制度构建与实现路径[J]. 图书情报工作,2017,61(16):8-14.

② 李国新.《中华人民共和国公共图书馆法》的历史贡献[DB/OL].[2018-03-19]. http://www.chinalibs.net/ArticleInfo.aspx?id=433875.

4. 其他法律

除了《公共文化服务保障法》和《公共图书馆法》之外,我国和公共文化服务相关的法律主要还有:

《文物保护法》是我国较早颁布的和公共文化服务相关的一部法律,是我国第一部由国家制定并颁布施行的文化行政法。这部法律在 1982 年 11 月 19 日第五届全国人民代表大会常务委员会第二十五次会议通过,此后经过多次修正,最新版本是 2017 年 11 月 4 日第十二届全国人民代表大会常务委员会第三十次会议上通过的第五次修正本。《文物保护法》共八章八十条,主要内容包括不可移动文物、考古发掘、馆藏文物、民间收藏文物、文物出境进境、法律责任等。

《著作权法》最初是在 1990 年 9 月 7 日第七届全国人民代表大会常务委员会第十五次会议通过的,2010 年 2 月 26 日第十一届全国人民代表大会常务委员会第十三次会议对其进行了第二次修正。《著作权法》共六章六十一条,对著作权、著作权许可使用和转让合同、出版、表演、录音录像、播放、法律责任和执法措施等方面进行了详细规范。

《非物质文化遗产法》于 2011 年 2 月 25 日第十一届全国人民代表大会常务委员会第十九次会议通过,并自 2011 年 6 月 1 日起施行。《非物质文化遗产法》共六章四十五条,包括非物质文化遗产的调查、非物质文化遗产代表性项目名录、非物质文化遗产的传承与传播、法律责任等方面的内容。其中第三十五条规定,"图书馆、文化馆、博物馆、科技馆等公共文化机构和非物质文化遗产学术研究机构、保护机构以及利用财政性资金举办的文艺表演团体、演出场所经营单位等,应当根据各自业务范围,开展非物质文化遗产的整理、研究、学术交流和非物质文化遗产代表性项目的宣传、展示"。

《中华人民共和国电影产业促进法》(简称《电影产业促进法》)于 2016 年 11 月 7 日第十二届全国人民代表大会常务委员会第二十四次会议通过,自 2017 年 3 月 1 日起施行。其中第二十七条规定,"国家加大对农村电影放映的扶持力度,由政府出资建立完善农村电影公益放映服务网络,积极引导社会资金投资农村电影放映,不断改善农村地区观看电影条件,统筹保障农村地区群众观看电影需求。县级以上人民政府应当将农村电影公益放映纳入农村公共文化服务体系建设,按照国家有关规定对农村电影公益放映活动给予补贴"。

5. 行政法规

行政法规是国务院为领导和管理国家各项行政工作,根据宪法和法律,并且按照《行政法规制定程序条例》的规定而制定的政治、经济、教育、科技、文化、外事等各类法规的总称。根据我国《行政法规制定程序条例》第五条规定,行政法规的名称一般称"条例",也可以称"规定""办法"等。国务院根据全国人民代表大会及其常务委员会的授权决定制定的行政法规,称"暂行条例"或者"暂行规定"。我国当前和公共文化服务相关的行政法规主要有:《公共文化体育设施管理条例》《博物馆条例》《广播电视管理条例》《出版管理条例》《娱乐场所管理条例》等。

2003 年 6 月 18 日,国务院常务会议通过《公共文化体育设施条例》,自 2003 年 8 月 1 日起施行。这一条例主要包括规划和建设、使用和服务、管理和保护、法律责任等内容,共六章三十四条。其中第二条规定,"本条例所称公共文化体育设施,是指由各级人民政府举办或者社会力量举办的,向公众开放用于开展文化体育活动的公益性的图书馆、博物馆、纪念馆、美术馆、文化馆(站)、体育场(馆)、青少年宫、工人文化宫等的建筑物、场地和设备"。

《博物馆条例》于2015年1月14日国务院第78次常务会议通过,自2015年3月20日起施行,共六章四十七条,主要包括博物馆的设立、变更与终止,博物馆管理,博物馆社会服务,法律责任等内容。

《广播电视管理条例》于1997年8月11日发布,自1997年9月1日起施行,2017年3月1日进行了第二次修订。该条例共六章五十五条,主要从广播电台和电视台、广播电视传输覆盖网、广播电视节目、罚则等方面进行了规范。

《出版管理条例》于2001年12月12日国务院第50次常务会议通过,自2002年2月1日起施行,2016年2月6日进行了第四次修订。

《娱乐场所管理条例》于2006年1月29日发布,自2006年3月1日起施行,2016年2月6日进行了第一次修订。其中,第三条规定,县级以上人民政府文化主管部门负责对娱乐场所日常经营活动的监督管理。第七条规定,娱乐场所不得设在博物馆、图书馆和被核定为文物保护单位的建筑物内。

6. 部门行政规章

行政规章指国务院各部委以及各省、自治区、直辖市的人民政府和省、自治区的人民政府所在地的市以及设区市的人民政府根据宪法、法律和行政法规等制定和发布的规范性文件。国务院各部委制定的称为部门行政规章,其余的称为地方行政规章。我国《规章制定程序条例》第七条指出,规章的名称一般称"规定""办法",但不得称"条例"。

我国现有的公共文化服务方面的法律法规多属于行政法规和部门规章。其中,文化部制定发布的相关部门行政规章主要有《娱乐场所管理办法》《互联网文化管理暂行规定》《乡镇综合文化站管理办法》《国家级非物质文化遗产保护与管理暂行办法》《博物馆管理办法》《文物保护工程管理办法》等。

7. 标准规范

除上述法律法规外,我国在公共文化服务方面还制定了多个标准规范,也具有一定的规范作用。主要包括《图书馆建筑设计规范》(JGJ 38—2015)、《公共图书馆建设标准》(建标108—2008)、《公共图书馆建设用地指标》(建标〔2008〕74号)、《公共图书馆服务规范》(GB/T 28220—2011)、《文化馆建设用地指标》(建标〔2008〕128号)、《文化馆建设标准》(建标〔2010〕136号)、《文化馆建筑设计规范》(JGJ/T 41—2014)、《博物馆建筑设计规范》(JGJ 66—2015)等。

第二部分

公共文化服务体系建设内容

一、基本原则

2013 年 1 月 14 日,《文化部"十二五"时期公共文化服务体系建设实施纲要》提出,公共文化服务体系建设的基本原则为政府主导、坚持公益,保障基本、促进公平,统筹城乡、突出基层,创新机制、强化服务,重点强调了公共文化服务体系具体建设中应把握的原则和方向。2015 年 1 月 14 日,中央办公厅、国务院办公厅印发《关于加快构建现代公共文化服务体系的意见》,在宏观层面确定了构建公共文化服务体系应遵循的基本方向和原则,即正确导向、政府主导、社会参与、共建共享、改革创新。应该说,这是从近 10 年来我国公共文化服务体系建设实践中归纳和总结出来的具有高度共识的建设原则和发展方向。

1. 坚持正确导向

以人民为中心,以社会主义核心价值观为引领,发展先进文化,创新传统文化,扶持通俗文化,引导流行文化,改造落后文化,抵制有害文化,巩固基层文化阵地,促进在全社会形成积极向上的精神追求和健康文明的生活方式。

党的十八大提出,倡导富强、民主、文明、和谐,倡导自由、平等、公正、法治,倡导爱国、敬业、诚信、友善,积极培育和践行社会主义核心价值观。社会主义核心价值体系是兴国之魂,是社会主义先进文化的精髓,决定着中国特色社会主义发展方向。要把社会主义核心价值体系融入国民教育、精神文明建设和党的建设全过程,贯穿改革开放和社会主义现代化建设各领域,体现到精神文化产品创作生产传播各方面。现代公共文化服务体系建设作为国家文化建设以及国家治理体系建设的重要组成部分,其内在理念与实践运行必然需要社会主义核心价值观的精神引领与深层驱动,主要体现在以下几个方面:首先,以标准化、均等化为标志,是社会主义核心价值观赋予公共文化服务体系建设的政策精髓。对平等与公正的追求是社会主义核心价值观的重要内容,而现代公共文化服务体系建设的主攻方向就是标准化和均等化,公共文化服务具有打破地域差别、年龄界限和身份差距的内在规定性。其次,以社会性、参与性为标志,是社会主义核心价值观赋予公共文化服务体系建设治理导向。社会主义核心价值观分为国家、社会和个人三个层面的价值目标,规定了现代国家治理格局的基本框架,即国家、企业组织、社会组织及公民个人多元主体共同参与的现代治理模式的建构原则和运行目标。而现代公共文化服务体系建设的一项重大内容就是公共文化多元主体建设,即健全公共文化服务的社会参与机制,创造条件鼓励各类主体参与公共文化服务体系建设,建立政府和社会、市场之间的适度平衡和良性互动关系,推动公共文化服务社会化发展。再次,以公益性、公共性为标志,是社会主义核心价值观赋予公共文化服务产品的价值内核。公共文化服务主体是政府,其公共性决定了提供的文化服务的公共性。公共文化服务要惠及全体公民,为全体公民所普遍享有,必须基于社会全体成员的共同利益,以普遍实现公共文化权益为准则,追求社会效益的最大化,体现公共文化服务的公益性和非营利性。因此,公共文化服务的内在逻辑必须遵循社会主义核心价值观,而其整体发展水平也由社会主义核心价值观的引领所决定①。

现代公共文化服务体系建设是社会主义文化繁荣的土壤和平台。而文化的繁荣和发展,需要我们正确对待各类文化,即发展先进文化,创新传统文化,扶持通俗文化,引导流行文化,改造落后文化,抵制有害文化。中华民族有着悠久的历史和优良的传统,中华优秀传统文化对于凝聚和团结全国各族人民,起着重要的纽带和基础作用,是先进文化的根基。中华优秀传统文化基因要与当代文化相适应、与现代社会相协调,实现传统文化创造性转化和创新性发展。而先进文化就是传统文化创新与发展的结果,是在对传统文化进行融合的过程中发展起来的,是代表未来发展方向、推动社会前进的文化。是否拥有先进文化,是否代表先进文化的前进方向,决定一个政党、国家和民族的素质、能力和兴衰。可喜的是,我国的公共文化服务建设中既有先进文化,也不乏弘扬传统文化,坚守文脉传承的内容。当然,在公共文化服务内容的建设中还要注意扶持通俗文化,通俗文化是与大众生活最为密切和能够及时反映大众生活的文化,接地气、有民气。而流行文化广受青少年喜爱,影响他们的价值观和生活方式,因而在公共文化服务建设中要注意引导。在贯彻"百花齐放、百家争鸣"方针的同时,还要对落后文化进行改造,抵制和铲除有害文化,净化文化环境,为人民群众提供高质量的、向善向上、符合群众文化需求、紧密结合地方特色、紧跟时代潮流的公共文化产品。

2. 坚持政府主导

从基本国情出发,认真研究人民群众的精神文化需求,因地制宜,科学规划,分类指导,按照一定标准推动实现基本公共文化服务均等化,切实保障人民群众基本文化权益,促进实现社会公平。

首先,公共文化服务是政府提供的基本公共服务,在政府主导的公共文化供给模式中,加强公共文化立法、提高公共文化建设法制化水平,是政府的首要责任。党的十八大以来,我国公共文化服务政策法规不断完善,制定和发布了一系列与公共文化服务体系建设相关的法律、法规、部门规章、规范性文件,以及党的一系列重要报告、决定等,逐步建立了覆盖财政投入经费保障、公共文化设施、公共文化产品和服务供给等领域的政策法规体系,尤其是最近两年,我国公共文化服务建设中重要的两部法规先后颁布实施,体现了我国政府已经将公共文化建设和管理纳入法制化的轨道:2017 年 3 月 1 日起施行的《公共文化服务保障法》成为我国公共文化立法的重大突破,奠定了我国现代公共文化服务体系的基石,是公共文化服务"中国创造"的基本制度,是基本公共文化服务标准制度②;从 2001 年开始酝酿,历经 16 载,2018 年 1 月 1 日起施行的《公共图书馆法》,其意义远远超出了公共图书馆领域本身,彰显了我国政府不断完善公共文化的法律、法规体系的决心。

其次,政府主导的公共文化供给模式,政府不仅是资金的供应者,还需要有投入公共文化服务的经费保障机制,有多元化的投融资政策,才能保障公共文化服务体系建设的资金和

---

① 周笑梅. 以社会主义核心价值观引领公共文化服务体系建设[EB/OL]. [2018 – 02 – 23]. http:// theory. people. com. cn/n/2015/0726/c40531-27361305. html.

② 周玮. 政府主导·提高效能·精准扶贫——聚焦公共文化服务保障法三亮点[EB/OL]. [2018 –02 – 23]. http://www. xinhuanet. com/politics/2016-12/25/c_1120184148. htm.

经费投入。2011年10月18日,十七届六中全会通过的《中共中央关于深化文化体制改革推动社会主义文化大发展大繁荣若干重大问题的决定》提出"把主要公共文化产品和服务项目、公益性文化活动纳入公共财政经常性支出预算。采取政府采购、项目补贴、定向资助、贷款贴息、税收减免等政策措施鼓励各类文化企业参与公共文化服务。鼓励国家投资、资助或拥有版权的文化产品无偿用于公共文化服务"。《文化部"十二五"时期公共文化服务体系建设实施纲要》提出,到2015年,保证公共财政对文化建设投入的增长幅度高于财政经常性收入增长幅度,提高文化支出占财政支出比例。规定"公共文化场馆开放"由中央和地方财政按比例共同负担,"公益性流动文化服务"由地方政府负责,中央财政适当补助的支付责任。2017年2月23日发布的《文化部"十三五"时期文化发展改革规划》提出要"建立健全政府购买公共文化服务工作机制"。"进一步健全文化财政保障机制,加大政府投入力度。按照基本公共文化服务标准,推动落实基层提供基本公共服务所必需的资金。将购买公共文化服务资金纳入各级政府财政预算"。2017年5月7日,中共中央办公厅、国务院办公厅印发的《国家"十三五"时期文化发展改革规划纲要》提出要"推动各级政府购买公共文化服务"。"完善公共财政文化投入机制,多渠道筹措资金支持文化发展改革"。一系列的政策和法规表明,我国政府在保证公共财政对文化建设投入的同时,还承担起资金筹集者的责任,通过政策引导,多渠道、多形式地筹集社会资金来发展公共文化事业,正是政府主导的公共文化服务供给模式的优势所在。

近10年来,我国政府根据经济形式和发展目标对公共文化服务的投入规模也在逐步加大,设立了各类文化发展专项资金,并出台了相关的管理办法,如《全国文化信息资源共享工程专项资金管理暂行办法》(2002)、《农家书屋工程专项资金管理暂行办法》(2008)、《中央补助地方文化体育与传媒事业发展专项资金管理暂行办法》(2007)、《城市社区文化中心(文化活动室)设备购置专项资金管理办法》(2009)、《中央补助地方农村文化建设专项资金管理暂行办法》(2013)、《中央补助地方美术馆、公共图书馆、文化馆(站)免费开放专项资金管理暂行办法》(2013)、《中央补助地方公共文化服务体系建设专项资金管理暂行办法》(2015)等。

再次,推动实现基本公共文化服务均等化是政府主导的公共文化服务体系建设的战略重点。总体来看,我国由于各地经济社会发展水平不同,公共文化服务体系发展不平衡,存在着城乡差距、地域差距和人群差距。例如,东部与西部的差距,城市和农村的差距,针对农民工、老年人、残疾人的服务相对较少等。实现基本公共文化服务均等化,一是要补短板,二是要标准化。近几年,我国出台的公共文化服务相关政策也提出要将公共文化服务重心下移,推动区域间、城乡间公共文化服务均衡协调发展,完善面向妇女、未成年人、老年人、残疾人的公共文化服务设施。《中共中央关于深化文化体制改革　推动社会主义文化大发展大繁荣若干重大问题的决定》提出加快城乡文化一体化发展,以农村和中西部地区为重点,加强县级文化馆和图书馆、乡镇综合文化站、村文化室建设。2015年年底,文化部等七部委出台了《"十三五"时期贫困地区公共文化服务体系建设规划纲要》,提出到2020年,贫困地区公共文化服务能力和水平有明显改善,群众基本文化权益得到有效保障,基本公共文化服务主要指标接近全国平均水平。主要突出5个特点:一是补短板,进一步完善贫困地区公共文化设施网络;二是兜底线,切实保障贫困地区人民群众基本文化权益;三是建机制,切实提高贫困地区公共文化服务效能;四是畅渠道,打通贫困地区公共文化服务"最后一公里";五是促发展,积极推动贫困地区群众脱贫致富。而"开发和提供适合老年人、未成年人、农民工、残疾人等群体的基本公共文化产品和服务"被写入《国家"十三五"时期文化发展改革规划纲要》《文化部"十三五"时期文化发展改革规划》等重要文件。《关于加快构建现代公共文化服务体系的意见》则将老年人、未成年人、残疾人、农民工、农村留守妇女儿童、生活困难群众作为公共文化服务的重点对象。2016年,《文化部、国务院农民工工作领导小组办公室、全国总工会关于进一步做好为农民工文化服务工作的意见》出台,要求切实将农民工纳入城镇公共文化服务体系。研究制定将农民工纳入城镇公共文化服务体系的政策措施,提出具体目标、重点任务和实施步骤,逐步实现城镇基本公共文化服务覆盖在城镇常住的农民工及其随迁家属,使其平等享受市民权利①。

依靠政府的力量推动标准化的广泛认同和全面实施是促进公共文化服务均等化的重要手段。2013年11月,党的十八届三中全会将"构建现代公共文化服务体系"作为全面深化改革的重要任务之一,提出要"建立公共文化服务体系建设协调机制,促进基本公共文化服务标准化、均等化",明确了以标准化促进均等化的发展思路。2015年1月,《关于加快构建现代公共文化服务体系的意见》以及同时发布的《国家基本公共文化服务指导标准(2015—2020年)》以标准化促进均等化的发展思路落了地。建立标准体系的要求是以人民群众基本文化需求为导向,围绕群众基本文化权益,根据国家经济社会发展水平和供给能力,明确国家基本公共文化服务的内容、种类、数量和水平,明确政府保障底线,做到保障基本、统一规范。同时要求各地根据国家指导标准,制定与当地经济社会发展水平相适应、具有地域特色的地方实施标准。随后,文化部在2015年3月发出通知,要求各省(市、自治区)依据国家指导标准,在2015年8月底前出台地方性实施标准;各市县根据国家和省级标准,在2015年年底前出台实施方案②。目前,各地具有地域特色的地方性标准已陆续出台并实施,在政府的推动下,既有基本共性又有特色个性、上下衔接的公共文化服务标准指标体系正在逐步形成。

3. 坚持社会参与

坚持社会参与。简政放权,减少行政审批项目,引入市场机制,激发各类社会主体参与公共文化服务的积极性,提供多样化的产品和服务,增强发展活力,积极培育和引导群众文化消费需求。坚持政府主导,不等于政府"包办",公共文化服务体系建设不是单靠政府就可以完成的。实践也证明,完全依靠政府包办的发展模式,存在着诸多问题和缺陷,如服务效率不高、规模不足、文化服务主体过于单一、文化内容结构失调,难以满足广大人民群众随着文化消费能力水平等提高而日益增长的动态化、多层次的精神文化需求。因此,为大众提供的公共文化服务,还需要大众来办。推进公共文化服务的社会化,有利于推动政府职能转变,促成政府力量和社会力量优势互补的建设局面,形成政府、文化企业、社会组织及个人的

---

① 文化部,国务院农民工工作领导小组办公室,全国总工会.文化部、国务院农民工工作领导小组办公室、全国总工会关于进一步做好为农民工文化服务工作的意见[EB/OL].[2018-03-16].http://zwgk.mcprc.gov.cn/auto255/201604/t20160408_474860.html.

② 文化部.关于贯彻落实《关于加快构建现代公共文化服务体系的意见》的通知[EB/OL].[2018-02-24].http://www.mcprc.gov.cn/whzx/bnsj/ggwhs/201503/t20150309_679456.htm.

多元共建格局;同时,社会资本和市场组织进入公共文化服务领域,对于公共文化服务的地区均衡发展和城乡一体化也具有重要的促进作用。我国的公共文化服务体系建设从一开始就确立了引导和鼓励社会力量参与的原则。2007 年,《中共中央办公厅、国务院办公厅关于加强公共文化服务体系建设的若干意见》就提出"吸引和鼓励社会力量投资兴办公共文化实体,建设公共文化设施、提供公共文化服务,形成以政府投入为主、社会力量积极参与的稳定的公共文化服务投入机制"。

　　鼓励和引导社会力量参与公共文化服务体系建设,政府首先要进一步简政放权,减少行政审批项目,吸引社会资本投入公共文化领域。随着改革开放的不断深入和经济社会发展方式的转型升级,民间资本已成为推动我国文化建设的重要力量,在深化文化体制改革、发展公益性文化事业、繁荣文化产业、推动文艺创作生产、开展多渠道多形式多层次对外文化交流等方面发挥了重要作用。2012 年,《文化部关于鼓励和引导民间资本进入文化领域的实施意见》出台,提出了鼓励民间资本参与公共文化服务体系建设的重点领域和发展方向。主要包括捐建或捐资助建博物馆、图书馆等公共文化基础设施;采取政府采购、项目补贴、定向资助、贷款贴息、税收减免等政策措施,引导和鼓励民间资本通过捐助机构、资助项目、赞助活动、提供设施等形式参与公共文化服务;鼓励民间资本通过招投标等方式,参与基础文化设施建设、公共文化产品创作生产、公益性文化产品和服务供给、重大文化惠民工程、重大公益性文化活动和其他公共文化服务[①]。

　　2013 年 12 月,经国务院批准,国家艺术基金正式成立。其资金主要来自中央财政拨款,同时依法接受自然人、法人或者其他组织的捐赠。除根据项目申报类别及评审情况予以相应资助、对优秀作品和杰出人才进行表彰与奖励外,还设置了匹配资助,即为引导和鼓励社会力量支持艺术发展,对获得其他社会资助的项目进行有限陪同资助[②]。截至 2017 年,已有包括图书馆、文化馆、美术馆等在内的 642 家公共文化服务单位作为申报主体向艺术基金申报了 1628 个项目[③]。

　　出台政府购买公共文化服务指导性意见和目录,将政府购买公共文化服务资金纳入财政预算是创新公共服务提供方式、加快服务业发展、引导有效需求的重要途径。所谓政府向社会力量购买服务,就是通过发挥市场机制作用,把政府直接向社会公众提供的一部分公共服务事项,按照一定的方式和程序,交由具备条件的社会力量承担,并由政府根据服务数量和质量向其支付费用。2013 年 9 月,《国务院办公厅关于政府向社会力量购买服务的指导意见》发布,对政府购买公共文化服务的基本原则、购买主体、承接主体、购买内容、购买机制、资金管理、绩效管理等进行了界定。而该意见的出台,正是基于一些地方立足实际,积极开展向社会力量购买服务的探索,取得了良好效果,在政策指导、经费保障、工作机制等方面积累了不少好的做法和经验。2015 年 5 月,国务院办公厅转发文化部等部门《关于做好政

---

① 文化部. 关于鼓励和引导民间资本进入文化领域的实施意见[EB/OL]. [2018 - 02 - 24]. http://www.gov.cn/gzdt/2012-07/09/content_2179327.htm.

② 国家艺术基金. 关于我们[EB/OL]. [2018 - 02 - 25]. http://www.cnaf.cn/gjysjjw/gywmen/gywm.shtml.

③ 国家艺术基金资助公共文化服务单位情况报告(2014—2017 年度)[EB/OL]. [2018 - 02 - 25]. http://www.cnaf.cn/gjysjjw/jjdtai/201801/c67dc27eccc64aa99db04b8e8cdc1104.shtml.

府向社会力量购买公共文化服务工作的意见》，进一步界定了公共文化服务领域政府购买的相关原则和机制等，同时发布了《政府向社会力量购买公共文化服务指导性目录》，包括公益性文化体育产品的创作与传播，公益性文化体育活动的组织与承办，中华优秀传统文化与民族民间传统体育的保护、传承与展示，公共文化体育设施的运营和管理，民办文化体育机构提供的免费或低收费服务 5 个部分①。近几年，各地政府在购买公共文化服务方面也进行了诸多实践，积累了不少经验。例如 2016 年，重庆潼南区通过现场投标、抽签、开标、唱标、评标等议程，在 29 支参与竞标的文艺团队中角逐出 1124 场节目为全区群众演出②。江苏南通市政府用向文艺团体购买演出的方式惠及农村百姓，文艺团体每年为老百姓无偿演出 1000 场，每场政府补贴 3000 元③。2017 年无锡市启动政府向社会力量购买公共文化服务项目，经过组织专家评审，在各区上报的 132 个项目中确定购买项目 70 个，购买金额达 825 万元。这些项目涉及为老年人、农民工、残疾人、社区和农村居民提供的文化服务，以及"文华奖"精品剧目展演、文化惠民演出、非遗体验、公共文化机构软件开发等 30 多个大类④。

推广运用政府和社会资本合作模式（PPP），能够有效促进公共文化服务提供主体和提供方式的多元化。2015 年 5 月，国务院办公厅转发了《关于在公共服务领域推广政府与社会资本合作模式的指导意见》，首次将文化领域纳入 PPP 模式的推广范围。2016 年，为了引导和鼓励社会力量、社会资本投入文化领域，拓宽文化领域建设资金来源，财政部首次联合文化部正式面向文化领域征集政府与社会资本合作项目，对政府与社会资本合作示范项目按照项目投资规模给予以奖代补奖励⑤。事实上，PPP 模式在公共文化服务领域的尝试和探索一直在进行。例如，2011 年开馆的无锡新区图书馆，其运营模式就是典型的 PPP 模式，被业内称之为"艾迪讯模式"。除了馆长由新区管委会委派外，无锡新区图书馆从规划、设计到建设、营运、人员安排等全部交由艾迪讯公司负责。2012 年，无锡新区图书馆荣获中国文化部创新奖和无锡市两馆一站考核优秀单位⑥。无独有偶，2014 年，江阴市图书馆在全国首创"公共图书馆 + 咖啡馆"的合作模式，由图书馆提供一定量的图书资源，定期流转和管理，咖啡馆等社会力量提供合适的场地，投入必备设备以及日常服务人员，图书馆对合作联盟单位的阅读服务工作进行统一管理，并委托第三方进行年度社会服务效益评估，市政府根据具体社会效益确定扶持补助⑦。PPP 模式通过构建社会力量参与现代公共文化服务体系建设的

① 国务院办公厅.国务院办公厅转发文化部等部门关于做好政府向社会力量购买公共文化服务工作意见的通知[EB/OL].[2018 - 02 - 25].http://www.gov.cn/zhengce/content/2015-05/11/content_9723.htm.

② 李云喜.潼南：完善管理促进政府购买公共文化演出服务提质增效[EB/OL].[2018 - 02 - 25].http://cq.cqnews.net/cqqx/html/2016-08/08/content_37990795.htm.

③ 黄丽娟.政府购买公共文化服务探析——以江苏省南通市为例[J].行政论坛,2014(4):43 - 47.

④ 无锡市文化广电新闻出版局.关于公布 2017 年度无锡市政府向社会力量购买公共文化服务项目结果的通知[EB/OL].[2018 - 02 - 25].http://www.wuxi.gov.cn/doc/2017/11/30/1649067.shtml.

⑤ 文化部.文化部办公厅发布《关于做好第三批政府与社会资本合作示范项目申报筛选工作的补充通知》[EB/OL].[2018 - 02 - 25].http://www.gov.cn/xinwen/2016-07/20/content_5093111.htm.

⑥ 贺伟.政府购买图书馆公共服务的新尝试——以无锡新区图书馆为例[J].图书馆杂志,2014,33(2):37 - 40.

⑦ 曹磊.建设"三味书咖"城市阅读联盟推动江阴全民阅读社会化发展[DB/OL].[2018 - 02 - 25].http://www.chinalibs.net/ArticleInfo.aspx?id = 379357.

平台,引入竞争机制,整合公共资源和社会力量,创新服务模式,增强了公共文化服务的发展动力。

　　坚持社会参与,还要注意培育和引导群众文化消费需求,让群众真正参与公共文化服务体系的建设中来。所谓文化消费是指大众用文化产品或服务来满足精神心理需求的一种消费。其范围不仅包括特定的精神理论和服务性消费,也包括文化消费设备和手段的消费,既有对文化产品的直接消费,如影视剧、网游、书报刊等,也包括为消费文化产品所必需的各种硬件,如电视机、电脑、手机等,以及各类文化设施,如图书馆、文化馆、博物馆、美术馆、剧院等。从满足供给来讲,文化消费包括基本消费和非基本消费两个层次,基本消费主要满足居民一般文化需求,通过不断完善公共文化服务体系保障基本文化权益;非基本文化消费主要满足大众差异化、多样化、高端化需求,通过发展文化产业经由市场供给实现①。在公共文化服务体系建设中要统筹考虑群众的基本文化需求和多样化文化需求,通过广泛开展公益性文化艺术活动,培养群众健康向上的文艺爱好,扩大和提升文化消费需求。2015 年,文化部、财政部共同启动"拉动城乡居民文化消费试点项目"。中部试点地区安徽省合肥市和湖北省武汉市武昌区采取居民文化消费激励政策,通过微信公众号对公共文化消费活动进行消费评价,并对其中真实有效的消费评价给予积分奖励,用户进行文化消费的过程中可使用积分进行现金抵扣。这一政策不仅提升了居民参与公共文化服务的积极性,同时也刺激了居民自主的文化消费,最终达到培育居民文化消费习惯、促进文化事业与文化产业共同发展的目的②。在试点项目取得一定成效的基础上,文化部、财政部于 2016 年 5 月在全国范围内开展引导城乡居民扩大文化消费试点的工作。

　　此外,文化志愿服务是发挥群众主体作用、激发文化发展内生动力的重要手段,是群众参与文化建设的重要平台。在公共文化服务体系建设中,文化志愿者是一支不容忽视的重要力量。2016 年 7 月,为发挥文化志愿服务在构建现代公共文化服务体系中的积极作用,鼓励和引导文化志愿服务活动广泛深入开展,推动文化志愿服务常态化、规范化、制度化,构建参与广泛、内容丰富、形式多样、机制健全的文化志愿服务体系,文化部印发《文化志愿服务管理办法》,明确了文化志愿服务的范围、文化志愿者应享有的权利和履行的义务,同时规定了文化志愿服务组织单位应履行的职责③。2016 年 12 月,中宣部、中央文明办、教育部、民政部、文化部、国家文物局和中国科协印发《关于公共文化设施开展学雷锋志愿服务的实施意见》,明确到 2020 年,基本建成公共文化设施志愿服务组织体系、志愿服务项目体系和志愿服务管理制度体系④。近几年,我国文化志愿者队伍不断壮大,截至 2016 年注册文化志愿者已接近百万⑤。以深圳为例,深圳是国内较早开展文化志愿服务的城市,文化志愿服务自

---

　　①　范玉刚.文化消费对健全文化产业发展体系的促进作用[J].艺术百家,2016(3):13 – 20.

　　②　于帆.拉动城乡居民文化消费试点项目阶段成果发[EB/OL].[2018 – 02 – 25].http://www.mcprc. gov. cn/whzx/bnsj/whcys/201511/t20151104_672585. htm.

　　③　文化部.文化部关于印发《文化志愿服务管理办法》的通知[EB/OL].[2018 – 02 – 25].http://www. gov. cn/gongbao/content/2017/content_5189209. htm.

　　④　新华社.关于公共文化设施开展学雷锋志愿服务的实施意见[EB/OL].[2018 – 02 – 25].http://www. wenming. cn/zyfw/jj/201612/t20161204_3923068. shtml.

　　⑤　贺林平.全国文化志愿者接近百万　将不断提升科学化专业化水平[EB/OL].[2018 – 02 – 25].http://www. wenming. cn/zyfw_298/yw_zyfw/201607/t20160722_3544134. shtml.

2006 年由市属公益文化场馆首创以来，在基层逐步展开，规模影响和社会效益不断扩大，2014 年还出台了《文化志愿服务促进办法》。截至 2016 年年底，全市文化志愿者总数已超过 1.8 万人，志愿服务分队达到 231 支，由文化志愿者提供的公益性文化服务已成为推进深圳现代公共文化服务体系建设的创新之举①。

4. 坚持共建共享

坚持共建共享。加强统筹管理，建立协同机制，明确责任，优化配置各方资源，做到物尽其用、人尽其才，发挥整体优势，提升综合效益，最终形成公共文化服务的全社会共建共享机制。

建立公共文化服务体系建设的协调机制，就是要解决我国公共文化服务建设中长期存在的相关部门职能交叉、多头管理、重复建设、孤岛运行、资源分散、效能不高的问题。例如，同一层级的不同管理部门各自为政、自成体系，重复投资、重复建设现象严重。以数字文化资源建设为例，文化信息资源共享工程、党员教育网、远程教育网等就因隶属不同的管理部门而各自为政，造成重复建设。再如，农家书屋是由新闻出版总署会同中央文明办、国家发展改革委等七部委联合实施的文化惠民工程，但由于和文化部的公共图书馆系统隶属于不同的部门，造成一些地方农村图书室重复建设或农家书屋后期图书维护和更新不足的现象。

2014 年 3 月 19 日，经中央文化体制改革和发展工作领导小组批准，文化部牵头成立的国家公共文化服务体系建设协调组在京召开第一次全体会议，标志着国家层面的公共文化服务协调机制正式运转②。协调组由文化部、中宣部、中央编办、中央文明办、国家发展改革委、教育部、科技部、财政部、人力资源和社会保障部、质检总局、国家新闻出版广电总局、体育总局、国家文物局、国务院扶贫办、全国总工会、共青团中央、全国妇联、中国残联、中国科协、国家标准委组成，主要任务是负责全国公共文化服务体系建设重大事项的协商和部署。协调组成立两年多来，各成员单位在重大事项、重大政策会商上始终保持密切沟通合作，探索建立了一套行之有效的会商机制、共同调研机制和督察机制，有效增强了工作的系统性、协同性、整体性，已成为整合各部门优势资源、共同推进现代公共文化服务体系建设的良好平台。目前，我国各地各级政府也相继成立了当地公共文化服务体系建设协调组。

关于资源的共建共享问题。《关于加快构建现代公共文化服务体系的意见》指出，要加大对跨部门、跨行业、跨地域公共文化资源的整合力度。以行业联盟等形式，开展馆际合作，推进公共文化机构互联互通，开展文化服务"一卡通"、公共文化巡展巡讲巡演等服务，实现区域文化共建共享。长期以来，我国的公共文化服务体系建设实际上只是宣传文化系统的公共文化服务体系建设，而其他系统如工会系统有工人文化宫，共青团系统有青少年宫，妇联系统有妇女儿童活动中心，科协系统有科技馆，教育部系统有中小学课外活动基地等，并没有纳入公共文化服务体系建设之中，而只是为本系统服务，资源设施存在着一定程度的闲置和浪费。如果将这些系统的文化设施和资源通过协调机制纳入公共文化服务体系，明确

---

① 杨世国，王琳. 深圳积极创新公共文化服务方式 让文化志愿服务触手可及[EB/OL].[2018 - 02 - 25]. http://www.wenming.cn/syjj/dfcz/gd/201609/t20160914_3694324.shtml.

② 李晓林. 20 个部门合力推动公共文化事业发展[EB/OL].[2018 - 02 - 25]. http://www.rmzxb.com.cn/c/2014-03-20/307895.shtml.

其公共文化服务功能、范围、项目，同时落实资金、人才、技术保障政策，则可以盘活现有存量资源，形成合力，大大提升社会效益[①]。例如，重庆科技馆与重庆图书馆在 2017 年年初签订战略合作协议，在科技与人文交叉领域开展了多项便民惠民服务，得到社会广泛关注和认可：在信息化服务上实现了网站、微信、微博等网络新媒体互链互推；在场馆互置"数字图书馆"——网络电子书刊阅读器和"数字科技馆"——"科普 E 站"；联合成功打造"科普大篷车＋流动图书车"同步行动的"科技人文直通车"系列活动，先后为当地近万名居民和师生带去了科普教育活动和图书借阅福利[②]。安徽省宿松县"农村区域文化中心"建设项目，依照"地缘相近，人缘相亲，文化相通"的原则，将全县 22 个乡镇组成 5 个区域文化中心，许多文化体育活动由区域内乡镇联合举办，实现人才、节目、辅导力量、资金等共享，在全县呈现出群众文化活动上下互动、横向联动的新格局[③]。广东江门市于 2016 年启动五邑联合图书馆、博物馆、文化馆、美术馆建设，各市、区的相关场馆将加挂统一标识，并冠名"江门五邑联合馆"牌子，在保留各自办馆特色的同时，进行共建共享，盘活五邑大地各项文化资源。其后还将进行江门五邑粤剧曲艺联盟建设，以整合分散的文化资源，并借助行业、社会力量，特别是借助侨资侨智侨力参与公共文化建设[④]。

此外，还要重视整合基层公共文化服务的资源建设。《关于加快构建现代公共文化服务体系的意见》指出，要统筹实施全国文化信息资源共享工程、数字图书馆博物馆建设、直播卫星广播电视公共服务、农村数字电影放映、数字农家书屋、城乡电子阅报屏建设等项目，构建标准统一、互联互通的公共数字文化服务网络，在基层实现共建共享。实践证明，通过资源整合可有效提升基层公共文化服务的效能。例如，江苏淮安盱眙县将数字农家书屋建设、文化信息资源共享工程、公共文化服务平台和广播电视网有机整合在一个个小小的农家书屋里，全县农家书屋实现数字化管理。在农家书屋设置法治图书角，根据农民需求和喜好，传播法治文化知识。利用广播电视，在《盱眙新闻》节目中开设了《举案说法》《山城警方》等专栏，用老百姓身边的人和事，来教育和引导广大群众遵纪守法。另外，在每个村（居、社区）设立法治宣传栏，不定期举行法治图书漂流活动，通过宣传栏、图书漂流、工作简报等形式来宣传法治文化[⑤]。

《关于加快构建现代公共文化服务体系的意见》还指出，要结合基层公共服务设施建设，制定村（社区）综合公共文化服务中心建设标准，充分利用现有城乡公共设施，统筹建设集宣传文化、党员教育、科技普及、普法教育、体育健身等多功能于一体的基层公共文化服务中心，配套建设群众文体活动场地。2015 年 10 月《国务院办公厅关于推进基层综合性文化服务中心建设的指导意见》发布，要求到 2020 年，全国范围的乡镇（街道）和村（社区）普遍建

① 李国新. 建立协调机制是重中之重[N]. 中国文化报，2014 – 07 – 30(3).

② 刘湛. 重庆科技馆和图书馆深度融合[EB/OL]. [2018 – 02 – 25]. http://news. cnr. cn/native/city/20170921/t20170921_523958892. shtml.

③ 刘修兵. "宿松农村区域文化中心建设模式创新与示范"项目通过验收[EB/OL]. [2018 – 02 – 25]. http://www. zjwh. gov. cn/dtxx/2015-02-27/180509. htm.

④ 江门市文广新局. 江门五邑联合文化场馆建设项目以首位成绩入选国家 2016 年文化创新工程[EB/OL]. [2018 – 02 – 25]. http://www. gdwht. gov. cn/plus/view. php?aid＝41640.

⑤ 宋勇，丁立高. 农家书屋提升工程成绩斐然[EB/OL]. [2018 – 02 – 25]. http://www. xuyi. gov. cn/n111035c177. shtml.

成集宣传文化、党员教育、科学普及、普法教育、体育健身等功能于一体，资源充足、设备齐全、服务规范、保障有力、群众满意度较高的基层综合性公共文化设施和场所。在建设方式上，要求主要采取盘活存量、调整置换、集中利用等方式进行建设，不搞大拆大建，凡现有设施能够满足基本公共文化需求的，一律不再进行改扩建和新建。村（社区）综合性文化服务中心主要依托村（社区）党组织活动场所、城乡社区综合服务设施、文化活动室、闲置中小学校、新建住宅小区公共服务配套设施以及其他城乡综合公共服务设施，在明确产权归属、保证服务接续的基础上进行集合建设，并配备相应器材设备①。目前，各地也相继出台了建设标准和实施方案。

5. 坚持改革创新

坚持改革创新，就是要加快转变政府职能，完善管理体制机制，创新公共文化服务内容和形式，促进文化与科技深度融合，推动文化事业和文化产业协调发展。

党的十七届六中全会通过的《中共中央关于深化文化体制改革　推动社会主义文化大发展大繁荣若干重大问题的决定》明确指出："科技创新是文化发展的重要引擎。要发挥文化和科技相互促进的作用，深入实施科技带动战略，增强自主创新能力。"科学技术作为社会智力发展的一个方面，既是文化的重要内容，也是文化的重要体现形式和载体。科技创新对于提升文化创新能力，丰富文化内涵，催生新兴文化业态，发挥着日益重要的支撑和引领作用。深入推进文化与科技融合，是实现社会主义文化大发展大繁荣的必然要求，也是满足人民群众多样化多层次文化需求的重要手段，是提升国家文化竞争实力的强劲动力。公共文化服务体系建设作为我国文化建设与社会发展的一项重要任务，同样也需要科技创新。加大文化科技创新力度，推动公共文化服务与现代科技深度融合发展，是现代公共文化服务体系的突出特点之一②。

2009 年，我国启动了国家文化创新工程。几年来，已在人才培养、平台建设、项目带动、示范引领等各方面取得了实效，成为文化部推动文化创新工作的重要平台，一批具有导向性、示范性、实践性的成熟项目被确立为"国家文化创新工程"资助项目予以重点培育与推广③。例如，2015 年通过验收的"基于互联网电视平台的数字图书馆应用与示范"项目，将数字图书馆业务与互联网电视平台应用技术融合，建立了互联网电视资源展示与服务规范，探索形成基于互联网电视平台的数字图书馆分层建设和集成服务机制，对消除数字鸿沟、促进数字资源广泛便捷地应用、实现信息资源服务的均等化具有重要意义。验收时，该项目已实现在新疆和武汉两地的落地与推广④。2016 年通过验收的由重庆市北碚区文化馆等 6 家单位承担的 2012 年国家文化创新工程重点项目——"文化馆公共数字文化服务模式创新与示

---

① 国务院办公厅.国务院办公厅关于推进基层综合性文化服务中心建设的指导意见[EB/OL].[2018 - 02 - 25]. http://www.gov.cn/zhengce/content/2015-10/20/content_10250.htm.

② 李国新.现代公共文化服务体系建设与公共图书馆发展——《关于加快构建现代公共文化服务体系的意见》解析[DB/OL].[2018 - 02 - 25]. http://www.chinalibs.net/ArticleInfo.aspx?id = 376442.

③ 中国文化传媒网.国家文化创新工程简介[EB/OL].[2018 - 02 - 25]. http://www.ccdy.cn/zhuan-ti/2013zt/chuangxingongcheng/jianjie/201402/t20140224_873447.htm.

④ 中国文化传媒网.基于互联网电视平台的数字图书馆项目通过验收[EB/OL].[2018 - 02 - 25]. http://www.ccdy.cn/zhuanti/2013zt/chuangxingongcheng/yijie/201601/t20160115_1181499.htm.

范"项目,则探索数字化、信息化背景下文化馆(站)公共数字文化服务的方式和机制创新,提出了具有系统性、可操作性的设计方案和参考标准,并且在重庆市北碚区、江苏省苏州市、浙江省宁波市、浙江省杭州市、北京市东城区、安徽省马鞍山市、江苏省张家港市等地,进行了文化馆数字文化服务模式创新试点,形成了一系列可复制、可推广的模式和示范,对全国范围内推进文化馆(站)公共数字文化服务起到了积极的影响和带动作用①。

2010年,由财政部支持、文化部组织实施的重大科研项目——国家文化科技提升计划启动。该计划通过开展文化科技基础性研究和高新技术在文化领域的应用研究,重点解决一批具有前瞻性、全局性和引领性的重大文化科技问题,突出文化科技的集成性、针对性和有效性,提升文化科技的创新能力、吸纳能力和转化能力。截至2016年,共立项79项,其中公共文化服务项目18项、文化资源建设项目6项、文化传播项目4项,基本实现了科技在文化工作中的全覆盖。在公共文化领域,2012年立项的由文化部全国文化信息资源建设管理中心、北京大学、中国科学院计算技术研究所共同承担的"云计算环境下智能化数字文化资源信息采集和资源整合及服务模式研究"项目,研究云计算环境下数字文化资源的整合方案、智能化数字资源采集技术及文化资源的新型服务模式,实现了对数字文化资源的全局化管理,提升了公共文化资源的云服务能力和水平。文化部全国公共文化发展中心与东莞图书馆联合承担的国家文化科技提升计划项目"公共电子阅览室的新形态实现研究",通过综合设计、技术开发、服务体验等研究与实践,提出公共电子阅览室新形态的实现路径和运营模式,提升了基层公共文化服务水平。而国家文化科技提升计划项目"农村地区公共文化数字资源和传播渠道建设",则提出针对我国农村现实情况的文化数字资源使用模式体系,研制了"一点通"乡村公共数字文化综合服务平台,利用农村地区现有传播渠道和终端提升农村地区文化互动传播水平。为推进公共文化服务均等化,打通"最后一公里"进行了有力探索②。

2015年1月,《关于加快构建现代公共文化服务体系的意见》对于推进公共文化服务与科技融合发展部署了三大块任务:一是加大文化科技创新力度,将公共文化科技创新纳入科技发展专项规划,研究制定公共文化服务领域科技标准规范,开展文化专用装备、软件、系统的研发应用以及加强科技成果转化应用;二是加快推进公共文化服务数字化建设;三是提升公共文化服务现代传播能力,加快构建现代文化传播体系,保障信息传播的高效快捷和安全有序。

2016年12月,科技部、文化部和国家文物局印发了《国家"十三五"文化遗产保护与公共文化服务科技创新规划》,明确"十三五"时期文化遗产保护与公共文化服务科技创新的总体思路、发展目标、主要任务和重大举措,提出需要创新突破的六大类公共文化服务技术:数字图书馆资源建设与服务关键技术、公共文化均等化特型装备研发与应用示范、公共文化服务效能提升技术研发与应用示范、公共文化产品广泛传播技术研发与应用示范、数字文化

---

① 中国文化传媒网. 文化馆公共数字文化服务模式创新与示范[EB/OL]. [2018 - 02 - 25]. http://www.ccdy.cn/zhuanti/2013zt/chuangxingongcheng/yijie/201503/t20150319_1075895.htm.

② 连晓芳. 全面推进科技成果融入文化领域——国家文化科技提升计划实施6年圆满结项[EB/OL]. [2018 - 02 - 25]. http://www.cssn.cn/wh/wh_cysc/201701/t20170117_3387230.shtml.

公共资源的精细化整备、文化普及与艺术教育专用装备研发与应用示范①。

2017年4月，文化部印发了《文化部"十三五"时期文化科技创新规划》，为"十三五"时期文化建设中的科技创新明确方向、设定目标、开列任务、划出重点，提出"十三五"时期要加强协同创新、研发攻关、成果应用、区域统筹和人才培养五大任务，明确文化创新、文化科技重点研发、文化大数据、文化装备系统提升、文化标准化和文化科技成果转化六大重点工程，对文化领域科技创新的重点内容、实现路径、依托载体、环境营造等给出了系统设计与清晰阐释。《公共文化服务保障法》明确规定"国家鼓励和支持发挥科技在公共文化服务中的作用"，使科技与公共文化的融合上升到了法律保障的高度。

2018年1月，2018年度国家文化创新工程项目申报启动，项目申报范围要求满足服务文化发展需求，面向科技创新，在文化装备系统提升、文化大数据、"互联网+文化"等领域，围绕新技术和新材料，以技术集成创新、科技成果推广与转化为目标，进行研究与培育②。

综上所述，近10年来我国科技与文化融合相关政策与法规的陆续出台，表明科技在公共文化服务体系中的地位与作用日益增强；文化部组织实施的国家文化创新工程、国家文化科技提升计划等文化与科技融合项目、中央财政专项资金支持的三大公共文化惠民工程、数字图书馆、数字文化馆、图书馆和博物馆的数字体验空间、公共图书馆创客空间等的实践表明，科技在公共文化服务中的作用正日益显现，科技创新已成为公共文化增强服务能力、提升服务效果、丰富服务内容、拓展服务空间、突破发展瓶颈的重要手段和支撑。

二、制度建设

党的十八届三中全会将全面深化改革的总目标定位为"完善和发展中国特色社会主义制度，推进国家治理体系和治理能力现代化"。现代公共文化服务体系是国家治理体系和治理能力现代化的组成部分，推进国家治理体系和治理能力现代化，必然包括推进文化治理体系和文化治理能力现代化。

国家治理体系是在党领导下管理国家的制度体系，包括经济、政治、文化、社会、生态文明和党的建设等各领域体制机制、法律法规安排，也就是一整套紧密相连、相互协调的国家制度；国家治理能力则是运用国家制度管理社会各方面事务的能力。国家治理不同于管理，它不能仅仅依赖于政府政策，而必须依赖于法律和制度③。因此，必须明确，推进国家治理体系和治理能力现代化的前提是完善和发展中国特色社会主义制度。同样，推进文化治理体系和文化治理能力现代化也必须完善文化管理制度和健全文化市场体系，即完善和发展文化领域制度建设。制度建设关系到公共文化服务体系的理论构建，关系到公共文化服务体

---

① 科技部,文化部,国家文物局.科技部、文化部、国家文物局关于印发《国家"十三五"文化遗产保护与公共文化服务科技创新规划》的通知[EB/OL].[2018-02-27].http://www.most.gov.cn/mostinfo/xinxifenlei/fgzc/gfxwj/gfxwj2016/201612/t20161221_129720.htm.

② 文化部文化科技司.文化部办公厅关于开展2018年度国家文化创新工程项目申报工作的通知[EB/OL].[2018-02-27].http://zwgk.mcprc.gov.cn/auto255/201801/t20180130_831074.html.

③ 虞崇胜.制度建设是国家治理现代化的题中应有之义[J].福建论坛(人文社会科学版),2014(2):5-12.

系的科学发展,关系到公共文化服务体系的可持续发展。党的十八届四中全会明确提出,要"建立健全坚持社会主义先进文化前进方向、遵循文化发展规律、有利于激发文化创造活力、保障人民基本文化权益的文化法律制度。"

1. 公共文化服务体系政策和制度供给情况

自 2005 年十六届五中全会首次提出建设公共文化服务体系以来,我国公共文化服务建设取得长足进展,有关公共文化服务体系建设的法律、法规、部门规章、标准、规划不断出台,公共文化政策不断充实,逐步形成国家宏观战略层面、部委中观层面以及地方性政策三个层次的结构体系,既有保障性政策,也有规范类如标准、要求,以及鼓励、表彰制度等,内容涵盖公共文化资源配置、公共文化设施建设和管理、社会力量参与、公共文化产品的有效供给机制、绩效评估等方面,推动我国公共文化服务体系建设的快速发展。

(1)宏观整体性政策法规

2005 年,《中共中央、国务院关于深化文化体制改革的若干意见》提出以发展为主题,以改革为动力,以体制机制创新为重点,形成科学有效的宏观文化管理体制,完善文化法律法规体系,强化政府文化管理和服务职能,构建覆盖全社会的公共文化服务体系。2006 年 9 月颁布的《国家"十一五"时期文化发展规划纲要》,成为我国第一个专门部署文化建设的中长期规划。2007 年,《中共中央办公厅、国务院办公厅关于加强公共文化服务体系建设的若干意见》明确了公共文化服务体系建设的指导思想和目标任务,提出要按照结构合理、发展均衡、网络健全、运行高效、惠及全民的原则,努力建设以公共文化生产供给、设施网络、资金人才、技术保障、组织支撑和运行评估为基本框架的覆盖全社会的公共文化服务体系。2011年,党的十七届六中全会通过的《中共中央关于深化文化体制改革 推动社会主义文化大发展大繁荣若干重大问题的决定》,提出到 2020 年,适应人民需要的文化产品更加丰富,精品力作不断涌现。文化事业全面繁荣,覆盖全社会的公共文化服务体系基本建立,努力实现基本公共文化服务均等化的奋斗目标。2012 年 2 月,中共中央办公厅、国务院办公厅印发《国家"十二五"时期文化改革发展规划纲要》;7 月,国务院印发的《关于国家基本公共服务体系"十二五"规划的通知》,提出"十二五"时期公共文化体育的重点任务是围绕建设社会主义核心价值体系和满足城乡居民精神文化需求的要求,坚持公益性、基本性、均等性、便利性,建立健全公共文化服务体系,扩大公共文化产品和服务的供给,推进全民健身公共服务体系建设。

2013 年,党的十八届三中全会通过的《中共中央关于全面深化改革若干重大问题的决定》提出了构建现代公共文化服务体系的重大任务,首次在"公共文化服务体系"前加了"现代"二字,表明我国公共文化服务将加快由传统文化事业向现代公共文化服务体系转变的发展态势。2015 年 1 月,《关于加快构建现代公共文化服务体系的意见》,对加快构建现代公共文化服务体系,推进基本公共文化服务标准化均等化,保障人民群众基本文化权益做了全面部署;12 月,文化部等七部委联合印发的《"十三五"时期贫困地区公共文化服务体系建设规划纲要》,针对贫困地区公共文化建设存在的突出问题,提出按照"补齐短板、巩固提高、全面推进、协调发展"的建设思路,确定了到 2020 年,贫困地区公共文化服务能力和水平有明显改善,群众基本文化权益得到有效保障,基本公共文化服务主要指标接近全国平均水平,扭转发展差距扩大趋势,公共文化在提高贫困地区群众科学文化素质、促进当地经济社会全面发展方面发挥更大作用的建设目标;《公共文化服务保障法》的颁布,实现了我国文化立法的重大突破,是我国文化领域一部综合性、全局性、基础性的重要法律,在文化法治建设中具有里程碑意义;《国家"十三五"时期文化发展改革规划纲要》,提出要坚持政府主导、社会参与、重心下移、共建共享,坚持缺什么补什么,注重有用、适用、综合、配套,统筹建设、使用与管理,加快构建普惠性、保基本、均等化、可持续的现代公共文化服务体系。

(2)经费保障政策法规

2006年6月,国务院办公厅转发财政部、中宣部《关于进一步支持文化事业发展的若干经济政策》,这些政策包括继续征收文化事业建设费、继续实行税收优惠政策、继续实施促进电影事业发展的有关经济政策、继续增加对宣传文化事业的财政投入、建立健全专项资金管理制度和继续鼓励对宣传文化事业的捐赠。2013年12月25日,财政部、国家税务总局发布的《关于延续宣传文化增值税和营业税优惠政策的通知》,规定在2017年年底以前,对宣传文化事业增值税和营业税优惠政策做适当调整后延续。2014年11月27日,财政部、国家税务总局、中宣部发布的《关于继续实施文化体制改革中经营性文化事业单位转制为企业若干税收政策的通知》,规定了经营性文化事业单位转制为企业可以享受的税收优惠政策。

财政投入各类专项资金管理政策法规有:2007年,财政部印发两部专项资金管理办法《宣传文化发展专项资金管理办法》,用于促进宣传文化企业的技术进步和发展,繁荣社会主义宣传文化事业,加强社会主义精神文明建设;《中央补助地方文化体育与传媒事业发展专项资金管理暂行办法》,用于支持和引导地方改善公益性文化事业单位设施状况和工作条件,促进文化、文物、体育、广播电视、新闻出版等事业发展。2008年,财政部、新闻出版总署印发的《农家书屋工程专项资金管理暂行办法》,规定中央财政按照每个农家书屋2万元的配置标准,分别给予中部地区50%、西部地区80%的补助资金,其余部分由地方财政部门统筹安排解决。2009年,财政部、文化部发布的《城市社区文化中心(文化活动室)设备购置专项资金管理办法》,规定专项资金主要对中西部地区已建成且具有一定规模、配有专人管理、常年开展文化活动的城市社区文化中心(文化活动室)开展业务活动所需设备购置经费予以定额补助;对东部地区在社区文化中心(文化活动室)建设工作中取得突出成绩的省份予以奖励。2009年,财政部、广电总局印发的《中央广播电视节目无线覆盖专项资金管理办法》,规定对纳入中央广播电视节目无线覆盖范围内的发射转播台(站)中转播中央第一套广播(中波、调频)和第一、第七套电视节目的发射系统、附属系统及相关监控设备的更新改造、维修、运行维护进行补助。2013年,财政部、文化部印发《中央补助地方美术馆、公共馆、文化馆(站)免费开放专项资金管理暂行办法》,用于支持文化主管部门归口管理的地市级和县级美术馆、公共图书馆、文化馆以及乡镇综合文化站免费开展基本公共文化服务。2013年,财政部印发了两部专项资金管理办法:《中央补助地方博物馆、纪念馆免费开放专项资金管理暂行办法》,用于补助博物馆、纪念馆免费开放所需经费支出,鼓励改善陈列布展,支持重点博物馆提升服务能力,对免费开放工作成绩突出的省份给予奖励;《中央补助地方农村文化建设专项资金管理暂行办法》,用于支持农村公共文化事业发展,保障基层农村群众基本文化权益。

（3）鼓励社会力量参与公共文化服务体系建设政策法规

2012年，《文化部关于鼓励和引导民间资本进入文化领域的实施意见》出台，内容主要包括鼓励民间资本参与国有文艺院团转企改制、参与公共文化服务体系建设、投资文化产业发展、投入非物质文化遗产传承保护、积极参与对外文化交流和文化贸易、进入文化领域创造良好发展环境等几个方面。2015年，国务院办公厅下达通知，转发文化部等部门《关于做好政府向社会力量购买公共文化服务工作意见》，对建立健全政府向社会力量购买公共文化服务机制，完善公共文化服务供给体系，提高公共文化服务效能做出重要部署，同时发布了《政府向社会力量购买公共文化服务指导性目录》；5月，国务院办公厅下发通知，转发财政部、国家发展改革委、人民银行《关于在公共服务领域推广政府与社会资本合作模式的指导意见》，首次将文化领域纳入PPP模式的推广范围。2016年12月，中宣部、中央文明办、教育部、民政部、文化部、国家文物局和中国科协印发的《关于公共文化设施开展学雷锋志愿服务的实施意见》，提出到2020年，基本建成公共文化设施志愿服务组织体系、志愿服务项目体系和志愿服务管理制度体系，并公布了公共文化设施开展学雷锋志愿服务首批示范单位名单。

（4）公共文化设施政策法规

有关图书馆建设的政策、法规和规范。2013年，文化部颁布我国第一个全国性的公共图书馆事业发展五年规划——《全国公共图书馆事业发展"十二五"规划》，提出了"十二五"期间我国公共图书馆事业发展的主要指标。2016年，文化部、新闻出版广电总局、体育总局、国家发展改革委、财政部印发的《关于推进县级文化馆图书馆总分馆制建设的指导意见》，提出到"2020年，全国具备条件的地区因地制宜建立起上下联通、服务优质、有效覆盖的县级文化馆、图书馆总分馆制，广大基层群众享受的基本公共文化服务内容更加丰富，途径更加便捷，质量显著提升，均等化水平稳步提高"的目标。2017年7月，文化部印发《"十三五"时期全国公共图书馆事业发展规划》，目标是"到2020年，全国公共图书馆设施网络进一步完善，文献资源保障能力明显增强，县级图书馆总分馆制基本建立，公共图书馆服务标准化、均等化水平显著提高，信息网络等新技术应用更加普及，法人治理结构建设积极推进，人才队伍建设有效加强，政策法律保障更加有力，社会力量广泛参与，公众对公共图书馆服务的满意度持续提升"；11月4日，第十二届全国人民代表大会常务委员会第三十次会议高票通过《公共图书馆法》，这是党的十九大之后出台的第一部文化方面的法律，是公共文化领域继《公共文化服务保障法》之后的又一部重要法律，也是我国第一部图书馆专门法。

公共图书馆标准规范。2008年相继出台《公共图书馆建设用地指标》和《公共图书馆建设标准》，确定了公共图书馆建设项目的规模分级和项目构成，给出公共图书馆的总建筑面积和分项面积控制指标，提出公共图书馆建设选址、总体布局的原则要求，明确公共图书馆建设项目实施过程中的基本要求，并要求按照国际上普遍、通行的做法，以服务人口为主要依据确定公共图书馆建设规模。2011年颁布的《公共图书馆服务规范》，规定了图书馆服务资源、服务效能、服务宣传、服务监督与反馈等内容，是我国第一个规范公共文化的国家级服务标准，也是我国图书馆规范体系中的首个服务类标准，对于改善公共图书馆服务的条件并提高公共图书馆服务的整体品质、效能和管理效益具有重要意义。《图书馆建筑设计规范》于2016年5月1日正式实施，适用于新建、扩建和改建的图书馆建筑设计。2016年3月，文化部发布《社区图书馆服务规范》（WH/T 73—2016），自 2016 年 5 月 1 日起实施。该标准是我国第一部针对社区图书馆服务、管理制定的行业标准。

有关文化馆的政策、法规和规范。2007 年，国家发展改革委和文化部印发了《全国"十一五"乡镇综合文化站建设规划》，这是中华人民共和国成立以来，中央预算内投资力度最大的农村基础文化设施建设工程；2009 年 9 月 8 日，为促进乡镇综合文化站的健康发展，文化部以文化部令的形式颁布了《乡镇综合文化站管理办法》，明确乡镇综合文化站的性质、职能、任务，从规划、人员、经费、设施设备等方面对乡镇综合文化站的建设和管理做了明确规定；2015 年 10 月，国务院办公厅印发《关于推进基层综合性文化服务中心建设的指导意见》，部署传统文化站（室）向现代综合性文化服务中心的转变任务，提出到 2020 年，全国范围的乡镇（街道）和村（社区）普遍建成集宣传文化、党员教育、科学普及、普法教育、体育健身等功能于一体，资源充足、设备齐全、服务规范、保障有力、群众满意度较高的基层综合性公共文化设施和场所，形成一套符合实际、运行良好的管理体制和运行机制，建立一支扎根基层、专兼职结合、综合素质高的基层文化队伍，使基层综合性文化服务中心成为我国文化建设的重要阵地和提供公共服务的综合平台，成为党和政府联系群众的桥梁和纽带，成为基层党组织凝聚、服务群众的重要载体。

文化馆（站）标准规范。2008 年，《文化馆建设用地指标》《文化馆建设标准》相继出台，确立根据服务人口确定建设规模的原则，并对文化馆的服务半径提出具体要求；2014 年，《文化馆建筑设计规范》发布。2012 年，《乡镇综合文化站建设标准》（建标〔2012〕160 号）发布，该标准是乡镇综合文化站建设项目科学决策、合理确定建设和投资水平的全国性统一标准，是编制、评估和审批乡镇综合文化站项目建议书和可行性研究报告的重要依据，也是有关部门审查乡镇综合文化站建设项目初步设计和对整个建设过程监督检查的尺度。2016 年，《文化馆服务标准》（GB/T 32939—2016）和《乡镇综合文化站服务标准》（GB/T 32940—2016）发布，目的在于明确文化馆（站）的服务职能和功能，完善文化馆（站）的服务条件，发挥文化馆作为公益性文化事业机构在公共文化服务中的主体作用和效能，提高文化馆（站）的公共文化服务绩效水平，体现文化馆（站）在为社会提供公益性文化服务、提升国民文化素质中的重要价值。

有关博物馆政策、法规和规范。2005 年，文化部颁布《博物馆管理办法》；2011 年和 2017 年，文物局分别印发《国家文物博物馆事业发展"十二五"规划》《国家文物博物馆事业发展"十三五"规划》；2015 年 1 月，国务院颁布《博物馆条例》。博物馆标准规范有《博物馆建筑设计规范》。

2. 公共文化服务体系制度设计研究和实践

2010 年 6 月 25 至 26 日，国家公共文化服务体系制度设计研究工作会议在重庆召开，全面启动公共文化服务体系制度设计研究工作，目的是针对公共文化服务体系建设存在的突出问题，根据我国区域差异、城乡差异的具体实际，结合国家公共文化服务体系示范区创建工作，对涉及全局性、战略性的重大问题进行研究，提出相关政策建议和具体解决方案，形成一系列推进公共文化服务体系建设的政策、手段和措施，努力建立公共文化服务体系建设的长效机制。2010 年上半年，文化部在深入调研和反复论证的基础上，形成了国家公共文化服务体系制度设计课题体系，主要包括：群众文化需求和基本文化权益研究、政府公共文化服务主体地位研究、公共文化单位免费开放与公益性服务研究、公共文化资源供给体系研究、社会文化活动机制研究、公共文化服务社会参与机制研究、公共文化服务经费保障机制研究、公共文化服务人才队伍建设研究、公共文化服务技术支撑研究、公共文化服务评价考核体系研究 10 个一级课题和 32 个二级课题①。在上述课题中，将公共文化单位免费开放研究、公共文化服务经费保障机制研究、公共文化服务人才队伍建设研究、公共文化服务评价考核体系研究以及公共文化服务体系建设"十二五"规划 5 个问题并列为 2010 年重点研究课题，委托清华大学、北京大学、中国传媒大学、深圳市特区文化研究中心等高校和研究机构进行专题研究。文化部发布课题后，全国陆续有 24 个省、自治区、直辖市的文化厅（局）申报承担课题研究工作。2010 年 6 月，文化部在重庆召开国家公共文化服务体系制度设计研究工作会议，与相关省份签订委托协议书，部署各地开展制度设计研究工作②。

2011 年，文化部与财政部实施了国家公共文化服务体系示范区（项目）创建工作。在《国家公共文化服务体系示范区（项目）创建工作方案》中明确要求示范区（项目）创建与国家公共文化服务体系制度设计研究相结合，同步实施，同步推进。强调开展制度设计研究是示范区（项目）创建工作的重要内容，制度设计研究成果是示范区（项目）验收的前置条件。示范区（项目）应承担课题研究任务，成为课题研究的实践基地，深化推动课题研究，使之具有实践性和可操作性。课题研究应紧密结合示范区（项目）创建工作进行，为示范区（项目）创建工作提供理论指导和政策支持，推动公共文化服务体系科学发展③。在东、中、西部示范区（项目）创建标准中要求"政府有公共文化服务体系建设相关规划和政策，建立政府统一领导、相关部门分工负责、社会团体积极参与的管理体制和工作机制。以农村和基层为重点，制订统筹城乡文化发展的相关规划、政策、措施。建立政府与公共文化服务机构的专家咨询制度、公共文化服务机构运营的公众参与制度，形成政府宏观管理、行业协会参与、公共机构法人治理的管理模式，建立城市对农村的文化援助机制"④。

为推动公共文化服务体系建设理论研究，充分发挥制度设计研究决策参考、指导实践、推动立法的重要作用，文化部公共文化司于 2013 年启动了 2013—2014 年度国家公共文化服务体系制度设计课题研究工作，并于 2014 年评审出优秀等级成果 6 项、良好等级成果 15 项、合格等级成果 9 项。此后，文化部每两年都会开展国家公共文化服务体系制度设计课题申报工作，根据研究进展和实际情况发布课题指南，评审优秀等级成果予以奖励。

---

① 陈彬斌.国家公共文化服务体系制度设计研究全面启动[EB/OL].[2018 - 03 - 16].http://www.ndcnc.gov.cn/shifanqu/sheji/201301/t20130114_528963.htm.

② 白雪华.国家公共文化服务体系制度设计研究工作概述[R]//蔡武等.中国公共文化服务发展报告(2012).北京：社会科学文献出版社,2012:225 - 235.

③ 文化部.国家公共文化服务体系示范区(项目)创建工作方案[DB/OL].[2018 - 03 - 16].http://www.chinalibs.net/ArticleInfo.aspx?id = 366792.

④ 文化部.国家公共文化服务体系示范区(项目)创建标准[DB/OL].[2018 - 03 - 16].http://www.chinalibs.net/ArticleInfo.aspx?id = 366792.

表 2 - 1　2013—2014 年度国家公共文化服务体系制度设计研究优秀成果①

课题名称	申报单位
广州街镇公共图书馆建设需求与路径探索调研报告	广东省文化厅
城镇化进程中公共图书馆服务体系建设研究	国家图书馆
公共文化服务保障机制研究	武汉大学
公共文化服务财力需求测算及稳定增长机制研究	中央文化管理干部学院

表 2 - 2　2015—2016 年度国家公共文化服务体系制度设计研究优秀成果②

课题名称	申报单位
云南边疆多民族地区公共文化建设跨越式发展研究	云南省民族艺术研究院
西南地区基层公共文化人才培养和激励机制研究	西南大学
公共文化服务大数据的采集与分析基本方法研究	中国科学院自动化研究所
博物馆公共文化服务标准化研究——以江苏省为例	江苏省文物局
新生代农民工文化需求满足机制研究	北京大学国际关系学院国家文化软实力研究中心、北京师范大学政府管理研究院、农桥网(农桥电子商务有限公司)
公共文化服务均等化的实践模式研究——以大连市少儿图书资源全域共享为例	辽宁大连市文化广播影视局
公共文化服务绩效评估指标体系研究	吉林长春市文化广电新闻出版局
治理路径下的公共图书馆理事会模式探索与实践	上海图书馆
基层公共文化服务协调机制研究:以浙江拱墅区"三联模式"为样本	浙江大学
公共文化服务视域下传统文化继承与创新研究——以三明市朱子文化建设为例	福建三明市文化广电新闻出版局

　　经过几年的发展,我国公共文化服务制度设计研究和建设均取得了一定的进展,各地结合自身实践,尤其是结合国家公共文化服务体系示范区(项目)创建的实践,涌现出一大批优秀研究成果和实践案例,为我国公共文化服务重大政策出台提供了有力的理论支撑和智力支持。以下列举几个在国家公共文化服务体系制度设计研究课题中获得优秀或良好的案例,是各地结合当地实际,理论与实践结合而进行的创造性探索成果。

　　深圳福田区在创建示范区过程中,以公共治理理论为基础,根据国家制定的法规政策,结合辖区实际,围绕政府资源带动、政策制度驱动两个方面进行顶层设计,制定了促进社会力量参与的总体规则,最终形成了福田公共文化社会建设"1 + 1 + N"系列文件,并经区政府

---

　　①　文化部.2013—2014 年度国家公共文化服务体系制度设计课题结项评审结果公示[EB/OL].[2018 - 03 - 16].http://www.mcprc.gov.cn/whzx/ggtz/201412/t20141201_612152.htm.

　　②　文化部.2015—2016 年度国家公共文化服务体系制度设计研究课题结项评审结果公示[EB/OL].[2018 - 03 - 16].http://www.mcprc.gov.cn/whzx/bnsj/ggwhs/201612/t20161202_679643.htm.

六届 79 次会议审议通过。"1 + 1 + N"中,两个"1"分别是指《中共福田区委、福田区人民政府关于鼓励社会力量参与公共文化建设的若干意见》和《福田区宣传文化体育事业发展专项资金管理暂行办法》;"N"是指在公共文化若干领域的具体实施办法,具体包括《福田区扶持非国有博物馆暂行办法》《福田区公益文化活动采购配送暂行办法》《福田区高雅艺术推广低票价惠民工程暂行办法》《福田区文艺精品创作扶持暂行办法》《福田区群众文化团队扶持暂行办法》《福田区引进世界冠军和文化名人暂行办法》《福田区扶持现代戏剧发展暂行办法》《福田区公益广告资助暂行办法》《福田区国际交流与合作项目管理暂行办法》9 个文件①。

北京朝阳区在全国首创"2 + 5"公共文化服务评价指标体系,"2"即区、街(乡)两级公共文化服务评价指标体系,"5"即文化馆、图书馆、博物馆、街乡文化中心、社区(村)文化活动室的绩效考核指标体系。具体包括《朝阳区公共文化服务评价指标体系》《朝阳区街乡公共文化服务评价指标体系》《朝阳区街乡文化中心绩效考核指标体系》《朝阳区社区(村)文化活动室绩效考核指标体系》《朝阳区文化馆绩效考核指标体系》《朝阳区图书馆绩效考核指标体系》《朝阳区博物馆绩效考核指标体系》,并制定《朝阳区公共文化服务评价考核实施办法》和《公共文化重大项目管理考核办法》,把一年一次的公共文化服务评估结果纳入处级领导班子综合考核指标体系,形成了文化服务绩效考核常态机制②。

大连市少儿图书资源全域共享项目建设是大连市公共文化服务体系示范区建设的重点工作之一。大连市少儿馆联合文化部门、教育部门、财政部门开展专题调研,形成《关于推进我市少儿图书资源全域共享有关建议的报告》,获批复后三部门共同签发《大连市少儿图书资源全域共享建设实施方案》,使项目获得了政策保障与财政支持。为保证项目顺利进行,制定《大连市少儿图书资源全域共享建设分馆管理规则》,对设立分馆的基本程序、分馆的职责和任务、分馆图书配送要求及业务辅导与阅读辅导形式等都做了翔实的规定,各分馆也相应规范建档。为了激励和引导各分馆建设,制定《大连市少儿图书资源全域共享建设分馆评优标准》,真正做到有规则可遵循、有标准可参照,以评优奖励政策促进项目建设全面发展。同时,建立联席会议制度,通过定期召开联席会议,分析和解决在实际工作中发现的问题,共同探讨发展思路,促进项目建设工作更好更快发展③。

杭州市在已取得的建设经验的基础上,规划了"1 + X"公共文化服务标准体系建设。"1"即指杭州市出台的《关于加快构建现代公共文化服务体系的实施意见》和《基本公共文化服务标准(2016—2020 年)》;"X"指余杭区的乡镇综合文化站服务规范、下城区的社区动态评估规范、萧山区的乡镇动态评估规范、拱墅区的文化志愿服务管理规范、江干区的文化团队服务管理规范、西湖区的区域文化联动服务规范等区、县(市)在先行先试中取得的经验和成果在全市推广,形成各具特色的单项标准④。至 2016 年年底,全市共建有 100 家分馆、

---

①　林金华."1 + 1 + N":社会力量参与公共文化服务的制度范本[N]. 中国文化报,2016 - 01 - 07(9).

②　朝阳区文化委员会. 朝阳区创建国家公共文化服务体系示范区的经验与思考[R]//施昌奎等. 北京公共服务发展报告(2014—2015). 北京:社会科学文献出版社,2015:76 - 83.

③　杨晓丽. 基本公共文化服务均等化实践探析——以大连市少儿图书资源全域共享项目建设为例[J]. 图书馆学刊,2017(3):87 - 90.

④　杭州市委办公厅,杭州市人民政府办公厅. 印发《关于加快构建现代公共文化服务体系的实施意见》的通知[EB/OL]. [2018 - 03 - 16]. http://www. linan. gov. cn/art/2016/1/26/art_1379802_13921046. html.

60家图书流通站、24个流通车服务点及8家智能书屋，成为国内最早建立起少儿图书馆总分馆服务体系的地区①。

三、单元建设

公共文化服务体系是政府主导、社会参与形成的普及文化知识、传播先进文化、提供精神食粮、满足人民群众文化需求、保障人民群众文化权益的各种公益性文化机构和服务的总和。公共文化服务体系的建设，不仅要重视宏观层面的综合性、战略性和前瞻性的总体规划，还要重视微观层面的点的建设，即单元建设。单元是一个体系形成的基础，通过特定的组织管理方法作为纽带将其连接起来，进而形成一个完整的、互联互通的组织体系网络。没有这些点，没有基础的单元，组织体系则无从谈起。例如，公共图书馆的总分馆体系，如果各分馆连基本的服务设施和人员都不具备，体系内的资源和服务也无法通过分馆提供给读者，整个总分馆体系缺少点的支撑，也就难以为继。因此，公共文化服务体系的建设不仅仅是整个组织体系的网络建设，还需要落实到一个个具体的单元建设上来，夯实基础，才能健全网络，推动其可持续发展。

1. 区域单元建设

区域指土地的界划。我国公共文化服务体系建设的区域划分主要有按行政功能区划确定，按经济、社会条件和地理位置来确定和按经济发展水平来确定三种方式。

按行政功能区划确定，如省（自治区）、地市、县、乡镇、村的公共文化服务体系建设，乡镇和村的体系构成县域体系，县域体系构成地市体系，地市体系构成省（自治区）体系。实践中我们也可以看到，各省（自治区）已经形成了各自的公共文化服务体系，有各自的实施方案或标准。按行政功能区域确定的单元建设准确地说是一种"单元格"建设，省域内的公共文化服务网络是由不同层级的单元网以及下一层的单元格组成，优点是建设基本单元的同时也将整个区域的组织管理体系建立起来了。缺点是单元格的细化导致组织管理体系过分庞大，体系的建设多于单元建设，容易使单元建设的效果弱化，因而更适合在地市一级的较小的行政区域内开展；优点是网格的细化使得乡镇和村以及社区等基层的文化网点得到"全覆盖"式建设。典型的如江苏张家港市的网格化公共文化服务和山东诸城市的网格化公共文化管理服务模式。

按经济、社会条件和地理位置来确定区域单元，将全国划分为东、中、西部地区，实施了差别化的发展政策，如给予公共文化服务体系建设不同的经费支持和建设标准要求等。例如，2011年1月，我国启动的国家公共文化服务体系示范区建设，分别规定了东、中、西部的示范区创建标准，以"村（社区）文体活动室（文化广场）建设"这一指标为例，东部的要求为"100%的行政村（社区）建设面积不低于200平方米的文化活动室（中心）"，而中部的要求

---

① 林红宣.少儿图书资源全域共享服务体系构建研究——以大连地区为例[J].图书馆学刊,2017(11):94-98.

为"80%的行政村(社区)建立面积不低于100平方米的文化活动室(中心)",西部则没有要求①。此外,对示范区和示范项目的奖励金额也不同,以2016年中央补助地方公共文化服务体系建设专项资金预算为例,国家公共文化服务示范区按照东、中、西部每个分别奖励200、400、600万元标准,示范项目每个25、50、75万元标准核定②。再如,中央补助地方美术馆、公共图书馆、文化馆(站)免费开放专项资金,对东、中、西部地区分别按照基本补助标准的20%、50%和80%的比例安排补助资金。2015年,文化部、财政部共同启动"拉动城乡居民文化消费试点项目",从东、中、西部选择典型地区,采取不同措施进行促进文化消费政策试点:东部试点政策主要采取线上和线下相结合的方式,线上利用国家文化消费服务平台,促进文化消费信息化、集成化,线下发行"文化消费专属信用卡",通过信用卡积分、打折等方式引导居民文化消费;中部试点政策主要是文化消费激励政策,通过激励居民参与公共文化消费评价获得积分奖励,再以所获得的积分用于自主文化消费;而西部试点政策主要是文化消费(税费)补贴政策,通过对居民文化消费支出中实际纳税(费)的部分按照一定的比例给予财政补贴,降低文化产品价格,拉动文化消费③。这种大的区域单元划分,为国家从宏观上补齐我国公共文化服务体系区域不平衡的短板提供了大的框架范围,但在各区域体系间的互通互联方面的作用则明显较弱。

按经济发展水平来确定区域单元,如发达地区和贫困地区。这种划分方法有特定的划分标准,便于在理论上进行研究,并对不同发展类型的地区提出方向性、原则性的指导和实践中的政策支持。近10年来,老少边穷地区公共文化服务的发展一直是我国公共文化服务体系建设的重点。例如,《关于加快构建现代公共文化服务体系的意见》就提出要推动革命老区、民族地区、边疆地区、贫困地区公共文化建设实现跨越式发展。与国家扶贫开发攻坚战略结合,编制老少边穷地区公共文化服务体系建设发展规划纲要。2015年12月,文化部、国家发改委等七部委联合印发《"十三五"时期贫困地区公共文化服务体系建设规划纲要》,针对贫困地区公共文化建设亟须解决的突出问题,从设施建设、服务内容、服务效能、数字化、人才队伍建设、文化帮扶等方面策划了29个项目,作为推动落实贫困地区公共文化建设主要任务的具体抓手。2017年6月,文化部发布《"十三五"时期文化扶贫工作实施方案》,把推动贫困地区公共文化服务体系建设作为"十三五"时期文化扶贫的主要任务之一。《公共文化服务保障法》第八条规定:"国家扶助革命老区、民族地区、边疆地区、贫困地区的公共文化服务,促进公共文化服务均衡协调发展。"不仅仅是政策的支持和倾斜,已有的研究表明,从1994年我国颁布国家"八七"扶贫攻坚计划以来,在公共文化服务领域,仅图书馆文化扶贫研究成果数量就占到人文社会科学领域该主题研究成果数量的60%左右④。

按经济发展水平划分进行的单元建设,促进了公共文化服务体系建设的均衡发展,推动

---

① 文化部,财政部. 国家公共文化服务体系示范区(项目)创建标准[DB/OL]. [2018 - 03 - 12]. http://www. chinalibs. net/ArticleInfo. aspx?id = 366792.

② 财政部. 财政部关于下达2016年中央补助地方公共文化服务体系建设专项资金预算的通知[EB/OL]. [2018 - 02 - 28]. http://jkw. mof. gov. cn/zxzyzf/zybzdfggwhfwtxjszxzj/201607/t20160706_2345434. html.

③ 周玮. 文化部财政部开展拉动城乡居民文化消费试点项目　东中西各有侧重[EB/OL]. [2018 - 02 - 28]. http://www. gov. cn/xinwen/2015 - 12/09/content_5021956. htm.

④ 尹莉,刘洪. 国家"八七扶贫攻坚计划"实施以来图书馆文化扶贫研究综述[J]. 图书馆论坛,2017(1):19 - 25.

了县、乡公共文化设施的提档升级,切实保障了贫困地区人民群众的基本文化权益,使得公共文化服务在提高贫困地区群众科学文化素质、促进当地经济社会全面发展方面发挥了重要作用。以山东省为例,通过文化精准扶贫地图,以贫困村为基本单元,在全省范围内实施公共文化服务精准扶贫,具体做法是:山东省文化厅在其网站上建设了涵盖全省 17 个市、129 个县区 7005 个贫困村的文化精准扶贫地图,采集了 101 项数据,在地图上通过"四个标注"实现贫困村公共文化服务无遗漏、全覆盖。一是标位置,标注贫困村地理位置,实现可查询、可导航;二是标资源,标注贫困村及贫困村周边的文化企业、文化产业园、非遗项目、文艺院团等文化资源;三是标需求,标注贫困村现有文化基础条件、文化需求项目;四是标进度,标注每个贫困村文化扶贫工作进度情况①。

2. 机构单元建设

我国的公共文化服务机构主要包括公共图书馆、文化馆、博物馆、科技馆、美术馆等,是公共文化服务体系的重要组成部分。由于各类公共文化服务机构提供的文化服务内容和服务方式各不相同,其业务管理和运营也有差异,因此,各类机构自成系统进行分类建设是长期以来我国公共文化服务单元建设的主要方式。其中,公共图书馆、文化馆(包括乡镇街道文化站和群艺馆)是公共文化服务体系的中坚力量,单馆力量的不断发展壮大,使公共文化体系的整个网络更加坚固,覆盖更全面,服务更到位,为实现公共文化服务体系的公益性、基本性、均等性、便利性奠定了坚实的物质基础。

(1)公共图书馆建设

公共图书馆是保障人民基本文化权益的重要阵地,是开展社会教育活动的终身课堂,是国家公共文化服务体系的重要组成部分。"十一五"以来,中央和地方各级政府进一步加大对公共图书馆建设的支持力度,公共图书馆财政投入稳步增加,法制化、规范化建设取得重要进展。

公共图书馆的覆盖率大大提高。国家统计局的统计数据显示,我国县以上公共图书馆的数量已从 2005 年中共十六届五中全会第一次提出要"建立覆盖全社会的公共文化服务体系"时的 2762 个增加到 2016 年的 3153 个,从业人数从 2005 年的 50 423 人增加到 2016 年的 57 208 人,总藏量从 2005 年的 48 055 万册增加到 2016 年的 90 163 万册。"十一五"期间,中央财政投入专项经费,对面积未达标的县级图书馆修缮给予资金补助;2012 年启动实施的《全国地市级公共文化设施建设规划》将 189 个地市级公共图书馆建设纳入项目储备库。公共图书馆已成为我国公共文化服务体系建设的重要内容。

公共图书馆的法制化、规范化建设取得重大进展。21 世纪以来,我国多地出台公共图书馆法规和规章制度,如《内蒙古自治区公共图书馆管理条例》《北京市图书馆条例》《山东省公共图书馆管理办法》《四川省公共图书馆条例》《广州市公共图书馆条例》等。2017 年11 月 4 日,第十二届全国人民代表大会常务委员会第三十次会议高票通过《中华人民共和国公共图书馆法》,并于 2018 年 1 月 1 日起正式施行。《公共图书馆法》的颁布,在公共文化服务体系建设中具有里程碑意义,明确了公共图书馆的发展方向、基本目标和重点任务,强

---

① 山东省文化厅.关于印发《山东省"169"文化精准扶贫行动方案》的通知[EB/OL].[2018 - 03 - 01].http://www.sdwht.gov.cn/html/2016/gzdt_0606/33996.html.

化了政府保障和政府责任,标志着我国图书馆事业正式走上法制化的轨道,将公共图书馆事业从国家的政策管理、标准化管理上升到法制化管理,成为国家管理图书馆事业的最高依据,适应了国家治理的新形势和新要求。在规范化建设方面,相继出台一系列公共图书馆建设和服务标准。如《公共图书馆建设标准》《公共图书馆建设用地指标》《公共图书馆服务规范》《图书馆建筑设计规范》等。

公共图书馆事业发展中长期规划。2013 年 1 月 30 日,我国第一个全国性公共图书馆事业发展中长期规划——《全国公共图书馆事业发展"十二五"规划》发布,这是中华人民共和国成立以来首次由政府主管部门牵头制定的全国公共图书馆事业中长期发展规划,充分体现我国政府在发展公共图书馆事业方面的决心和魄力。该规划明晰了"十二五"时期乃至今后更长一个阶段公共图书馆事业的发展思路,提出"政府主导、社会参与"的公共图书馆事业发展基本原则;明确公共图书馆事业发展是各级政府的责任,并提出将公共图书馆建设纳入经济社会发展规划,纳入公共文化服务体系建设总体架构,纳入财政预算,纳入科学发展考核评价体系。此外,规划还确定了"十二五"期间公共图书馆事业发展的 12 个方面 19 个量化指标,使得各项发展目标可落实、可检查、可评估,并提出"在公共文化服务体系示范区或其他有条件的地区,建设具有较高专业化服务水平和较好服务效益的示范性公共图书馆",力图通过典型示范,带动全国公共图书馆提升服务专业化水平。2017 年 7 月 7 日,文化部发布《"十三五"时期全国公共图书馆事业发展规划》,确定了"到 2020 年,全国公共图书馆设施网络进一步完善,文献资源保障能力明显增强,县级图书馆总分馆制基本建立,公共图书馆服务标准化、均等化水平显著提高,信息网络等新技术应用更加普及,法人治理结构建设积极推进,人才队伍建设有效加强,政策法律保障更加有力,社会力量广泛参与,公众对公共图书馆服务的满意度持续提升"的发展目标①。

公共图书馆的财政投入。虽然近几年我国确立了"政府主导、社会参与"的公共图书馆事业发展基本原则,但公共图书馆事业经费仍旧主要来源于财政拨款,因此财政投入的多少对图书馆的发展至关重要。据统计,1979 年至 2015 年,我国公共图书馆财政投入的增长速度年均增速为 16.6%,明显高于我国同期 GDP 的增长速度(年均增速 9.6%)②。虽然我国各级财政对公共图书馆的投入不断增加,但由于长期以来图书馆建设经费基数低,财政投入的增长与图书馆服务需求之间仍有不小差距,财政保障力度还有待增强。同时,GDP 的发展虽然增加了公共图书馆的财政支出,对公共图书馆事业发展具有明显的促进作用,但依然存在地区性差异,发达地区经济发展对图书馆财政支出提高的促进作用高于欠发达地区。此外,由于地方政府针对公共图书馆的投入没有统一的标准,导致一些地区的公共图书馆财政投入增长出现波动③。

在财政投入的法规保障方面,已出台的地方性公共图书馆法规和规章都对公共图书馆

①　文化部.文化部关于印发《"十三五"时期全国公共图书馆事业发展规划》的通知[EB/OL].[2018 -03 -02].http://zwgk.mcprc.gov.cn/auto255/201707/t20170726_685747.html.

②　吴建中.学有方向、做有目标、干有底气[EB/OL].[2018 - 03 - 02].http://www.sohu.com/a/203569979_748548.

③　王惠,李小聪,丁瑾.我国公共图书馆财政支出与经济增长关系再审视[DB/OL].[2018 - 03 - 02].http://kns.cnki.net/kcms/detail/44.1306.G2.20170508.1914.002.html.

的经费保障主体进行了规定。以《广州市公共图书馆条例》为例,第五条规定:"市、区人民政府应当将公共图书馆事业纳入国民经济和社会发展规划和年度计划、所需经费列入本级财政预算,使财政投入与经济社会发展和公共图书馆的服务人口、服务范围、服务需求、服务功能等相适应。公共图书馆经费包括设施、设备、人员、文献信息资源、图书馆运行与维护等方面的费用。"《公共图书馆法》第四条规定,"县级以上人民政府应当将公共图书馆事业纳入本级国民经济和社会发展规划,将公共图书馆建设纳入城乡规划和土地利用总体规划,加大对政府设立的公共图书馆的投入,将所需经费列入本级政府预算,并及时、足额拨付,"使公共图书馆建设的财政经费保障有了法律依据。但我们也应该看到,无论是地方性法规还是《公共图书馆法》,都没有明确经费来源结构,也没有统一规定各地区公共图书馆财政投入占当地财政支出或财政收入的比例,各地在执行的过程中机动性和随机性比较大,容易造成各地重视程度和投入程度的差距。

公共图书馆评估。自1994年我国首次开展全国县级以上公共图书馆评估工作至今,四年开展一次的全面深入的评估已经进行了六次,对图书馆的建设和发展起到了很大的推动作用。尤其是2017年开展的第六次评估,目的是"以评促建""以评促管""以评促用",全面通过评估定级工作促进图书馆的建设质量、管理水平以及服务效能提升。此次评级标准把服务效能、业务建设和保障条件三部分均列入必备条件,包括政府财政投入、图书馆建筑面积、年文献外借量、年人均新增文献入藏量以及读者满意率、图书馆新媒体服务、网站年人均访问量、数字阅读占比、社会购买服务、志愿者管理、文创产品开发等指标,并通过设置加分项鼓励图书馆创新,好的创新将被额外加分。此外,文化部组织相关工作组对参与评估的图书馆场馆进行实地评估,第三方机构也将暗访测评,读者也被赋予打分权。第六次评估的诸多创新点将对图书馆弥补不足、提高服务效能,促进当地政府部门给予财政支持、完善保障条件起到了很大的促进作用。

公共图书馆法人治理。公共文化机构法人治理结构改革是推进国家治理体系和治理能力现代化的一项重要举措,也是深化文化管理体制改革的一项重要内容,其根本目的是通过进一步理顺政府、市场、文化机构之间的关系,实现推进简政放权、放管结合、优化服务的政府改革目标。2007年我国开始事业单位法人治理结构试点,重庆、上海、浙江、山西、广东等地纷纷响应国家号召,积极开展公共图书馆法人治理的试点前期工作。到2013年年底,先期试点的无锡市图书馆、深圳市图书馆、广州市图书馆、深圳市宝安区图书馆、成都市成华区图书馆先后建立起了理事会制度,初步完成法人治理结构的构建①。

党的十八届三中全会明确提出,"建立法人治理结构""推动公共图书馆、博物馆、文化馆、科技馆等组建理事会"。2014年7月,文化部办公厅发出《关于开展公共文化服务标准化等试点工作的通知》,正式部署了在全国开展公共文化机构法人治理试点工作,并于2014年9月公布了10家试点单位,其中公共图书馆就有7家,分别是南京图书馆、浙江图书馆、重庆图书馆、河北省唐山市丰南区图书馆、浙江省温州市图书馆、山西省朔州图书馆、广东省深圳市福田区图书馆②。2017年,中共中央宣部、文化部等七部门联合印发《关于深入推进公共文化机构法人治理结构改革的实施方案》,明确到2020年年底,全国市(地)级以上规模

① 霍瑞娟.公共图书馆法人治理结构现状调研及思考[J].中国图书馆学报,2016,42(4):117-127.

② 李国新.我国公共文化机构的法人治理结构试点[J].图书馆建设,2015,248(2):4-7.

较大、面向社会提供公益服务的公共图书馆、博物馆、文化馆、科技馆、美术馆等公共文化机构,基本建立以理事会为主要形式的法人治理结构。《公共图书馆法》第二十三条规定"国家推动公共图书馆建立健全法人治理结构,吸收有关方面代表、专业人士和社会公众参与管理"。

中国图书馆学会 2016 年对我国除天津、辽宁、青海、贵州和港澳台外的 27 个省(自治区、直辖市)级公共图书馆和 208 个市县区公共图书馆的调查显示,已经建立起理事会的图书馆有 9 个,占比为 33.33%;市县区图书馆预计年内完成构建的有 19 个。公共图书馆法人治理在我国还是一个新事物,还有许多问题需要图书馆在实践中探寻突破的方向和解决的办法①。

(2)文化馆(站)建设

文化馆是群众文化艺术活动的中心,担负着一个地区的文化传播、人才培训、社会辅导、文艺创作、组织活动、组建业余团队、辅导本行政区内下一级文化馆(站)业务的任务。近几年,随着公共文化服务体系的建设,文化馆的建设也得到了加强。国家统计局的统计数据显示,我国文化馆(群艺馆、乡镇文化站)从 2005 年的 41 588 个增加到 2016 年的 44 497 个,其中县以上文化馆(群艺馆)3322 个,乡镇(街道)文化站达 41 175 个;从业人数也从 2005 年的 12.25 万人增加到 2016 年的 18.2 万人;截至 2016 年,馆办文艺团体 7779 个,比 2008 年的 6114 个增加了 1665 个,由文化馆(站)指导的群众业余文艺团体 398 398 个,比 2008 年的 75 021 个增加了 323 377 个,翻了 5 倍还多。

"十一五"期间,中央财政投入专项经费,对面积未达标的县级文化馆修缮给予资金补助。国家统计局的数据显示,2016 年,我国群众文化机构收入为 227 亿元,而 2008 年只有 66 亿元,财政投入呈逐年加大的趋势。乡镇(街道)文化站作为基层文化传播和服务的机构,是公共文化服务体系中最小的单元,也是保障农村和基层群众享受公共文化服务的主要阵地,一些乡镇文化站还同时是当地公共图书馆总分馆体系的乡镇分馆或图书室。近 10 年来,我国政府不断加大对乡镇(街道)文化站的投入力度。2007 年,国家发展改革委和文化部印发了《全国"十一五"乡镇综合文化站建设规划》,明确在"十一五"期间,国家将支持新建和改扩建 2.4 万多个基本规模为 300 平方米的农村乡镇综合文化站,中央投资补助标准为:每个乡镇综合文化站建设项目的平均补助,国家级贫困县为 20 万元,西部非国贫困县及中部享受西部待遇的县为 16 万元,其他中部地区为 12 万元,西藏自治区的项目予以全额补助即 24 万元。该规划实施后,基本实现了"乡乡有文化站"的建设目标,共安排中央预算内投资 39.48 亿元,补助全国 2.67 万个乡镇综合文化站建设项目。这是中华人民共和国成立以来,中央预算内投资力度最大的农村基础文化设施建设工程②。

在法制化和规范化建设方面。2008 年,住建部批准发布《文化馆建设用地指标》,并于 2008 年 10 月 1 日起施行。2009 年 9 月 8 日,为促进乡镇综合文化站的健康发展,文化部以文化部令的形式颁布了《乡镇综合文化站管理办法》,对乡镇综合文化站的性质、职能、任务做出了具体规定,并就规划、选址、建设、人员、经费、设施设备更新维护等方面提出了明确要求,使乡镇综合文化的管理纳入了科学化、法制化轨道。2010 年 8 月,由文化部负责编制

①　霍瑞娟. 公共图书馆法人治理结构现状调研及思考[J]. 中国图书馆学报,2016,42(4):117-127.

②　文化部. 关于全国"十一五"乡镇综合文化站建设规划实施情况的报告[EB/OL]. [2018-03-03]. http://www.mcprc.gov.cn/whzx/bnsj/cws/201309/t20130902_519671.htm.

的《文化馆建设标准》发布,并于 2010 年 12 月 1 日起施行。2012 年 3 月,文化部负责编制的《乡镇综合文化站建设标准》(建标〔2012〕160 号)发布,并于同年 5 年起施行。2014 年 9 月,住房和城乡建设部发布《文化馆建筑设计规范》,并于 2015 年 3 月起施行。2016 年 8 月,《文化馆服务标准》《乡镇综合文化站服务标准》发布,并于 2017 年 3 月施行。为推动文化志愿服务规范化、制度化,构建参与广泛、内容丰富、形式多样、机制健全的文化志愿服务体系,2016 年 7 月,文化部制定并印发了《文化志愿服务管理办法》。

文化馆评估。为规范全国文化馆建设、管理与服务,发挥"以评促建、以评促管、以评促用"的作用,促进文化馆事业科学发展,从 2003 年开始,文化部每 4 年进行一次全国文化馆评估定级工作,迄今已进行了 4 次。2015 年组织开展的第四次全国文化馆评估定级工作,经过评估确定全国上等级文化馆共计 2550 个,其中,一级文化馆 1152 个、二级文化馆 675 个、三级文化馆 723 个[①]。此次评估,根据现代公共文化服务体系对文化馆的新要求,调整了评估的有关项目和指标,首次实现了《文化馆评估标准》与《文化馆建设标准》的指标对接;首次把"群众满意度"列为必备条件,进一步明确了"群众评价"在评估中的地位和作用;首次把文化馆"具备数字服务基本能力"列入必备条件,提高了"资源数字化存储量"指标;增加"服务效能指标"等[②]。

2013 年 4 月 1 日,为加强基层公共文化服务体系建设,促进乡镇综合文化站规范化建设和管理,提高乡镇综合文化站的服务效能,在部分省(区、市)乡镇综合文化站评估定级试点的基础上,文化部决定按照"统一要求、分省实施"的原则开展第一次全国乡镇综合文化站评估定级工作,并制定了《全国乡镇综合文化站评估定级标准指导纲要》。该纲要是对全国乡镇综合文化站评估定级的基本条件和基本要求,也是社区(街道)文化中心评估定级的参照标准。文化部要求各省(区、市)应以《全国乡镇综合文化站评估定级标准指导纲要》为基本依据和最低标准,结合本地区实际,分别制定符合本地区情况的乡镇(街道)综合文化站具体评估定级标准,并报文化部备案[③]。各地积极制定或完善当地评估标准,开展评估定级工作。以浙江省为例,2016 年已经是该省第六次开展乡镇综合文化站的评估定级工作,此次评估,全省共有 1316 个乡镇综合文化站参加评估定级,有 1206 个乡镇综合文化站达到三级以上乡镇综合文化站标准,上等级比例超过 90%[④]。

文化馆法人治理。《公共文化服务保障法》第二十四条规定,"国家推动公共图书馆、博物馆、文化馆等公共文化设施管理单位根据其功能定位建立健全法人治理结构,吸收有关方面代表、专业人士和公众参与管理"。2014 年 9 月,文化部公布 10 家公共文化机构法人治理试点单位,其中文化馆有 2 家,分别是山东省济南市群众艺术馆和广西壮族自治区桂林市临

---

① 文化部办公厅. 文化部办公厅关于公示第四次全国文化馆评估定级结果的公告[EB/OL].[2018 - 03 - 03]. http://www.cpcca.org.cn/pinggu/201610/t20161026_1267899.htm.

② 冯守仁.《文化馆评估标准》解读[EB/OL].[2018 - 03 - 03]. http://www.cpcca.org.cn/pinggu/201505/W020150512383263033687.ppt.

③ 文化部办公厅. 文化部办公厅关于开展第一次全国乡镇综合文化站评估定级工作的通知[EB/OL].[2018 - 03 - 03]. http://zwgk.mcprc.gov.cn/auto255/201304/t20130422_474322.html.

④ 浙江省文化厅. 浙江省文化厅关于公布浙江省第六次乡镇综合文化站评估定级结果的通知[EB/OL].[2018 - 03 - 03]. http://www.zjwh.gov.cn/zcfg/208708.htm.

桂县文化馆①。济南市群众艺术馆理事会于 2015 年 3 月 13 日挂牌成立,选出由政府代表、本单位代表和公众代表组成的理事 13 名,其中公众代表 7 名,占理事总数的 54%,确保了理事会成员结构的"多元化"、来源的"广泛性"、身份的"公开性"和公众的"参与性"②。广西桂林市临桂县文化馆也于 2015 年完成了法人治理工作。各地各级文化馆也积极探索法人治理结构改革,如 2014 年 11 月,成都文化馆理事会成立;2015 年 12 月,义乌市文化馆理事会成立;2017 年 12 月,山西省文化馆理事会成立等。

四、设施建设

公共文化设施是提供公共文化服务的物质基础,也是公共文化服务体系的物质基础。根据《公共文化服务保障法》第十四条规定,公共文化设施是指用于提供公共文化服务的建筑物、场地和设备,主要包括图书馆、博物馆、文化馆(站)、美术馆、科技馆、纪念馆、体育场馆、工人文化宫、青少年宫、妇女儿童活动中心、老年人活动中心、乡镇(街道)和村(社区)基层综合性文化服务中心、农家(职工)书屋、公共阅报栏(屏)、广播电视播出传输覆盖设施、公共数字文化服务点等。

为保障和促进公共文化设施的建设和发展,1999 年年初,文化部开始起草《公共文化设施管理条例》,后根据国务院法制办的意见,加入了保障公共体育设施的内容,更名为《公共文化体育设施条例》③,并于 2003 年 8 月 1 日起施行。该条例规定:"本条例所称公共文化体育设施,是指"由各级人民政府举办或者社会力量举办的,向公众开放用于开展文化体育活动的公益性的图书馆、博物馆、纪念馆、美术馆、文化馆(站)、体育场(馆)、青少年宫、工人文化宫等的建筑物、场地和设备。""公共文化体育设施的数量、种类、规模以及布局,应当根据国民经济和社会发展水平、人口结构、环境条件以及文化体育事业发展的需要,统筹兼顾,优化配置,并符合国家关于城乡公共文化体育设施用地定额指标的规定。""公共文化体育设施的设计,应当符合实用、安全、科学、美观等要求,并采取无障碍措施,方便残疾人使用。具体设计规范由国务院建设行政主管部门会同国务院文化行政主管部门、体育行政主管部门制定。"

2012 年 1 月,由国家发展改革委、文化部和国家文物局共同研究编制的《全国地市级公共文化设施建设规划》正式印发。"十二五"期间,国家计划安排中央预算内投资约 70 亿元,完成 532 个地市级三馆建设项目,其中,地市级公共图书馆 189 个、地市级文化馆 221 个、地市级博物馆 122 个,规划实施完成后,全国地市级城市基本实现市市有公共图书馆和文化馆,文物资源特别丰富的地市文物馆藏及展示条件得到明显改善。截至 2013 年 6 月 30 日,纳入规划的 532 个地市级公共图书馆、文化馆和博物馆建设项目中,已开工建设项目 165

---

① 李国新. 我国公共文化机构的法人治理结构试点[J]. 图书馆建设,2015,248(2):4-7.

② 新浪山东. 济南:群众艺术馆开展法人治理结构试点工作取得积极成效[EB/OL]. [2018-03-03]. http://www.sdwht.gov.cn/html/2015/jn_0730/23168.html.

③ 文化部. 文化部官员解读《公共文化体育设施条例》[EB/OL]. [2018-03-03]. http://www.ndc-nc.gov.cn/fagui/jiedu/201212/t20121212_495542.htm?wjjqxbmfbtdqesiq?qeiqqnynhfbclwjs.

个,未开工建设项目 367 个,其中已经启动前期准备工作的项目 149 个①。2016 年年初,根据国家发展改革委的要求,对《全国地市级公共文化设施建设规划》实施范围进行了调整,只对已开工且未竣工的项目进行扫尾补助,其余项目由各省自行解决。此后,中央预算内资金将重点支持县级公共文化设施建设②。

近 10 年来,随着国家在公共文化服务体系建设上的投入不断加大,我国公共文化设施建设取得了很大进展。总体来看,呈现出数量明显增多,建筑面积加大,设施设备实现标准化、网络化、现代化、自动化甚至智能化,突显出以人为本的建设理念,同时,基层和贫困地区的公共文化服务设施网络得到进一步完善。截至 2016 年年末,我国共有公共图书馆 3153 个、群众文化机构 44 497 个、博物馆 4109 个、美术馆 462 个③。

1. 公共图书馆设施建设

(1)公共图书馆建筑

21 世纪以来,我国公共图书馆数量和建筑面积总体呈上升趋势,近 10 年更是迎来快速增长。据统计,2010 年后我国新建地市级公共图书馆建筑面积平均值是 20 世纪 90 年代平均值的 2 倍多,是 20 世纪 80 年代平均值的近 4 倍;2010 年后新建省级公共图书馆建筑面积平均值则是 20 世纪 80 年代平均值的 2 倍多④。截至 2016 年,我国共有公共图书馆 3153 个,比上年末增加 14 个;实际使用房屋建筑面积 1424.26 万平方米,比上年末增长 9.4%;平均每万人公共图书馆建筑面积 103 平方米,比上年末增加 8.3 平方米⑤。2017 年 7 月,文化部发布的《"十三五"时期全国公共图书馆事业发展规划》,提出到 2020 年,全国公共图书馆设施网络进一步完善,公共图书馆达标率(部颁三级标准以上)80%,每万人公共图书馆建筑面积达到 110 平方米的建设目标⑥。

2008 年我国相继出台《公共图书馆建设用地指标》和《公共图书馆建设标准》,确定了公共图书馆建设项目的规模分级和项目构成,给出公共图书馆的总建筑面积和分项面积控制指标,提出公共图书馆建设选址、总体布局的原则要求,明确公共图书馆建设项目实施过程中的基本要求,并要求按照国际上普遍、通行的做法,以服务人口为主要依据确定公共图书馆建设规模。其中,将公共图书馆根据服务人口数量分为大型馆、中型馆和小型馆,并规定了服务半径和设置原则。其中大型馆指服务人口超过 150 万(含)、建筑面积 20 000 平方米以上的公共图书馆;中型馆指服务人口 20 万—150 万、建筑面积 4500—20 000 平方米的公共图书馆;小型馆指服务人口 5 万—20 万(含)、建筑面积 1200—4500 平方米的公共图书馆。对于服务人口超过 150 万(含)的区域,规定设置大型馆 1—2 处,但不得超过 2 处,每 50

---

① 文化部. 全国地市级公共文化设施建设进度情况(截至 2013 年 6 月 30 日)[EB/OL]. [2018 - 03 - 05]. http://www. mcprc. gov. cn/whzx/bnsj/cws/201307/t20130731_519655. htm.

② 文化部. 文化部关于对十二届全国人大四次会议第 7411 号建议的答复[EB/OL]. [2018 - 03 - 05]. http://zwgk. mcprc. gov. cn/auto255/201611/t20161129_474914. html.

③⑤ 文化部. 中华人民共和国文化部 2016 年文化发展统计公报[EB/OL]. [2018 - 03 - 05]. http://zwgk. mcprc. gov. cn/auto255/201802/t20180209_831188. html.

④ 袁锦贵. 我国公共图书馆建筑面积影响因素的实证研究[J]. 图书馆理论与实践,2017(2):78 - 82.

⑥ 文化部. 文化部关于印发《"十三五"时期全国公共图书馆事业发展规划》的通知[EB/OL]. [2018 - 03 - 06]. http://www. gov. cn/xinwen/2017-07/07/content_5230578. htm.

万人口设置中型馆一处，每 20 万人口设置小型馆一处；20 万—150 万人口的地区设置中型馆 1 处，每 20 万人口设置小型馆一处；而人口在 5 万—20 万的地区设置小型馆一处。

一项关于我国公共图书馆建筑面积影响因素的研究表明，截至 2016 年，在我国已建和在建的公共图书馆中，地级市的国内生产总值（GDP）越高，越有可能建设规模较大的地市级公共图书馆；所在省会城市的国内生产总值（GDP）越高、公共财政收入越高，省级公共图书馆建筑面积可能越大；公共图书馆自身的行政级别越高，建筑面积可能越大。但服务人口与地级市公共图书馆建筑面积的相关性相较于经济发展等其他因素而言并不显著，而省级公共图书馆建筑面积与省域范围的服务人口和所在省会城市的服务人口均未呈现显著的相关性。也就是说，我国公共图书馆建设中较少考虑，甚至没有考虑服务人口数量问题[①]。诚然，影响各级公共图书馆建筑面积的因素有很多，如有些馆只是进行原址改扩建，仅仅是改变图书馆的功能布局和内外立面，增加的建筑体量有限；而新建图书馆还受当地政府决策、城市规划、现状场地和资金限制等的影响。因此，上述的《公共图书馆建设用地指标》和《公共图书馆建设标准》仍然需要时间来进一步贯彻执行。

尽管如此，近几年来，随着公共图书馆服务的多元化和服务内容的不断丰富，除了传统的藏借阅的基本功能外，展览、报告、会议、培训、咨询、办公、休闲等功能也成为公共图书馆常见的服务形式，信息技术的发展同时还在催生更多新的图书馆服务形式，促使图书馆建筑无论从建设理念、原则还是内部功能布局等都发生了翻天覆地的变化，"以人为本，注重人的需求、可接近性、开放性、生态环境和资源融合"[②]；已成为当前公共图书馆建筑的主要特征。其中图书馆建筑的以人为本的精神在选址、造型设计、功能布局、无障碍设计、标志系统等方面均有体现，如东莞图书馆新馆东南两面为城市道路，交通方便，并与会议大厦、城市展览馆，以及轴线西侧的东莞玉兰大剧院遥相呼应，方便市民参观、学习、娱乐[③]。四川省图书馆新馆 3—6 层的星光阅览共享大厅，南北侧为通透玻璃幕墙，视野开阔，自然光线充足；中庭采用退台式的空间设计，给读者较大的活动空间；上下空间用空中楼梯连接，两侧书墙环绕，读者可以在中庭书墙上取阅书籍，真正实现藏阅一体，为读者创造方便舒适的家居式阅读体验[④]。温州瓯海区图书馆南塘分馆，即南塘城市书房，建筑面积约 230 平方米，其外立面装修采用经典美式学院风格，二层书房设计与阶梯式书架造型充分体现了美式风格的质朴大气与端庄典雅；颜色活泼的亲子区设置，与实木桌椅配套的台灯摆放尽显人性化服务，为市民营造了一个简单大气的城市书房[⑤]。

建设绿色、节能、环保的生态型图书馆也是近几年公共图书馆建筑设计秉承的原则之一。例如，2012 年年底开馆的湖北省图书馆新馆就是现代生态型图书馆的典范。该馆馆体的墙面采用太阳能吸收装备，通过分散式热水器提供足够的热水，同时，该设备能将白天吸

①　袁锦贵. 我国公共图书馆建筑面积影响因素的实证研究[J]. 图书馆理论与实践，2017（2）：78 - 82.

②　吴建中. 走向第三代图书馆[DB/OL]. [2018 - 03 - 06]. http://www. chinalibs. net/ArticleInfo. aspx?id =404984.

③　廖小梅. 新馆建设浪潮中的图书馆物理空间观念变革[J]. 图书馆，2010（6）：90 - 91.

④　赖柯. 公共图书馆新馆建设理念与实践——以四川省图书馆新馆为例[J]. 四川图书馆学报，2017（2）：24 - 28.

⑤　温州市文广新局. 温州城市书房，不只是读书地儿，更是一道道风景！[EB/OL]. [2018 - 03 - 06]. http://www. sohu. com/a/123685737_534825.

收的太阳能转换成电能并储存在蓄电池里，提供夜间照明①；中庭及其顶部采用可开启天窗进行拔风，整栋建筑能开启的窗户有 5000 多个，能实现有效的自然通风；还设置有雨水回收系统等②。2015 年 8 月开放的辽宁省图书馆新馆，为达到节约资源与能源的双重目的，设计时充分考量本地气候条件和实际资源状况，将更多的经济适用型建筑材料以及新型建筑装饰材料应用于新馆建设；图书馆绿化则遵循了室内绿化与室外绿化相结合、平面绿化与立体绿化相结合的原则，室外绿化面积约 29 000 平方米，栽植苗木 16 种，对有效调节室内温湿度、节约能源起到了积极的作用③。

进行内部空间再造是 21 世纪以来图书馆从传统的以阅览室为主体的时代向以学习和交流为特征的知识中心转变的重要手段。从 20 世纪末出现的信息共享空间，到现在广泛普及的学习空间、知识空间以及创客空间，图书馆空间的内涵越来越丰富，从提供信息到提供知识，直至帮助用户将创新、创意变为现实。以创客空间为例，2012 年我国图书馆界开始关注创客空间，图书馆通过对已有空间的改造，将一些原本不属于图书馆范围的工具和资源进行整合，帮助用户实现创新、创意甚至创业。例如上海图书馆"创·新空间"，就是对原先的专利标准阅览室进行拓宽和改造，将 780 平方米的空间进行了开放式设计，设置阅读空间、IC 共享空间、专利标准服务空间、创意设计展览空间、全媒体交流体验空间五大功能空间，并配备相应设备建设了图书馆创客空间④。2015 年 6 月，成都图书馆将馆内原有的 170 多平方米的专家阅览室改造为"阅创空间"，设置阅读、数字媒体、创客工作室、小组讨论四个功能区并配备相应设备⑤。一些图书馆在新馆建设时就已经设计了创客空间，如广州图书馆创客空间等。

(2)图书馆设备智能化和多样化

2006 年 7 月，深圳图书馆全面使用 RFID 系统，成为我国首家使用 RFID 的公共图书馆。2012 年 3 月，由国家图书馆牵头起草的文化行业标准《图书馆—射频识别—数据模型》通过评审验收，并于同年 6 月开始实施。RFID 文化行业标准的确立，为 RFID 技术在我国图书馆界的推广提供了条件，加快了 RFID 技术在图书馆的应用步伐，基于 RFID 技术的图书馆管理自动化设备如自助借还书机、自助借书系统、馆员工作站、馆藏盘点系统、移动盘点机、安全检测系统、图书智能定位系统、图书分拣系统、城市街区 24 小时自助图书馆等在公共图书馆得到了广泛应用，有效地提高了公共图书馆的服务效率和服务质量。以安徽省为例，截至 2016 年，全省 17 家地级市图书馆中已经有 13 家使用 RFID 技术，其余 4 家也都在筹建中⑥。此外，一些利用计算机技术、电子技术等方便读者的图书馆业务管理及读者应用设备也在公共图书馆得到大量应用，如自助办证机、电子阅报机、座位预约管理系统及设备、自助图书杀

① 柴晨，郭璐，杨小薇.论国内图书馆生态建设与发展[J].河南图书馆学刊,2016,36(3):125 – 127.
② 万群华.论湖北省图书馆新馆建筑与人文关怀[J].图书馆,2014(1):110 – 112.
③ 姜浩天.现代公共图书馆建筑设计理念管窥——以辽宁省图书馆新馆为例[J].图书馆学刊,2014(12):7 – 9.
④ 乐懿婷.上海图书馆"创·新空间"实践探索[DB/OL].[2018 – 03 – 06].http://www.chinalibs.net/ArticleInfo.aspx?id = 427257.
⑤ 陈然.成都图书馆阅创空间初具规模　创业者可申请免费入驻[DB/OL].[2016 – 08 – 22].http://www.chinalibs.net/ArticleInfo.aspx?id = 405577.
⑥ 张敏.安徽省公共图书馆 RFID 技术应用的调查与研究[D].合肥:安徽大学,2017:15 – 17.

菌机等。

基于人工智能的图书馆设备应用也是近几年来图书馆创新服务的一大亮点。如基于图像识别技术、指纹识别技术的新一代座位管理系统、借阅管理系统等。2017 年 10 月,绍兴市柯桥区图书馆启用基于人脸识别的自助借还机,读者可直接通过自助机器"刷脸"借还图书,或查询借书情况①。2017 年 11 月,广州少年儿童图书馆第 39 分馆——华南师范大学附属天河实验学校馆率先在广东地区采用基于人脸识别借书技术的自助借还机②。此外,一些公共图书馆还配备了实体的咨询机器人馆员,为读者提供图书咨询、业务引导、位置指引等服务。如 2018 年 1 月,上海图书馆引进的第一台机器人馆员正式上岗实习,在图书馆一楼大厅办证咨询处回答用户问题③。敦煌市图书馆、内蒙古图书馆、深圳盐田图书馆、湖北省图书馆、日照市图书馆等也都配备了这样的机器人馆员。从目前来看,机器人馆员为用户带来了全新的体验,但较为复杂的问题还需要专业馆员解答,机器人馆员只能进行一些相对简单的问题回答、既定内容的讲解和位置导引等,更多的功能还有待进一步开发。

随着公共图书馆创客空间的建设,一些原本和图书馆毫不相干的制造或加工工具和设备也开始进入图书馆为读者提供服务。最常见的如 3D 打印机、激光切割机、小型的机械加工设备、电子类工具、缝纫设备等。如长沙图书馆创客空间配备了 3D 打印机、数控雕刻机、激光切割机、工业缝纫机等近 200 套设备工具④;上海图书馆"创·新空间"提供 3D 打印机和扫描仪;广州图书馆创客空间配备了 3D 打印设备、各种工具以及高端电脑;广州越秀区图书馆提供 3D 打印机、激光雕刻机、可编程控制器、电钻、扳手、测量仪器、Arduino 入门实验套件等上百件制作工具和材料⑤。

2. 文化馆设施建设

据统计,截至 2016 年年末,全国共有群众文化机构 44 497 个,比上年末增加 206 个。其中县文化馆 1630 个;年末全国群众文化机构实际使用房屋建筑面积 3991.01 万平方米,比上年末增长 3.7%;年末全国平均每万人群众文化设施建筑面积 288.64 平方米,比上年末增加 8.69 平方米⑥。而我国首次提出"建设覆盖全国的公共文化服务体系"的 2005 年,全国共有群众文化机构 41 588 个,10 年来增加了 2909 个。统计中的"群众文化机构"是指各级文化部门主办的开展群众文化活动的场所,主要包括文化馆(含综合性文化中心、群众艺术

①　陈松,曹诗韵.厉害!绍兴市柯桥区图书馆推出"刷脸借书"[DB/OL].[2018 - 03 - 07].http://www. chinalibs. net/ArticleInfo. aspx?id =425185.

②　王娟,张毓莹,黄前筝.广东首家人脸识别借书图书馆开放"刷脸"就可借还书[DB/OL].[2018 - 03 -07].http://www. chinalibs. net/ArticleInfo. aspx?id =426033.

③　王筱丽.上海图书馆来了"机器人馆员"可以回答问题[DB/OL].[2018 - 03 - 07].http://www. chi-nalibs. net/ArticleInfo. aspx?id =431026.

④　陈美淇,罗倩倩.长沙图书馆创客空间开启　近 200 套设备工具免费使用[DB/OL].[2018 - 03 -07].http://www. chinalibs. net/ArticleInfo. aspx?id =391084.

⑤　张西陆,张慧.全市首个公共图书馆"互联网 +"创客空间迎客[EB/OL].[2018 - 03 - 07].http://www. southcn. com/nfdaily/nis-soft/wwwroot/site1/nfrb/html/2016-04/01/content_7532400. htm.

⑥　文化部.中华人民共和国文化部 2016 年文化发展统计公报[EB/OL].[2018 - 03 - 05].http://zwgk. mcprc. gov. cn/auto255/201802/t20180209_831188. html.

馆）、文化站。

《文化馆建设用地指标》中将文化馆按其行政管理级别分为省区市级文化馆、市级文化馆和县级文化馆3个等级，并按其建设规模分为大型馆、中型馆和小型馆3种类型。其中，建筑面积达到或超过6000平方米的为大型馆；建筑面积达到或超过4000平方米但不足6000平方米的为中型馆；建筑面积达到或超过2000平方米但不足4000平方米的为小型馆。在服务人口不足5万的地区，不设置独立的文化馆建设用地，鼓励文化馆与其他相关文化设施联合建设。

2010年8月，由文化部负责编制的《文化馆建设标准》发布，并于2010年12月1日起施行。该标准划定了大型馆、中型馆和小型馆的建筑面积，其中大型馆大于等于6000平方米，中型馆大于等于4000平方米且小于6000平方米，小型馆大于等于800平方米且小于4000平方米。而文化馆的建筑规模打破以往按行政层级建设的惯例，明确提出建筑面积规模依据服务人口数量确定，即文化馆可根据其服务人口数量确定建筑面积。如在大城市，人口数量250万及以上建设8000平方米的大型馆，人口50万至250万的则建设6000—8000平方米的大型馆；而人口少于5万的城关镇，则建设800—2000平方米的小型馆等，同时规定建筑面积不足2000平方米的文化馆应与其他相关文化设施联合建设。

在实践中，文化馆建设规模较小时，尤其是县级文化馆，往往与其他相关文化设施联合建设，建成文化综合体建筑，一些功能相同的辅助用房和公共活动空间联合设置、统一管理，共享服务资源，达到节约投资、降低运行成本的目的，在共享空间和资源的同时还能达到文化交融的目的。最近几年，一些地区新建文化馆即使面积已达到大型馆或中型馆规模，为打造本区域文化地标，也选择建设文化综合体的模式。例如，2015年开工建设的山东济宁市文化中心项目包括群众艺术馆、图书馆、博物馆、美术馆以及配套的文化商业商务设施和高地公园，文化场馆总建筑面积约13.3万平方米。总体规划布局强调文化建筑之间的功能互补、文化建筑与商业商务建筑之间的功能互动，创造文商融合的复合型城市客厅。项目建成后，将集收藏、研究、培训、创作、娱乐、购物等功能于一体，把多方面文化资源整合到一起，强调功能的复合特点①。成都武侯区文图新馆是一幢13层大楼，其中3层是小剧场，图书馆占据7至9层的空间，文化馆则位于10至12层。位于7层的"三国文化馆"由文化馆和图书馆共建，集馆藏、研究、展示和交流于一体，成为三国文化爱好者理论研究和开展活动的场地②。

3. 基层综合性文化（站）服务中心建设

随着我国新型工业化、信息化、城镇化和农业现代化进程加快，城市流动人口大幅增加，基层群众的精神文化需求呈现出多层次、多元化特点，现有的基层文化设施和服务已难以满足广大人民群众的实际需要，尤其在西部地区和老少边穷地区，基层文化设施不足的问题突出。针对这一问题，从2007年开始，国家发展改革委、文化部联合实施了《全国"十一五"乡

① 崔璐. 济宁市文化中心：打造城市文化综合体［EB/OL］.［2018－03－07］. http://www.wenming.cn/syjj/dfcz/sd/201606/t20160603_3414235.shtml.

② 李思忆. 文化那些事儿进了"综合体"［EB/OL］.［2018－03－07］. http://news.163.com/15/1207/06/BA79TLE300014AED.html.

镇综合文化站建设规划》,共安排中央预算内投资 39.48 亿元,补助全国 2.67 万个乡镇综合文化站建设项目。

为加强和规范乡镇综合文化站的设施建设,2012 年 3 月,文化部负责编制的《乡镇综合文化站建设标准》于 2012 年 5 月 1 日起施行。该标准规定,乡镇综合文化站建设根据其建筑面积规模划分为大型站、中型站和小型站三种类型。其中,大型站是指建筑面积大于或等于 800 平方米的乡镇综合文化站,中型站是指建筑面积大于或等于 500 平方米且小于 800 平方米的乡镇综合文化站,小型站是指建筑面积大于或等于 300 平方米且小于 500 平方米的乡镇综合文化站。乡镇综合文化站的建设内容包括房屋建筑、室外场地和建筑设备,其中房屋建筑包括文化体育活动用房、书刊阅览用房、教育培训用房、网络信息服务用房、管理与辅助用房,兼具有图书室的功能。

2015 年 10 月,《国务院办公厅关于推进基层综合性文化服务中心建设的指导意见》印发,提出"到 2020 年,全国范围的乡镇(街道)和村(社区)普遍建成集宣传文化、党员教育、科学普及、普法教育、体育健身等功能于一体,资源充足、设备齐全、服务规范、保障有力、群众满意度较高的基层综合性公共文化设施和场所"的建设目标,要求根据城乡人口发展和分布,按照均衡配置、规模适当、经济适用、节能环保等要求,合理规划布局公共文化设施。主要采取盘活存量、调整置换、集中利用等方式进行建设,不搞大拆大建,凡现有设施能够满足基本公共文化需求的,一律不再进行改扩建和新建。乡镇(街道)综合性文化设施重在完善和补缺,对个别尚未建成的进行集中建设。村(社区)综合性文化服务中心主要依托村(社区)党组织活动场所、城乡社区综合服务设施、文化活动室、闲置中小学校、新建住宅小区公共服务配套设施以及其他城乡综合公共服务设施,在明确产权归属、保证服务接续的基础上进行集合建设,并配备相应器材设备。同时要求加强文体广场建设,建设选址适中、与地域条件相协调的文体广场。文体广场要建设阅报栏、电子阅报屏和公益广告牌,配备体育健身设施和灯光音响设备等,有条件的可搭建戏台舞台①。据统计,截至 2016 年年末,我国乡镇综合文化站已达到 34 240 个②。

五、内容建设

2011 年,十七届六中全会通过了《中共中央关于深化文化体制改革　推动社会主义文化大发展大繁荣若干重大问题的决定》,将保障人民群众看电视、听广播、读书看报、进行公共文化鉴赏、参与公共文化活动等基本文化权益作为公共文化服务的主要内容。2015 年《关于加快构建现代公共文化服务体系的意见》要求以人民群众基本文化需求为导向,围绕看电视、听广播、读书看报、参加公共文化活动等群众基本文化权益,根据国家经济社会发展水平和供给能力,明确国家基本公共文化服务的内容、种类、数量和水平。同时出台的《国家

---

① 国务院办公厅. 国务院办公厅关于推进基层综合性文化服务中心建设的指导意见[EB/OL]. [2018 - 03 - 05]. http://zwgk.mcprc.gov.cn/auto255/201510/t20151020_474831.html.

② 文化部. 中华人民共和国文化部 2016 年文化发展统计公报[EB/OL]. [2018 - 03 - 05]. http://zwgk.mcprc.gov.cn/auto255/201802/t20180209_831188.html.

基本公共文化服务指导标准(2015—2020年)》中将基本服务项目概括为读书看报、收听广播、观看电视、观赏电影、送地方戏、设施开放、文体活动7个方面，整体要求更为具体化，内容也更为丰富。以人民文化需求为导向，满足人民文化需求成为公共文化服务内容建设的基本原则；开展"订单式"服务，让群众"点菜"使公共文化服务内容建设向"全面覆盖，精准投放"的方向迈进，成为创新公共文化服务内容建设的新途径。

1. 公共图书馆服务内容建设

《公共图书馆法》第三条规定："公共图书馆是社会主义公共文化服务体系的重要组成部分，应当将推动、引导、服务全民阅读作为重要任务。"因此，读书看报服务理所当然由公共图书馆提供。在具体实践中，各级公共图书馆为城乡群众提供了丰富的、远超读书看报的文化服务内容，甚至扩充到了文化馆的服务内容①。

(1)丰富的文献资源

文献资源是公共图书馆提供文献信息服务、保障群众读书看报的物质保障。近几年，随着国家对公共图书馆事业财政投入的不断加大，公共图书馆的文献资源购置费也逐年增多，文献资源总量持续增长。国家图书馆研究院发布的《2016中国公共图书馆事业发展基础数据概览》显示，2016年全国县以上公共图书馆共计3153个，总藏量为90 163万册，比上一年增长7.54%；人均拥有藏书量为0.652册，比上一年增长6.91%。

在数字资源建设方面，截至2015年年底，全国公共图书馆数字资源建设总量已达11 347.8TB。其中，国家图书馆数字资源总量为1160.98TB②，种类包括电子图书，电子期刊、电子报纸；学位论文、会议论文；音频资料、视频资料等，其中馆藏特色数字化资源969.69TB③。由于数字资源建设能力和技术的提高，全国大部分省、市级图书馆自建或与其他机构合作相继建立了一大批具有地域特色的地方专题特色数据库，收录范围涵盖网络信息资源、纸质和数字图书、报刊、图片、影片、拓片、手稿等各种类型或载体的信息，通过文字、图片、音视频等形式，为读者呈现了丰富多彩的地方特色文化资源。如湖北省图书馆的湖北地域舞蹈作品多媒体库、荆楚名胜专题数据库等，吉林省图书馆的吉林二人转数据库、东北抗联数据库，陕西省图书馆的陕西景观数据库、陕西民间美术数据库，内蒙古图书馆的蒙古族文化艺术资源库、赤峰市图书馆的赤峰记忆等。

(2)为未成年人提供的服务

2009年，中国图书馆学会将"科普与阅读指导委员会"更名为"阅读推广委员会"，并下设"青少年阅读推广委员会"，以保障青少年阅读权利，培养青少年阅读意识、阅读习惯、阅读方法，提高阅读兴趣为指导思想，开展阅读研究、在全国推动青少年阅读实践。我国各级公共图书馆也开始逐渐重视未成年人服务的开展，经过近10年的发展，未成年人服务取得了

① 鲁直. 图书馆对文化馆职能领域的"侵蚀"[EB/OL].[2018-02-05]. http://www.jslib.org.cn/pub/njlib/njlib_zzjg/njlib_tsgzc/njlib_tsgzcml/201207/t20120709_113003.htm.

② 魏大威，邵燕."十二五"时期国家数字图书馆的建设与发展[DB/OL].[2018-02-05]. http://www.chinalibs.net/ArticleInfo.aspx?id=409086.

③ 国家图书馆. 国家图书馆年鉴2016[EB/OL].[2018-02-06]. http://www.nlc.cn/dsb_footer/gygt/ndbg/nj2016/201712/P020171220526117842803.pdf.

显著成效:首先,大部分图书馆设置了专门的儿童阅读空间,部分省级图书馆还设有单独的少儿分馆或独立建制的少儿图书馆,面向少年儿童免费开放。儿童空间设计独特,分区合理,充分考虑了少年儿童的特点。如湖北省图书馆少儿书刊部设有亲子玩具屋、中小学生借阅区、期刊借阅区、声像资料借阅区、少儿电子阅览区、多功能活动区、家长休息区、少儿科普教育基地等各类特色服务窗口。深圳图书馆少儿服务区占地面积 700 余平方米,分为儿童阅览区、幼儿阅览区、多功能活动区三个功能区域。其次是少儿文献资源丰富,包括纸质少儿图书和期刊,少儿电子资源、音视频资料等,有些图书馆还提供玩具借阅服务。如陕西省图书馆少年儿童分馆现有少儿类报刊 260 多种,各类少儿图书约 11 万册①,以及少儿连环画、科普视频等电子资源。再次是活动内容丰富多彩,不仅有面向少儿的手工、绘画、讲故事等活动,也有面向家长的亲子互动、家庭教育活动,与学校、幼儿园、培训机构等合作开展的活动,以及为农村留守儿童开展的特色服务活动,如重庆图书馆的关爱留守儿童文化服务品牌"蒲公英梦想书屋"等。

(3)为残障人群提供服务

2008 年 10 月 14 日,国家图书馆、中国残疾人联合会信息中心及中国盲文出版社依托国家图书馆丰富的馆藏资源,运用信息无障碍技术,共同建成我国首个国家级无障碍数字图书馆网站——中国盲人数字图书馆,为广大视力残疾读者,包括盲人、弱视、色弱等群体服务。自建成以来,中国盲人数字图书馆为视障用户提供了丰富的数字化中文图书及音视频资源,截至 2015 年 11 月,累计发布电子图书 5797 种、1 578 840 万页(图);古典音乐 9264 首、流行音乐 588 首;讲座 902 场;有声读物 320 首;用户来自 114 个国家和地区、点击总数达到 2670 万次②。在中国盲人数字图书馆的示范影响下,全国各地公共图书馆也相继建设盲人或残障人士数字图书馆,如 2009 年开放的无锡市图书馆盲人馆;2011 年上海图书馆启动上海无障碍数字图书馆,为残障人士提供"上图讲座"620 部 1000 多小时的在线讲座,并对图书馆主网站门户进行了无障碍改造③;2014 年,山东省图书馆的"光明之家"盲人数字图书馆开通。

2013 年,为保障特殊群体基本文化权益,提高文化共享工程分支中心对特殊群体的服务能力,文化部全国公共文化发展中心实施了心声·音频馆项目。经过四期建设,音频馆已有音频 4 万余小时、28 万余集,内容涵盖评书、曲艺、相声、小品、音乐、影视、文学、儿童文学等,通过网站、微信、移动客户端以及线上线下活动为残障人士提供服务④。

《2016 年中国残疾人事业发展统计公报》显示,截至 2016 年年底,全国省地县三级公共图书馆共设立盲文及盲文有声读物阅览室 850 个,共开展残疾人文化周活动 6142 场次⑤。

---

① 陕西省图书馆少年儿童分馆.本馆简介[EB/OL].[2018 - 02 - 06].http://www.sxlib.org.cn/sefg/bgjj/.

② 高恩泽,毛雅君,李健.携手共建信息无障碍平台共同推进图书馆文化助残——中国盲人数字图书馆服务情况及展望[J].新世纪图书馆,2016(6):57 - 60.

③ 上海图书馆.有声电子书字化讲座集中发布——上海图书馆与上海市残联共同打造无障碍数字图书馆[DB/OL].[2018 - 02 - 06].http://www.chinalibs.net/ArticleInfo.aspx?id = 241714.

④ 国家数字文化网.关于心声·音频馆[EB/OL].[2018 - 02 - 06].http://yinpindz.ndcnc.gov.cn/#/about.

⑤ 中国残疾人联合会.2016 年中国残疾人事业发展统计公报[EB/OL].[2018 - 02 - 06].http://www.cdpf.org.cn/zcwj/zxwj/201703/t20170331_587445.shtml.

(4)面向农民工和农民提供的服务

2016 年 3 月,《文化部、国务院农民工工作领导小组办公室、全国总工会关于进一步做好为农民工文化服务工作的意见》印发,要求切实将农民工纳入城镇公共文化服务体系,公共图书馆、文化馆、博物馆、美术馆等公共文化机构根据农民工实际文化需求,增加面向农民工的图书阅读、培训讲座、艺术鉴赏等文化服务活动场次,通过经典诵读、展览展示、论坛讲座、读书征文等多种活动方式,组织农民工积极参加全民阅读活动,并切实加强对农民工随迁子女、农村留守儿童和妇女、老人的文化关爱。近 10 年来,我国各级公共图书馆基于"促进信息平等、弥合信息鸿沟"以及保证公共文化服务均等性的使命,对农民工和农民的文化需求、服务模式等进行研究和探索性实践,取得了一定的成果。

天津市图书馆文化中心馆特设"进城务工人员服务专区",配备约 20 台计算机,并为这些计算机定制了"进城务工人员"特有界面,下设"文献检索""音视频欣赏""就业指导""爱我生活""馆内资源""天图培训""农民工与网"七大版块①。

重庆图书馆依托重庆市文化共享工程分中心,围绕"融入城市让生活更美好"的农民工服务理念,以农民工教育培训作为突破,打造农民工文化服务品牌,成立了重庆市公共图书馆文化共享农民工联盟,利用文化共享工程服务网络整合全市公共图书馆的文献资源,在农民工相对集中的区域设立农民工图书馆,并配备电脑和书籍。在重庆市公共图书馆文化共享农民工联盟的组织和指导下,各区县图书馆根据本地实际情况,发展出农民工图书馆、农民工夜校、农民工数字文化家园等诸多创新性基层服务品牌②。

除了在馆内为农民工提供服务外,城市建筑工地也成为各级公共图书馆服务农民工的主阵地,各种"送书到工地"活动层出不穷。例如,2016 年世界读书日之际,成都成华区图书馆为西北路某建筑工地工友送去图书 500 册,并与工友围坐在一起,讲经历、话感想、谈体会,分享曾经读过的好书、读书的体悟与乐趣③。此外,图书馆还为农民工开辟了更多的延伸服务。如 2014 年,重庆图书馆联合重庆 43 家图书馆共同启动帮助农民工购票活动,为他们准备了"文化年货大礼包",包含春节喜庆用品、图书、重庆图书馆特色数字资源 U 盘等,并免费提供大巴送农民工回家④。帮助农民工购买返乡车票已成为各地公共图书馆春节前后开展的常规服务活动。

(5)讲座服务

自 2006 年文化部发布《文化部办公厅关于深入开展公共图书馆讲座工作的通知》以来,图书馆界积极贯彻响应,争相开展公益讲座服务。10 年来,公共图书馆公益讲座开展模式逐渐成熟,涌现出一大批优秀的服务品牌,如国家图书馆的"文津讲坛"、浙江图书馆的"文澜讲坛"、上海图书馆的"上图讲座"、天津图书馆的"海津讲坛"、湖南图书馆的"湘图讲坛"

① 张鑫,陈倩,王芳.面向农民工的公共图书馆信息服务调查与分析[J].图书与情报,2017(2):76 - 83.

② 兰晶.公共图书馆服务农民工的实践——浅析"重庆市公共图书馆文化共享农民工服务联盟"[J].四川职业技术学院学报,2014,24(2):17 - 18.

③ 成华区新闻中心.区图书馆送图书进工地[EB/OL].[2018 - 02 - 07].http://www.chenghua.gov.cn/index.php?cid =11&tid =164585.

④ 连肖.重庆图书馆免费提供大巴车送农民工回家过年[DB/OL].[2018 - 02 - 07].http://www.chinalibs.net/ArticleInfo.aspx?id =431315.

等;讲座内容丰富,涉及文学艺术、科学普及、政治历史、经济法律、地方文化、资源推介、心理教育等,并呈现出贴近百姓生活、关注民生热点、彰显民族文化、突出区域特色的特点①。据国家统计局统计,2016 年我国各级公共图书馆共举办公益性讲座 69 308 场次,极大地丰富了人民群众的文化生活。而基于讲座现场记录的文档资料、视听资料,通过加工制作而推出的一系列衍生事物,包括在图书馆网站上的详细报道、在微信微博上转载讲稿、建构网上讲座平台、提供讲座视频在线直播渠道、建立讲座专家专题数据库、发布年度报告、出版书籍刊物等一系列衍生品,突破现场讲座的时间和空间限制,扩大讲座的受众面积,满足更多群众的文化需求②。以"上图讲座"为例,每年向上海市 300 个东方信息苑、街道社区、学校、部队、纠治办和盲人协会等 22 家公益服务单位提供讲座光盘 60 种 1320 盘,向全国 170 家公共图书馆共享讲座光盘 60 种合计 11 000 盘,全年向全国及本市免费寄送的《上图讲座》专刊近万册③。

（6）展览服务

2003 年,展览服务被纳入全国省级图书馆评估标准中,逐渐发展成为新时期图书馆读者服务的一项重要业务,各级公共图书馆相继开展了展览服务,大多公共图书馆将展览服务纳入年度计划之中,形成诸如"国图展览""上图展览""赣图展览"等众多展览品牌。据国家统计局统计,2016 年我国各级公共图书馆共举办展览 26 588 个,其中县级图书馆 7731 个,县市级公共图书馆 15 988 个。可见,展览服务已成为各级公共图书馆的常态化服务。在实践中,图书馆广开思路,创新展览服务模式,推动了展览服务的深入开展。例如,东莞图书馆从 2011 年开始举办以东莞图书馆为主导的东莞读书知识系列巡展,总分馆体系内的基层图书馆以及社区、学校积极响应参加,到 2015 年共有 27 个镇街图书馆参加了 62 场巡展,极大地补充了镇（街）图书馆的展览资源④。江西省图书馆则采用"展览 + 荐书"的办展方法,引导读者观展的同时进一步阅读有关图书,实现了展览服务引领阅读的效果⑤。

2. 文化馆（群艺馆）服务内容建设

文化馆（群艺馆）是群众文化艺术活动的中心,组织开展公益文化艺术活动、辅导公众进行文化艺术创造、促进民族民间文化艺术发展是其主要职责。《文化馆服务标准》(GB/T 32939—2016)规定的基本服务内容包括:组织开展演出、展览等公益性群众文化展示活动,指导下级文化馆（站）群众文化业务工作,培训基层队伍和业余文艺骨干,辅导群众文艺作品创作,开展时政法制科普教育等服务,以及为保障基本职能实现提供的一些辅助性服务。近几年,随着国家对公共文化发展的重视,各地文化馆（群艺馆）深入实际、深入群众、贴近生活,创新服务,不仅创作了大量人民群众喜闻乐见的优秀公共文化产品,引领、培训和指导群文创作,也

① 徐军华,覃仕莲."互联网 +"环境下省级公共图书馆公益讲座的现状及建议[J].图书情报工作,2016,60(14):75 - 83.

② 曹娟.公共图书馆讲座衍生品发展的回顾、现状与前瞻[J].图书馆学研究,2017(11):83 - 87.

③ 朱伟芬.讲座交流在城市公共文化建设中的实践与思考——上海图书馆公益讲座服务基层为例[J].图书馆杂志,2017,36(8):59 - 61.

④ 何应尧.总分馆体系下的东莞市图书馆展览资源区域共享建设研究[J].图书馆理论与实践,2016(8):65 - 67.

⑤ 程远.公共图书馆优化跨界合作的展览服务思考[J].图书馆建设,2015(12):79 - 82.

为群文作品提供了展示和推广的平台，极大地丰富了公共文化服务的内容供给。

（1）坚持正确导向引领群文创作

文化部2017年发布的《"十三五"时期繁荣群众文艺发展规划》要求由省级、地市级文化馆确定年度选题和重点创作任务，每年推出一定数量、代表当地群众文艺创作水准的原创作品，激发群众文艺原创活力①。在实践中，作为群众文化开展的主要基地，各级文化馆坚持以人民为中心的创作导向，深入挖掘本地文化资源、打造地方特色文化，不仅创造了一大批贴近生活、贴近实际、贴近群众的优秀文艺作品，同时也为群众自身的文化创作发挥了"传帮带"的示范引领作用。

在上海，2016年的群文创作将乡土文化、现实题材和纪念中国共产党建党95周年、长征胜利80周年等作为重点题材，积极推进戏曲曲艺、音乐舞蹈、文学戏剧、书画摄影等各门类群众文艺创作。2016年是鲁迅诞辰135周年、逝世80周年，他生命的最后10年定居上海，在虹口的景云里、大陆新村生活和工作过。虹口区文化馆副馆长、编剧俞志清创作了大型原创情景剧《鲁迅在上海》，剧本先后经过六次修改，将先辈们生活和战斗的片段加以创作升华，引领当下的青少年共同回首那个年代，激发广大青少年的爱国情怀。经过紧锣密鼓地排练，《鲁迅在上海》于2016年12月正式首演②。

四川省甘孜藏族自治州的德格县文化馆，以"创作有创意、有筋骨、有道德、有温度文艺作品"为工作目标，融合传承与创新理念，不断强化对全县文艺创作生产的引导，创作出小品、音乐及诗歌等多题材优秀原创作品，其中，结对认亲题材小品《下乡》，讲述一对拥有天籁嗓音的农牧民夫妇在其结对认亲干部李老师慧眼识珠下带领他俩脱贫致富的故事；歌者根秋原创音乐《康巴锅庄》《黑巴罗罗》，以愉悦欢快的曲调阐述了自己热爱音乐的梦想；《顶礼，诗意理塘》《一个英雄的传说》《玉隆拉措》等原创诗歌描绘了藏区历史沉淀下的苍荒壮丽和人文传说留下的千古柔情③。

（2）提供群文辅导与培训

对群众文艺创作或活动进行辅导与培训，有助于提升群众文艺骨干、文艺爱好者的艺术技能和水平，从而加大先进文化的传播速度和全民艺术普及的开展力度；同时，在文艺活动中接受培训与辅导，也是群众尤其是基层群众日益增长的精神文化的需要。2015年，文化部开展的第四次全国文化馆评估定级中，将"省级馆、副省级馆、地市级馆应设有群众文艺创作及辅导的部门和人员，县级馆应有群众文艺辅导的部门和人员"作为等级必备条件④，可见群众文艺辅导与培训的重要性。2016年，中国文化馆协会、文化部全国公共文化发展中心共同提出"全国文化馆站'全民艺术普及技能提升计划'"，确定了五大目标，即提高全民艺术普及业务技能、促进全民艺术普及精品创作、加快全民艺术普及品牌传播、推动全民艺术普

---

① 文化部. 文化部关于印发《"十三五"时期繁荣群众文艺发展规划》的通知[EB/OL].［2018-02-08］. http://zwgk. mcprc. cn/auto255/201705/t20170510_494368. html.

② 张熠. 上海加强引领示范 推动群众文艺创作繁荣发展[EB/OL].［2018-02-08］. http://shzw. eastday. com/shzw/G/20161228/u1ai10199813. html.

③ 德格县政府. 德格县文化馆以创新理念带动文艺创作[EB/OL].［2018-02-08］. http://www. sc-njw. gov. cn/ls/article/98c402d7-d0b5-11e7-a669-8f88de42bf91/.

④ 文化部. 附件1：省（自治区、直辖市）文化馆等级必备条件和评估标准[EB/OL].［2018-02-08］. http://www. mcprc. gov. cn/whzx/bnsj/ggwhs/201504/t20150415_679562. htm.

及服务创新、推进全民艺术普及标准化；四个能力，即群众文艺作品创作生产能力、辅导培训网络辐射能力、品牌活动策划组织能力、产品服务传播推广能力；三个品牌：即百姓大舞台、全民艺术普及大讲堂和公共数字文化交流服务平台①。实践中，全国各级文化馆"送文化"与"种文化"双管齐下，创新服务，通过辅导与培训将文化服务送到老百姓身边，涌现出一批好经验和好做法。

四川成都市文化馆通过开办市民文化艺术培训学校（辅导站）提供群众艺术辅导与培训服务。截至 2012 年 6 月底，成都市在市文化馆和各区（市）县文化馆开设的培训学校 21 所，在城市街道综合文化中心、农村乡镇文化站开设文化艺术辅导站 102 所。学校（辅导站）共开设舞蹈、音乐、器乐、摄影等门类的艺术培训项目和蜀绣、茶艺、剪纸、手工艺品制作等技艺培训项目 19 个，有培训班 5427 个，共招收学员 121 530 人。具体操作中，成都市文化馆（总校）发挥引领作用，重点面向外来务工人员及其子女、农民等特殊群体，同时兼顾留守儿童、学生和机关干部等不同群体，根据市民实际需求，培训内容涉及艺术培训、企业职工培训、农民工技能培训、非物质文化遗产传承、民间手工技艺培训等多个领域②。

山东潍坊通过建立群众文化基层辅导工作制度，对提出申请的艺术团体进行实地调研和综合评价，从中遴选出 5—10 家群众文化基层示范点进行授牌，被授牌的团体全体成员将自动成为辅导员、志愿者，参与《潍坊市艺术馆群众文化基层辅导工作制度》的实施与执行。每个示范点除组织好内部排练外，还必须到基层社区和艺术馆指定的联系点开展辅导活动，年均不少于 40 次，每月在人民广场、风筝广场、东苑公园等人群聚集场所无偿演出 1 次③。

安徽省按照"自发自愿、规范引导、灵活多样、注重实效"的原则，吸纳一批参与群众文化活动积极，又有一定活动组织协调能力，在音乐、舞蹈、戏曲、书法、绘画等方面拥有一定专长的志愿者成立省级群众文化辅导员大队，由安徽省文化馆统一管理，各市县（区）文化馆协同管理，主要任务是组织、策划、指导各种基层文化活动，辅导或培训基层文化积极分子，引领群众性文艺创作。文化辅导员深入社区、村镇，开展了丰富多彩的文化活动，同时推出一些有特色的文化志愿辅导服务品牌。如淮北市杜集区文化馆开展"优秀文化进万家"群众文化系列活动，组建 61 人的文化系统学雷锋志愿者服务队伍，提出文化志愿者"百人千家'种'文化"实施计划。计划实施以来，培训腰鼓队员达 6000 多人次。亳州市涡阳县丹城镇文化站组建一支由当地民间文艺人才组成的农民文化志愿服务队，每到周末他们自发地为群众演出。截至 2015 年年底，全省群众文化辅导员已达到 10 087 人，已逐步发展壮大为公共文化服务建设的重要力量④。

① 国家数字文化网. 中国文化馆协会、文化部全国公共文化发展中心提出《全国文化馆站"全民艺术普及技能提升计划"》[EB/OL]. [2018 - 02 - 08]. http://www. cpcca. org. cn/yishu/201609/t20160923_1259394. htm.

② 四川省文化厅. 四川成都 123 所公益性市民文化艺术培训学校（辅导站）挂牌开课[EB/OL]. [2018 - 02 - 08]. http://www. mcprc. gov. cn/whzx/qgwhxxlb/sc/201208/t20120815_589099. htm.

③ 山东省文化厅. 山东潍坊建立群众文化基层辅导工作制度[EB/OL]. [2018 - 02 - 08]. http://www. mcprc. gov. cn/whzx/qgwhxxlb/sd/201504/t20150408_592975. htm.

④ 安徽省文化厅. 我省各地开展群众文化辅导服务成效显著[EB/OL]. [2018 - 02 - 08]. http://www. ahwh. gov. cn/zwgk/bmdt/stgz/40271. shtml.

（3）为群文创作提供展示展演平台

近几年来，各地通过自办或参加全国性的群文创作比赛、展览、展演以及省际、省内之间的文化交流活动，为群文作品提供了多元化的展示交流平台。"群星奖"是文化部为繁荣群众文艺创作，促进社会文化事业的繁荣发展而设立的全国群众文化艺术政府奖。在奖项设置方面，"群星奖"的奖项设置几经改革，目前包括：作品类"群星奖"、项目类"群星奖"和"群文之星"。其中作品类"群星奖"包含音乐、舞蹈、戏剧、曲艺 4 个舞台艺术门类。在评奖对象方面，作品类"群星奖"的评奖对象是由群众文化工作者和业余文艺爱好者创作、编导、辅导并表演的文艺作品，项目类"群星奖"的奖励对象是基层优秀的公共文化服务项目和群众文化品牌活动，"群文之星"的奖励对象是在基层公共文化服务领域表现突出的个人。在各地文化行政部门的推动和文化馆、群艺馆的积极参与下，经过 20 多年的发展，"群星奖"已评选出来自全国各地 3000 多件具有鲜明时代感和浓郁生活气息的优秀群众文艺作品，逐步成为推动广大基层公共文化服务建设的重要力量①。

2014 年，文化部决定在全国开展"群星奖"获奖作品巡演，汇集最具代表性、最高水准的群众文艺精品节目和群众文化品牌活动，为基层群众送去更多更好的精神食粮，让人民群众共享群众文化发展优秀成果。群星奖巡演活动由示范性巡演、区域联动和各地巡演三种形式构成，覆盖全国、贯穿全年。其中，示范性巡演的节目构成以群星奖获奖作品为主；在区域联动和各地巡演部分，地域特色的群文佳作与群星奖获奖作品则成为巡演中的亮点。在服务对象方面，采取重心下移，深入基层的做法，基层群众成为群众文艺优秀成果的最终享受者，各地巡演深入县、乡、村，与基层百姓近距离互动。

在群星奖的带动下，各地也纷纷搭建了各自的群文创作展示平台，如江苏省的"五星工程奖"和"文华奖"、广东省的群众艺术花会、上海的"上海之春"群文新人新作展评展演活动、湖南省的"欢乐潇湘"群文会演、宁夏的中国西部民歌花儿歌会等省级规模的赛事平台，不仅为群文创作成果提供了展示平台，还带动基层群众文化活动的蓬勃发展，促进新人新作的不断产生。以上海为例，在 2016 年度 10 场群文新人新作展评展演中，共展演自下而上遴选出来的 155 个群众文化领域舞台艺术创作成果，包含 45 个音乐作品、48 个舞蹈作品、40 个戏剧作品及 22 个曲艺作品②。湖南省的"欢乐潇湘"群众文艺会演，通过海选、初赛、复赛、决赛，到优秀节目展演，让百姓唱主角，让草根当明星，给群众提供自我展示自我教育的舞台，让没有上过台的纯朴农民学会表演。如在开展"欢乐潇湘"过程中，珠晖区教文体局组织成立了由区内文艺骨干、专业老师、居民代表组成的队伍，组织人员进行节目编排、指导排练，把平时爱唱歌、爱跳广场舞的群众带动起来，自编自导自演节目进行参赛。大量群众从文化的看客变成主角，各地群众文艺活动氛围越来越浓③。

---

① 文化部. "群星奖"简介［EB/OL］.［2018 - 02 - 08］. http://www. ndcnc. gov. cn/qunxing/about/201306/t20130605_674444. htm.

② 张熠. 上海加强引领示范 推动群众文艺创作繁荣发展［EB/OL］.［2018 - 02 - 08］. http://shzw. eastday. com/shzw/G/20161228/u1ai10199813. html.

③ 湖南日报. 2016 年"欢乐潇湘"群众文艺汇演综述［EB/OL］.［2018 - 02 - 02］. http://hnrb. voc. com. cn/article/201609/201609301024558006. html.

3. 送戏下乡

自 1995 年中宣部、农业部、文化部发起"文化下乡"活动以来,送戏下乡就成为"文化下乡"的重头戏,在全国各地相继展开,戏曲成为基层公共文化服务的重要内容。2012 年,国务院印发的《国家基本公共服务体系"十二五"规划》明确要求每个乡镇每年送 4 场地方戏曲,各地结合本地区实际情况适当提高标准[①]。此后,各地相继出台送地方戏的服务标准,并取得了一定成效,如《山东省文化厅"十二五"文化改革规划》明确了鼓励支持文艺院团深入基层演出,逐步实现"一村一年一场戏"。辽宁省要求全省各地广泛开展演出活动,实施送戏下乡工程,全省各专业艺术院团年演出不少于 1 万场,观众超过 800 万人次[②]。安徽省则从 2014 年起创新机制开展"送戏进万村"活动,采取政府购买服务的方式,每年为全省每个行政村送一场正规文艺演出,截至 2017 年已累计为全省 1.5 万多个行政村送戏 6 万多场[③]。安徽省文化厅还专门建设了"送戏进万村"网站,包括演出计划、招标采购、演出现场、演出剧目、演出团体和意见反馈栏目。山西省要求每年为每个建制村和大中小学校配送一场戏曲等文艺演出,开展"一村(校)一年一场"戏曲演出与"一校一月一场"爱国主义电影放映活动。内蒙古呼和浩特市采取"以需定供"互动式、菜单式服务方式,根据广大农民群众的意见和建议及时调整演出时间和演出的剧(节)目,仅 2016 年上半年就送达 100 场次[④]。甘肃省将地方戏曲演出纳入基本公共文化服务目录,通过政府购买服务等方式,组织地方戏曲艺术表演团体赴农村、社区、企业、军营、学校进行演出,并通过建立戏曲创作名录库,每年向社会公布 20 个创作选题和戏曲剧种,征集优秀剧本,探索"储备一批、扶持一批、生产一批、推开一批"的戏曲创作生产机制[⑤]。

为充分发挥戏曲在传承中华优秀传统文化、丰富群众精神文化生活、提升基层公共文化服务水平中的积极作用,2017 年 5 月,中宣部、文化部、财政部印发《关于戏曲进乡村的实施方案》,对戏曲进乡村的实施进行全面部署,要求到 2020 年,在全国范围实现戏曲进乡村制度化、常态化、普及化。通过戏曲进乡村,增加农村公共文化服务总量,解决农民看戏难的问题,形成政府、市场、社会协同推动农村文化建设的良好局面。主要服务形式有:组织观看戏曲作品,结合农村实际和当地农民文化需求,选择适合农民观看的优秀传统戏曲艺术作品为群众演出。促进戏曲艺术普及,根据当地文化特点和农民群众的欣赏习惯,广泛开展形式多样的戏曲鉴赏、戏曲知识讲座以及名家进乡村等活动,加强戏曲艺术在农村的传播和普及。培育农村戏曲团队,支持农村地区小剧团、戏曲社团和戏曲表演队等多种类型的业余戏曲表

① 国务院.国务院关于印发国家基本公共服务体系"十二五"规划的通知[EB/OL].[2018 - 02 - 02].http://www.gov.cn/zwgk/2012-07/20/content_2187242.htm

② 山东省文化厅.山东省文化厅"十二五"文化改革发展规划[EB/OL].[2018 - 02 - 02].http://www.sdwht.gov.cn/html/2012/fzgh_0313/2940.html.

③ 郜磊.安徽"送戏进万村"成效显著[EB/OL].[2018 - 02 - 02].http://www.ahwh.gov.cn/xwzx/whyw/46541.shtml.

④ 王中宙.呼和浩特民族演艺集团"送戏下乡"100 场[EB/OL].[2018 - 02 - 02].http://www.nmgcb.com.cn/wenhua/2016/0719/115279.html.

⑤ 杜萍.甘肃拟将地方戏曲演出纳入基本公共文化服务目录[EB/OL].[2018 - 02 - 02].http://news.hexun.com/2016-11-24/187055573.html.

演团队发展，增强农村戏曲传承发展的自我服务能力，让农民多渠道、多途径参与戏曲体验，享受戏曲服务①。与以往单纯的政府送戏下乡相比，此次戏曲进乡村的实施方案中，提供服务的除了各级各类戏曲艺术表演团体和戏曲艺术专业人员之外，文化馆（站）、文化信息资源共享工程基层服务点也加入为基层群众提供戏曲培训和数字戏曲的服务队伍，极大地丰富了戏曲服务的内容。对农村地区小剧团、戏曲社团和戏曲表演队等多种类型的业余戏曲表演团队的支持和鼓励则使戏曲服务更接地气，更受农民欢迎。

六、技术建设

技术进步历来对文化内容、文化的表现及传播形式、大众文化形态等各个方面产生着深刻影响，并不断推动着文化的发展与演变。在经济全球化、信息化和数字化的今天，文化事业的发展必须依靠文化与科技融合产生的创新作用、引领作用、转化作用和驱动作用②。对于公共文化服务建设来说，科技不仅影响着文化供给即文化内容，同时也影响着文化的传播和展现手段，为构建覆盖广泛、技术先进的公共文化服务体系提供了技术支撑，使人们利用、享受、创造、展现文化更为方便快捷，有助于真正实现公共文化服务的公益性、基本性、均等性和便利性，真正实现公共文化服务零距离。同时，我们也应该看到，公共文化服务体系的技术建设不仅仅是新技术在文化产品和服务中的不断更新和应用，还包括培养一大批掌握信息技术和其他先进技术的各级基层文化工作者，借由他们把公共文化产品和服务送到基层老百姓身边。纵观近10年来我国公共文化服务体系的建设和发展，正是对计算机技术、数字技术、网络技术、云计算、大数据等新技术的应用和深度融合，以及广大基层文化工作者对新技术的不断学习和探索，使得我国公共文化服务体系的整体服务能力不断增强、服务模式不断创新、服务内容更加丰富多彩。回顾和梳理我国公共文化服务体系建设和发展过程中的新技术应用轨迹，有助于我们从宏观的角度及时捕捉和发现公共文化服务与科技融合的切入点，深入把握文化与科技的关联性，创新公共文化服务模式，让人民群众享受到更加丰富、便捷的公共文化产品和服务。

1. 政策支持和要求

2011年，文化部、财政部发布《关于进一步加强公共数字文化建设的指导意见》指出，在数字化、信息化、全球化的时代背景下，深刻认识并准确把握国内外形势新变化新特点，结合人民群众不断增长的精神文化需求，将信息技术、数字技术、网络技术等现代科学技术和传播手段应用于公共文化服务体系建设，进一步加强公共数字文化建设，是适应时代发展的必然要求和战略选择。公共数字文化服务具有辐射面广、传播速度快、资源广泛共享等特点，

---

① 中共中央宣传部，文化部，财政部. 中共中央宣传部、文化部、财政部关于印发《关于戏曲进乡村的实施方案》的通知［EB/OL］.［2018－02－02］. http://zwgk. mcprc. gov. cn/auto255/201705/t20170518_494593. html.

② 迟树功，宁福海. 文化与科技融合发展趋势［EB/OL］.［2018－02－02］. http://theory. people. com. cn/n/2014/0217/c40531-24379395. html.

有利于解决当前制约公共文化服务体系发展的突出矛盾和问题,对公共文化服务体系建设具有十分重要的意义①。

2013 年,《文化部"十二五"时期公共文化服务体系建设实施纲要》将促进公共文化领域文化和科技融合发展,强化公共文化服务的技术支撑作为"十二五"时期的重点任务之一,强调大力推进数字文化建设,将计算机技术、数字技术、网络技术、移动通信技术等应用于公共文化服务,创新文化表现形式,丰富服务内容,拓宽服务渠道。

2015 年年初,中共中央办公厅、国务院办公厅印发的《关于加快构建现代公共文化服务体系的意见》中也明确指出,要推进公共文化服务与科技融合发展,包括加大文化科技创新力度、加快推进公共文化服务数字化建设、提升公共文化服务现代传播能力。2015 年 10 月,国务院办公厅印发《关于推进基层综合性文化服务中心建设的指导意见》,将"充分发挥互联网等现代信息技术优势,利用公共数字文化项目和资源,为基层群众提供数字阅读、文化娱乐、公共信息和技能培训等服务"②作为基层创新服务方式和手段之一。

2016 年 12 月,科技部、文化部和国家文物局共同印发的《国家"十三五"文化遗产保护与公共文化服务科技创新规划》,指出大力提升公共文化服务水平,急需科技创新支撑,亟须接力"互联网+",加大科技创新,加快推进公共文化服务数字化建设,提高博物馆、文化馆信息化、网络化、智能化水平,增强公共文化服务现代传播能力,大幅提升公共文化服务效能。要求通过构建智慧图书馆的技术标准体系;构建公共文化的综合传播技术体系;完善老少边穷地区的文化传播技术;完善基层文化站的文化传播技术体系;推动特殊人群文化需求的关键装备发展;突破口传心授等非物质遗产的采集和物理留存技术;突破少数民族语言与汉语的智能互译技术;解决公共文化跨域传播的关键技术等提升公共文化服务的科技支撑能力③。

2017 年 7 月,文化部印发的《文化部"十三五"时期公共数字文化建设规划》,要求到 2020 年,基本建成与现代公共文化服务体系相适应的开放兼容、内容丰富、传输快捷、运行高效的公共数字文化服务体系的总体目标;建成能够提供"互联网+借阅""互联网+信息服务"的互联互通的公共数字文化服务网络④。

在政策的支持和要求中我们可以看到,公共文化服务体系的技术建设不仅要求对新技术的持续关注和应用,还要求有新技术背景下的新思维,其中基于互联网思维下的"互联网+公共文化服务"模式成为政策关注的新重点。

---

①　文化部,财政部.关于进一步加强公共数字文化建设的指导意见[EB/OL].[2018 - 02 - 02].ht-tp://www.mof.gov.cn/zhengwuxinxi/zhengcefabu/201112/t20111209_614350.htm.

②　国务院办公厅.国务院办公厅关于推进基层综合性文化服务中心建设的指导意见[EB/OL].[2018 - 02 - 02].http://www.gov.cn/zhengce/content/2015-10/20/content_10250.htm.

③　科技部,文化部,国家文物局.关于印发《国家"十三五"文化遗产保护与公共文化服务科技创新规划》的通知[EB/OL].[2018 - 02 - 02].http://www.most.gov.cn/mostinfo/xinxifenlei/fgzc/gfxwj/gfxwj2016/201612/t20161221_129720.htm.

④　文化部.关于印发《文化部"十三五"时期公共数字文化建设规划》的通知[EB/OL].[2018 - 02 - 02].http://zwgk.mcprc.gov.cn/auto255/201708/t20170801_688980.html.

2. 三大公共文化惠民工程的技术建设

公共文化数字化是公共文化服务向数字化、智能化形态转化、实现公共文化服务公益性、基本性、均等性和便利性的基础性工程。公共数字文化建设包括数字化平台、数字化资源、数字化服务等基本内容。"十二五"时期，我国大力推进公共数字文化建设，统筹实施了全国文化信息资源共享工程、数字图书馆推广工程、公共电子阅览室建设计划等重点公共数字文化工程，公共数字文化建设工作框架基本建立，覆盖全国的服务网络基本成型，资源库群初具规模，对构建现代公共文化服务体系发挥了重要的支撑作用。

（1）全国文化信息资源共享工程

全国文化信息资源共享工程是2002年起，由文化部、财政部共同组织实施的一项国家重大文化惠民工程。它应用现代信息技术，将中华优秀文化信息资源进行数字化加工与整合，依托各级公共图书馆、文化馆（站）等公共文化设施，通过互联网、广播电视网、无线通信网等新型传播载体，在全国范围内实现中华优秀文化资源的共建共享。15年以来，文化共享工程大力推进服务网络建设，已建成国家、省、市/县、乡镇/街道、村/社区五级服务网络；建立了"公共文化数字资源基础库群"和"红色历史文化多媒体资源库"；利用"云计算"和"三网融合"技术，在中西部地区积极推进"进村入户"，提升了整个网络的服务能力与管理能力。现在，高新技术的应用使用户不仅可以通过电脑、电视以及各种移动终端免费观看和欣赏全国优秀文化资源，用户下载专用APP还可以自行录制视频上传或与好友分享；偏远地区的用户，随着文化网络电视"进村入户"服务的开展，也可通过专业的电视机数字机顶盒观看和欣赏。同时，文化共享工程在实施过程中，通过各地省级分中心、市县级支中心培训了大量基层工作人员，建立起了一支庞大的、技术精良的人才队伍，有力地推进了工程的实施。

以四川省为例，到2014年已在各市县、乡镇街道、村、社区等建立了108 893个基层服务网点，累计开展培训24 646期，受训人次高达268 468人次。而通过互联网、有线电视、数字电视、卫星、政务外网等投放数字资源，服务人次达到71 819 857人[①]。

2017年6月，由文化部全国公共文化发展中心、中国文化馆协会联合主办的全国文化信息资源共享工程"乡村拍手"计划正式启动。该计划面向基层文化工作者，包括文化共享工程市、县级支中心相关工作人员，市、县级文化馆工作人员以及乡镇文化站站长等，通过专业培训、文化微视频制作及宣传推广活动，让基层文化工作者不仅能够策划并制作微视频作品，更重要的是能够组织和带动起本地区群众来参与文化微视频的创作[②]。再比如"公共文化一体机"作为边疆万里数字文化长廊的核心设备，是数字文化资源的存储池，是资源传输的中枢设备，可供在线展示、下载、上传数字文化资源，可离线播放数字文化资源，并为覆盖区域内的数字文化服务点提供资源更新服务，同时为服务点范围内提供24小时不间断无线WI-FI服务，在解决偏远贫困地区公共文化服务问题方面提供了有效的落地方案。可以说，对于先进实用技术的良好应用和推广，使得文化共享工程不仅资源优质丰富，传播高效互

---

① 苏曼.文化信息资源共享工程培训的实践和思考——以四川省为例[J].四川图书馆学报,2016(1):11-14.

② 中国广播网.全国文化共享工程"乡村拍手"计划正式实施[DB/OL].[2018-02-03].http://www.chinalibs.net/ArticleInfo.aspx?id=431070.

动、服务便捷贴近,已成为管理科学规范、体系完整可控的公共数字文化服务体系。

(2)数字图书馆推广工程

数字图书馆推广工程由文化部和财政部于2011年共同推出,其核心内容是建设覆盖全国的数字图书馆虚拟网、互联互通的数字图书馆系统平台和海量分布式数字资源库群,形成完整的数字图书馆标准规范体系,推动新媒体、新技术在图书馆建设与服务中的应用,用科技助力图书馆事业发展,将更便捷、更丰富、更智能、更高效的数字图书馆产品和服务,带到全国图书馆用户身边。

以数字资源为中心、围绕整个数字资源生命周期的各个业务系统是数字图书馆推广工程的重要内容,也是数字图书馆建设的核心技术支撑,这些系统包括文献数字化加工系统、网页资源获取系统、数字资源组织系统、版权信息管理系统、唯一标识符系统、资源发布与服务系统、统一用户管理系统、文津搜索系统、数字资源保存系统、异地灾备中心等。在数字资源建设方面,数字图书馆推广工程联合全国各级图书馆全面推进数字资源联合建设工作,并通过网络书香资源检索平台对建设的数字资源元数据进行整合发布,实现所建资源的有序整合与统一展示,为用户提供元数据检索、分类导航、特色专题资源等功能,实现了多源异构数字资源的可视化展示及一站式访问。在标准规范建设方面,国家数字图书馆标准规范体系在采纳参照现行的国际标准、国家标准、行业标准或事实标准的同时,建设了汉字处理、唯一标识符、对象数据、元数据、知识组织、资源统计、长期保存等的30余项标准规范。在人员培训方面,超过18万人次参加了数字图书馆从业人员培训,相当于将全国图书馆从业人员培训了3轮[1]。数字图书馆推广工程以互联网、移动通信网、广电网为通道,借助手机、数字电视、移动电视等新兴媒体,使数字图书馆的服务覆盖全国省、市、县、乡镇(街道)、村(社区),促进了公共文化服务新业态的形成。截至2017年,已覆盖全国41家省级图书馆、486家地市级图书馆,服务辐射2900多个县级图书馆[2]。"十三五"期间,数字图书馆推广工程将为构建"国家公共文化信息综合服务平台"开展"一云一库一网"建设,即搭建国家公共文化信息服务基础设施云、中华文化资源总库、国家公共文化信息综合服务网络,全力构建公共文化的线上与线下一站式服务,努力打通文化惠民最后"一公里"[3]。

(3)公共电子阅览室建设计划

在全国文化信息资源共享工程、数字图书馆推广工程取得积极进展的基础上,文化部、财政部于"十二五"期间,在全国实施了公共电子阅览室建设计划。公共电子阅览室是以计算机技术、网络通信技术为基础,依托文化共享工程各级服务点、图书馆、文化馆,以及具备条件的工人文化宫、少年宫、妇女儿童活动中心、乡镇(街道)文化站、社区文化中心(村文化室)、学校、工业(产业)园区等,提供集互联网信息查询、文化共享工程信息资源服务、数字图书馆服务、素质培训、网络通信、休闲娱乐为一体的现代化多功能公共文化服务场所。充分应用云计算、智能服务、流媒体、移动互联网等最新适用技术,与"三网融合"发展战略紧密结合,依托已有技术管理平台,建立先进实用、安全可靠、开放互联的技术支撑平台是该计划

---

① 数字图书馆推广工程. 工程介绍[EB/OL].[2018 - 02 - 03]. http://www.ndlib.cn/gcjs_1/201108/t20110818_47872_2.htm.

② 数字图书馆推广工程. 工程介绍[EB/OL].[2018 - 02 - 03]. http://www.ndlib.cn/gcjs_1/.

③ 魏大威. 数字图书馆推广工程"十三五"规划思考[J]. 图书馆杂志,2015,34(6):4 - 10.

的重要实施内容之一。

文化部全国公共文化发展中心 2013 年组织开发了公共电子阅览室管理信息系统,利用 MSDE、Apache ActiveMQ 等开源软件,以及阿里云地图提供的免费云服务,实现了站点建设数据、工作人员及设备信息、站点及设备使用情况、用户访问记录、网站访问统计等功能,分别部署在国家中心、各地分支中心及公共电子阅览室①。此外,各地开放思想,充分应用新技术,产生了一些具有地方特色的建设模式。例如,内蒙古"数字文化走进蒙古包"工程结合内蒙古的人文地理环境情况,通过建立一级数字加油站(乡镇、苏木)、二级数字加油站(村、嘎查)、移动便携式加油站(分散的游牧点),通过充分利用 WI-FI 技术以及智能手机、平板电脑、笔记本电脑等移动终端,为边疆偏远地区无网络覆盖的农牧民提供 24 小时不间断的数字文化信息资源服务②。东莞图书馆、厦门图书馆通过引进企业开发的"文化 e 管家",实现了公共电子阅览室的自助服务和自助管理。山东的"万里海疆,万里书香"文化工程,采取高度集成化的数字文化可移动设备,如电子书借阅一体机、数字电影放映机等,在海防部队驻地、船只上为部队和岛民开展公共数字文化服务③。

(4)国家公共文化云

2017 年 12 月,由文化部公共文化司指导、文化部全国公共文化发展中心具体建设、统筹整合全国文化信息资源共享工程、数字图书馆推广工程、公共电子阅览室建设计划三大惠民工程升级推出的公共数字文化服务总平台、主阵地——国家公共文化云正式开通。平台包括国家公共文化云网站、微信号和移动客户端,突出了手机端服务的功能定制,具有共享直播、资源点播、活动预约、场馆导航、服务点单、特色应用、大数据分析 7 项核心功能,可以通过电脑、手机 APP、微信、公共文化一体机等终端获取一站式数字公共文化服务,我国数字公共文化建设迈出了具有标志性的一步,新技术在公共文化服务体系建设中的应用取得了辉煌的成果。

3. 图书馆、文化馆、美术馆技术建设

如前所述,作为公共文化服务体系建设中的主力军,图书馆、文化馆、美术馆在参与国家三大公共文化惠民工程的同时,技术力量也在不断增强。这一方面得益于国家重点数字文化工程实施过程中对三馆的技术支持与培训,另一方面,图书馆、文化馆、美术馆也在积极寻求自身的技术发展之路。

(1)公共图书馆的技术建设

近年来,各级公共图书馆通过运用新技术创新服务模式和手段,可谓百花齐放。依托互联网,以及新兴的网络媒体如微信、微博等,对已有资源的数字化加工、整合和数据挖掘成为公共图书馆利用新技术创新服务模式的主要手段。

为了更好地为用户提供服务,很多公共图书馆建立了覆盖各类网络应用和数字媒体的

---

① 国家数字文化网. 公共电子阅览室管理信息系统[EB/OL]. [2018 - 02 - 03]. http://www. ndcnc. gov. cn/zhuanti/2013zt/nianhui/jishu/201311/t20131105_795338. htm?gtmpeplwzfkufumy.

② 张庶卓. 内蒙古首创并实施"数字文化走进蒙古包"工程[DB/OL]. [2018 - 02 - 03]. http://www. chinalibs. net/ArticleInfo. aspx?id = 308080.

③ 银晶. 国内公共电子阅览室建设与思考[J]. 图书馆理论与实践,2017(5):75 - 79.

数字图书馆服务体系,如广东省立中山图书馆建成包括 PC 门户、移动门户、触摸屏阅读、读者自助服务(自助借还、自助上机、自助 Wi-Fi 接入)、短信平台、微信公众号服务平台、移动 APP、微博、微信等各类网络应用和信息化应用服务平台共计 60 多个,形成了覆盖全媒体应用的数字图书服务体系①。其中,移动 APP、微信平台可实现查询、预约、续借、在线阅读等功能,成为近年来各级公共图书馆为用户提供便捷服务的重要手段,如杭州图书馆、东莞图书馆、温州市图书馆、邯郸图书馆等一大批图书馆推出了移动 APP 服务和微信服务,甚至一些县级图书馆也建立了手机 APP,如河北乐亭县图书馆等。

重庆北碚区图书馆运用云技术开发的北碚公共数字文化平台——"碚壳",包含移动客户端 APP、大型外展触摸平台、传统 PC 三大全媒体应用体系,将北碚区文化馆、图书馆、博物馆等机构的公共文化数字资源整合在一起为用户提供服务②。内蒙古图书馆以现代信息技术集成为基础,推出了"彩云服务——我阅读,你买单,我的图书馆,我做主"服务项目,通过与各出版发行机构搭建的云平台将图书馆和所有出版发行机构的资源与服务集成整合,扩充了资源总数,并提供联合编目、资源共享、图书外借等一系列基于动态数据的云服务,让图书馆和各出版发行机构成为"云图书馆"的服务终端直接为读者服务,创造了公共图书馆完善服务的中国经验③。

互联网+图书馆。上海图书馆作为全国第一家入驻支付宝"城市服务"的图书馆,用户通过支付宝即可实现书目查询、已借图书查询、图书续借、培训讲座等信息查询,成为名副其实的"掌上图书馆"④。2015 年 12 月,上海图书馆与芝麻信用管理有限公司、支付宝(中国)网络技术有限公司签署战略合作协议,2016 年 1 月底开始,上海常住人口即可凭芝麻信用分免押金办理上图读者证,在 250 多家上海市中心图书馆借还书。2017 年 11 月 26 日,《公共图书馆信用服务宣言》在杭州发布,首批 27 家公共图书馆签署⑤,也就意味着用户很快就可以凭芝麻信用分在这 27 家图书馆免押金借阅。2017 年 12 月,呼和浩特图书馆开通了芝麻信用自助借还服务。

广东省立中山图书馆研发的"广东省文化 E(驿)站"应用系统,以"互联网+公共文化服务"聚合为理念,整合广东各大文化机构资讯、广东各大报纸、1500 种大众全文期刊、讲座视频、广东特色文化专题视频等各类信息资讯,为用户提供网站、手机 APP、平板 APP、触屏应用 4 种应用形式,7 种呈现方式,达到有效整合互联网公共资源和实现文化信息推送和传播的目的⑥。

(2)文化馆的技术建设

2015 年,在文化部指导下,文化部全国公共文化发展中心开展了为期两年的数字文化馆

---

①⑥　吴昊. 新技术应用在公共数字文化建设中的实践与思考[J]. 图书馆研究与工作,2017(1):26 - 30.

②　梅根."碚城"书香浓——重庆市北碚图书馆以特色服务激发全民阅读热情[DB/OL].[2018 - 02 - 05]. http://www. chinalibs. net/ArticleInfo. aspx?id = 390119.

③　刘芳."互联网+公共图书馆":服务创新与转型发展[J]. 图书馆杂志,2016,35(8):42 - 48.

④　任翀. 上海图书馆建"掌上图书馆"[DB/OL].[2018 - 02 - 05]. http://www. chinalibs. net/ArticleInfo. aspx?id = 431155.

⑤　骆蔓.《公共图书馆信用服务宣言》在杭州发布——专家热议"信用+阅读"开启"阅读新时代"[DB/OL].[2018 - 02 - 05]. http://www. chinalibs. net/ArticleInfo. aspx?id = 431164.

试点工作。经各地申报、专家组评审、公示并经文化部审批，确定四川省文化馆、马鞍山市数字文化馆、岳阳市群众艺术馆、丽水市莲都区文化馆、福田区公共文化体育发展中心等 10 家文化馆为 2015 年数字文化馆试点单位。2016 年，文化部又通过申报评审的方式选择了 15 家副省级以上文化馆进行第二批数字文化馆试点工作，主要建设内容包括：围绕文化馆业务职能，提升本馆网站在全省网站集群、信息发布、艺术欣赏、网上培训、活动开展、辅导创作等方面的功能，开通微信等移动互联网服务，与国家数字文化网互联；配套有关资源加工设备，统一数字资源建设标准，结合本省演出、培训、群众文化活动等，采集整合文化艺术普及数字资源，实现与国家公共文化数字支撑平台的资源内容对接；开展网络互动培训体系化应用服务，配套网络培训设备，组织专业培训人员。试点以来，文化馆数字化建设步伐逐步加快，通过数字化服务，拓展、提升了文化馆全民艺术普及职能，基本形成了《数字文化馆建设工作指南》①。

以马鞍山市文化馆为例，该馆建设了网站、微信、微博等数字服务平台，实现在线浏览、点播、预约，为市民提供 24 小时不间断文化服务，开展周末大舞台、网络歌手大赛等线上线下结合的群众文化活动；结合本地特色，线下建成由文化驿站、渊源流传等 11 个主题组成的实体体验馆，提高了文化艺术普及的知识性、趣味性、参与感和体验感；数字文化馆应用服务数据采集对接到国家公共文化数字支撑平台②。2017 年，马鞍山市文化馆课题"数字文化馆及数字文化体验空间的构建研究"入列全国文化共享工程"十三五"重点方向课题③。2017 年 4 月 12 日，为推动数字文化馆试点建设工作，文化部全国公共文化发展中心组织的《数字文化馆建设工作指南》编制工作研讨会在苏州举行。《数字文化馆建设工作指南》是文化部全国公共文化发展中心应参加数字文化馆试点建设工作各级单位的要求，结合文化部公共文化司正在组织编写的文化馆业务工作规范，会同马鞍山市文化馆共同编制。马鞍山市文化馆结合在数字文化馆建设中的实践和思考，分别从网络硬件、线上平台、资源建设、体验空间建设、服务内容和方式、数据统计和分析、维护管理等方面对数字文化馆建设进行总结、提炼、归纳和探索。该指南已经数易其稿，多次研讨。下一步，将结合专家在本次研讨会后形成的修改意见后做进一步修改完善，不久将由文化部全国公共文化发展中心颁布并在全国范围内推广实施④。

由江苏省文化馆负责建设的江苏省数字文化馆云服务与管理平台是第二批试点单位，已于 2017 年 12 月上线运营。平台采用一站式公共文化服务云体系框架，为全省各市、县（市、区）文化馆、乡镇综合文化站、村（社区）综合文化服务中心提供入驻服务，并为文化馆总分馆制工作提供业务支持，实现文化馆（站、中心）互联互通，建设无障碍、无距离、全覆盖

① 文化部办公厅.2017 年中央补助地方公共数字文化建设专项资金（第二批）重点支持方向［EB/OL］.［2018 - 02 - 05］. http://www. ndcnc. gov. cn/gongcheng/ gonggao/201703/W020170302582099168697. doc.

② 文化部全国公共文化发展中心. 文化部全国公共文化发展中心举办数字文化馆试点中期检查暨工作研讨培训班［EB/OL］. ［2018 - 02 - 05］. http://www. mcprc. gov. cn/whzx/zsdw/qgggwhfzzx/201611/t20161121_777766. htm.

③ 文化部全国公共文化发展中心. 全国文化信息资源共享工程"十三五"发展规划重点方向课题研究单位遴选公告［DB/OL］.［2018 - 02 - 05］. http://www. chinalibs. net/ArticleInfo. aspx?id = 372760.

④ 马鞍山市文化馆. 市文化馆牵头编制的《数字文化馆建设工作指南》即将颁布［EB/OL］.［2018 - 02 - 05］. http://www. masly. gov. cn/news/XWZX/WLDT/17041908331449625110. html.

的移动化、数字化公共文化服务体系网络。目前已在江苏省 52 家单位开展试点工作①。

（3）数字美术馆

在数字美术馆建设方面，中国美术馆的数字美术馆公共服务系统建设在全国具有示范作用。"中国美术馆数字美术馆工程"项目于 2008 年启动。2011 年，为加大数字美术馆建设力度，中国美术馆制定了《中国美术馆数字美术馆建设方案（2012—2016）》，提出按步骤、分阶段开展"美术资源数据库""基础设施""应用系统""公共服务系统"及"标准规范体系"五个方面的内容建设②。2013 年，中国美术馆官方网站改版上线，涵盖新闻、展览、藏品、美术教育、服务等各方面，为公众提供了更有深度的信息资讯。在此基础上，拓展了手机客户端官方 APP 和中国美术馆微信公众号。通过网站和微信公众平台推出在线展览，应用 360 度虚拟现实技术，将展览空间原汁原味地保留，视觉效果清晰、交互功能强。2015 年 4 月，中国美术馆用户中心上线，实现注册用户统一管理，包括群发短信、媒体管理、志愿者管理、门票预约、公教活动管理、全国美术馆专业委员会等，并为观众提供信息定制服务③。

此外，今日美术馆于 2012 年实施"国家文化科技提升计划"项目，"数字美术馆公共服务平台研究与示范"于 2014 年 6 月通过验收。该项目解决了数字内容集成、多媒体展示、产品网络化对接、移动互联网应用等关键技术，完善了平台的数字框架体系，为开展数字美术馆的文化艺术公共服务进行了有益探索④。

七、标准建设

1. 公共文化服务标准发展历程

标准是经济活动和社会发展的技术支撑，是国家治理体系和治理能力现代化的基础性制度。标准化是政府提供公共服务、进行社会管理的方法，它为政府自身改革、政府管理社会提供了一种科学性、技术性的解决思路。公共服务标准化作为实现社会公平与提高基本公共服务质量和水平的一种手段，既能够规范政府管理和服务行为，又能明确界定基本公共服务的范围与标准，还能促进政府可持续地提供满足公众需求的优质基本公共服务，从而切实实现城乡基本公共服务的均等化。2012 年 7 月，我国出台的《国家基本公共服务体系"十二五"规划》中，明确了基本公共服务标准是指在一定时期内为实现既定目标而对基本公共服务活动所制定的技术和管理等规范。基本公共服务均等化，是指全体公民都能公平可及

① 江苏省文化厅.关于申报江苏省数字文化馆云服务与管理平台应用试点单位的通知［EB/OL］.［2018－02－05］. http://www.jscnt.gov.cn/govinfo/xxkml/201711/t20171124_52380.html.

② 王春.数字美术馆标准规范建设刍议［DB/OL］.［2018－02－05］. http://www.namoc.org/cbjy/cbw/qks/qikan/qikan6/201501/t20150108_285362.htm.

③ 中国美术馆.中国美术馆——数字美术馆公共服务系统建设［EB/OL］.［2018－02－05］. http://www.mcprc.gov.cn/whzx/zxgz/whbwlaqhxxhzg/xxhjs_whaq/201512/t20151231_528445.htm.

④ 文化部科技司."数字美术馆公共服务平台研究与示范"项目通过验收［EB/OL］.［2018－02－05］. http://www.mcprc.gov.cn/whzx/bnsj/whkjs/201406/t20140620_569071.htm.

地获得大致均等的基本公共服务,其核心是机会均等,而不是简单的平均化和无差异化①。

在文化领域,标准化是促进文化艺术与现代科技紧密结合、推动文化创新的重要技术保障,是繁荣文化事业和发展文化产业的重要基础性工作。公共文化服务作为政府基本公共服务的一部分,本身所具有的 4 个基本特点是基本性、公益性、均等性和便利性,其中,"均等性"是核心,是公共文化服务的最终目标。2007 年,文化部文化科技司印发《文化标准化中长期发展规划(2007—2020)》,将加强公共文化服务体系的标准化建设作为主要目标和任务之一,明确制定实施以服务为核心,以群众满意度为基本准则的公共文化服务标准,推动全国公共文化服务体系的规范化服务②。2008 年 11 月,文化部成立了包括全国图书馆标准化技术委员会、全国文化馆标准化技术委员会在内的 8 个文化领域全国专业标准化技术委员会和分技术委员会,负责相关标准的制定工作③。

2013 年 11 月,党的十八届三中全会将"构建现代公共文化服务体系"作为全面深化改革的重要任务之一,提出要"建立公共文化服务体系建设协调机制,促进基本公共文化服务标准化、均等化",明确了以标准化促进均等化的发展思路。2014 年年初,中央全面深化改革领导小组和国务院就加快构建现代公共文化服务体系,促进基本公共文化服务标准化、均等化分别做出明确部署。根据党中央、国务院的要求,文化部会同中宣部、国家发展改革委、财政部和国家新闻出版广电总局等部门,共同研究起草《关于加快构建现代公共文化服务体系的意见》,并先后经过中央文化体制改革和发展工作领导小组、国务院常务会议第 69 次会议、中央深改组第七次会议和中央政治局常委会的审议于 2015 年 1 月正式印发④。作为该意见重要组成部分的《国家基本公共文化服务指导标准(2015—2020 年)》同时印发,提出了包括基本公共文化服务项目、硬件设施和人员配备在内的 3 大类、14 项、22 条基本公共文化服务指导标准。《关于加快构建现代公共文化服务体系的意见》发布后,文化部确定了内蒙古自治区鄂尔多斯市、江苏省苏州市、浙江省(全省范围)、安徽省马鞍山市、福建省厦门市、湖北省襄阳市、湖南省长沙市、广东省东莞市、重庆市沙坪坝区、四川省成都市等地区深入开展国家基本公共文化服务标准化试点工作。

《公共文化服务保障法》规定,国务院根据公民基本文化需求和经济社会发展水平,制定并调整国家基本公共文化服务指导标准,省、自治区、直辖市人民政府根据国家基本公共文化服务指导标准,结合当地实际需求、财政能力和文化特色,制定并调整本行政区域的基本公共文化服务实施标准;与此相衔接,还规定设区的市级、县级地方人民政府应当根据国家基本公共文化服务指导标准和省、自治区、直辖市基本公共文化服务实施标准,结合当地实际,制定公布本行政区域公共文化服务目录并组织实施。至此,十八届三中全会提出的以公共文化服务标准化促进均等化的发展思路,以及《关于加快构建现代公共文化服务体系的意

---

① 国务院.国务院关于印发国家基本公共服务体系"十二五"规划的通知[EB/OL].[2018 - 01 -
30].http://www.gov.cn/zwgk/2012-07/20/content_2187242.htm.

② 文化部文化科技司.文化部印发文化标准化中长期发展规划 2007—2020[EB/OL].[2018 - 01 -
30].http://www.gov.cn/gzdt/2007-08/06/content_707569.htm.

③ 欣文.8 个文化领域全国专业标准化技术委员会获批成立[EB/OL].[2018 - 01 - 30].http://www.
gov.cn/gzdt/2008-11/18/content_1153005.htm.

④ 李晓林.解读《关于加快构建现代公共文化服务体系的意见》[DB/OL].[2018 - 02 - 01].http://
www.chinalibs.net/ArticleInfo.aspx?id=430879.

见》做出的标准指标体系设计,通过这一制度构建实现了法律化,使公共文化服务的标准化均等化走上了法制化轨道。

2. 国家基本公共文化服务标准体系建设

2012 年,为加快建立健全公共文化体育服务国家标准体系,依据国家文化体育相关法律法规,为保障服务的供给规模和质量,明确工作任务的事权与支出责任,促进城乡均衡发展,国务院制定了《"十二五"时期公共文化体育服务国家基本标准》。该标准将公共文化体育的服务项目分为公益性文化服务、广播影视、新闻出版、文化遗产展示、群众体育、全民健身服务几个大类,对保障标准进行量化,并明确中央和地方政府的支出责任,但并未涉及硬件设施和人员配备方面的标准,也没有具体说明哪些场馆为免费开放公共文化场馆。例如,公益性文化服务大类包括公共文化场馆开放和公益性流动文化服务,其中,公共文化场馆开放的保障标准为"公共空间设施和基本服务项目免费,全年开放时间不少于 10 个月";公益性流动文化服务的保障标准为"免费享有影视放映、文艺演出、图片展览、图书销售和借阅、科技宣传为一体的流动文化服务;每个乡镇每年送 4 场地方戏曲;每学期中小学生观看两部爱国主义教育影片"。应该说,这一标准规定了地方政府在公共文化体育服务内容方面的具体任务和目标,但并没有强调和明确公共文化设施的设立标准和应承担的具体责任,而是将服务内容标准的达成"打包"给了地方政府,一些地方由于不重视公共文化设施的建设致使服务内容无法达标。

除此之外,我国公共文化服务领域也出台了一些特定服务种类的标准,如《公共图书馆建设标准》《公共图书馆建设用地指标》《图书馆建筑设计规范》《文化馆建设标准》《乡镇综合文化站建设标准》《公共图书馆服务规范》《文化馆服务标准》《社区图书馆服务规范》等。

2015 年年初,作为《关于加快构建现代公共文化服务体系的意见》的重要组成部分,《国家基本公共文化服务指导标准(2015—2020 年)》出台,对各级政府应向人民群众提供的基本公共文化服务范围、基本服务的主要项目、内容、数量与质量要求以及硬件设施条件、人员配备等做出明确规定。公共文化服务体系是一项综合性、复杂性的系统工程,有着非常丰富的内涵,涉及广播、电影、电视、戏曲、读书看报、文体活动等众多的文化娱乐活动,不仅要有特定种类的公共文化服务标准,更重要的是需要一整套科学、系统、完整的标准体系,使得标准和标准之间相互依赖、相互协同,按其内在的联系形成有机整体,能发挥出系统效应才能有效地规范公共文化服务的整体发展[①]。与先前零星、孤立的公共文化服务标准相比,《国家基本公共文化服务指导标准(2015—2020 年)》的出台,标志着我国公共文化服务标准体系建设的全面展开,在这里,我们强调的是"标准体系"建设的全面展开,主要体现在以下几点:

首先明确要建立国家指导标准与地方实施标准相互衔接的标准体系。《关于加快构建现代公共文化服务体系的意见》明确指出各地可以根据群众实际需求、政府财政能力和文化特色,制定适合本地区特色的实施标准,建立国家指导标准和地方实施标准相衔接的标准体系。这一要求《公共文化服务保障法》中也做了明确规定,不仅为公共文化服务标准体系的建设提供了法律保障,同时有助于逐步形成既有基本共性又有特色个性、上下衔接的公共文化服务标准指标体系。

---

① 邱均平,李小涛.公共文化服务标准体系的基本理论问题研究[J].重庆大学学报(社会科学版),2015,21(5):122-127.

其次是对单个特定种类服务标准的应用和整合。如第 13 条规定，县级以上（含县级）在辖区内设立公共图书馆、文化馆，乡镇（街道）设置综合文化站，按照国家颁布的建设标准等进行规划建设；第 14 条规定，公共博物馆、公共美术馆依据国家有关标准进行规划建设；第 16 条规定，县级以上设立广播电视播出机构和广播电视发射（监测）台，按照广播电视工程建设标准进行建设。一个个孤立的标准很难独自发挥效应，必须全面、相互关联、通过各个标准指标的相互配合才能达到实施效果。《国家基本公共文化服务指导标准（2015—2020年）》的相关条款就体现了这一点。

最后是明确了要建立基本公共文化服务标准动态调整机制，根据经济社会的发展变化，适时调整提高具体指标。例如，对于人员编制，要按照控制总量、盘活存量、优化结构、有减有增的要求，研究制定公共文化机构人员编制标准，并根据业务发展状况进行动态调整。任何标准的制定都应具有前瞻性和战略性，要面对技术、经济、文化等发展带来的挑战以及标准实施可持续性的挑战。从某种意义上来讲，标准就是一个阶段内要达成的目标，实现了已有的目标，就会有新的目标，这样才能不断前进和发展。对于公共文化服务标准体系来说亦是如此，随着国家对公共文化服务越来越重视，加上技术的发展，无论服务项目还是硬件设施都会发生变化，硬件会越来越先进，服务中创新的元素会越来越丰富，标准体系内的指标也要适时跟进，才能使整个标准体系这个有机体得到长足发展，持续发挥对公共文化服务的规范和推动作用。

3. 地方公共文化服务标准的建立

2015 年以来，全国各省（区、市）为贯彻落实《关于加快构建现代公共文化服务体系的意见》和《国家基本公共文化服务指导标准（2015—2020 年）》，相继出台当地的公共文化服务标准，各地提出的标准指标既有基本共性又各有特色，体现了由于经济、地理、社会、文化等因素不同而导致的公共文化服务起点和发展条件的不同，也拉开了上下衔接的公共文化服务标准指标体系在全国展开的序幕。

（1）省级公共文化服务标准

从已发布的地方公共文化服务标准来看，各地都对三大类中各项的标准指标进行了细化，并根据当地情况进行了量化，指标数值不尽相同，最终的标准条目也超出了《国家基本公共文化服务指导标准（2015—2020 年）》的 22 条，有些省份还增加了新的大类或项目。如《甘肃省基本公共文化服务实施标准（2015—2020 年）》增加了组织保障大类，共计 50 条标准；《广东省基本公共文化服务实施标准（2015—2020 年）》共计 32 条标准；《浙江省基本公共文化服务标准（2015—2020 年）》共计 49 条标准，在人员配备大类中增加了"文化志愿者"项目。

以基本服务项目中的"读书看报"项为例，我们在东中西部各选取一个省级标准（浙江、安徽、甘肃）（见表 2 - 3），可以大致看出地方标准的细化情况和各地区的标准差异。在图书馆馆藏量方面，浙江省的标准规定"县级公共图书馆人均藏书 1 册以上，或总藏量不少于 50万册"[①]；安徽省的标准则为"县级以上公共图书馆人均藏书不少于 0.6 册，县级公共图书馆

---

① 浙江省文化厅. 浙江省关于加快构建现代公共文化服务体系的实施意见［DB/OL］.［2018 - 02 - 01］. http://www. chinalibs. net/ArticleInfo. aspx?id = 430862.

总藏量不少于 20 万册"①；位于西部的甘肃省的标准为"省、市(州)、县(市、区)公共图书馆人均藏书量不少于 0.5 册"，但馆藏总量并未做出规定。可以看出，由于东中西部经济发展的差异，指标值也有明显差异，西部的指标值明显低于东中部。在特色方面，安徽省于 2014 年在 100 个村启动了农民文化乐园项目，力图通过资源集聚推进基层公共文化服务均等化，因而中心村农民文化乐园图书室的图书配送和更新被纳入标准之中。甘肃省是一个多民族聚居的地区，少数民族阅读本民族语言文献被纳入标准中。2013 年以来，甘肃省开始试点建设"乡村舞台"，目的是让农民都能享受公共文化的"公益性、基本性、均等性、便利性"，截至 2015 年 10 月底，已累计完成 10 426 个"乡村舞台"的建设任务②，我们可以看到"乡村舞台"的图书、报刊和电子书刊的配备也被纳入读书看报标准。

表 2 - 3　浙江、安徽、甘肃"读书看报"省级标准

浙江	安徽	甘肃
1. 公共图书馆免费开放，每周开放时间不少于 56 小时；乡镇公共电子阅览室开放时间不少于 28 小时；农家书屋每周开放时间不少于 40 小时	1. 公共图书馆(室)、文化馆(站)、中心村农民文化乐园和社区综合文化服务中心(含农家书屋)等配备图书、报刊和电子书刊，并免费提供借阅服务	1. 公共图书馆(室)、文化馆(站)和村(社区)综合文化服务中心("乡村舞台")等配备图书、报刊和电子书刊，并免费提供借阅服务，积极开展优秀读物推荐和读书活动
2. 县级公共图书馆人均藏书 1 册以上，或总藏量不少于 50 万册；人均年新增藏书量不少于 0.05 册。农家书屋图书不少于 1200 种、1500 册，报刊不少于 10 种，年新增图书不少于 60 种	2. 县级以上公共图书馆人均藏书不少于 0.6 册，县级公共图书馆总藏量不少于 20 万册	2. 在城镇主要街道、公共场所、居民小区等人流密集地点和有条件的村设置阅报栏或电子阅报屏，提供时政、"三农"、科普、文化、生活等方面的信息服务，适时更新内容
3. 市、县(市、区)公共图书馆每年组织送书下乡 1 万册次；县级公共图书馆对乡镇图书分馆每年流通不少于 4 次。县级以上人民政府每年指导举办 1 次全民阅读活动	3. 建立县、乡镇图书总分馆，乡镇综合文化站配备图书不少于 3000 册，流动图书不少于 1000 册，年新增图书不少于 20 种	3. 少数民族可以通过公共图书馆、文化馆(站)阅读和欣赏到本民族语言文字出版和双语出版的常用图书、地方文献、音像制品
4. 在城镇主要街道、公共场所、居民小区等人流密集地点设置阅报栏或电子显示屏，提供时政、三农、科普、文化、生活等方面的信息服务	4. 中心村农民文化乐园图书室(农家书屋)配备图书不少于 1200 种、1500 册，每年更新出版物不低于 100 册	4. 各级各有关部门每年举办全民阅读活动不少于 1 次，活动持续时间不少于 3 天
	5. 在城镇主要街道、公共场所、居民小区等人流密集地点设置阅报栏或电子阅报屏，提供时政、"三农"、科普、文化、生活等方面的信息服务	5. 省、市(州)、县(市、区)公共图书馆人均藏书量不少于 0.5 册，年开展流动图书服务不少于 10 次
		6. 省级图书馆图书年入藏量不少于 3.5 万册，报刊年入藏量不少于 5000 种；市级图书馆图书年入藏量不少于 4000 种，报刊年入藏量不少于 500 种；县级图书馆年入藏量不少于 1500 种，报刊年入藏量不少于 120 种

---

①　安徽省人民政府办公厅.关于加快构建现代公共文化服务体系的实施意见[DB/OL].[2018 - 02 - 01].http：//www.chinalibs.net/ArticleInfo.aspx?id = 400794.

②　刘海天."345 工程"让"乡村舞台"在甘肃遍地开花[DB/OL].[2018 - 02 - 01].http：//www.chinalibs.net/ArticleInfo.aspx?id = 430864.

标准偏低,会导致其缺乏远景和前瞻性,而过高的标准,脱离实际,又会打击建设的积极性。由上述可以看出,在省级标准中,各地因地制宜,不仅严格遵循《国家基本公共文化服务指导指标(2015—2020 年)》中的基本要求,突出了特色,又体现出地区发展的差异化,使得制定的标准更合理,更具可行性。

(2)市级和县级公共文化服务标准

《文化部"十二五"时期公共文化服务体系实施纲要》明确提出公共文化服务体系建设要"保基本、强基层、建机制、重实施",公共文化服务体系建设的重心和着力点都在基层,因此,基层公共文化服务标准的建设在整个公共文化服务标准体系建设中占据着重要地位。实践中,各地市级和县级地方政府结合当地实际,根据国家基本公共文化服务指导标准和省、自治区、直辖市基本公共文化服务实施标准,制定和公布了一系列本地公共文化服务标准,有些已经形成了较为完备的公共文化服务标准体系。

例如,重庆市沙坪坝区是文化部确定的 10 个公共文化服务标准化试点地区之一。通过广泛的调查研究和深入实践,沙坪坝区制定出台了一系列适合自己实际和发展需求的标准,即"1 + 2 + 3 + X"的标准体系建设模式。"1"即《国家基本公共文化服务指导指标(2015—2020 年)》,这是制定一切标准的遵循和原则,"2"即《重庆市基本公共文化服务实施标准(2015—2020 年)》和《重庆市沙坪坝区基本公共文化服务实施标准》,"3"即《政府购买专职公共文化服务岗位(街镇)的基本规范》《社会组织参与基层公共文化服务的基本规范》和《公共文化服务跨部门合作供给可行性方案》,"X"即近年沙坪坝区出台的《沙坪坝区优秀书屋评选管理办法》《沙坪坝区城市惠民电影消费券发放管理办法》《沙坪坝区农家书屋图书进农户管理办法》《沙坪坝区星级民间文艺团队评选办法》《沙坪坝区特色文化品牌补助办法》等 10 多个规范性政策文件[①]。

无锡市历时一年多时间,围绕市、县两级公共图书馆、文化馆、博物馆、美术馆和乡镇(街道)综合文化站等基层公共文化服务场馆建设,对群众的基本文化权益保障、政府的责任、服务效能的评价,以及公共文化服务相关的设施建设、人才队伍、产品供给、服务规范等各方面,《无锡市基本公共文化服务保障标准》《无锡市公共文化服务评价》《无锡市综合文化站建设标准》《无锡市综合文化站公共服务规范》《无锡市公共图书馆建设标准》《无锡市公共图书馆服务规范》《无锡市文化馆建设标准》《无锡市文化馆服务规范》《无锡市公共博物馆建设标准》《无锡市公共博物馆服务规范》《无锡市公共美术馆建设标准》《无锡市公共美术馆服务规范》等地方性标准,初步形成了科学、规范、适用、易行的公共文化服务地方标准体系[②]。

应该说,《国家基本公共文化服务指导指标(2015—2020 年)》发布的两年多来,各地在探索推进基本公共文化服务标准化的模式、路径和方法上已经积累了一定的经验,尤其是市、县级基层公共文化服务标准的逐步建立、实施和完善,由下而上地推动了整个公共文化服务体系的发展。一些地区还制定了村级公共文化服务标准,如安徽省发布的《关于村级基

---

① 中国文化报. 重庆市沙坪坝区公共文化服务标准化试点见成效[DB/OL].[2018 - 02 - 01]. http://www. chinalibs. net/ArticleInfo. aspx?id = 430884.

② 无锡市文化广电新闻出版局. 无锡市发布系列公共文化服务地方性标准[DB/OL].[2018 - 02 - 01]. http://www. chinalibs. net/ArticleInfo. aspx?id = 430895.

本公共文化服务标准化建设的指导意见》对村级公共文化设施配备、服务内容、资源整合、才力保障、管理运行等制定了详细的指标①。2016 年年底,文化部对公共文化服务标准国家级试点工作任务完成情况进行验收,发现全国 10 个试点地区在标准化建设中亮点频出,取得明显成效,具有较强的示范意义②。这说明,我国的公共文化服务标准体系建设已经步入快速发展的轨道。

八、体系建设

要实现公共文化服务的公益性、基本性、均等性和便利性,只注重和加强单体文化机构的建设是不可能实现的。单体的文化机构资源再丰富、服务做得再好,也只能辐射有限的范围,资源和服务也只能被有限的人群使用,达不到资源和设施的互联互通,共建共享。只有进行完善的体系建设,即单体文化机构达到一定的数量并合理布局,包括固定设施、流动设施、数字服务设施的相互补充,再加上总分结合的有机组织体系,才能实现资源的共建共享和服务联动,扩大公共文化服务的有效覆盖,从而使人民群众真正享受到均等性和便利性的公共文化服务。

2005 年,党的十六届五中全会第一次正式提出"逐步形成覆盖全社会的比较完备的公共文化服务体系"。2006 年,《国家"十一五"时期文化发展规划纲要》也明确提出要完善公共文化设施网络布局,"以大型公共文化设施为骨干,以社区和乡镇基层文化设施为基础,优先安排关系人民群众切身文化利益的设施建设,加强图书馆、博物馆、文化馆、美术馆、电台、电视台、广播电视发射转播台(站)、互联网公共信息服务点等公共文化基础设施建设";2012 年,党的十八大在总结已有成就的基础上提出要"加强重大公共文化工程和文化项目建设,完善公共文化服务体系"。2015 年,《关于加快构建现代公共文化服务体系的意见》提出到 2020 年,基本建成覆盖城乡、便捷高效、保基本、促公平的现代公共文化服务体系。公共文化设施网络全面覆盖、互联互通,公共文化服务的内容和手段更加丰富,服务质量显著提升,公共文化管理、运行和保障机制进一步完善,政府、市场、社会共同参与公共文化服务体系建设的格局逐步形成,人民群众基本文化权益得到更好保障,基本公共文化服务均等化水平稳步提高。

由上述的政策可以看出,我国公共文化服务体系建设的政策导向与要求已逐步由"设施布局合理"的硬件要求上升到"管理、运行和保障机制完善"的组织体系要求,公共文化服务建设从偏向大城市、专项的图书馆、博物馆、体育场馆等建设,转而向以均等化、服务全覆盖为价值的公共文化服务体系的建设方向发展。可喜的是,最近 10 年来,我国公共文化服务体系化建设迈上了新的台阶,尤其是公共图书馆和文化馆总分馆体系建设取得了显著的成效,呈现出整体推进、全面提升的良好发展态势,对公共文化服务整体的体系建设起到了很

---

① 安徽省文化厅. 关于村级基本公共文化服务标准化建设的指导意见[DB/OL]. [2018 – 02 – 01]. http://www. chinalibs. net/ArticleInfo. aspx?id = 430910.

② 王学思. 探索推进基本公共文化服务标准化[DB/OL]. [2018 – 02 – 01]. http://www. chinalibs. net/ArticleInfo. aspx?id = 430913.

好的推动作用。

1. 公共图书馆总分馆建设

（1）相关政策及法规

长期以来，我国公共图书馆实行的是分级财政基础上的多层管理体制和多元建设主体，形成了一级政府建设并管理一个图书馆的格局。21世纪初，我国沿海一些发达城市的图书馆由于较早接受了现代公共图书馆理念，率先探索和实行总分馆制，带来了服务效益和公众满意度的不断提升，引发全国各地公共图书馆的纷纷效仿。同时，图书馆理论界也对公共图书馆总分馆制建设、区域网络化服务和延伸服务进行了大量的研究和探索，推动地方实践经验很快被吸收转化为国家文化发展的方针和政策，进而面向全国推广①。

2006年，《国家"十一五"时期文化发展规划纲要》要求"县（市）图书馆逐步实行分馆制，丰富藏书量，形成统一采购、统一编目的图书配送体系，充分发挥县图书馆对乡镇、村图书室的辐射作用，促进县、乡图书文献共享"②。2008年6月开始施行的《公共图书馆建设用地指标》首次按服务人口和服务半径规定了公共图书馆的设置原则，同年11月起施行的《公共图书馆建设标准》按服务人口数量规定了公共图书馆的建设标准。以上两个标准突破了"一级政府建设并管理一个图书馆"的格局，为公共图书馆总分馆建设的设施布局打下了基础。2011年1月，我国启动国家公共文化服务体系示范区建设，第一批示范区创建标准的东部标准规定："市、县图书馆建立统一采购、统一编目、统一配送的总分馆制，实现通借通还"；中部标准规定："市、县图书馆建立总分馆制等多种模式的服务体系"③。2012年5月1日，《公共图书馆服务规范》正式实施，明确要求："公共图书馆应在政府主导、多级投入、集中分层管理、资源共享的原则下，建立普遍均等的公共图书馆服务体系，因地制宜地开展形式多样的总分馆服务，形成统一的机构标识，统一的业务规范，建立便捷的通借通还文献分拣传递物流体系，提升同一地区公共图书馆系统的整体形象和服务能力"。2015年1月，《关于加快构建现代公共文化服务体系的意见》提出建立公共文化服务城乡联动机制，以县级文化馆、图书馆为中心推进总分馆制建设。

随着各地公共图书馆总分馆建设的不断推进，大城市和发达地区公共图书馆总分馆制建设日趋成熟。2016年，针对县级公共图书馆服务能力不强、县域内公共文化资源缺乏整合、城乡公共文化服务发展不均衡等问题，文化部、新闻出版广电总局等五部门联合印发《关于推进县级文化馆图书馆总分馆制建设的指导意见》，要求以政府主导、统筹实施，改革创新、提升效能，强化基层、促进均等，实事求是、分类推进为原则，把总分馆制建设纳入现代公共文化服务体系，到2020年，全国具备条件的地区因地制宜建立起上下联通、服务优质、有效覆盖的县级文化馆、图书馆总分馆制，广大基层群众享受的基本公共文化服务内容更加丰

① 金武刚，李国新. 中国公共图书馆总分馆制建设：起源、现状与未来趋势［DB/OL］. ［2018 – 02 – 20］. http://www. chinalibs. net/ArticleInfo. aspx?id = 352445.

② 文化部. 国家"十一五"时期文化发展规划纲要［DB/OL］. ［2018 – 02 – 20］. http://www. chinalibs. net/ArticleInfo. aspx?id = 364218.

③ 文化部，财政部. 国家公共文化服务体系示范区（项目）创建标准［DB/OL］. ［2018 – 03 – 12］. http://www. chinalibs. net/ArticleInfo. aspx?id = 366792.

富,途径更加便捷,质量显著提升,均等化水平稳步提高①。《公共图书馆法》第三十一条规定,"县级人民政府应当因地制宜建立符合当地特点的以县级公共图书馆为总馆,乡镇(街道)综合文化站、村(社区)图书室等为分馆或者基层服务点的总分馆制,完善数字化、网络化服务体系和配送体系,实现通借通还,促进公共图书馆服务向城乡基层延伸。总馆应当加强对分馆和基层服务点的业务指导"。至此,公共图书馆总分馆制建设上升到国家立法层面。

(2)建设成果及模式

近10年以来,在政府对公共图书馆总分馆制建设的重视和不断推动下,以及公共图书馆自身的积极探索和不断实践,总分馆制建设取得了丰硕的成果,各地在消化和吸收国内外先进经验的基础上,因地制宜,涌现出一批适合当地特色的总分馆制建设模式,如嘉兴模式、苏州模式、禅城模式等;图书馆理论界对总分馆实践的适时总结和分析又使得建设经验、思路以及遇到的问题和解决办法更加清晰。总体来讲,目前我国公共图书馆总分馆制建设已进入相对成熟的发展阶段,基本解决了政府主导、通借通还、统一管理以及相关技术的研发和应用,总分馆的概念、构建要素、必要性、优越性和运行规律已为业界所熟知,并开始探索和实践创新服务项目在总分馆建设中的应用②。

禅城模式是公共图书馆总分馆发展早期唯一的政府主导模式。2002年,佛山市禅城区委、人民政府发布了《关于佛山市禅城区"联合图书馆"建设方案》,由区政府统一规划并主导建设总分馆,即联合图书馆建设所有分馆的投入以及运行经费,包括人员工资、办公经费、信息资源购量费等,都由区政府全额拨款给禅城区图书馆统一支配与管理。以区政府财政投入为主导,以街道和社区财政投入为辅助,以激励的方式鼓励企业和社会力量捐助③。所有分馆使用统一的技术平台,统一标识,通借通还、资源共享,提供一致的服务模式,管理人员统一由主馆派出。目前,禅城公共文化服务体系有三级,以区图书馆为总馆,街道(乡镇)馆为分馆,基层村(社区)图书馆为成员馆,至今已形成1主馆、5分馆、14成员馆的服务体系,覆盖各镇街及部分村居。

苏州模式则是由合作模式最后转变为政府主导模式,其发展历程也展现了我国政府在法律和政策方面对公共图书馆总分馆体系建设的支持。2005年,苏州图书馆起草了《苏州市城区公共图书馆网络建设方案》,开始进行总分馆建设,其建设模式为:合作方负责馆舍、装修与设备,苏州图书馆全面负责文献资源的配置与补充、人员配备与管理、技术平台与保障、服务产品的设计与提供。由于没有政府主导,苏州图书馆承担了太大的管理成本,致使总分馆规模维持在一个较少的范围④。2011年,文化部、财政部启动国家公共文化服务体系示范区创建工作,苏州市成为第一批示范区创建城市,苏州市政府正式出台《苏州市公共图

① 文化部等.文化部、新闻出版广电总局、体育总局、发展改革委、财政部关于印发《关于推进县级文化馆图书馆总分馆制建设的指导意见》的通知[DB/OL].[2018-02-20].http://www.chinalibs.net/ArticleInfo.aspx?id=415044.

② 邱冠华.新世纪以来国内公共图书馆总分馆建设回顾与思考[J].中国图书馆学报,2017,43(4):18-31.

③ 徐益波.我国公共图书馆总分馆制实践案例比较分析[J].图书馆建设,2010(8):2-6.

④ 许晓霞."苏州模式"的演进及价值再挖掘——写在苏州图书馆服务体系建设十周年之际[DB/OL].[2018-02-21].http://www.chinalibs.net/ArticleInfo.aspx?id=402711.

书馆总分馆体系建设实施方案》，市县政府成为建设主体，苏州市区公共图书馆总分馆体系建设所需场馆、设施设备、文献采编、日常运行、业务活动、人员及免费开放等经费，由市、区两级财政给予保障，实现了总分馆发展由社会合作到政府主导，职业创新到制度保障的转变和跨越。此后，苏州图书馆还开发了应用于轨道交通的轨道交通图书馆、为务工者提供服务的集装箱图书馆、24小时自助图书馆以及"网上借阅、社区投递"的创新服务模式，作为对总分馆服务体系的补充。

不仅是苏州图书馆，在示范区创建活动的推动下，各地公共图书馆总分馆制建设进入了一个新的发展时期。2007年以来，嘉兴市着力构建以"政府主导、统筹规划、多级投入、集中管理、资源共享、服务创新"的城乡一体化公共图书馆服务体系，专门出台了《关于构建城乡一体化公共图书馆服务体系的实施意见》，构建了"以市、县级图书馆为中心，以乡镇（街道）分馆为骨干，以村（社区）图书室和图书流动车为基础，以企业、学校、部队等其他行业图书馆联合加盟为补充，覆盖全市、城乡一体、功能完善、资源共享、管理规范的公共图书馆服务体系"的嘉兴模式。在创建示范区过程中，又制定出台了《公共图书馆中心馆—总分馆服务体系标准》，全面系统地梳理、总结、提炼嘉兴公共图书馆总分馆建设的基本做法、基本经验，促进总分馆建设的标准化①。在示范区创建的带动下，不仅是东部地区，中西部的湖南长沙、重庆渝中区、新疆克拉玛依、陕西铜川、江西新余市等一些先前没有进行总分馆建设的地区也陆续开始进行总分馆建设②。

受经费、馆舍、资源、理念等因素的限制和影响，县级图书馆的总分馆制建设相对较为滞后，但也有部分地区的县级图书馆走出了自己的发展之路。如杭州市桐庐县建设了以县图书馆为中心，以乡镇（街道）分馆为纽带，村（社区）图书室为基础，学校、企业等图书室为补充的城乡一体化公共图书馆服务体系，其中馆舍与硬件设施由乡镇负责，运行经费由县、乡两级财政共同承担，总馆负责对分馆进行业务指导，并成立采编配送中心，对各分馆统一采购、加工、配送。整个总分馆体系的数字资源与杭州市图书馆实行共享③。湖南省长沙市宁乡县文体局制定《宁乡县图书馆总分馆制实施方案》，明确总分馆开放运行经费，对民办图书馆给予补助，优化人员队伍建设，全面推动专业志愿者工作，建设分馆11家，在农村、社区、学校、企业等开辟馆外基层流通服务点30个④。而株洲市的茶陵县是重点扶贫县，建馆经费不足，总分馆建设则开拓了以民营企业为主、百姓资金为辅的多条经费渠道⑤。安徽省2013年启动了农村公共图书服务一体化建设试点工作，按照"政府主导、统筹规划、分级管理、资源共享"的原则，建立以县级公共图书馆为总馆、乡镇综合文化站为分馆、村农家书屋为服务

① 陈云飞.着力构建文化馆图书馆总分馆制的"嘉兴模式"——嘉兴市推进文化馆、图书馆总分馆制建设情况介绍[DB/OL].[2018-02-21].http://www.chinalibs.net/ArticleInfo.aspx?id=430399.

② 邱冠华.新世纪以来国内公共图书馆总分馆建设回顾与思考[J].中国图书馆学报,2017,43(4):18-31

③ 叶艳萍.杭州地区公共图书馆总分馆制的实践与思考——以桐庐县总分馆制建设为例[J].图书馆论坛,2012(6):155-158.

④ 彭利芳.县级图书馆总分馆建设探析——以宁乡县图书馆为例[C]//全国中小型公共图书馆联合会.2017年全国中小型公共图书馆联合会研讨会论文集,2017:98-101.

⑤ 王骁金龙.湖南加快推进县级图书馆总分馆制建设[EB/OL].[2018-02-21].http://www.ce.cn/culture/gd/201706/29/t20170629_23926442.shtml.

点的县域图书资源建设、流通、服务网络①。在此基础上,2015 年在全省 62 个县(市)全面开展县级公共图书馆总分馆制建设。

2016 年,文化部、新闻出版广电总局等五部门联合印发《关于推进县级文化馆图书馆总分馆制建设的指导意见》后,各地相继出台了县级图书馆总分馆制试点方案,县级图书馆总分馆制建设全面铺开。以山东省为例,2017 年 6 月,山东省文化厅、山东省新闻出版广电局等联合印发了《关于推进县级文化馆图书馆总分馆制建设的实施意见》,不仅明确了总分馆制的运行模式、建设任务和职责分工,还对总馆、分馆、服务点的建设标准进行了详细规定,如面积、藏书量、阅览座位、计算机数量、开放时间、人员培训等②。而江西省根据《江西省县级公共图书馆总分馆制建设方案》及相关要求,于 2017 年年初筛选出 26 个试点单位,给出了试点单位建设、验收的时间表,并对下一步扩大试点范围工作进行了部署③。主体上移、服务重心下移,确保图书馆资源向城乡基层延伸已成为当前公共图书馆总分馆制建设的首要方向。

2. 文化馆总分馆体系建设

文化馆的总分馆体系建设是在图书馆总分馆制建设取得一定成果后出现的。在相关法规和政策支持方面,2008 年 5 月开始施行的《文化馆建设用地指标》,首次按服务人口和服务半径规定了文化馆的设置原则。而 2016 年文化部、新闻出版广电总局等五部门联合印发《关于推进县级文化馆图书馆总分馆制建设的指导意见》明确要求通过县级文化馆总分馆制,整合县域内群众文化艺术资源,加强对县域内文化活动、文艺创作、文艺辅导、送戏下乡、队伍培训以及演出器材设备调配等方面的统筹。

虽然文化馆总分馆制建设起步晚,但仅仅几年时间,尤其是 2011 年文化部、财政部启动国家公共文化服务体系示范区创建工作以来,涌现出一批文化馆总分馆制建设的典型模式,加上图书馆总分馆制建设已取得的成就和经验,为各地文化馆总分馆制建设提供了参考。

(1)重庆大渡口区文化馆总分馆制建设

2011 年 6 月,重庆市大渡口区结合创建国家公共文化服务体系示范区(项目)开始了文化馆总分馆制的探索,按照"一个总馆 + 多个分馆 + 若干服务点"的模式,分馆成为总馆的有机组成部分,若干基层服务点成为分馆的延伸或补充。区文化馆通过合作协调与统一规划,将分散的、隶属关系不一的分馆和村(社区)文化服务站点组合成相对固定的、联系紧密的公共文化服务网络组织,构建起一个以现代化网络通信技术为依托,以文化馆总馆为龙头、分馆为骨干、社区(村)服务点为网点的三级公共文化服务网络,推动了全区公共文化资源共建共享。

在设施设备上,根据所有权与经营权分离。根据统一规划、统一标识、统一配置、统一验

---

①　安徽省文化厅.中共安徽省委宣传部、安徽省文化厅、安徽省新闻出版局关于开展农村公共图书服务一体化建设试点工作的通知[EB/OL].[2018 – 02 – 21].http://www.ahwh.gov.cn/zwgk/bmdt/stgz/23683.shtml.

②　山东省文化厅.关于印发《关于推进县级文化馆图书馆总分馆制建设的实施意见》的通知[EB/OL].[2018 – 02 – 21].http://www.sdwht.gov.cn/html/2017/ggtz_0626/41770.html.

③　江西省文化厅.关于 2017 年全省县级图书馆总分馆制建设试点工作安排的通知[EB/OL].[2018 – 02 – 21].http://www.jxwh.gov.cn/zwgk/tzgg/201702/t20170224_1314369.htm.

收的原则，全面建设区、镇街、社区(村)三级场馆设施；按照"谁投资谁有产权"的原则，区文化馆对统一配置的设备资源、服务标准、服务方式进行统一标识。其中，区级层面，成功创建国家一级馆，并建成数字文化馆；镇街分馆层面，按照"一分馆一特色"的建设思路，建成8个主题镇街分馆；村(社区)层面，按照"硬件三统一、软件四规范"(统一功能定位、形象标识、设备资源，规范管理制度、内容供给、工作流程、免费开放)的标准开展标准化建设，统一配送设施设备①。

在人员配备方面，双重管理、统一考核。按照"集中管理、统一调配、联动作战"的总体思路，总馆选派业务骨干兼任镇街分馆的业务副馆长；分馆馆长由所在镇街文化中心负责人担任，全权负责分馆和服务点的人、财、物管理；按照每个街道分馆4名、每个镇分馆3名的标准配齐文艺专干；实施"十百千"文化队伍组建计划，招募文化广场管理员，培养群众文化能人、文艺骨干，组建民间文艺队伍，招募文化志愿者，实现规模化统筹运转；同时，实施人才培训工程，通过"星火培训计划""义渡文化讲座"等载体，每年组织各类业务技能培训和辅导。

在业务经费方面，多级投入、分级管理。明确镇街文化馆分馆由区、镇(街)两级财政共同投入，区文化馆为管理主体，总分馆的建设经费和日常运行经费以文化部免费开放补助经费为主要来源、区财政预算"文化馆总分馆"建设和运行专项经费为补充②。

在服务供给方面，与公共图书馆总分馆体系融合，总分馆、各分馆和基层服务点间坚持"优势互补、共同发展"原则，利用各自的资源优势，统一开展送图书、送讲座、送科技培训和群众歌会等各个层面的文化活动，避免了因购买设备、聘请人员等因素而产生的重复投资。其次，统一服务标准。制定了《大渡口区文图总馆、分馆、基层服务点服务标准》和《大渡口区文图总馆、分馆业务干部服务标准》③。

截至2017年，大渡口区已建成8个主题镇街分馆、83个村(社区)基层服务点，配套建设室外文化广场55个，总分馆每年策划组织大型文化活动40场次以上，开展城乡文化互动活动600场次以上，组织各类特色品牌活动100场次以上，开通大渡口区公共文化物联网服务平台，全年点单配送300余场次，惠及群众近10万人次。

由于大渡口区文化馆总分馆制建设取得优异成绩，2016年11月15日，在重庆大渡口区举行了由文化部公共文化司、重庆市文化委、重庆市大渡口区人民政府主办，重庆市大渡口区文化委员会承办的国家公共文化服务体系示范区(项目)区域文化联动"文化馆总分馆制"专题经验交流活动。

(2)嘉兴市文化馆总分馆服务体系

嘉兴市本级及7个县(市、区)均建有文化馆，全部达到部颁一级以上标准；全市73个镇(街道)均建有综合文化站，其中省级一级站以上36个全市1135个行政村(社区)，全部建有文化活动中心(室)；平均每个文化馆有人员编制21.5人。2011年，嘉兴市文化馆开始探索文化馆联盟运作机制，制定《关于建立市县文化馆联动机制的实施方案》，建立了以"会议联席、活动联办、培训联做、平台联建、场地联用"为主要内容的"五联"工作机制。2013年5月，嘉兴市城乡一体化公共图书馆服务体系建设国家示范项目以优异成绩通过文化部验收

①③ 江存彬.贴近文化民生 创新服务模式——大渡口区推进文化馆、图书馆总分馆制建设情况介绍[J].图书馆杂志,2017(3):17-19.

② 孙道进.重庆大渡口实施文化馆总分馆制[N].中国文化报,2013-04-24(7).

评审。其构建的"中心馆—总分馆""嘉兴图书馆联盟""社会资源整合"三重服务体系,被誉为公共图书的"嘉兴模式"。健全的设施设备、人才队伍、联盟运行机制以及公共图书馆总分馆制建设的宝贵经验,为嘉兴市探索建立文化馆总分馆服务体系提供有益的借鉴。

2015 年 4 月 29 日,嘉兴市正式印发《嘉兴市人民政府办公室关于构建文化馆总分馆服务体系的实施意见》,并同步发布《嘉兴市文化馆总分馆服务体系标准(暂行)》,嘉兴文化馆总分馆建设正式步入制度化、规范性、标准化进程。

总体架构:在"大嘉兴"范围内,构建以嘉兴市文化馆为中心馆,联盟各县(市)文化馆,以县(区、市)文化馆为总馆,镇(街道)文化站为分馆,村(社区)文化活动中心(文化礼堂)为支馆的城乡一体化文化馆总分馆服务体系;形成"中心馆—总馆"联盟服务体系、"总馆—分馆"总分馆服务体系、"分馆—支馆"延伸服务体系三级服务体系。

建设标准:按照"统一服务标识、统一发布平台、统一调配资源、统一辅导培训"的原则,制定出台《嘉兴市文化馆总分馆服务体系建设运行标准》。

经费保障:在中心馆、总馆、分馆、支馆日常运行经费来源不变的情况下,增设总分馆建设运行专项资金,建立稳定的经费增长机制,制定并实施《嘉兴市文化馆总分馆服务体系专项经费使用办法》,重点保障总分馆体系的平台建设、资源调配、队伍培训和作品创作等方面的支出。

组织管理:嘉兴市文化馆作为全市的中心馆,馆长兼任服务体系中心馆馆长;各县(市、区)文化馆馆长任各地文化馆总馆馆长;各镇(街道)文化站增挂当地文化馆分馆牌子,分馆馆长由文化站站长或各镇(街道)文化下派员担任(站长兼任分馆馆长时文化下派员任分馆馆长助理);各村(社区)文化活动中心(文化礼堂)为分馆延伸到末端的支馆,纳入所属镇(街道)分馆统一管理,文化专职管理员任支馆干事。

中心馆理事会制度:理事会由政府部门、党代表、人大代表、政协委员、总分馆专业人士、文化志愿者、业余文艺团队、社会组织、群众代表和媒体代表等组成,制定《嘉兴市文化馆理事会制度试点工作方案》和《嘉兴市文化馆理事会章程》[1]。

(3)张家港文化馆总分馆体系

2014 年 9 月 19 日,张家港《张家港市文化馆总分馆体系建设实施意见(试行)》正式出台,率先在全国县域建立文化馆总分馆体系。总分馆体系以张家港市文化馆为总馆,以各镇(区)、镇办事处文体服务中心为分馆,以村(社区)综合性文化服务中心为支馆,以基层网格服务点为补充,形成四级节点、网状分布、互联互通、一体运行的群众文化艺术服务体系。吸纳社会分馆,以联盟方式纳入张家港市文化馆总分馆制。在具体操作中,以"设施建设标准化、助理派遣制度化、服务活动均等化、网格激励常态化、数字平台一体化、考核评估社会化"的运作模式,对市镇村各级文化设施的建设标准、人员管理、服务内容、考核评估等都进行明确规定,确保城乡公共文化资源共享、高效管理[2]。

设施建设标准化:规定了总馆、分馆、支馆的馆舍面积、室外活动场地面积、群众文化活

---

① 顾金孚,王显成,刘靖.嘉兴市文化馆总分馆服务体系研究[J].上海文化,2014(8):46 – 51.

② 张家港市市场监督管理局,张家港市文化广电新闻出版局.关于印发张家港市文化馆总分馆制建设标准的通知[EB/OL].[2018 – 02 – 22].http://www.zjg.gov.cn/govxxgk/33107716-8/2017-09-08/d68803f9-b9a1-42b4-9dd0-d2a4e487892a.html.

动用房使用面积以及文化活动厅数量标准,对户外文化广场、特色文化(综合)展示厅、评弹书场(票友活动室)、多功能活动厅、老年活动室、培训教室等统一标准配置,统一标识。

助理派遣制度化:由文化行政部门会同总馆为每个镇(区)分馆配置分馆馆长助理1名(可酌情增派助理助手1名),参与分馆业务工作,严格落实总馆制订的总体规划和服务规划,根据总馆要求开展业务工作。2015年1月4日,《张家港市文化馆镇级分馆馆长助理派遣工作制度(试行)》出台,10名市文化馆(总馆)专职文艺人才被任命为各镇(区)分馆馆长助理,实现总分馆之间业务工作的有效衔接和管理。

服务活动均等化:总馆整合全市各级各类服务活动,对各类活动进行组织协调,纳入服务活动项目资源库,制订统一配送方案。分馆和网格服务点结合本辖区内实际和群众意愿,有针对性地设置开展各类差异性服务活动项目,满足不同群众需求。建立群众反馈机制,及时调整配送内容。建立区域联动机制,充分发挥总馆、分馆、网格服务点优势和特点,实现活动联办、品牌联创、培训联做、场地联用、平台联建。

网格激励常态化:总分馆体系的服务末端建立在文化网格上,建立常态化激励机制,促进网格文化员更好地开展工作,强化网格服务点在张家港市文化馆总分馆体系中的基础作用。每年评选优秀网格文化员100名、星级群众文艺团队100支以上。

数字平台一体化:实施文化数字化服务工程,打造总分馆一站式综合性数字服务平台。利用数字文化馆,开展网上查询、网上辅导、网上展览、网上比赛、网上讲座等服务,推动总分馆互动交流。加强资源建设,建立统一的数据库,根据总馆、分馆和网格服务点的不同职责,进行系统权限分配,实现全市公共文化资源的共建共享。

考核评估社会化:突出社会参与,充分发挥文化馆总分馆理事会作用,综合运用常规考核、季度考核与年度综合考核等方式,对总分馆各机构、分馆馆长助理等派遣人员、各机构普通工作人员进行全面考核。开发"张家港市文化馆总分馆管理评估系统",实现对总馆、分馆、支馆和网格服务点等各级设施建设、机构设置、人员队伍、业务培训、服务项目、资源建设、非遗保护、基层文化能人等内容的智能化管理,并进行综合考评①。

3. 网格化公共文化服务

网格化公共文化服务是2012年江苏省张家港市在公共文化服务体系建设中探索出的成功经验。所谓"网格化公共文化服务",就是将张家港市各村(社区)按照人口居住集中度、文化关联度和群众意愿等标准再划分成若干个文化服务网格,每个网格配备1名以上志愿者性质的网格文化员,每名网格文化员服务1000名左右的网格群众,使网格成为政府公共文化服务的最基础层级,形成市、镇(区)、村(社区)、网格四级公共文化服务网络,把全市境内的所有人口均纳入公共文化服务体系的服务范畴,使全市所有群众都能享受到普惠、均等、便捷的公共文化服务。通过实施网格化公共文化服务,解决政府在村(社区)以下公共文化服务缺乏支撑层级问题和基层公共文化服务人员严重缺乏问题,使政府公共文化服务的职能能够在基层真正得到实现。

为保证网格化公共文化服务的顺利和有效实施,张家港市重点完善三项机制:一是健全投入保障机制。先后制定和出台一系列政策文件,市委、市政府成立网格化公共文化服务委

---

① 陈世海.文化馆总分馆服务的张家港样板[N].中国文化报,2015-04-27(8).

员会,各镇(区)也分别成立领导小组;加大市财政补贴力度,全面提升镇(区)、办事处公共文化服务设施建设水平;二是创设互动联动机制,出台《网格化公共文化服务各层级工作职责》,鼓励和支持公共文化服务网格内自我供给、网格间交互供给,使市、镇、村(社区)、网格4个层级之间彼此贯通、全面推动,以网格文化员为桥梁,收集、反馈群众需求,促进各级公共文化机构及时调整文化产品配送、文化辅导方式以及免费开放服务项目,为群众提供有针对性的文化产品和深度文化服务;三是建立评价激励机制,制定出台《网格化公共文化服务评价指标体系》《网格化公共文化服务示范镇、示范文化网格、示范网格文化员评选办法》,全面开展示范文化网格培育工作,以点带面,示范推动,整体发展①。

2015年,山东诸城市发布《关于开展"网格化公共文化管理服务"的实施意见》,在全市实施网格化公共文化管理服务。具体做法是:以市文广新局为龙头网、以镇街综合文化站为分网,以社区为子网(基本管理服务网格),以自然村和居住区为单元网,以每个自然村村民小组、企事业单位、居民小区作为单元格。全市共设立13个分网,235个子网(管理服务网格),形成以社区化为载体,以信息化为支撑的网格化文化服务管理体系。每个单元格的文化信息联络员(网格信息员)每天把群众的文化需求、诉求通过网络,上报到社区子网中;每个社区子网的文化管理员负责汇总,按照群众需求、诉求,联系文化服务人员送书、送电影、送演出等文化服务进村入户;每个镇街每周安排一次例会;市文广新局每月召开一次调度会;全市每季度进行一次考核点评,形成"日登记、周例会、月调度、季考核"工作机制②。

网格化公共文化服务更有利于基层群众享受公共文化服务,真正满足他们的文化需求。综合来看,具备4个方面的优势:一是服务快捷,信息收集快,服务反应快;二是针对性强,根据不同群体、不同层次的文化需求,设计提供不同形式、不同内容的服务;三是有利于服务力量和资源的统筹整合,可以在社区之间、镇街之间和全市范围内协调调度各种文化服务力量;四是有利于服务工作的改进,通过对需求信息、评价反馈的分析研判,知问题、明不足,及时改进服务方式方法。

九、效能建设

如上所述,十多年来,在党中央、国务院高度重视下,我国公共文化建设投入稳步增长,公共文化服务体系建设取得显著成效,覆盖城乡的公共文化服务设施网络基本建成,公共文化服务内容日渐丰富,标准化均等化水平不断推进,法治化建设水平也取得了历史性突破,基本法律制度体系的框架也已构建。但与当前经济社会发展水平和人民群众日益增长的精神文化需求相比,公共文化服务体系建设水平仍然有待提高,还存在着诸多的问题需要解决,其中,如何提高服务效能成为当前我国公共文化服务体系建设中的突出问题。党的十八大报告突出强调完善服务体系,提高服务效能;十八届三中全会《中共中央关于全面深化改革若干重大问题的决定》进一步要求建立群众评价和反馈机制,推动文化惠民项目和服务与

---

① 林理. 张家港全力构建基层公共文化服务网格化模式[N]. 中国文化报,2012 - 10 - 08(7).

② 林家村镇政府.关于开展"网格化公共文化管理服务"的实施意见[EB/OL]. [2018 - 02 - 28]. http://xxgk. zhucheng. gov. cn/LJCZZF/201512/t20151217_1133662. htm.

群众需求有效对接；《关于加快构建现代公共文化服务体系的意见》在部署加强公共文化产品和服务供给时，首先要求提升公共文化服务效能[①]。《公共文化服务保障法》将"加强公共文化设施建设，完善公共文化服务体系，提高公共文化服务效能"作为一项重要原则写入总则。

2017年6月29至30日，文化部在上海组织召开公共文化服务效能建设现场经验交流会，总结交流当前基层公共文化服务开展供需对接、提高服务效能的主要经验，现场考察上海市在推进公共文化服务效能建设方面的做法和经验，部署当前和今后一个时期的重点工作，推动各地切实加强公共文化服务效能建设[②]。2017年开展的第六次县级以上公共图书馆评估定级工作中，服务效能部分被列入评估标准的必备条件中。在公共文化服务基础设施和体系建设取得一定成效时，服务效能建设已成为公共文化服务能否健康、稳定、高效和可持续发展迫切需要关注和解决的问题。

1. 影响公共文化服务效能的突出问题

(1)公共文化服务供给不足

《中国文化发展报告(2016)》的调查显示，我国公共文化服务供给不足主要表现在两个方面，一是基础设施落后或缺乏；二是提供公共文化活动服务有所欠缺，具体表现为群众文化活动举办次数少。我国目前公共文化设施落后甚至缺乏的根本局面没有得到有效的扭转，公共图书馆、群众文化活动中心、文化馆站、艺术表演场馆、博物馆、纪念馆等民众经常参与文化活动的基础设施依然很落后。以公共图书馆为例，截至2016年年底，我国共有公共图书馆3153所，平均每43.8万人拥有一所公共图书馆；公共图书馆总藏量90 163万册，人均藏书量为0.65册，这些指标远低于联合国教科文组织和国际图联《公共图书馆服务发展指南(2001)》中提出的每5万人拥有一座图书馆和人均藏书1.5册到2.5册的标准。根据湖北大学高等人文研究院2015年的调查，在对题项"公共文化服务基础设施落后甚至缺乏"的回答中，剔除"不清楚"的人之后，有681人选择"非常同意"，占有效总数的22.79%，选择"同意"的有1668人，占到有效总数的55.80%，两者合计达到78.59%，也就是说超过四分之三的受访民众都感觉到目前我国公共文化服务基础设施落后甚至缺乏。

在群众文化活动举办次数方面，根据武汉大学国家文化财政政策研究基地2012年在全国147个村的调研数据，52.3%的农村居民认为全年本地县、乡(镇)政府没有组织"送文化下乡"活动，根据问卷数据测算全国平均"送文化下乡"活动次数仅为1.27次[③]。《中国文化发展报告(2016)》也显示，目前在我国公共文化服务领域还存在群众文化活动举办次数较少、人们的文化需求没有真正地得到满足、文化获得感并不明显的问题。根据湖北大学高等人文研究院2015年的调查，在对题项"群众文化活动举办次数少，人们的获得感不明显"的

---

① 李国新. 现代公共文化服务体系建设与公共图书馆发展——《关于加快构建现代公共文化服务体系的意见》解析[DB/OL].[2018-03-10]. http://www.chinalibs.net/ArticleInfo.aspx?id=376442.

② 李静. 公共文化服务效能建设现场经验交流会在沪召开[EB/OL].[2018-03-10]. http://www.mcprc.gov.cn/whzx/whyw/201707/t20170703_685099.htm.

③ 陈波,耿达. 城镇化加速期我国农村文化建设：空心化、格式化与动力机制——来自27省(市、区)147个行政村的调查[J]. 中国软科学,2014(7):77-91.

回答中,剔除"不清楚"的人之后,选择"同意"的有 1728 人,占有效总人数的 58.68%,选择"非常同意"的有 713 人,占有效总人数的 24.21%,两者合计达到 82.89%。也就是说,绝大部分受访者认为,目前我国公共文化领域中群众文化活动举办次数较少,人们的获得感并不明显①。

(2)公共文化服务供给品利用率低,群众满意度差

以农家书屋为例,作为一项国家重大文化惠民工程,从 2007 年到 2012 年,经过 5 年多的艰苦努力和 120 多亿元财政资金、60 多亿元社会资金的投入,在全国 31 个省(区、市)和新疆生产建设兵团完成 60 多万个农家书屋建设。政府的初衷是破解广大农村缺书少报、广大农民读书难看报难的问题,而在实际运营中,很多地方的农家书屋管理混乱,利用率极低甚至荒废②。2016 年发布的《四川省农家书屋发展报告》显示,该省农家书屋利用率偏低,一是由于不少部门在村级都建有文化设施,与农家书屋相近的就有图书室、电子阅览室、远程教育电教室、文化信息资源共享工程等,功能的相似造成了实际上的重复建设,甚至使农家书屋面临被边缘化的危险;二是农家书屋建设阶段的图书基本由中央、省、市统一配送,没有体现群众需求和地方差异,部分图书并不符合读者的需求,更新不及时,降低了农家书屋的吸引力③。而天津市政府所做的关于公共文化服务投入实际效果的调查也发现公共文化服务供给品利用率低的问题,主要表现在:一是市民对公共文化活动参与度不高。市政府、基层政府及其文化部门积极组织开展了大量文化活动与文化服务,但公众在参与文化活动方面反应消极,呈现出"剃头挑子一头热"的不买账情况,如由国外引进的高端演出及展览观看人数较少,受众限于较小的范围;在"送戏下乡"活动中,农民热情不高,对演出的剧目不捧场等。二是基层公共文化设施建而不用,呈现"空置化"。部分公共文化设施利用率不高,场馆部分空间闲置,馆内展览项目处于停止运转的状态;农家书屋的使用率较低,经常出现"门不开""人不在""书多人少",甚至无人光顾的情况;各文化场馆举办的公益讲座、培训和文化活动安排的密度不够,聘请知名有影响力的专家学者数量有限,同时受场地条件限制,每次只能容纳几十人参与活动④。

根据湖北大学高等人文研究院 2015 年的调查,在对题项"平时到公共文化服务机构的频率统计"的调查显示,使用频率最高的是图书馆,占调查有效样本人数 40.3%,博物馆使用频率仅为 4.9%,文化站使用比重占 5.7%,而在对"平时到公共文化服务机构频率的统计"中,选择"从不到"文化站的比重高达 45.6%。在我国已推行"三馆一站"免费开放政策下,博物馆、文化站等的使用率却依然如此低,说明这些基本公共文化设施大部分处于闲置

　　① 徐骀,江畅. 中国文化发展报告(2016)[R]//江畅,孙伟平,戴茂堂. 中国文化发展报告(2017). 北京:社会科学文献出版社,2017:1-44.

　　② 唐湘岳等. 农家书屋生存状况堪忧　大多数大门紧闭无人问津[EB/OL]. [2018-03-10]. http://edu. people. com. cn/n/2014/0226/c1053-24468389. html.

　　③ 蹇莉,邹志. 四川农家书屋发展报告[R]//向宝云,张立伟. 四川文化产业发展报告(2016). 北京:社会科学文献出版社,2016:220-233.

　　④ 杜宁宁,常健. 天津市文化惠民工程调研报告[R]//李君如. 中国人权事业发展报告 No.7(2017). 北京:社会科学文献出版社,2017:294-308.

状态①。

(3)基本公共文化服务非均等化问题依然存在

基本公共文化服务的均等化是近些年来我国公共文化服务体系建设的重点任务,但非均等化现象依然存在,主要体现在地域之间、城乡之间和社会群体之间。2015 年武汉大学国家文化财政政策研究基地对全国 31 个省、直辖市、自治区的四类大型公共文化设施,包括国有大型艺术表演场馆(观众席 1200 座及以上)、省级图书馆、省级博物馆、省级群艺馆的调查显示,在硬件建设方面东中西部仍存在明显的地区差异。如在被调查的 30 个省级群艺馆中,东、中、西部拥有展览用房的平均面积分别为 1219.33 平方米、380 平方米、997.37 平方米,东部省级群艺馆展览用房面积明显大于中部和西部地区。被调查的大型演艺场馆中,建成年代在 20 年以上的场馆,西部的占 50%。省级博物馆、图书馆也大多类似,东部场馆的硬件配备要优于中、西部地区②。武汉大学国家文化发展研究院 2015 年的调查也显示,东部地区美术馆平均实际建筑面积约为中部地区的 5 倍,约为西部地区的 7 倍;东部地区的文化站实际建筑面积约为中西部地区的 3 倍③。此外,目前我国公共财政对于公共文化设施的投入整体呈现东部投入最多、西部次之、中部最少的态势。据统计,2015 年全国文化事业费中,东中西部地区文化单位的文化事业费分别为 287.87 亿元、164.27 亿元和 193.87 亿元。我国公共文化服务发展的地域差距仍然表现为东部地区最好,因为东部地区经济发展水平最高,经济带动作用最为明显;西部地区次之,因为国家政策向西部地区倾斜,国家对西部地区的政策扶持力度较大;中部地区最差,因为这类地区专注于经济建设,而忽视了发展文化服务的重要性④。

在城乡公共文化建设差异方面,文化事业经费投入的城乡差距仍然较大。农村一直是我国公共文化服务体系的薄弱环节,尽管近年来国家加大了对农村文化的投入力度,城乡差距有所缩小,但从整体上看,城乡公共文化服务体系发展不平衡的态势尚未根本改观⑤。以四川省为例,近年来,四川省构建了"全国数量最大、战线最长、网点最多、服务人口众多"的公共文化服务网络,2015 年公共文化机构综合指数全国排名第一,但仍然存在着农村公共文化服务整体水平不高,地区与地区之间的发展极不平衡的现象,具体表现为:地理位置距离中心城区越近的乡镇条件越好,基础设施相对完善;偏远山区的文化设施建设投入明显不足,一些乡村连基本的文化站、农家书屋都不具备;一些乡村已建成的文化站场地狭小、设施

---

① 周鸿雁. 我国公共文化服务供给侧存在的问题及对策——从公众评价的视角[J]. 华中科技大学学报(社会科学版),2016,30(6):21-27.

② 彭雷霆,黄剑波. 构建现代公共文化服务体系中的大型公共文化设施财政支持研究——基于全国 31 个省 123 个场馆的调查[R]//于平,傅才武. 中国文化创新报告(2015)No.6. 北京:社会科学文献出版社,2015:238-249.

③ 彭雷霆,何璐. 免费开放政策实施现状、问题及对策分析——基于 2015 年全国 31 个省份"四馆一站"的实地调查[R]//傅才武. 中国公共文化政策研究实验基地观察报告(2016—2017). 北京:社会科学文献出版社,2017:15-34.

④ 周鸿雁等. 中国文化服务供给与消费报告(2016)[R]//江畅,孙伟平,戴茂堂. 中国文化发展报告(2017). 北京:社会科学文献出版社,2017:144-168.

⑤ 杨永恒. 城乡一体化进程中的公共文化发展[M]//首都师范大学文化研究院. 文化决策参考(2015). 北京:社会科学文献出版社,2016:163-172.

陈旧,与国家标准有着较大的差距;农家书屋门可罗雀,室内藏书长期被束之高阁,只有上级部门来检查时才开放,而村文化活动室成了麻将室。由于基层政府无力支付农村公共文化设施建成后的持续运行费用,导致建设工程形象化①。

在社会群体差异方面,主要表现为针对特殊群体的公共文化服务供给不足。一项对湖北省各地区群众艺术馆、文化馆(站)所组织的文艺活动调查显示,2013年老年人、未成年人、残疾人、农民工群体的专场活动所占比重分别为3.77%、2.65%、0.61%和1.26%,可以看出,针对特殊群体所组织的文化娱乐活动次数比重整体偏低,一些市(州)如随州市、荆门市、孝感市等针对特殊群体所举办的活动专场次数全年甚至仅为2—3场②。在特殊群体中,农民工群体数量庞大,但他们享受到的公共文化服务现状堪忧。据统计,截至2016年,我国农民工总量达到约2.8亿人,比上年增加424万人③。而一项2013—2015年连续三年对湖南、湖北、山东、河南、武陵山区及广西、贵州等地农民工的问卷调研发现,农民工所在打工单位"从来没有组织过文化活动"的分别是49.2%、51.3%、38.1%;"从来没有参与"所在社区文化活动的农民工分别占到受访者的66.1%、70.8%、52.7%;"闲暇时间去所在城市博物馆、美术馆、群众艺术馆参观或参加活动"次数为0的比例分别为60.8%、69.5%、56.8%。受访者对打工期间文化生活感到满意的比例分别仅为33.6%、33.3%、31.9%④。另一项对长沙市农民工公共文化服务现状的调查显示,绝大多数农民工的精神文化生活呈现孤岛化、边缘化、沙漠化趋势,基本文化需求远远得不到满足,急需纳入城市公共文化服务体系。但在现实中,城市公共文化服务体系对农民工群体有着制度性排斥,提供的公共文化服务十分有限,再加上多数农民工经济收入低、工作环境恶劣、社会地位低,导致他们不能平等地享受城市的公共文化设施和服务⑤。

2. 提升公共文化服务效能的主要路径

2015年11月,习近平总书记在中央财经领导小组会议上首次提出供给侧改革,指出:"在适度扩大总需求的同时,着力加强供给侧结构性改革,着力提高供给体系质量和效率,增强经济持续增长动力。"供给侧结构性改革旨在调整经济结构,使要素实现最优配置,提升经济增长的质量和数量,是解决我国经济发展深层次结构性矛盾的必然路径,是适应我国经济发展新常态的必然要求。在公共文化服务领域,影响公共文化服务效能的突出问题,从根本意义上讲,是公共文化服务供给难以适应人民群众现实需求的问题,是导致公共文化服务供给侧结构性矛盾突出的问题,因此,一味地通过增大投入并不能实现提高公共文化服务供给效率的目的。从供给侧发力,推进文化领域供给侧改革,不断优化供给结构,促进供需对接,是顺应时代发展新趋势与人民消费新需求,推动文化健康可持续发展的必然选择。

---

① 张婷.四川农村公共文化服务发展报告[R]//向宝云,张立伟.四川文化产业发展报告(2016).北京:社会科学文献出版社,2016:110-122.

② 金慧,余启军.湖北省公共文化服务标准化均等化问题研究[J].湖北社会科学,2017(2):63-69.

③ 国家统计局.2016年农民工监测调查报告[EB/OL].[2018-03-11].http://www.stats.gov.cn/tjsj/zxfb/201704/t20170428_1489334.html.

④ 纪东东,文立杰.公共文化服务供给侧结构性改革研究[J].江汉论坛,2017(11):24-29.

⑤ 张卫枚.农民工公共文化服务现状、问题及改善途径——以长沙市为例[J].城市问题,2013(7):64-68.

公共文化服务供给侧结构性改革的目的在于提高供给产品和结构对需求变化的适应性和灵活性,推动公共文化服务向更高质量、更有效率、更加公平、更可持续的方向发展。2017年6月29至30日,文化部在上海组织召开的公共文化服务效能建设现场经验交流会上,提出了当前和今后一个时期提高我国公共文化服务效能的路径①:

一是要加快推进公共文化服务设施网络提档升级,加强均衡配置、完善布局,使公共文化设施建设和人口集聚进程相匹配。《关于加快构建现代公共文化服务体系的意见》提出要统筹推进公共文化服务均衡发展:把城乡基本公共文化服务均等化纳入国民经济和社会发展总体规划及城乡规划。根据城镇化发展趋势和城乡常住人口变化,统筹城乡公共文化设施布局、服务提供、队伍建设、资金保障,均衡配置公共文化资源。

2015年12月,文化部、国家发改委等七部委联合印发《"十三五"时期贫困地区公共文化服务体系建设规划纲要》,提出"十三五"期间设施体系建设的新思路:构建固定设施、流动设施和数字设施有机结合、相互补充的设施网络体系,体现了开放、立体、实用、高效的设施建设新理念。以这一理念为指导,部署了"十三五"时期贫困地区设施建设的三大着力点:一是县级公共图书馆、文化馆等基础性公共文化设施以查漏补缺、提档升级为主,目标是到2020年实现贫困地区县级公共文化设施全部达到国家标准的要求;二是乡镇(街道)、村(社区)综合性文化服务中心建设以强化综合功能、消灭空白点为主。对于已经建成的乡镇(街道)综合文化站、村(社区)文化室,"十三五"时期的重要任务是按照国务院办公厅《关于推进基层综合性文化服务中心建设的指导意见》的部署,实现由传统文化站(室)向现代综合性文化服务中心的转变②。《"十三五"时期贫困地区公共文化服务体系建设规划纲要》实施范围涉及中西部22省的839个国家级贫困县。

与此同时,各地也制订了相应的规划,积极采取适应当地经济和社会发展水平的措施,加快推进公共文化设施建设的均衡和完善。例如安徽省七部门出台了"扶设施""扶人才""扶活动""扶产业"以及加强组织保障"四扶一强"的文化扶持行动计划,确立了到2020年,全省贫困地区公共文化服务设施网络基本完善,基本公共文化服务项目逐步健全,公共文化服务能力和水平明显改善,群众基本文化权益得到有效保障,基本公共文化服务主要指标达到全省平均水平的发展目标③。成都市提出了到2020年,建成全国领先、结构合理、发展均衡、网络健全、互联互通、运行有效、惠及全民、保障有力,与成都经济、社会发展水平相适应的现代公共文化服务体系的建设目标,并将这一目标分2016、2018、2020年三个阶段实现,每个阶段都有详细的任务指标,如到2016年年底,所有县级文化馆达到国家二级馆以上,其中一级馆占比50%以上;村(社区)综合性文化服务中心建设完成50%以上。到2018年年底,所有县级图书馆成为国家一级馆;100%完成村(社区)综合性文化服务中心标准化建设

① 李静. 公共文化服务效能建设现场经验交流会在沪召开[EB/OL]. [2018 - 03 - 12]. http://www.mcprc. gov. cn/whzx/whyw/201707/t20170703_685099. htm.

② 李国新. 贫困地区实现全面小康的公共文化服务保障[EB/OL]. [2018 - 03 - 12]. http://www.sd-wht. gov. cn/html/2015/whfx_1211/27503. html.

③ 安徽省文化厅. 安徽省"十三五"时期贫困地区公共文化建设实施意见[EB/OL]. [2018 - 03 - 12]. http://www. ahwh. gov. cn/zz/shwhc/zcwj3/42408. shtml.

任务。到 2020 年年底,所有县级文化馆成为国家一级馆等①。

二是要坚持引导和管理并重的原则,积极支持社会力量发展,变政府的"独唱"为政府和社会的"合唱";在进一步强化公益性文化事业单位基本服务职能的基础上,探索建立联通公共文化供给和文化市场的制度性通道,激发公共文化服务发展的内在动力。随着经济社会的快速发展,群众的文化需求不断增加,并呈现出多层次、多方面、多样化的特点,政府作为单一主体的供给模式不仅难以解决供给总量不足的问题,也满足不了群众文化需求的多样化发展趋势,因而亟待构建多元主体的供给模式。在单一主体的供给模式下,政府"一厢情愿"地做出决策、制订规划、发布指令、下派任务、提供资源,从而遮蔽了差异化的文化禀赋、群体属性与民众需求。而社会组织不仅可以弥补政府在公共文化建设中的不足,是特色公共文化服务的重要提供者,还可以对大众的文化需求和文化形式进行具有差异化和代表性的筛选②。同时,供给主体的多元化能够导致有效竞争的产生,竞争性的供给主体可以真正提高供给效能,为老百姓提供更高质量、更契合需求的公共服务③。因此,社会力量参与公共文化服务建设,对于公共文化服务供给总量的提高、了解和掌握群众诉求,满足他们多样性的文化需求具有不可低估的作用。

2011 年,文化部启动公共文化服务体系示范区(项目)创建工作,将"加强合作、共建共享。按'政府组织,专家指导,公众参与,多方兴办'的工作方式,通过多部门协调联动和政策配套,发挥各级政府和有关部门的作用,共同参与示范区(项目)建设"作为创建原则之一④。2012 年,《文化部关于鼓励和引导民间资本进入文化领域的实施意见》出台,鼓励民间资本参与公共文化服务体系建设的重点领域和发展方向。《关于加快构建现代公共文化服务体系的意见》将"简政放权,减少行政审批项目,引入市场机制,激发各类社会主体参与公共文化服务的积极性,提供多样化的产品和服务,增强发展活力,积极培育和引导群众文化消费需求"作为我国公共文化服务体系建设的基本原则之一。2013 年,《国务院办公厅关于政府向社会力量购买服务的指导意见》发布,指出政府向社会力量购买服务,就是通过发挥市场机制作用,把政府直接向社会公众提供的一部分公共服务事项,按照一定的方式和程序,交由具备条件的社会力量承担,并由政府根据服务数量和质量向其支付费用,是强化政府公共服务职能,创新公共服务供给模式的重要途径⑤。2015 年 5 月,国务院办公厅转发文化部等部门《关于做好政府向社会力量购买公共文化服务工作的意见》,同时发布《政府向社会力量购买公共文化服务指导性目录》,明确社会力量参与的功能、作用、范围和方式,引导和规范社会力量参与公共文化购买。《公共文化服务保障法》第二十五条规定:国家鼓励和支持

---

① 刘琳. 成都公共文化服务体系力争全国领先[EB/OL]. [2018 - 03 - 12]. http://www. scjjrb. com/html/xwpd/zxbb/70053. html.

② 王迪. 从国家包揽到多方参与——公共文化服务体系建设中的社会治理理念与实践[J]. 学术论坛,2017,40(1):35 - 41.

③ 毕绪龙. 公共文化领域供给侧结构性改革的三个基础[EB/OL]. [2018 - 03 - 12]. http://www. ce. cn/culture/gd/201707/03/t20170703_23994910. shtml.

④ 文化部. 国家公共文化服务体系示范区(项目)创建工作方案[DB/OL]. [2018 - 03 - 12]. http://www. chinalibs. net/ArticleInfo. aspx?id = 366792.

⑤ 国务院办公厅. 国务院办公厅关于政府向社会力量购买服务的指导意见[EB/OL]. [2018 - 03 - 12]. http://www. gov. cn/xxgk/pub/govpublic/mrlm/201309/t20130930_66438. html.

公民、法人和其他组织兴建、捐建或者与政府部门合作建设公共文化设施，鼓励公民、法人和其他组织依法参与公共文化设施的运营和管理。应该说，这些政策、意见和法规的出台，为社会力量参与公共文化服务提供了制度空间和参与入口，为公共文化供给主体的多元化提供了制度基础和理论基础。

一般而言，公共文化服务的多元主体构成包括政府、社区组织、企业和非营利组织四类。不同参与主体具有不同的性质，因而在公共文化服务中发挥着不同的作用。政府是公共文化政策的制定者、服务的监督管理者，具有权威性、强制性和公共性；社区是公众文化利益需求的表达平台，也是基层民主的实现场所，具有较强的针对性、灵活性和适应性；企业的营利性质决定了其是公共文化服务质量的促进者和公共文化融资的重要力量，具有供给效率优势、多样性优势和融资优势；而非营利组织则具有较强的公益性、灵活性和群众基础等，是公共文化服务效率的推动者和公共文化服务的中介者①。正是由于不同参与方的性质不同，发挥的作用不同，因而合作模式也呈现出多样性，有学者将其概括为六大合作路径②，即①由民间资本出资设立基金会，如"上海真爱梦想公益基金会""上海喜马拉雅文化艺术基金会""上海回向文化发展基金会"，成为上海市特色艺术、高雅艺术惠民服务的一支生力军；②独立兴办文化实体，如民办图书馆、博物馆、纪念馆、书画院等文化机构；③群众自发组成的各种文化社团、文化志愿者组织等，开展丰富多样的群众性文化活动，如广场舞、健身舞等文化形式；④由企业捐赠赞助的大型公益文化活动；⑤参与政府购买，按照政府采购有关规定，采用公开招标、邀请招标、竞争性谈判、竞争性磋商、单一来源等方式确定承接主体，采取购买、委托、租赁、特许经营、战略合作等各种合同方式，如云南省文化厅通过专家评审选定上海某公司负责投资、建设和运营云南省公共文化服务云平台"文化云南云"平台，免费搭建"文化云南云"软件平台并无偿赠送云南省文化厅使用③；⑥"民办公助""民享政补"，社会力量承担公共文化服务的资金筹措、人员招聘、运营维护等，政府提供场地部分硬件设备，或提供部分资金支持和税收减免等。如江苏省江阴市的"三味书咖"城市阅读联盟，由咖啡屋提供场地，图书馆提供图书资源，市政府则根据整体社会效益确定扶持补助④。

实践证明，鼓励和支持社会力量参与是创新公共文化服务提供方式、引导有效需求的重要途径，对于深化公共文化服务领域改革，推动政府职能转变，整合利用社会资源，增强公众参与意识，激发社会活力，增加公共文化服务供给，提高公共文化服务水平和效率都具有重要意义。

三是要建立一套灵活有效的供给机制，如需求征询反馈机制、群众参与决策机制、按需供给的配送机制、群众评价反馈机制等。《关于加快构建现代公共文化服务体系的意见》提出要"建立群众文化需求反馈机制，及时准确了解和掌握群众文化需求，制定公共文化服务

① 武婷婷.公共文化服务体系建构中多元主体合作模式研究——以上海市市民文化节为分析个案[D].上海：华东政法大学，2017：12－21.

② 祁述裕.社会力量参与公共文化建设的六大路径[EB/OL].[2018－03－12].http://www.fyeedu.net/info/271219-1.htm.

③ 云南省文化厅.云南省文化厅关于云南省公共文化服务云平台"文化云南云"方案比选评审结果的公告[EB/OL].[2018－03－12].http://www.whyn.gov.cn/list/view/2/6513.

④ 宫昌俊，曹磊."三味书咖"城市阅读联盟概述——江阴全民阅读社会化发展的实践与探索[C]//霍瑞娟，刘锦山.基层图书馆建设与服务创新.北京：国家图书馆出版社，2016：168－171.

提供目录,开展'菜单式''订单式'服务""发挥城乡基层群众性自治组织的作用,推动开展公共文化服务参与式管理,推广居民、村民评议等行之有效的做法,健全民意表达和监督机制,引导城市社区居民和村民参与公共文化服务项目规划、建设、管理和监督,维护群众的文化选择权、参与权和自主权"。以"需求导向、问题导向、满意度导向"为原则,建立符合实际的公共文化服务群众需求征集和评价反馈机制,拓宽公众信息渠道,畅通需求表达途径,是解决公共文化服务供给品利用率低,群众满意度差的有效手段。实践中,一些地方已经开始建立需求征询和评价反馈机制,一些文化机构也已经开始探索开展"菜单式""订单式"的公共文化服务。

杭州市下城区创建了"6431"式群众需求征集和评价反馈机制,"6"就是6个需求征集渠道,即"走访了解、召开座谈会、发放调查表、开设服务专线、设置意见箱、开辟信息化互动平台",传统方式和现代手段相结合,全方位掌握群众需求,实现供给者和需求者的互动;"4"就是4个环节,即征求、梳理、实施、反馈,通过循环的方式,提高公共文化服务的针对性和群众满意度;"3"就是三种群众评价模式,通过"常规评价、跟踪评价和总体评价",根据群众反馈意见衡量阶段性公共文化服务产品效果,不断调整和优化下一阶段文化服务项目安排;"1"就是一个严谨科学的运行体系,反馈机制是一个包含"需求征集—项目评审—预告供给—评价反馈"在内的循环系统。在杭州市统计全市公共服务的民意调查中,下城区公共文化服务的群众满意度达到了98.5%[①]。

广东省开展的"点菜"式文化服务也深受基层群众欢迎。一是群众喜欢什么就演什么。2012年在全省优秀舞台艺术作品巡演中实行以"点戏"的方式选取剧目,进行双向甚至多向选择,从省文化志愿者艺术团及各分团中择优选拔优秀节目,组成4台演出"菜单"供各地选择,按照各地的点单内容,共巡演了50场,受到当地老百姓的热烈欢迎。二是群众想听什么就讲什么。2013年,广东省文化厅组织全省优秀专家队伍,依托省内公共图书馆,在全省开展"社区文化大讲坛"活动。大讲坛活动将讲座所有主讲专家和讲座内容全面公开上网,由各地自由选择,缺什么就选什么,选什么就讲什么,讲座内容还可根据各地需求进行调整。活动共举办约50场,服务群众5000余人,优秀讲座资源进一步走向基层、惠及大众。三是"菜单式"培训受欢迎。2013年年初,广东省文化馆对全省文化志愿者进行了全面的调查和摸底,掌握文化志愿者的实际需求,聘请教学经验丰富的专家,举办了"2013年省文化志愿者艺术团业务骨干培训班"。全省文化志愿者艺术团53个分团的业务骨干可根据自身具体情况自由选择培训班次,共计培训学员210人次[②]。

内蒙古图书馆开展深入调研,于2014年5月开展了"彩云服务——我阅读、你买单,我的图书馆、我做主"创新实践活动,将图书馆新书采购权交给读者做主,通过下放图书采购权力于读者的理念创新,外移借阅服务职能于书店的技术创新,新书流通率达到100%。而参与呼和浩特"鸿雁悦读计划"的读者,通过呼和浩特市图书馆微信公众号或者手机图书馆APP查询馆藏后,可在京东商城下单购买书籍,由快递员将书送到读者手中。在规定期限内

---

① 浙江省文化厅.杭州市城市社区文化"下城模式"促公共文化服务跨越式发展[EB/OL].[2018-03-12].http://www.mcprc.gov.cn/whzx/qgwhxxlb/zj/201602/t20160224_624656.htm.

② 广东省文化厅.广东"点菜"式文化服务深受基层群众欢迎[EB/OL].[2018-03-12].http://www.mcprc.gov.cn/whzx/qgwhxxlb/gd/201401/t20140130_590367.htm.

完成阅读后，读者将书还至就近图书馆即可，全程由图书馆买单，实现"你阅读我买单"的服务模式，真正实现了公共文化服务与群众文化需求的有效对接。

四是要强化创新，通过"互联网＋"思维，加强公共数字文化建设，促进公共文化服务的升级。科技创新是文化发展的重要引擎。十余年的发展也证明，科技创新在提高公共文化服务效能方面发挥了重要作用。以数字化为核心的互联网＋模式下的公共文化服务建设，催生更多的公共文化服务产品，扩大信息的传播范围，丰富公共文化服务方式，提高公共文化服务能力，使公共文化服务得以在更广泛的空间范围延伸，为大众公平地享受公共文化提供了更多途径。

公共数字文化服务具有辐射面广、传播速度快、资源广泛共享等特点，有利于解决当前制约公共文化服务体系发展的突出矛盾和问题，对公共文化服务体系建设具有十分重要的意义。2011年，文化部、财政部发布《关于进一步加强公共数字文化建设的指导意见》，提出重点实施文化共享工程、数字图书馆推广工程和公共电子阅览室建设计划三大公共数字文化惠民工程，在此基础上，广泛动员各方面力量，逐步拓展范围，带动数字美术馆、数字文化馆、数字博物馆、数字爱国主义教育基地等建设，大力整合汇聚非物质文化遗产、国有艺术院团、民间文艺社团等方面的数字化资源，不断丰富和加强公共数字文化建设，从而丰富公共文化服务内容，拓展公共文化服务阵地，整合公共文化服务资源，创新公共文化服务手段，提高公共文化服务水平，完善公共文化服务体系[①]。

《关于加快构建现代公共文化服务体系的意见》明确提出，要围绕公共文化服务体系建设的重大科技需求，将公共文化科技创新纳入科技发展专项规划，深入实施文化科技创新工程。结合"宽带中国""智慧城市"等国家重大信息工程建设，加快推进公共文化机构数字化建设。统筹实施全国文化信息资源共享、数字图书馆博物馆建设、直播卫星广播电视公共服务、农村数字电影放映、数字农家书屋、城乡电子阅报屏建设等项目，构建标准统一、互联互通的公共数字文化服务网络，在基层实现共建共享。灵活运用宽带互联网、移动互联网、广播电视网、卫星网络等手段，拓宽公共文化资源传输渠道。大力推进"三网融合"，促进高清电视、互动电视、交互式网络电视（IPTV）、手机电视等新业务发展，推广数字智能终端、移动终端等新型载体。《公共文化服务保障法》提出：以"互联网＋公共文化服务"的新模式精准对接群众文化需求，推进均等化，国家统筹规划公共数字文化建设，构建标准统一、互联互通的公共数字文化服务网络，建设公共文化信息资源库，实现基层网络服务共建共享。这标志着公共文化数字化建设已经被提升到了国家立法层面。

在实践中我们也看到，数字图书馆、数字文化馆、数字博物馆、公共文化服务云等的建设，把数字化资源聚集到一站式联网服务平台，让原本相互独立封闭的系统能够互通整合，充分利用大数据为公众带来最大的效益。以公共文化服务云为例，为解决当前公共数字文化平台重复建设、资源不能充分聚拢、服务不能共享、功能不够完善等突出问题，由文化部公共文化司指导、文化部全国公共文化发展中心具体建设的国家公共文化云在2017年中国文化馆年会期间开通。国家公共文化云是以文化共享工程现有六级服务网络和国家公共文化数字支撑平台为基础，统筹整合全国文化信息资源共享工程、数字图书馆推广工程、公共电

---

① 文化部，财政部.文化部、财政部关于进一步加强公共数字文化建设的指导意见[EB/OL].[2018 - 03 - 12].http://zwgk.mcprc.gov.cn/auto255/201112/t20111201_472436.html.

子阅览室建设计划三大惠民工程升级推出的公共数字文化服务总平台、主阵地。平台包括国家公共文化云网站、微信号和移动客户端,突出了手机端服务的功能定制,具有共享直播、资源点播、活动预约、场馆导航、服务点单、特色应用、大数据分析七项核心功能,可以通过电脑、手机 APP、微信、公共文化一体机等终端获取一站式数字公共文化服务①。2007 年 9 月 15 日,第六届中国农民歌会在安徽滁州唱响,国家公共文化服务云通过公共文化一体机现场直播农歌会盛况,全椒县襄河镇八波村河东新村的百姓们在家门口与全国观众共享此次全国农民的文化盛宴②。而贵州省文化馆作为文化部确定的数字文化馆建设试点馆,按照省馆为枢纽中心馆、市馆为区域中心馆、县馆为服务总馆、乡镇文化中心为服务分馆、村文化站为服务网点的架构,为全省各级文化部门部署了 5 级公共文化云平台,全省部署开通的多层级公共文化云平台和数字文化馆总分馆平台总数为 23 562 个③。上海的"文化嘉定云"上线不足一年,日均访问量突破 79 万人次,公共文化活动参与由 60% 上升至 84%,场所设施利用率突破 90%,人群结构随之发生变化,年轻群体从原来不到 20% 上升至 48%④。此外,还有重庆的"公共文化物联网"、张家港公共文化全媒体平台等的创建,使公共文化服务更加便捷高效。

五是要进一步强化党对公共文化事业的领导,建立以效能为导向的考核督察机制。习近平总书记在主持召开中央全面深化改革领导小组第 34 次会议时强调,督察是抓落实的重要手段,各地区各部门要把抓改革落实摆到重要位置,投入更多精力抓督察问效,加强和改进督察工作,拓展督察工作广度和深度,点面结合,多管齐下,提高发现问题、解决问题的实效⑤。

为全面贯彻落实党的十九大精神,按照习近平总书记关于加强和改进改革督察工作的重要指示要求,以国家公共文化服务体系建设协调组为依托,形成督察合力,推动《公共文化服务保障法》和党的十八届三中全会以来公共文化领域出台的重要改革举措落地见效,进一步推进基本公共文化服务标准化均等化,提高公共文化服务效能,更好地保障人民群众基本文化权益,2017 年 11 月,文化部等六部委联合发布《关于开展〈中华人民共和国公共文化服务保障法〉暨公共文化领域中央重点改革任务贯彻落实情况督察工作的通知》,决定采取各地自查和实地督察相结合、全面督察与重点抽查相结合、行政督察与第三方评估相结合的方式开展专项督察工作。督察内容主要有:《公共文化服务保障法》在各地特别是基层的学习宣传和贯彻落实情况;列入中央全面深化改革领导小组、中央文化体制改革和发展工作领导

---

① 王学思. 国家公共文化云平台:开启数字服务新时代 [DB/OL]. [2018 – 03 – 12]. http://www. chinalibs. net/ArticleInfo. aspx?id = 427510.

② 美好全椒. 农民歌会登上国家公共文化云 全椒县百姓共享文化盛宴 [EB/OL]. [2018 – 03 – 12]. http://www. ndcnc. gov. cn/gongcheng/dongtai/201709/t20170918 _1357185. htm?vqnhmydxsbcoaakb?iaywsihvocvhydnz.

③ 袁晴. 国家公共文化云率先覆盖贵州全省多级文化部门及数字文化馆总分馆 [EB/OL]. [2018 – 03 – 12]. http://politics. gmw. cn/2017-12/08/content_27048696. htm.

④ 忻才康,徐嘉卿."文化上海云"上线,公共文化资源集纳式呈现 [EB/OL]. [2018 – 03 – 12]. http://www. cnepaper. com/DFCXB/html/2016-04/19/content_6_1. htm.

⑤ 新华网. 习近平改革方法论:用"督察""督"出改革实效 [EB/OL]. [2018 – 03 – 12]. http://www. xinhuanet. com/politics/2017-05/03/c_129586350. htm.

小组和国家公共文化服务体系建设协调组年度工作要点的改革任务的贯彻落实情况,包括:国务院《关于印发"十三五"推进基本公共服务均等化规划的通知》(文化部分),中共中央办公厅、国务院办公厅《关于加快构建现代公共文化服务体系的意见》,国务院办公厅《关于推进基层综合性文化服务中心建设的指导意见》,国务院办公厅《关于加快推进广播电视村村通向户户通升级工作的通知》,文化部等部委《关于推进县级文化馆图书馆总分馆制建设的指导意见》《贫困地区"十三五"时期公共文化服务体系建设规划纲要》《关于深入推进公共文化机构法人治理结构改革的实施方案》《关于戏曲进乡村的实施方案》等文件贯彻落实情况,公共文化机构法人治理结构改革工作进展情况,并给出了详细的督察项目清单①。

《关于加快构建现代公共文化服务体系的意见》提出:以效能为导向,制定政府公共文化服务考核指标,作为考核评价领导班子和领导干部政绩的重要内容,纳入科学发展考核体系。建立制度,考评结果作为确定预算、收入分配与负责人奖惩的重要依据。加强对重大文化项目资金使用、实施效果、服务效能等方面的监督和评估。探索建立公共文化服务第三方评价机制,增强公共文化服务评价的客观性和科学性。在文化部层面,迄今为止,我国文化部已进行了六次公共图书馆评估工作;群艺馆、文化馆评估工作也举行了四次;2008 年年初出台了《全国博物馆评估办法(试行)》和《博物馆评估暂行标准》,正式启动博物馆评估,2014—2016 年度国家一级博物馆运行评估定级工作已于 2017 年年底展开;首批全国重点美术馆评估工作于 2010 年年初启动,到 2017 年年底已开展了两次。2011 年开展的国家公共文化服务体系示范区(项目)创建工作也将是否"建立并实施公共文化服务绩效评估制度",是否"实行文化工作目标责任管理制,将服务农村、服务基层情况和群众满意度作为重要考核指标"作为创建标准②。而在地方政府层面,目前我国大部分地区已将公共文化服务纳入政府绩效考核,并制定了相关的评价考核办法和实施细则,一些经济发达地区较早进行了公共文化绩效考核实践,并积累了一定的经验。

2009 年 5 月,浙江省文化厅发布《关于开展农村公共文化服务评估体系数据采集工作的通知》,开展全省农村公共文化服务评估体系数据采集工作,目的是通过对全省农业人口占 60% 以上的 76 个县(市、区)的公共文化服务有关指标数据进行采集分析,为下一步出台全省农村公共文化服务指标体系和相关政策提供依据③。

2012 年 6 月,北京市朝阳区联合会同朝阳区文化委、区社会办相关人员组成的 11 个测评小组,以"2 +5"体系中的《朝阳区街乡公共文化服务指标评价体系》《朝阳区街乡文化中心绩效考核体系》和《朝阳区社区(村)文化活动室绩效考核体系》为标准,以汇报会、实地考察等形式,对全区 43 个街乡就公共文化服务建设情况进行了绩效测评。"2 +5 指标评价及绩效考核体系"是全国首套从宏观层面和微观层面全面系统地对地区公共文化服务建设情

---

① 文化部.文化部、国家发展改革委、财政部、新闻出版广电总局、体育总局、中国科协办公厅关于开展《中华人民共和国公共文化服务保障法》暨公共文化领域中央重点改革任务贯彻落实情况督察工作的通知[EB/OL].[2018 - 03 - 12].http://zwgk.mcprc.gov.cn/auto255/201712/t20171205_829856.html.

② 文化部.国家公共文化服务体系示范区(项目)创建工作方案[DB/OL].[2018 - 03 - 12].http://www.chinalibs.net/ArticleInfo.aspx?id =366792.

③ 浙江省文化厅.关于开展农村公共文化服务评估体系数据采集工作的通知[EB/OL].[2018 - 03 - 12].http://www.zjwh.gov.cn/www/zwxx/2009-05-19/79070.htm.

况进行评价的指标体系①。

2011 年 9 月,上海市颁布了《关于在本市开展 2010—2011 年社区文化活动中心绩效评估工作的通知》,由市委宣传部牵头,市文广影视局组织实施,委托上海东方公共文化评估中心对全市 2009 年年底前建成的 166 家社区文化活动中心进行评估,首次引入了第三方评估机构作为公共文化服务体系绩效评估主体,并出台《上海市社区文化活动中心绩效评估指标体系》。评估由初评和复评两个部分组成,均采用现场考察、查阅业务档案资料、问卷调查等方式进行,并由市民巡访团完成暗访,结果纳入初评和复评成绩中。评估结果最后向社会公示②。

2014 年 9 月,东莞市政府印发了《东莞市公共文化服务体系绩效评估办法》,评估内容不仅包括市直属公共文化服务单位、各镇人民政府(街道办事处)的公共文化服务情况,还将社会力量兴办的公益性文化机构的公共文化服务情况纳入评估内容,采用政府主导、专业配合、社会监督、群众参与的方式,根据每年的重点工作确定评估项目,通过招标形式委托第三方具体承担评估工作,推进绩效评估主体的多元化。评估结果在全市进行通报,作为东莞全市镇(街)领导班子年度考核的内容和依据之一,对评估成绩优秀的镇街、单位、机构或活动项目向社会进行通报,对评估成绩不合格的要求限期整改,对效益不理想的活动项目进行调整③。

2016 年,安徽省文化厅印发了《落实改革任务"三察三单"制度实施细则》。所谓"三察"一是察安排,通过季度督察、半年督察、年底督察的形式对改革任务推进情况及完成情况进行考察和考核;二是察主体,坚持谁牵头、谁督察,谁负责、谁落实,落实主体责任;三是察内容,坚持察认识、察责任、察作风相结合。"三单"一指整改问题清单,每次督察结束后,相关督察主体要逐条梳理存在问题和意见建议,形成问题清单,明确整改要求;二指整改措施清单,负有整改责任的单位要对照问题清单,深入剖析根源,逐条制定有针对性的、可操作的整改措施,明确整改时限,认真抓好落实;三指整改责任清单,负有整改责任的单位,要对照整改问题,逐项明确责任单位、配合单位,到岗到人,做到可倒查、可追究④。

2016 年颁布的《内蒙古自治区公共文化服务体系建设评价考核办法(试行)》规定公共文化服务体系建设评价考核工作采取平时管理监控、监督检查与年终考核相结合的方式,被考核地区和单位要将日常开展服务和活动的数据资料(包括文字资料、视频和图片资料、统计数据)上传到公共文化管理监控平台。公共文化服务体系建设评价考核结果要作为各级领导班子政绩考核重要内容之一,与当地文明城市、先进文化旗县、公共文化示范区创建工

① 华锴. 朝阳自测公共文化服务建设[EB/OL]. [2018 - 03 - 12]. http://news. 163. com/12/1012/10/8DK2KKN700014AED. html.

② 上海市文广影视局. 关于在本市开展 2010—2011 年社区文化活动中心绩效评估工作的通知[EB/OL]. [2018 - 03 - 12]. http://wgj. sh. gov. cn/node2/n2029/n2031/n2062/u1ai107939. html.

③ 东莞市人民政府办公室. 关于印发《东莞市公共文化服务体系绩效评估办法》的通知[EB/OL]. [2018 - 03 - 12]. http://zwgk. gd. gov. cn/007330010/201409/t20140926_548671. html.

④ 郜磊. 安徽文化厅以"三察三单"制度推进改革实施[EB/OL]. [2018 - 03 - 12]. http://www. ahwh. gov. cn/xwzx/whyw/45301. shtml.

作挂钩,并逐步加大其权重①。

然而,我们也应该看到,由于我国公共文化服务绩效评估起步较晚,还处于初步发展阶段,没有颁布独立的绩效评估法规或政策,相关内容都散见于一些单项的法律、法规和规章中,公共文化服务绩效评估还有待制度化。此外,在现有的实践中,绩效评估的主体大多是政府自身或上级机关的评估,或者是自己对自己的评估,还没有形成独立的评估机构,专家和社会机构参与度不够,公民的评估主体意识不强,即便是引入第三方评估机构,其独立性也不强,并不能完全发挥第三方评估机构的作用。以上海公共文化服务体系绩效评估为例,虽引入了第三方评估机构,但从走访调查到指标体系建立,再到评估的具体实施,数据的采集、分析等,每一步都离不开政府的参与和指导:如在调研阶段,走访和调查的对象由政府部门选择并提供,且为了确保得到被调查方的积极配合,政府成员参与了所有的调研活动;指标体系的建立在整个评估过程中相对独立,主要由课题组成员完成,但政府也参与了修订,并且只有在得到政府领导认可的情况下,该指标体系才能用于评估②。因此,如何从现有的单一的评估主体转向多元化评估主体,吸收公民和社会机构参与评估,充分发挥独立的专业评估机构的作用,促进绩效评估指标体系的完善和效率的提高,从而保证绩效评估的有效性是当前公共文化服务体系考核和绩效评估亟须解决的问题。

十、持续发展

可持续发展的概念最早由 1987 年联合国世界环境与发展委员会发表的《我们共同的未来》报告提出,是指"既满足当代人的需要,又不对后代人满足其需要的能力构成危害的发展"。1992 年的联合国环境与发展大会上,包括中国在内的 180 多个国家通过并签署了《里约环境与发展宣言》《21 世纪议程》等重要文件,提出了人类"可持续发展"的新战略和新观念。近 20 多年来,可持续发展理念在全球得到广泛传播,并在诸多领域得到了应用与发展。可持续发展理论注重人与自然的关系、人与人关系的优化,强调社会各个领域如经济、社会、文化、生态的整体推进和协调发展;关注事物的长期发展,将眼前利益与长远利益、局部利益与全局利益有机地统一起来,使发展能够沿着良性健康的方向循环推进。其中,以人为本是指人的全面发展是该理论的基本目标和最终理想。

1. 影响公共文化服务体系可持续发展的主要因素

党的十九大报告提出,我们要激发全社会创造力和发展活力,努力实现更高质量、更有效率、更加公平、更可持续的发展。《文化部"十三五"时期文化发展改革规划》也将"加快转变文化发展方式,促进城乡、区域文化协调发展,推动文化与其他领域融合发展,努力实现更

---

① 内蒙古自治区人民政府办公厅. 内蒙古自治区人民政府办公厅关于印发自治区公共文化服务体系建设评价考核办法(试行)的通知[EB/OL].[2018 - 03 - 12]. http://www. nmg. gov. cn/xxgkml/zzqzf/gkml/201605/t20160520_550455. html.

② 陈亚亚. 论政府公共文化服务绩效评估模式的改革——基于上海市公共文化服务体系绩效评估的实践经验[J]. 上海文化,2013(2):79 - 84.

高质量、更有效率、更加公平、更可持续的发展"作为"十三五"时期文化建设与发展的基本原则之一。近几年来,我国学者也开始关注公共文化服务体系建设的可持续发展,其中农村和社区等基层公共文化服务体系建设的可持续发展成为关注的焦点,而实事上农村和基层也正是当前我国公共文化服务体系建设的"短板"所在。影响这些地区公共文化服务体系建设可持续发展的因素概括起来有如下几点:

一是经费短缺。如很多农村图书馆是通过政府或组织实施某个工程或某个项目带动建立起来的,缺乏后续的建设、运行、维护等费用,致使农村图书馆的资源得不到更新,服务不能满足读者需求[①]。以农家书屋为例,按最低标准要求,维持一家农家书屋正常运转每年至少需要经费 5000 元,包括最基本的图书和报刊采购、管理员工资与水电费、维修费等开支。根据农家书屋工程建设相关管理办法,后续建设阶段中央财政配套 2000 元经费,有些省级财政对于管理员有每月 100 元的补贴,其余不足经费大多由村委会负责。如果村里财政拮据,则会导致书屋无法正常更新、管理与运营,村党委后续建设热情减退,农家书屋持续发展得不到保证[②]。而社区图书馆一般没有专项经费保障,拥有持续稳定经费来源的社区图书馆少之又少,绝大多数社区图书馆都是在组建时一次性购入藏书后就再没有固定的经费添置新书了,一些比较贫穷的边远地区状况更是严重。

二是管理人员不稳定,业务素质较低。很多社区图书馆没有专职管理员,图书管理员大多是由社区居委会的工作人员兼任,信息素养不高,人员更换频繁。一项 2013 年对河北省石家庄社区图书馆的调查显示,在被调查的 50 家社区图书馆中,只 7 家有专职的图书馆管理员,38 家是兼职性质的管理员,另有 5 家不存在图书馆管理员[③]。而在农村,就从业人员比例来看,农村本地人占据着从事农村公共文化服务相关工作的绝对多数,而我国农民的总体文化素质与学历都处于一种较低的水平。加之当前从事农村公共文化服务的人员基本不懂得如何进行文化再生产,这就让能够从事文化再生产所需要的生产人才、管理人才、创新型人才显得十分稀缺[④]。如大部分图书管理员是同一村庄的村民,缺乏培训、不擅管理;没有报酬,精力有限,缺乏主动服务的动力,工作热情不高。

三是领导重视不够,存在认识上的误区。长期以来,一些基层领导存在着"重经济建设、轻文化建设"的现象,对基层公共文化建设重视不够,存在"经济发展是硬指标,文化建设是软任务"的模糊观念,认为只要经济发展活起来,文化建设可有可无;上级政府对下级政府的考核更多注重的仍是经济发展指标,而较少关注文化建设;一些领导干部往往只看到公共文化建设所带来的各种负担,而忽视了政府为公民提供公共性服务的责任与义务,忽视了广大群众对文化服务的现实需求与权利。思想认识的不到位,导致在实际工作中只抓经济建设而忽视文化建设,从而弱化了公共文化服务体系的建设与发展。

四是公共文化服务存在供需矛盾。基层尤其是农村公共文化产品都是由上级规定,统

---

① 郑满生等. 我国农村图书馆可持续发展动力机制研究——上篇:"经济驱动模式"运行原理及影响力分析[J]. 图书馆,2016(9):17 – 21.

② 李景文."十三五"时期农家书屋可持续发展探究——基于农村阅读的视角[DB/OL]. [2018 – 03 – 21]. http://www.chinalibs.net/ArticleInfo.aspx?id = 432943.

③ 吴韬. 石家庄市社区图书馆调查报告[D]. 石家庄:河北大学,2013:18 – 27.

④ 张华春. 城乡统筹视域下农村公共文化服务体系的完善[J]. 西南石油大学学报(社会科学版),2017,19(3):32 – 37.

一以实物形式下拨,品种单一、形式单调、层次划一,并没有按各村发展状况的不同和各村农村居民需求的差异来配置,在供给方向上也与居民的需求存在错位。一项对西安农村公共文化服务供需情况的调查表明,农村居民对文化基础方面的室外健身器材、宣传栏等需求较大,但政府的资金、人员投入都较低;在文化活动方面,当地政府经常举办的是广场活动、放电影和各种演出较多,而农村居民比较感兴趣的是文化培训活动和才艺比赛以及农业技术培训等[①]。而在山东省重要的淡水养殖基地东平县,农村书屋的书籍都是由上级政府统一配置,虽有部分养殖类书籍,但大多数是传统的家畜和家禽类,缺少与当地生产实际相吻合的书籍,养殖户的养殖技术大多是口口相传,没有专业指导[②]。

五是农村和社区公共文化服务建设主体单一。众所周知,我国政府在公共文化服务体系建设中发挥着主导作用,在乡镇和社区,公共文化服务体系的建设主体大多还只依赖于政府的投入,社会力量以及群众参与度不高。以山东省为例,一项对农村文化组织主体的调查显示,村委会和乡镇政府占文娱活动组织主体的67%,村民自发组织的活动占18%,而民间组织的活动仅占14%,这说明文娱活动的组织主体相对单一,农民对于自身的文化主体性意识不强,社会力量的参与程度不高,文化活动主体的多元性有待进一步加强[③]。

2. 补短板,兜底线,推动公共文化服务体系可持续发展

解决农村、社区等基层公共文化服务的可持续发展问题,实际上就是要以人为本,满足基层群众的文化和精神生活需求,这对于我国公共文化服务体系建设的整体可持续发展有着重要的意义。农村和基层的问题解决了,公共文化服务体系的管理和服务质量就会整体提高,均等性和便利性水平也就能切切实实地改善,同时还有利于引导基层群众扩大文化消费,提高文化消费层次和能力,反过来又能对公共文化服务体系建设起到推动作用,从而形成良性循环。因此,现阶段公共文化服务体系的可持续发展,应着力补短板,把整个体系中最弱的部分、话语权相对较少的群体、发展缓慢地区的短板补上来,以"农村包围城市"之势整体提升公共文化服务体系建设水平,缩小区域、群体间的差距。当然,这并不是说城市或发展较好地区的公共文化服务体系建设就没有问题了,实践中也还存在着各种各样的问题,甚至我们可以看到,农村和社区存在的问题在城市公共文化服务体系建设中也不同程度地存在,宏观上来看还存在着东中西部的区域差异。强调着力解决农村、社区等基层的公共文化服务体系的可持续发展问题,是要努力补齐短板,促成更大的发展。而"补短板,兜底线"正是我国近年来公共文化服务体系建设的大政方针。

《关于加快构建现代公共文化服务体系的意见》就是强调通过推动有效的制度安排,来补齐短板,兜好底线。文化部副部长杨志今在该意见印发后的新闻发布会上就表示,补齐短版是因基层的公共文化服务体系建设当中还有很多薄弱环节,比如说西部、贫困地区、少数民族地区。兜好底线,是指政府主导的公共文化服务体系建设要保基本,确保全体公民不论

① 王军伟,杨太康.农村公共文化服务供需矛盾分析——以西安为例[J].西安财经学院学报,2017(5):78-82.

②③ 周新辉,刘佳.农村公共文化服务体系建设现状及多维思考——以山东省为例[J].安徽农业科学,2017,45(22):203-206.

民族、收入和地位差异如何,都能公平地获得大致均等的公共文化服务①。这是以人为本、公正平等的价值理念在公共文化领域的体现,同时也是可持续发展理念中以人为本,实现人的全面发展的基本目标和最终理想的体现。《关于加快构建现代公共文化服务体系的意见》提出要推进城乡基本公共文化服务均等化,并明确根据城乡常住人口变化,统筹城乡公共文化设施布局、服务提供、队伍建设、资金保障,均衡配置城乡公共文化资源,补齐城乡公共文化服务差异的短板;推动革命老区、民族地区、边疆地区、贫困地区公共文化建设实现跨越式发展,集中实施一批文化扶贫项目,并落实取消贫困县及集中连片特困地区等相关配套资金的有关政策,补齐区域公共文化服务差异的短板;将老年人、未成年人、残疾人、农民工、农村留守妇女儿童、生活困难群众作为公共文化服务的重点对象,重点保障这些特殊群体的基本文化权益,补齐群体公共文化服务差异的短板。

2015 年 12 月,文化部等七部委联合印发《"十三五"时期贫困地区公共文化服务体系建设规划纲要》,为我国贫困地区全面建成小康社会的基本公共文化服务进行了顶层设计,从经济社会发展全局的高度谋划贫困地区的文化建设,以文化建设的可持续发展推动贫困地区经济、社会和生态的可持续发展。一是补短板,进一步完善贫困地区公共文化设施网络。在县乡层面,重点是要推动县、乡公共文化设施的提档升级,确保到"十三五"末实现全面达到国家标准;在村级层面,重点是要采取盘活存量、调整置换、集中利用等方式,实现村级综合文化服务中心的全覆盖。二是兜底线,切实保障贫困地区人民群众基本文化权益。重点保障农村留守妇女、儿童和老人等特殊群体的基本文化权益。进一步加大边疆民族地区公共文化资源供给,全面提高边疆民族地区公共文化服务水平。三是建机制,切实提高贫困地区公共文化服务效能。建立健全群众文化需求跟踪反馈机制,进一步加强对公共文化服务项目和资源的统筹,实现共建共享,融合发展。广泛吸引社会资本参与,逐步形成政府、市场、社会共同参与贫困地区公共文化服务体系建设的格局。四是畅渠道,打通贫困地区公共文化服务"最后一公里"。建立灵活机动的流动服务网络,有效扩大服务半径。积极构建数字化公共文化资源库和公共文化服务平台,推进基层公共数字文化服务的综合管理和"一站式"服务。五是促发展,积极推动贫困地区群众脱贫致富。将文化帮扶作为支持贫困地区公共文化发展的特殊措施并提出具体任务,同时还提出增强群众文化素质、促进地方特色文化保护和发展,充分发挥"文化育民、文化富民"的积极作用②。

2016 年是"十三五"的开局之年,文化部的一系列举措体现了我国公共文化服务体系可持续发展国家层面行动的启动。如统筹建设基层综合性文化服务中心,实现资源优化配置共建共享,因地制宜,盘活"存量";按照精准扶贫要求,加快推进贫困地区的公共文化服务体系建设。努力扩大服务人群覆盖面,使特殊群体基本文化权益得到保障;推动公共文化服务提供主体和方式多元化。拓展群众参与广度和深度,把群众"要"文化和政府"送"文化匹配起来;实施促进文化消费计划,建立长效机制,推进多层次多样化文化消费。《公共文化服务保障法》的通过,更是用法律的手段推动了公共文化服务的强基础、补短板。

---

① 许心怡.杨志今:实现公共文化服务均等化就是要"补短板兜底线"[EB/OL].[2018 - 03 - 21].http://culture.people.com.cn/n/2015/0121/c87423-26423573.html.

② 周玮.补短板 兜底线 建机制 畅渠道 促发展——聚焦"十三五"时期贫困地区公共文化服务体系建设规划纲要[EB/OL].[2018 - 03 - 21].http://www.gov.cn/xinwen/2015-12/09/content_5021953.htm.

政府宏观层面的一系列政策、法规和实施规划为当前促进我国公共文化服务体系可持续发展指明了方向,找出了方法,提供了保障。但具体到各个地区又有各自不同的情况,如何实施还需要在实践中探索。浙江省的做法是:2015 年浙江省文化部门会同财政、广电新闻出版、体育等部门经测评后筛选出的龙游等 10 个薄弱市县,在 2 年时间里进行重点提升,浙江省财政专门设立 1 亿元的专项扶持资金。龙游县由于基础较差、经费短缺,其乡镇(街道)综合文化站 2013 年在全省基层公共文化服务评估中排名末位,经过重点提升,2016 年,该县各乡镇(街道)都建成了符合省级标准的综合文化站,2016 年开展各类文化活动 4 万场次。2017 年,浙江省文化厅还将开展新一轮 10 个重点市县的筛选和建设,提升 100 个薄弱乡镇(街道)和 1000 个薄弱村(社区)的文化建设,进一步补齐公共文化服务短板①。

黑龙江省逊克县创新管理机制的做法也值得借鉴。针对乡镇文化站大多是兼职的文化站长,既缺乏文艺特长又变动频繁,文化部门对此没有调配权的问题,逊克县提出了将乡镇文化站划归县文广局直属管理的建议,并得到县委县政府的批准。由此,乡镇文化站除了供暖经费通过农财拨付乡镇政府外,其他的如人员调配、日常经费、站舍管理全部归县文广局统一管理。体制机制的顺畅,为文化工作开展提供了坚强保障。县局从县文化馆选拔了 5 名专业人员,替换了不称职的文化站长,并对文化站长每年进行一次考评,连续三次不合格者将调离工作岗位。业务培训由文化馆负责,后援由县局所属单位支持,资金分配实行补差奖优,极大调动了文化站长工作积极性。同时为了解决由于编制限制造成的文化馆、图书馆等基层文化部门人才缺乏的问题,逊克县先后在公益岗人员中选拔了 30 多名各类文化人才,分配到文化基层单位。几年来,公益人员累计开办文艺骨干培训班 2000 余班次②。

———————————

① 冯源. 浙江:公共文化建设着力"补短板"[EB/OL]. [2018 – 03 – 22]. http://www. xinhuanet. com/local/2017-02/13/c_1120455095. htm.

② 破常规重实效 县局直管乡镇站 边境小县大兴文化之风[EB/OL]. [2018 – 03 – 22]. http://www. hljwht. gov. cn/index. php/home/whyw/detail/id/2960. html.

第三部分

公共文化服务体系建设创新案例深度研究
——呼和浩特模式

呼和浩特模式是呼和浩特市在创建国家公共文化服务体系示范区过程中,认真贯彻落实习近平总书记以人民为中心的发展思想,贯彻落实十九大报告"坚定文化自信,推动社会主义文化繁荣兴盛"的精神,从供给侧结构性改革入手,指导要素自主配置,着力探索公益性文化机构与营利性文化企业深度融合提供公共文化服务的创新机制,为解决公共文化服务"最后一公里"问题,满足人民群众日益增长的精神文化需求,提升公共文化服务效能,建立现代公共文化服务长效机制,培育新时代中国特色社会主义文化自信,而推出的具有丰富内涵和鲜明时代特点的公共文化服务体系建设模式。

呼和浩特模式的核心理念是以人民为中心;核心目标是促进文化消费,培育新时代中国特色社会主义文化自信;核心抓手是政府有效调动全社会力量参与公共文化服务体系建设,实现多方共赢的局面;主要举措是通过推进公共文化服务供给侧结构性改革,促进文化事业与文化产业之间、公共文化服务与现代科技之间的深度融合;核心效果是实现公共文化服务设施网点的快速布局与快速推进,为体系化建设和服务效能的提升奠定良好的基础;核心特点就是在政府主导下,广泛吸纳社会力量加入公共文化服务体系建设中,从"融合"到"深度融合",在融合的深度和广度上下功夫,同步实施"公益文化服务机构＋"与"互联网＋公共文化",充分发挥公益文化服务机构＋、科技＋的倍增效用,促进公共文化服务供给主体和供给方式多元化;品牌战略是构建以"鸿雁悦读"计划为核心的包含青城记忆、昭君文化节等在内的品牌体系。

一、呼和浩特模式的创新背景

1. 文化自信与人类命运共同体构建

十八大以来,党中央根据时代发展趋势和要求,统筹国际和国内两个大局,创造性地提出了"构建人类命运共同体"和"坚定文化自信"的伟大战略思想。十八大报告中首次提出"要倡导人类命运共同体意识"。2013 年 3 月,习近平总书记出访俄罗斯,在莫斯科国家关系学院的演讲中首次提出"命运共同体"的概念。此后,习近平总书记在一系列国际国内会议中多次提到构建人类命运共同体的重要思想及其所应遵循的基本原则和具体做法。2015 年 3 月,习近平总书记在博鳌亚洲论坛发表"迈向命运共同体 开创亚洲新未来"的演讲,提出了"通过迈向亚洲命运共同体,推动建设人类命运共同体"的思想。2015 年 9 月,习近平总书记在第七十届联合国大会一般性辩论时发表题为"携手构建合作共赢新伙伴 同心打造人类命运共同体"的讲话。2017 年 1 月 18 日,习近平总书记在联合国日内瓦总部做了题为"共同构建人类命运共同体"的演讲。2017 年 12 月 1 日,习近平总书记在中国共产党与世界政党高层对话会上发表主旨讲话,对人类命运共同体做出了完整阐述:"人类命运共同体,顾名思义,就是每个民族、每个国家的前途命运都紧紧联系在一起,应该风雨同舟,荣辱与共,努力把我们生于斯、长于斯的这个星球建成一个和睦的大家庭,把世界各国人民对美好生活的向往变成现实。"党的十九大和十三届全国人大将"构建人类命运共同体"分别写入党章和宪法。

文化自信是十八大以来习近平总书记提出的时代课题。2014 年 2 月 24 日,中央政治局第十三次集体学习中,习近平总书记提出要"增强文化自信和价值观自信"。2016 年 6 月 28 日,中共中央政治局第三十三次集体学习时,习近平总书记再次强调要"坚定中国特色社会主义道路自信、理论自信、制度自信、文化自信"。2016 年 7 月 1 日，在庆祝中国共产党成立95 周年纪念大会上，习近平总书记对文化自信特别加以阐释，指出文化自信是"更基础、更广泛、更深厚的自信"。党的十九大报告进一步强调"文化自信是一个国家、一个民族发展中更基本、更深沉、更持久的力量"，并向全党全国人民发出了"坚定文化自信，推动社会主义文化繁荣兴盛"的伟大号召。"没有文明的继承和发展，没有文化的弘扬和繁荣，就没有中国梦的实现"。文化自信是一个民族凝聚力、创造力、感染力、创新力的综合体现，"没有高度的文化自信，没有文化的繁荣兴盛，就没有中华民族伟大复兴"。

改革开放 40 多年来，国际局势和我国自身情况都发生了很大的变化。随着世界多极化格局的逐渐形成以及我国综合国力的不断加强，我国的国际影响力不断提升，一方面，国际社会对中国的发展模式、中国文化的关注与日俱增；另一方面，一些西方国家始终戴着有色眼镜以一种不正确的眼光看待我国的发展，甚至进行歪曲诋毁；同时，霸权主义、强权政治依然存在，一些西方敌对势力并没有放弃对我国实行文化渗透，意图用西方的发展观和价值观影响我国的发展。习近平总书记提出的"构建人类命运共同体"外交理念是我国对世界的庄严承诺，也是我国开展外交工作的指针，很好地回答了国际社会一些人士的担忧，是我国对人类社会发展理论和实践做出的巨大贡献。"坚定文化自信"思想则是我国进一步发展的文化基础，很好地回应了一些西方国家试图用西方发展观和价值观影响我国发展的不切实际的幻想。"构建人类命运共同体"和"坚定文化自信"一体两用，缺一不可。一个缺乏文化自信的民族是不可能对人类命运共同体构建做出较大贡献的，同样，一个缺乏人类命运共同体理念和实践的民族自身也不可能获得较大的发展。

现代公共文化服务体系建设对于繁荣新时代中国特色社会主义文化，坚定文化自信，构建人类命运共同体具有十分重要的作用。通过现代公共文化服务体系建设，可以加强中国梦的宣传和阐释，传播和弘扬社会主义核心价值观，切实提高全民族文明素质，引导人民群众坚定中国特色社会主义道路自信、理论自信、制度自信，为中国特色社会主义事业提供坚强的思想保证、强大的精神动力、有力的舆论支持和良好的文化条件，为不断扩大中华文化国际影响力、形成与我国国际地位相称的文化软实力奠定基础。加快构建现代公共文化服务体系，对于协调推进"四个全面"战略布局、建设社会主义文化强国、实现"两个一百年"奋斗目标和中华民族伟大复兴中国梦具有重大而深远的意义①。正因如此，十八大以来，党和国家非常重视现代公共文化服务体系建设工作，站在时代的高度对公共文化服务体系建设做出了一系列重要部署。党的十八大将公共文化服务体系建设作为全面建成小康社会的重要内容，明确提出到 2020 年"公共文化服务体系基本建成"的战略目标。党的十八届三中全会将构建现代公共文化服务体系、促进基本公共文化服务标准化均等化作为全面深化改革的重点任务之一。

2. 文化供给侧改革与公共文化服务

供给侧结构性改革是"十三五"时期我国经济社会发展的主线，其核心是改变投资消费失衡的格局，增加有效投资，减少无效投资带来的产能过剩，扩大有效供给。供给侧改革强

---

① 雒树刚. 加快构建现代公共文化服务体系［EB/OL］.［2018 - 02 - 21］. http://theory. people. com. cn/n/2015/0708/c40531-27269888. html.

调从提高供给体系质量和效率着力,提高供给结构对需求变化的适应性和灵活性,从而提升经济增长的质量和数量。经济领域已经开启的供给侧改革的实践,值得公共文化服务领域借鉴,因为在公共文化领域也存在着类似的问题①,即公共文化服务供给难以适应人民群众的现实需求,因而公共文化领域的供给侧改革任务同样比较迫切。其中,供给效率低下是当前公共文化服务体系建设最主要的制约因素,突出问题表现为供给不均等、投入总量不足;供给主体单一、社会力量参与不足;供给隐性化、无趣化、重硬轻软,与群众文化需求存在偏差,有效供给不足;供给利用率低、群众满意度低,无法满足群众多层次、多样化的文化需求,等等。

解决公共文化服务供给效率低下以及诸多突出问题的主要抓手是促进公共文化服务的社会化和供给主体的多元化。通过构建政府主导、社会力量参与的多元化供给体系,从而产生有效竞争,竞争性的供给主体才能为群众提供高质量、符合其需求的公共文化服务产品②。同时,解决公共文化服务供给效率低下的问题,还要着力对公共文化服务的供给内容、供给对象、供给结构、供给方式进行创新,多方面持续解决公共文化服务供给中存在的问题。就供给内容方面而言,要不断丰富供给内容,向群众提供思想健康、志趣高雅、丰富多彩的文化服务和产品;就供给对象方面而言,群众既是公共文化服务的供给对象和消费者,也是公共文化服务的参与者与提供者,供给主体要积极主动听取群众的意见和需求反馈,接受群众监督和评估,借此不断提升公共文化服务水平;就供给结构而言,需要不断创新异质要素融合,优化要素配置,改变要素组合方式来提升供给水平和效率;就供给方式而言,要将书刊报纸、广播电视、电影、演出、文体活动等传统供给方式与互联网、移动设备、即时通信软件等新型方式结合起来,细分对象,进行有针对性的供给,不断提高供给的有效性。

现阶段,呼和浩特市城乡居民文化消费需求正在全面快速增长,公共文化服务事业和文化产业正逐步进入中高速增长阶段,但是与发达地区相比,呼和浩特市公共文化服务事业和文化产业还有比较大的差距。一方面,文化事业和文化产业总量规模偏小,在广度、深度、速度、质量、效益等方面都亟待提升;另一方面,城乡居民文化领域的有效供给与需求存在差距,供给短缺的矛盾还比较突出。因此,通过公共文化服务事业供给侧结构性改革,有效推动公共文化事业的发展,促进群众文化消费,并由此带动文化产业的发展,是现阶段呼和浩特市文化建设面临的一项重要课题。

3. 国家公共文化服务体系示范区创建

国家公共文化服务体系示范区(项目)创建工作,是文化部、财政部在"十二五"期间共同开展的一项战略性文化惠民工程,旨在推动各地研究和解决公共文化服务体系建设面临的突出矛盾和问题,探索建立公共文化服务体系可持续发展的长效保障机制,为同类地区提供借鉴和示范,为国家制定相关政策提供科学依据和实践经验③。示范区创建工作得到中央

---

① 邱方明. 文化领域也要进行供给侧结构性改革[EB/OL]. [2018 - 02 - 21]. http://www. chinare-form. org. cn/Economy/consume/Practice/201602/t20160209_243185. htm.

② 毕绪龙. 公共文化领域供给侧结构性改革的三个基础[EB/OL]. [2018 - 03 - 12]. http://www. ce. cn/culture/gd/201707/03/t20170703_23994910. shtml.

③ 简言之. 31 城市入选首批国家公共文化服务体系示范区[EB/OL]. [2018 - 02 - 21]. http://www. ndcnc. gov. cn/shifanqu/zixun/201311/t20131107_796779. htm.

和各级党委和政府的高度重视,并被写入十七届六中全会通过的《中共中央关于深化文化体制改革　推动社会主义文化大发展大繁荣若干重大问题的决定》中。从 2011 年 5 月到 2018 年 3 月,已连续有四批共计 120 个城市或地区获得示范区创建资格;截至 2016 年 7 月,第一批 31 个、第二批 32 个合计 63 个城市或地区的示范区创建通过评审验收。

在示范区创建过程中,各地着力在制度设计、工作机制、绩效考评方面进行创新,尤其是近两年《公共文化服务保障法》和《公共图书馆法》的相继施行,以法律的形式明确各级政府在公共文化服务事业建设中的主体责任,各项工作推进更加深入迅速,充分发挥公共文化服务体系示范区的典型示范、带动和引领作用,有力地推动公共文化服务体系的科学发展。在示范区创建的具体实践中,各地对统筹推进公共文化服务体系建设、提高公共文化服务效能,进行卓有成效的探索;对正确处理公共文化服务体系建设中政府、市场、社会之间的关系,进行有益尝试,并推动形成以政府为主导、市场和社会力量广泛参与的公共文化建设工作新格局。此外,示范区创建还有力地推动文化事业和文化产业的协调发展,有效提升文化建设的科学化水平;在提供公共文化服务的同时,大力传播和弘扬社会主义核心价值观,发挥了公共文化服务在引领风尚、教育人民、服务和推动社会发展中的重要功能和作用①。

为进一步促进呼和浩特市经济和社会的协调发展,全面深化改革,加快推进呼和浩特市现代公共文化服务体系建设,2015 年 4 月,呼和浩特市申报创建第三批国家公共文化服务体系示范区。经过内蒙古自治区人民政府和文化厅推荐,经国家公共文化服务体系建设专家委员会评审、公示并报国家公共文化服务体系示范区(项目)创建工作领导小组批准同意,呼和浩特市获得第三批创建国家公共文化服务体系示范区创建资格。

呼和浩特模式就是呼和浩特市在创建国家公共文化服务体系示范区过程中所取得的重大成果。

二、呼和浩特模式的发展历程

1. 呼和浩特的创新发展之路

"呼和浩特"是蒙古语音译,意为"青色的城",是内蒙古自治区首府,全区政治、经济、文化和金融中心,国务院命名的国家第二批历史文化名城,也是国家森林城市、国家创新型城市、全国民族团结进步模范城市、双拥模范城市、中国优秀旅游城市、中国经济实力百强市,被誉为"中国乳都"。全市面积 1.72 万平方千米,2016 年常住人口 308.9 万人,是以蒙古族为主体,汉族占多数,回、满、达斡尔、鄂温克等 41 个民族聚居的城市,现辖 4 区、4 县、1 旗和 1 个国家级经济技术开发区。2016 年,全市地区生产总值达到 3173.6 亿元,公共财政预算收入完成 269.7 亿元,城镇居民人均可支配收入 40 220 元,农民人均纯收入 14 517 元,各项经济指标位于自治区前列②。

---

① 简言之.31 城市入选首批国家公共文化服务体系示范区[EB/OL].[2018 – 02 – 21].http://www.ndcnc. gov. cn/shifanqu/zixun/201311/t20131107_796779. htm.

② 呼和浩特市统计局. 呼和浩特市 2016 年国民经济和社会发展统计公报[EB/OL].[2018 – 04 – 05].http://tjj. huhhot. gov. cn/hhhttjj/show_news. asp?id = 1501.

　　呼和浩特具有得天独厚的地理位置优势:北拥草原、南临黄河,是万里长城、万里黄河、万里丝绸之路交汇的地方,自古就是北方要塞和重要交通枢纽。在实施"一带一路"战略中,呼和浩特迎来了千载难逢的发展机遇。经济方面,呼和浩特是呼包银经济带、呼包银榆的中心城市与环渤海经济区的重要节点城市;文化方面,呼和浩特是内蒙古最大的中心城市,是全区的教育科技中心。近年来,呼和浩特市抓住西部大开发、"一带一路"战略机遇期,认真贯彻落实党的十八大、十九大及习近平总书记系列重要讲话精神和自治区"8337"发展思路,制订了"打造两个一流,推进三个建设,实现两个率先"发展战略,即打造一流首府、建设一流首府经济;建设活力首府、美丽首府、和谐首府;在内蒙古自治区率先全面建成小康社会,率先实现城乡一体化,全力稳增长、调结构、促改革、惠民生、防风险,经济建设和社会各项事业取得了新的成就。

　　文化的繁荣发展,是呼和浩特市持续发展的文化根基。《呼和浩特市国民经济和社会发展第十三个五年规划纲要》中提出"加强精神文明建设,打造民族文化强市"的发展目标。多年来,市委、市政府积极采取措施,加大资金投入力度,推动公共文化服务体系建设,在统筹城乡基层文化发展,促进城乡基本公共文化服务标准化和均等化,保障人民群众基本文化权益等方面,做了有益的探索和实践。近几年,构建了"城市文化设施+旗县区文化场馆+乡镇综合文化站+农村文化室(农家书屋)+社会文体活动中心"的覆盖全市的公共文化服务体系,较好地满足了人民群众的需求。市辖区内目前有图书馆10个、群众艺术馆(文化馆)10个、博物馆34个、民族美术馆1个、电影院9个、青少年宫5个、民族剧院1个、基层综合文化服务中心816个、文化大院(户)60余家、社区影院近80个。

　　经过多年持续建设和发展,呼和浩特市四级公共文化服务设施网络框架基本形成,公共文化设施免费开放全面落实,公共阅读资源持续增加,群众文化活动丰富多彩,公共数字文化服务快速推进,流动文化服务深入开展,民族文化遗产保护与利用成效显著,公共文化服务内容日益丰富,服务方式不断创新,服务效能稳步提升,运行机制和保障机制进一步完善,公共文化服务体系建设的总体水平处于自治区前列,呼和浩特市新城区更是连续15年荣获"全国文化先进区"称号。

　　为了让文化发展的成果惠及百姓,2015年,呼和浩特市提出"文化惠民,幸福青城"的公共文化服务体系建设理念,把创建示范区作为推动文化发展、壮大文化人才队伍、培育民族文化品牌,积极打造"大文化"格局的主要抓手。示范区验收时,呼和浩特市经过创建期的集中建设,初步建成体系健全、特色鲜明、效能显著的现代公共文化服务体系;初步形成富有民族地区特色的现代公共文化服务体制、机制、标准和制度;在民族地区现代公共文化服务标准化、均等化、社会化、信息化方面取得显著进展,为自治区乃至全国民族地区构建现代公共文化服务体系提供了示范和借鉴。示范区创建结束之后,呼和浩特市还要持续推动现代公共文化服务体系建设。到2020年,全面建成各族群众满意的现代公共文化服务体系,公共文化服务在团结各族群众、提高文化认同、带动经济社会发展等方面的作用更加突出,为形成现代公共文化服务的"中国经验""中国模式""中国道路"贡献具有鲜明民族特色的地方实践样本。

2. 呼和浩特模式的创建发展

　　呼和浩特模式是伴随着国家公共文化服务体系示范区创建过程而产生和发展起来的。呼和浩特市创建国家公共文化服务体系示范区经历了筹备、申报、实施、验收、总结五个阶段,呼和浩特模式的创建和形成经历了萌芽、形成、成熟、发展四个阶段。

(1)呼和浩特市创建国家公共文化服务体系示范区历程

● 筹备阶段——2014年11月至2015年2月

成立呼和浩特市创建国家公共文化服务体系示范区筹备工作小组,对照《国家公共文化服务体系示范区创建标准(西部)》广泛开展调查研究,邀请专家指导,制订并完善《呼和浩特市创建国家公共文化服务体系示范区规划》,确定公共文化服务体系制度设计课题研究方案,撰写、制作申报材料,启动宣传工作,形成良好的创建工作氛围。

● 申报阶段——2015年3月至2015年5月

上报申报材料,参加文化部、财政部组织的申报答辩会。申报通过后,召开动员大会,分解任务、落实责任、全面推开。

● 实施阶段——2015年6月至2018年5月

组建市、旗县区两级创建工作领导小组,根据《国家公共文化服务体系示范区创建标准(西部)》细化任务,全面推进重大设施建设、重大文化活动开展、重点政策措施和制度建设等工作,并加强对创建工作的督促和指导,加强过程管理,及时总结和推广先进经验和做法。

● 验收阶段——2018年6月至2018年8月

开展创建工作自查并进行整改完善,完成制度设计研究工作。对接创建指标,全面系统盘点,督查协调解决问题,巩固提升创建成效。加大宣传力度,不断提高群众的知晓率和满意度。迎接文化部、财政部的检查验收。将形成的成果和特色工作进行梳理汇总,扩大宣传与推广。

● 总结表彰——2018年9月

对创建工作进行全面总结,对创建工作完成较好的地区和单位予以通报表彰,研究示范区后续建设及公共文化服务长效机制,巩固创建成果,形成示范带动作用。

(2)呼和浩特模式发展历程

● 萌芽阶段——2015年6月至2016年12月

认真研究国家和自治区各项政策法规、兄弟城市创建经验,结合呼和浩特的具体情况,提出要在公共文化服务供给侧结构性改革中做出积极探索,具体突破口拟从呼和浩特市图书馆与新华书店的深度融合打开,呼和浩特市文化新闻出版广电局指导呼和浩特市图书馆和新华书店就合作事宜进行探讨。

● 形成阶段——2017年1月至2017年11月

在内蒙古自治区党委宣传部、文化厅、呼和浩特市委、市政府、市委宣传部的支持下,决定在创建国家公共文化服务体系示范区过程中,着力创新,打造具有呼和浩特地方特色又具有一般指导意义的公共文化服务体系建设模式——呼和浩特模式。5月,正式确定呼和浩特模式的核心品牌为"鸿雁悦读",标志着呼和浩特模式的形成。同时,委托北京碧虚文化有限公司对呼和浩特模式进行深度研究和创意策划。2017年11月23日,"鸿雁悦读"计划正式启动。

● 成熟阶段——2017年12月至2018年3月

随着"鸿雁悦读"计划在实践中的推进,呼和浩特模式逐步成熟。2018年1月8日,《文化部简报》第2期以《"鸿雁悦读"打通公共文化服务最后一公里》为题对"鸿雁悦读"计划进行了报道。

2018年3月11日，由内蒙古自治区党委宣传部组织的"鸿雁悦读"计划专家评审会暨"鸿雁悦读"平台开题报告会在北京召开，以国家公共文化服务体系建设专家委员会主任委员、北京大学信息管理系李国新教授领衔的五位知名专家组成的专家委员会对"鸿雁悦读"计划给予了高度评价。

进一步结合示范区创建过程中图书馆、群众艺术馆、博物馆、美术馆、呼和浩特市非物质文化遗产保护中心等各方面的实践，经过总结提炼，将"鸿雁悦读"的创新点发展为呼和浩特模式，系统梳理了呼和浩特模式的核心理念、核心目标、核心抓手、主要举措、核心效果、核心品牌、核心特点和创新经验。

● 发展阶段——2018年4月至今

以呼和浩特模式的理念指导呼和浩特市公共文化服务体系的建设，同时在实践中进一步发展呼和浩特模式，不断充实要素，丰富内涵，使呼和浩特模式具有较强的复制性和可扩展性。

三、呼和浩特模式的核心理念

1. 坚持以人民为中心

党的十八届三中全会提出，建设社会主义文化强国，增强国家文化软实力，必须坚持社会主义先进文化前进方向，坚持中国特色社会主义文化发展道路，坚持以人民为中心的工作导向。以人民为中心，是社会主义先进文化建设的根本要求。人民群众是我国社会主义文化建设的服务对象和依靠力量，中国特色社会主义文化，本质上是人民大众的文化，是人民群众共建共享的文化。人民的文化权利与生存权、发展权以及经济、社会权利同等重要，同样应该得到更好保障。因此，完善公共文化服务体系，是尊重和落实人民文化权益的重要举措[①]。构建现代公共文化服务体系是保障人民群众基本文化权益的重要制度设计。以人民为中心是公共文化服务体系建设的宗旨和终极目标。

2017年11月21日，习近平总书记在给内蒙古自治区苏尼特右旗乌兰牧骑队员们的回信中指出："乌兰牧骑的长盛不衰表明，人民需要艺术，艺术也需要人民。在新时代，希望你们以党的十九大精神为指引，大力弘扬乌兰牧骑的优良传统，扎根生活沃土，服务牧民群众，推动文艺创新，努力创作更多接地气、传得开、留得下的优秀作品，永远做草原上的'红色文艺轻骑兵'。"乌兰牧骑60年服务基层群众的艺术实践和习近平总书记的回信生动诠释了公共文化服务坚持以人民为中心的深刻思想，对于现代公共文化服务体系建设具有重要的指导意义。

呼和浩特市在创建国家公共文化服务体系示范区过程中，将以人民为中心的发展理念深入贯彻到公共文化产品的生产、流通、消费各个环节。在公共文化产品生产方面，扎根基层，充分了解并根据群众需求，生产和供给人民群众欢迎的形式多样、品质优良、充满正能量的公共文化产品。在公共文化产品流通方面，充分尊重群众的选择权，根据群众的需要，开展菜单式、定制式、订单式和预约服务，通过建设完善的现代公共文化设施网络和服务体系，

---

① 覃展西.坚持以人民为中心 提升公共文化服务水平[EB/OL].[2018-03-28].http://www.xinhuanet.com/local/2016-01/05/c_128597126.htm.

最大限度降低群众获取公共文化服务的成本,为群众提供便捷式、一站式的公共文化服务。在公共文化产品消费方面,充分发挥群众的积极性与主动性,鼓励群众在消费公共文化产品的同时,自主参与文化产品生产,使群众在享受公共文化服务的过程中创造属于自己的文化①,不断调动群众文化自觉,不断坚定新时代中国特色社会主义文化自信。

正是基于上述理念,呼和浩特市在创建国家公共文化服务体系示范区过程中,打造了"鸿雁悦读"计划、群众艺术公益培训班、"蓝天·白云·内蒙古——写生作品展"、文化人才(库)"百人百组百万人"带动工程、青城驿站等公共文化产品,受到了群众的热烈欢迎。

图 3-1 "鸿雁悦读"计划启动仪式(王宇 摄影)

2. 基本公共文化服务均等化

对平等与公正的追求是社会主义核心价值观的重要内容,而现代公共文化服务体系建设的主攻方向就是标准化和均等化,公共文化服务具有打破地域差别、年龄界限和身份差距的内在规定性②。《公共文化服务保障法》第八条规定,国家扶助革命老区、民族地区、边疆地区、贫困地区的公共文化服务,促进公共文化服务均衡协调发展。

2017年,呼和浩特市政府发布《呼和浩特市人民政府关于加快构建现代公共文化服务体系的实施意见》,将公共文化设施的建设作为统筹推进公共文化服务均衡发展的主要任务。

呼和浩特市从民生需求出发,大力建设覆盖全市公共文化服务设施网络,全面提升公共文化服务水平。在面向全体群众提供标准化、均等化公共文化服务的基础上,呼和浩特市特别重视加强农村和牧区公共文化建设和保障特殊群体基本文化权益两方面的工作。

(1)加强农村和牧区公共文化建设

加强农村文化建设,补齐短板,兜住底线,促进农村公共文化服务提质增效是公共文化服务均等化建设的重要内容。在农村公共文化设施建设方面,2015年以来,呼和浩特市965个行政村、276个社区中已建成816个基层综合文化服务中心,中心面积不低于200平方米,集宣传文化、广播电视、党员教育、科技普及、普法教育、体育健身等功能于一体。呼和浩特

---

① 胡惠林. 公共文化服务要顺民意接地气[J]. 人民论坛,2017(3):124-125.
② 周笑梅. 以社会主义核心价值观引领公共文化服务体系建设[EB/OL]. [2018-02-23]. http://theory. people. com. cn/n/2015/0726/c40531-27361305. html.

市共投入 1500 多万元为乡村社区配置设备,促进基层文化设施提标升级①。各旗县区也通过多种途径,补齐农村地区公共文化设施短板。2016 年,赛罕区与内蒙古电影公司对接,在金河镇碾格图村、茂盛营村、人民路街道支农社区、大学东路街道明和园社区等农村、社区新建数字电影院 20 处。在碾格图村、西讨速号村、六犋牛村、石人湾村、东把栅村等人口密集村安装了大功率无线路由器,还为辖区农村户籍 70 岁以上老年人每人免费发放调频收音机一台②。

同时,各级政府和文化机构积极组织文化下乡活动,丰富农民业余文化生活。每年 12 月,呼和浩特市图书馆送书下乡活动深受农民群众欢迎。土默特左旗乌兰牧骑的演出队伍不定期地深入农村牧区,每年开展 100 余场演出活动,并依托传统节日、重大庆典活动和民间文化资源,开展 300 余场群众喜闻乐见、丰富多彩的文体活动,丰富农村牧区老百姓的文化生活。2016 年起,赛罕区在全区集中招募 101 名农村牧区文化志愿者,将活跃在广大农村牧区有文艺专长、热心社会公益、乐于组织基层群众文化活动的群众文艺骨干和文化能人配备到赛罕区 101 个行政村,在村委会、文化站等的指导下开展为期一年的文化服务。文化志愿者们根据本嘎查村的实际情况和牧民、村民文化需求,提出村级文化建设规划并组织实施,宣传党的路线、方针、政策,弘扬社会主义核心价值观,组织开展移风易俗等精神文明创建活动③。

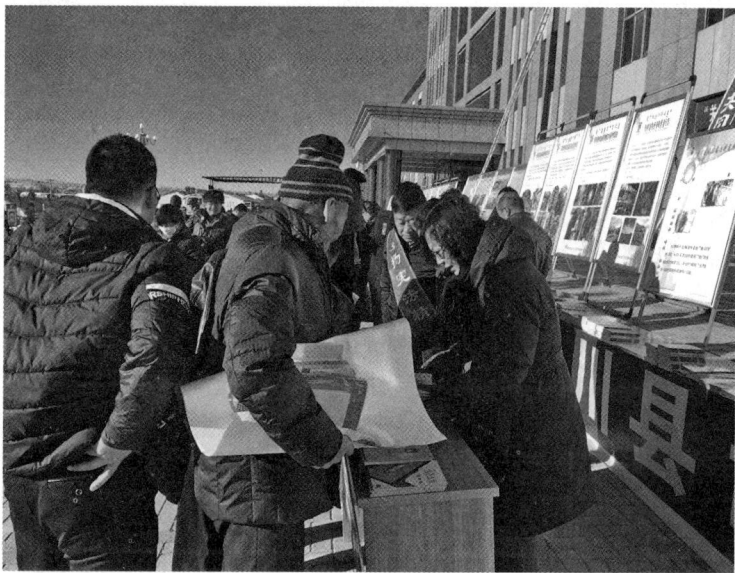

图 3-2 呼和浩特市图书馆参加"三下乡"活动走进武川县耗赖山乡送书(王宇 摄影)

---

① 苗青.四大亮点助推我市构建"大文化"格局[EB/OL].[2018-02-23]. http://szb. saibeinews. com/rb/page/2017-07/21/content_505213. htm.

② 呼和浩特市文化新闻出版广电局.大文化理念助力赛罕区农村广播电影电视公共服务体系初步建成[EB/OL].[2018-04-04]. http://wxgj. huhhot. gov. cn/whzx/ggwh/201611/t20161123_157671. html.

③ 赛罕区图书馆.文化志愿服务进万家 呼和浩特市赛罕区推动文化惠民全覆盖[EB/OL].[2018-03-29]. http://www. shlibs. com/ArticleInfo. aspx?id=8.

"公共文化服务核心是均等化,就是普遍均等,惠及全民,让文化的阳光普照到每一个人,这是公共文化服务的终极目标。"①呼和浩特市从民生需求出发,通过搭建公共文化设施网和打造群众文化活动品牌等有效措施,以实现公共文化均等化为目标,加强贫困地区公共文化建设,关注和保障特殊人群的基本文化权益,大力推进基本公共文化服务标准化、均等化,全面提升公共文化服务水平。

(2)保障特殊群体基本文化权益

为残疾人、农村留守妇孺及老人、边远贫困地区人口等特殊人群提供公共文化服务是均等化的重要体现。2017 年,呼和浩特市人民政府办公厅印发《关于加快贫困地区公共文化服务体系建设的实施意见》,提出以建设美丽乡村和创建国家公共文化服务体系示范区为契机,补短板、兜底线、促进发展,实现自治区级、国家级重点贫困旗县公共文化服务体系建设分别于 2017 年和 2020 年全部达到或接近全区平均水平的目标。为切实做好为特殊群体文化服务工作,成立了特殊群体服务工作领导小组,印发《关于做好农民工等特殊群体文化服务工作的通知》等相关文件,坚持普惠与特惠相结合,将老年人、未成年人、残疾人、农民工、生活困难群众、城市低收入群体和农村留守妇女儿童作为公共文化服务的重点对象,研究制定服务内容、项目和保障计划。

全市市县两级图书馆、群艺(文化)馆、美术馆、博物馆均有开展针对特殊人群的各类文体活动和专题文化培训。各级文化馆每年举办面向老年人、未成年人、残障人士、外来务工人员等特殊群体的专场演出,定期组织特殊群体开展合唱、舞蹈、器乐、戏曲、书画、摄影、剪纸等文体活动,同时根据特殊人群的实际需求,举行合唱、器乐、戏曲等方面专题培训。全市街道社区增加了无障碍电影放映点,为各类残疾人提供就近就便享受观影的服务。在和林格尔,县文联、县文化馆、县书画院组织开展针对该县残疾人群体的文化志愿服务走基层活动。文化志愿者深入残疾人家中,与他们面对面谈心交流,询问并了解他们的身体及生活状况,并为爱好书画的残疾人朋友送上纸张和专业书籍等慰问品。

通过完善无障碍图书馆设施,为全市残疾人提供阅读便利。呼和浩特市图书馆购置了盲文图书 200 余册,大字本图书 1000 余册,盲人阅读机 800 台,放大仪等其他视障碍阅读设备若干台,设置了全市首家视障阅读室,同时,还与中国盲人图书馆合作,建立了中国盲人图书馆呼和浩特市图书馆分馆,积极开展服务,有效保障了视障群众的基本文化权益。此外,全市各级公共图书馆积极开设盲人有声读物阅览室(角),提供盲文读物、手语解说等服务,建立专门的视障阅读室,方便盲人、弱视等视障读者进行阅读。除了盲文书籍外,还增设大字版书籍,供弱视读者阅读,并开展为盲人及重度肢体残疾人士提供送书上门服务。

为满足未成年人对公共文化服务的需求,呼和浩特市各类文化机构按照"贴近实际,贴近生活,贴近未成年人"的原则,以未成年人喜闻乐见的形式,积极组织开展健康有益、丰富多彩的活动。在全市范围内开展面向未成年人的公益性文化艺术培训服务、展演和科技普及活动;实施"书香童年"阅读工程,开展学龄前儿童基础阅读促进工作和向中小学生推荐优秀出版物、影片、戏曲工作,推动各类图书馆增设少儿阅览室或少儿书架;将定期参观博物

---

① 刘锦山.李国新:"十三五"时期现代公共文化服务体系建设的重点任务(图).[EB/OL].[2018 - 03 - 29]. http://www. chinalibs. net/ArticleInfo. aspx?id = 404174.

馆、美术馆、纪念馆纳入中小学教育教学活动计划；指导文化企业开发制作有利于青少年身心健康的优秀作品；大力实施青少年体育活动促进计划。

例如,2017 年 10 月,"百人百组百万人"带动工程走进呼和浩特市梁山街小学开展"百人百组书法组教育教学实践活动",培养孩子们对传统文化的热爱①。2018 年 3 月,金土豆公益协会携手中国农业发展银行武川县支行成立"爱心公益学堂",为武川县西乌兰布浪学校单亲和贫困家庭的孩子提供帮助。2018 年 4 月,呼和浩特市图书馆参加由深圳少年儿童图书馆发起全国多个省市图书馆共同举行"我最喜爱的童书"推荐活动,由孩子们自己选出最喜爱的童书②。

图 3 - 3　2018 年"我最喜爱的童书"进校园启动仪式("我最喜爱的童书"组委会超超　摄影)

在为老年人服务方面,呼和浩特市的文化机构也做了很多工作。新城区图书馆针对中老年社会群体开展了"添夕阳无限乐趣,享数字美好生活"老年人系列主题活动,活动包括数字电影走进敬老院、老年人计算机基础培训、京剧名家唱段欣赏、书法讲座等内容。2017 年4 月,呼和浩特市群众艺术馆牵头举办"点单式"系列公益惠民文化服务活动,17 支呼和浩特市文化志愿者联盟团队分别深入海东路街道公安厅社区、中山东路办事处新华社区举办惠民演出。志愿者还向社区居民宣讲老年健康保健知识,调研社区老年人精神文化生活,受到老年人欢迎。

农民工是城市建设的主力军,呼和浩特市将农民工文化建设纳入常住地公共文化服务体系,以公共文化机构、社区和用工企业为实施主体,满足农民工群体特别是新生代农民工的基本文化需求,使他们享受到与城市居民同等公共文化服务。每年节日期间,呼和浩特市有关部门和公共文化机构都要组织到工地慰问演出,送去歌曲、舞蹈、戏剧、杂技等精彩节目,慰问留守工地的农民工。2016 年,赛罕区组织"美丽赛罕粽叶飘香"慰问农民工专场文艺演出,并为工人们分发了精心准备的粽子、水果和赛罕区图书馆捐赠的图书。新城区图书

① 呼和浩特市文新广局. 百人百组书法组教育教学实践活动走进梁山街小学 [EB/OL]. [2018 - 03 - 29]. http://wxgj. huhhot. gov. cn/whzx/ggwh/201711/t20171101_212157. html.

② 马璇等. 2018"我最喜爱的童书"阅读推广活动启幕 [EB/OL]. [2018 - 04 - 03]. http://sztqb. sznews. com/PC/content/201804/03/content_336103. html.

馆为农民工子弟学校建立流动图书站,利用寒暑假为农民工孩子们开展了假期"绿色电子阅览"活动,招募绿色志愿者辅导他们正确使用网络和计算机。

四、呼和浩特模式的核心目标

1. 促进文化消费

所谓文化消费是指大众用文化产品或服务来满足精神心理需求的一种消费。从满足供给来讲,文化消费包括基本消费和非基本消费两个层次,基本消费主要满足居民一般文化需求,通过不断完善公共文化服务体系保障基本文化权益;非基本文化消费主要满足大众差异化、多样化、高端化需求,通过发展文化产业经由市场供给来实现①。培育和引导群众文化消费需求,让群众真正参与公共文化服务体系的建设中来,有利于激活和释放文化需求,有利于提高文化产品和服务的供给质量和效率,因而能够极大地推进公共文化服务的供给侧结构性改革。同时,通过促进积极、高雅的文化消费,有助于树立社会主义核心价值观,坚定新时代中国特色社会主义文化自信。

"十二五"期间,呼和浩特市居民收入稳步提升,为扩大文化消费需求提供了可能。呼和浩特市城镇居民人均可支配收入由 2010 年的 25 174 元增加到 2015 年的 37 362 元,年均增长 10.6%;城镇居民人均消费支出由 2010 年的 16 624 元增加到 2015 年的 26 547 元,年均增长 9.8%。其中文化娱乐支出 2015 年达 1643 元,年均增长 8.0%。这表明呼和浩特市城镇居民文化消费需求提高,文化消费市场成长空间相对较大②。为促进文化消费快速增长,培育和引导城乡居民扩大文化消费,呼和浩特市一方面通过不断完善公共文化服务体系来保障群众的基本文化权益,满足其基本文化消费,另一方面通过发展文化产业来满足群众高端化和差异化的文化需求。具体做法是:

(1)加强文化消费基础设施建设

进一步完善城乡公共文化设施建设,推进文化资源合理布局。创建期间,呼和浩特市通过启动内蒙古革命历史博物馆、呼和浩特市文化客厅、呼和浩特市群众艺术馆新馆等文化设施建设工程,通过新建和改建旗县级公共图书馆、文化馆等公共文化设施,通过加强基层综合文书服务中心建设,实现市级、旗县区级、乡镇苏木街道、社区村嘎查四级公共文化服务设施的跨越式发展。在市、区两级商业区域开发中,根据群众需求,以完善的城市配套、多元的文化基因及关联产业资源为依托,打造一批集影剧院、综合性书城、艺术画廊、电子阅读体验中心等文化消费项目于一体的大型文化消费综合体。上述工作为满足群众日益增长的文化需求,促进文化消费奠定了坚实的硬件设施基础。

(2)增加文化产品有效供给

为增加文化产品的有效供给,呼和浩特市县两级推出了一系列群众喜闻乐见的公共文

---

① 范玉刚.文化消费对健全文化产业发展体系的促进作用[J].艺术百家,2016(3):13-20.

② 呼和浩特市统计局.巩固发展文化产业成果,促进首府文化更大繁荣——呼和浩特文化产业"十二五"发展回顾及"十三五"展望[EB/OL].[2018-03-29].http://tjj.huhhot.gov.cn/hhttjj/show_news.asp?id=1333.

化活动和产品。呼和浩特市群众艺术馆的"百姓文化大讲堂"系列文化惠民活动、内蒙古民族艺术剧院举行"寒冬送戏歌·欢乐到农家"村民文化日活动①、呼和浩特民族演艺集团晋剧院"文化下乡"惠民演出活动②、呼和浩特市图书馆的"鸿雁悦读"计划、回民区"送温暖三下乡"集中活动春节元宵节群众文化活动③、"文化进社区"大型公益活动、农村电影放映工程等为老百姓带去了文化实惠。为保证贫困家庭公共文化供给,2013 年呼和浩特市向全市低保家庭发放"文化惠民一卡通",持卡市民可以免费参观重点文化景点、免费使用公共开放设施、免费参观有关展览。

（3）打造文化消费品牌

充分利用法定节假日和黄金周等旅游旺季,整合全市文化消费资源,深挖传统文化,积极培育有地方特色的文化消费品牌,打造文化消费季活动。伴随着首府群众文化活动如火如荼地开展态势,呼和浩特市形成了"春节·元宵节文化庙会""崇尚文明·爱我家园"广场消夏文化活动、"周末戏剧大舞台""百人百组百万人"带动工程、少数民族文化旅游艺术活动、昭君文化节等一大批社会效益好、群众参与度高的群众文化活动品牌。各旗县区也形成了具有鲜明特色的"一县一品"活动,玉泉区的"大召文化庙会"和"烧卖文化创意展示"大赛活动、托克托县的"黄河旅游文化节"、武川县的"莜面文化节"、清水河县的"长城文化节"、土默特左旗的"敕勒川民俗文化节"等一系列文化底蕴深厚的品牌活动,不仅带动了当地群众性文化活动的持续开展,也已经成为宣传及弘扬区域特色文化的主要渠道④。

（4）促进传统文化消费转型升级

推进文化旅游休闲街区、文化主题公园等文化消费综合载体与现代科技手段融合应用,进一步挖掘市场潜力,聚拢消费人气,扩大市场规模,增加居民文化消费频次,逐步提高传统文化消费在社会总消费中的比重。2014 年,呼和浩特市开始着手规划建设草原丝绸之路文化主题公园⑤,2014 年 6 月,蒙亮民族文化旅游商品研发展示景区基地正式开始运营⑥。

（5）培育新兴文化消费业态

根据时代发展,针对居民消费新需求,呼和浩特市努力发挥互联网＋的提升作用,培育数字创意、电子竞技、网络娱乐、数字阅读、文博创意产品等新兴文化消费业态。2017 年 11月 17 日,呼和浩特市举办了首届"青城杯"全民电竞实力赛。2017 年,呼和浩特图书馆开展了"青城记忆"工程。近年来,呼和浩特市通过多种方式建设大盛魁文创园、呼和浩特文化创

① 王正. 内蒙古民族艺术剧院文化下乡和林格尔县［EB/OL］.［2018 - 03 - 29］. http://www. nmgcb. com. cn/chengshi/hhht/2016/0114/103527. html.

② 张秀娟."文化下乡"送文化大餐到村民身边［EB/OL］.［2018 - 03 - 29］. http://www. nmgcb. com. cn/shehui/2017/0722/138185. html.

③ 郑学良,刘洋. 呼和浩特:惠民累累硕果成就幸福之城［EB/OL］.［2018 - 03 - 29］. http://nm. people. com. cn/GB/n2/2018/0213/c378036-31256138. html.

④ 张秀娟. 呼和浩特足迹之七:文化惠民让群众唱主角［EB/OL］.［2018 - 03 - 29］. http://www. hhhtnews. com/2016/1208/2328417. shtml.

⑤ 张瑾娴. 呼和浩特建设"草原丝绸之路文化主题公园"［EB/OL］.［2018 - 02 - 24］. http://www. chinanews. com/df/2014/07-17/6396367. shtml.

⑥ 呼和浩特新闻网. 蒙亮民族文化旅游商品研发展示景区［EB/OL］.［2018 - 02 - 24］. http://www. hhhtnews. com/2017/0518/2502735. shtml.

意产业园、"蒙元世界草原文化产业园""华夏文明传承文化产业园""新媒体产业园""内蒙古(国际)影视文化产业科技城"等一批全国知名的文创园区。

（6）促进演出市场消费

充分发挥财政资金的引导和杠杆作用,进一步改进和优化呼和浩特演出市场的供给侧结构,遴选可观性强、内容新颖、品种多元、弘扬优秀文化传统和社会主义核心价值观的剧目,努力提升演出市场品质,培养市民文化消费习惯。近几年,呼和浩特市打造并推出了大型民族舞台剧《马可·波罗传奇》、大型二人台现代戏《花落花开》、大型爬山调抗战历史剧《青山儿女》、双墙秧歌《竹马·老罕王进京》、群舞《戈壁沙丘》《遥远的图腾》《父亲的江嘎》等文化艺术精品,适应了公共文化提供优质化、个性化服务的需求。2007 年刘德华在呼和浩特市体育场举办个人演唱会之后,呼和浩特市陆续引进一批大型演出活动,满足不同层次观众的观看需求。

呼和浩特市政府还通过票价直接补贴或间接补贴相结合的方式,引导市民积极参与各类文化活动,实现了文化消费多元化的激励模式。2015 年,呼和浩特市出台了《呼和浩特市人民政府关于加快文化产业发展若干政策意见》(呼政字〔2015〕40 号),从市场准入、财政、投融资、土地、税收、人才、奖励等方面制定了优惠政策。同时明确了自 2015 年起,呼和浩特市每年设立 3000 万元文化产业发展专项扶持资金。为进一步增强扶持资金使用效果,专门配套出台了《呼和浩特市文化产业发展专项资金管理暂行办法》。2015 至 2016 年,市财政补贴托克托县北半球文化大院 123.6 万元,开展了 515 场文化惠民演出。截至 2017 年 7 月,通过公益性演出补贴,呼和浩特市群众艺术馆组织全市优秀业余演出团体开展"百姓大舞台文化惠民演出季",已补贴 30 支文艺团队开展惠民演出 80 余场。

2. 培育文化自信

任何一个民族都要从自己的文化中了解过去,把握现在,前瞻未来。从过去和现在的文化发展进程中预见本民族文化未来的发展前景,即本民族文化发展的未来性,这是民族、国家自信的底气所在。因此,文化自信不仅是对作为国家发展根基与底蕴的传统文化的自信,还是对在中国革命、建设与改革伟大实践过程中逐步孕育出的革命文化和社会主义先进文化的自信,是对中国特色社会主义道路的自信①。呼和浩特市在创建示范区过程中,不仅注重挖掘当地传统文化,让广大群众感受本地的文化魅力,同时不断宣扬革命文化和社会主义先进文化,坚持"发展先进文化、创新传统文化、扶持通俗文化、引导流行文化、改造落后文化、抵制有害文化"的原则,充分发挥公共文化服务体系建设在提升文化软实力中的重要作用。

（1）创新和发扬传统文化

非物质文化遗产是民族传统文化的珍贵记忆,通过非物质文化遗产的挖掘、整理、保护、传承来宣传和发扬传统文化,让群众在文化遗产保护中挺起文化自信的脊梁。因此,呼和浩特市建立了较为完整的非物质文化遗产文化保护普及网络。截至 2018 年 3 月 31 日,呼和浩特市共有国家级传承人 4 名,自治区级传承人 43 名,市级传承人 202 名,初步建立起国家、自治区、市、旗县(区)四级非物质文化遗产名录体系,为呼和浩特市非物质文化遗产保护工作顺利开展提供了依据。全市非遗传习基地(所)已达 31 个(非遗基地 10 个、非遗传习所

---

① 邹广文,王毅.文化自信的三重内涵[N].光明日报,2018 – 01 – 12(6).

21个),地域覆盖城乡九个旗县区,遍布学校、商城、博物馆。

呼和浩特市非物质文化遗产保护中心将非物质文化遗产保护与公共文化服务建设工作结合在一起,从重建传统文化消费需要入手,加强对传统工艺的保护。通过举办非遗亲子传习体验活动、"书香满校园,非遗永传承"主题活动、文化庙会和节假日活动非遗展示等,将传统手工艺技能的传承从个别传承人转向对社会公众的展示、欣赏和参与性的制作活动,将保护与文娱活动相结合,培养对真正有价值的传统工艺的接受、消费市场,培养和提高公众的文化素养,使非物质文化遗产成为当代公共文化产品。非遗文化传习基地(所)更是为广大非遗爱好者和传承人开展项目传承、创作与互相交流学习活动、弘扬优秀传统文化提供了便利场所和传承平台。

通过打造高层次民族特色公共文化活动工程发扬传统文化。近年来,呼和浩特市立足于发挥民族特色,打造了中国·呼和浩特昭君文化节、中国·呼和浩特少数民族文化旅游艺术活动、春节·元宵节文化庙会等独具民族特色的文化品牌活动。"一节一活动"已成为全市各族人民的文化节日,是展示首府民族地域文化特色、塑造呼和浩特历史文化名城形象的品牌名片,是集群众性、艺术性、思想性、文化性、民族性于一体的特色文化节庆活动,在提升城市文化品位、促进各民族地区文化艺术交流和文化产业发展等方面发挥了积极的推动作用①。

以"文化遗产日"为契机,大力宣传非物质遗产文化。每一届"文化遗产日"都受到政府和相关部门的高度重视。"文化遗产日"活动以图文并茂的形式展示近年来全市及各旗县区非物质文化遗产保护工作取得的成果,非遗传人举行了蒙古族皮画、蒙镶传统手工技艺、马头琴制作技艺、新城蛋雕、武家泥塑、清水河布艺、蒙奥神膏药、仿真微型工艺、糖画制作技艺、和林面塑、德兴源烧卖、武川莜面、归绥传统面点、托克托县剪纸等非遗项目现场展示与观众互动传习,让百姓亲自体验和感受呼和浩特非物质文化遗产的魅力和其所蕴含的文化历史价值。

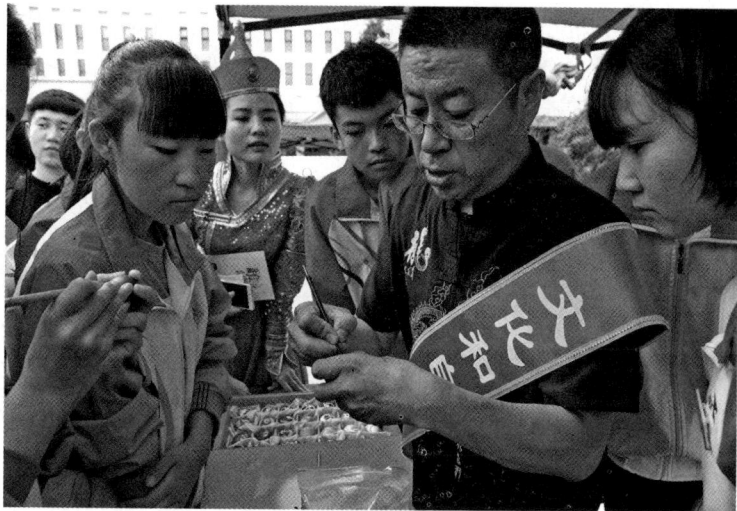

图3-4　首个文化和自然遗产日活动上新城蛋雕传承人
王建永现场展示蛋雕(史慧荣　摄影)

---

①　王慧.第十八届中国·呼和浩特昭君文化节将于7月8日开幕[EB/OL].[2018-03-30].http://nm.people.com.cn/n2/2017/0629/c196689-30398228.html.

图 3 - 5　春节庙会在大盛魁开幕(史慧荣　摄影)

(2)发扬革命传统,继承红色文化

呼和浩特拥有丰富的革命文物资源,从鸦片战争到五四运动、从中国共产党成立到大革命时期、土地革命战争时期、抗日战争时期,均有大量文物遗存,蒙汉各族人民勇于斗争,富有光荣的革命传统。2014 年 5 月,包括土默特左旗烈士陵园、土默特左旗乌兰夫纪念馆、李裕智烈士陵园等在内的 9 个旗县的 35 个单位被定为市级爱国主义教育示范基地。2016 年,呼和浩特市的武川县大青山革命烈士陵园、内蒙古蒙牛乳业(集团)股份有限公司、呼和浩特绥蒙抗日救国会旧址 3 家单位被批准为第六批全区爱国主义教育示范基地。

以纪念抗日战争暨世界反法西斯战争胜利 70 周年为契机,对市民进行爱国主义教育和革命传统主义教育。2015 年 8 月 28 日,呼和浩特市纪念抗日战争暨世界反法西斯战争胜利 70 周年主题展览在呼和浩特市档案馆开幕。展览引起社会各界的关注,呼和浩特市委、人大、政府、政协、各部委办局、各旗区县有关负责人,解放军武警官兵代表及少先队员代表参加开幕式并现场参观了展览[1]。全市各公共图书馆、博物馆、文化馆、爱国主义教育基地也同期开展了相关活动。

为缅怀老一辈革命家的卓越功绩,为红色文化传承发展做出新贡献,呼和浩特市开展了一系列活动。2016 年 12 月 23 日,呼和浩特市举办纪念乌兰夫同志诞辰 110 周年"民族的骄傲——乌兰夫同志光辉的一生"展览。2017 年 4 月 1 日,举行"缅怀革命先烈、弘扬传统精神、树立文明新风"系列活动,缅怀老一辈革命家的爱国主义革命精神[2]。2017 年 5 月 18 日,举行向乌兰夫同志汉白玉座像致敬、参观乌兰夫纪念馆展览、"红色记忆"——内蒙古革命文物图片展、红色经典图书展、讴歌中华书画笔会等活动。通过这些活动让群众深刻地感受内蒙古厚重的红色文化,不忘老一辈无产阶级革命家所建立的丰功伟绩[3]。2017 年 7 月

---

① 黎政祥,韩晓. 呼和浩特举行纪念抗战主题展　70 件展品首次与公众见面[EB/OL]. [2018 - 03 - 30]. http://news.cnr.cn/native/city/20150828/t20150828_519699438.shtml.

② 乌兰夫纪念馆. 缅怀革命先烈　弘扬中华传统　树立文明新风——"我们的节日·清明"主题实践系列活动[EB/OL]. [2018 - 03 - 30]. http://www.wlfjng.com/list.asp?id=648.

③ 侯俊. 2017 年"5·18 国际博物馆日"内蒙古自治区主会场在乌兰夫纪念馆隆重开幕[EB/OL]. [2018 - 03 - 30]. http://www.nmgwh.gov.cn/xx/dt/201705/t20170519_179623.html.

16 日,托克托县革命历史纪念馆开工奠基仪式举行。在伟大历史进程中,托克托县涌现出李裕智、苏谦益等一批革命先辈先烈,建设革命历史纪念馆,是缅怀先辈丰功伟绩、传承先烈革命遗志、弘扬爱国精神的重要举措①。

（3）发展先进文化,引导和扶持大众文化

呼和浩特市文化新闻出版广电局始终坚持把创作生产优秀作品作为中心环节,坚持以人民为中心的创作导向,加强对艺术创作的引导和扶持,严把文艺作品审核关,努力推出更多讴歌党、讴歌祖国、讴歌人民、讴歌英雄的现实主义优秀作品。

武川县通过充分发掘当地文化资源,打造出一大批优秀文艺作品。《青山儿女》在首届内蒙古戏剧曲艺节上获得一等奖,长篇小说《绝牲》荣获内蒙古第 13 届"五个一"工程奖图书类奖项②。赛罕区黄合少镇文化站站长、文联主席张强,从习近平总书记给内蒙古自治区苏尼特右旗乌兰牧骑队员们的回信中得到鼓励,以党的十九大精神为指引,自己创作了快板《村规民风要牢记》和二人台《十九大好比及时雨》,受到当地村民的好评③。

2017 年 9 月 13 日,第 26 届中国金鸡百花电影节在呼和浩特开幕。开幕式上,舞蹈《青城欢迎您》、无伴奏合唱《美丽的草原我的家》、经典内蒙古电影歌舞串烧《闪光的记忆》等节目展现了浓郁的民族文化。金鸡百花电影节是中国影响最大、最具权威性的电影评奖盛会,是展示中国特色社会主义文化自信的世界名片。呼和浩特市举办这一盛会,为中国电影融入更多的民族元素,使更多镜头聚焦"建设亮丽内蒙古,共圆伟大中国梦"的生动实践。

积极引导群众开展健康的大众文化活动。"百姓大舞台"是呼和浩特市群众艺术馆开展的全市优秀民间文艺团惠民文艺演出季。呼和浩特市群众艺术馆指派专业教师对参加"百姓大舞台"的文艺团队进行指导,引导群众文化艺术活动向健康高雅方向发展,推动基层群众文化生活蓬勃发展。广场舞是近年来深受群众喜爱的一种大众艺术形式,呼和浩特市群众艺术馆积极开展广场舞免费教学,成为呼和浩特市广场舞活动的一大亮点,每年惠及市民20 余万人次。

为迎接党的十九大胜利召开,庆祝内蒙古自治区成立 70 周年,丰富广大人民群众的精神文化生活,使各族干部群众共享自治区成立 70 年来的文化发展成果,2017 年,呼和浩特市开展了"庆祝自治区成立 70 周年系列文化活动"④。演出内容既有通俗文化、大众文化和流行文化,也有优秀的传统文化,更有反映自治区发展历程的红色文化和先进文化。

文化是过去奋斗历程的见证,更是今天固本开新的精神动力。呼和浩特市从自己的文化中了解过去,把握现在,前瞻未来,通过构建公共文化服务体系,将惠民文化工程落到基层、落到实处;在更广阔的舞台展示内蒙古文化,将本地文化带到全国、走向世界,不断扩大呼和浩特文化的影响力和知名度,展现了呼和浩特对民族文化传统的自信、对现实发展道路的自信,以及对未来发展前景的自信。

---

① 呼和浩特市文化新闻出版广电局.托克托县革命历史纪念馆开工奠基仪式隆重举行［EB/OL］.［2018 - 03 - 30］. http://wxgj. huhhot. gov. cn/whzx/ggwh/201707/t20170719_199679. html.

② 赵慧萍.武川县以精品工程践行文化自信［N］.呼和浩特日报,2017 - 11 - 8(7).

③ 赛罕区政府.赛罕区农村文化更加自信！［EB/OL］.［2018 - 03 - 30］. http://www. huhhot. gov. cn/home/search_text. asp?id = 116114&class = h_11.

④ 呼和浩特市人民政府.庆祝内蒙古自治区成立 70 周年系列文化活动指南［EB/OL］.［2018 - 03 - 30］. http://www. nmg. gov. cn/nmgwmh/fabu_5987/tzggg_5999/201707/t20170725_631034. html.

五、呼和浩特模式的核心抓手

1. 政府主导

公共文化服务是政府提供的基本公共服务。政府主导公共文化服务体系建设就是要全面正确履行政府职能,制定公共文化服务体系发展的整体规划、政策和标准体系,提供公共文化服务基础设施和公共产品服务,并依法进行监督和管理。近几年来,呼和浩特市以创建国家公共文化服务体系示范区为契机,因地制宜,科学规划,不断完善公共文化服务体系建设在财政投入、公共文化设施、公共文化产品等方面的政策供给,使公共文化服务体系建设由"政府负责"逐渐转变为"政府主导"。

(1)在整体规划上突出政府对公共文化服务体系建设的指导职能

2015 年 12 月,呼和浩特市人民政府办公厅印发《呼和浩特市创建国家公共文化服务体系示范区规划》(简称《规划》)和《呼和浩特市创建国家公共文化服务体系示范区实施方案》(简称《实施方案》),在分析本市创建条件和存在的主要问题的基础上,对示范区建设的整体规划和实施步骤做出科学合理的安排和部署,成为后续示范区创建的总的指导性文件。《规划》提出,到示范区验收时,呼和浩特市经过创建期的集中建设,初步建成体系健全、特色鲜明、效能显著的现代公共文化服务体系,初步形成富有民族地区特色的现代公共文化服务体制、机制、标准和制度,努力在民族地区现代公共文化服务标准化、均等化、社会化、信息化方面取得显著进展,为自治区乃至全国民族地区构建现代公共文化服务体系提供示范和借鉴。而后续目标则是,示范区验收通过后,呼和浩特市还要持续推动现代公共文化服务体系建设。到 2020 年,全面建成各族群众满意的现代公共文化服务体系,公共文化服务在团结各族群众、提高文化认同、带动经济社会发展等方面的作用更加突出,为形成现代公共文化服务中的"中国经验""中国模式""中国道路"贡献具有鲜明民族特色的地方实践样本。此外,《规划》还对创建基本任务、创建创新举措、制度设计研究、创建进度安排、创建保障措施等进行部署。《实施方案》具体部署示范区创建的指导思想、基本原则、工作目标、主要任务、实施步骤以及保障措施等,提出"要突出重点,分步实施,到 2017 年年底,完成示范区所需的软硬件建设任务,达到国家公共文化服务体系示范区创建标准"的工作目标。

文化产业与公共文化服务体系相互联系又相互依存,促进文化消费,提升公民文化消费水平,增强公共文化服务体系发展动力,离不开文化产业的发展①。2016 年 5 月,呼和浩特市统计局发布《呼和浩特市文化产业"十二五"发展回顾及"十三五"展望》,从宏观上分析当前呼和浩特市文化产业存在的问题,提出了推动文化产业发展的四大政策建议:一是从"四方面"大力扶持特色文化产业,即发展一批龙头企业、做强一批骨干企业、鼓励企业市场重组、发挥社会组织的重要作用。二是从"六角度"实现文化产业园区功能的提升,即资源整合的提升、专业能力的提升、服务平台的提升、产业链条的提升、创业成长的提升和互补性的提升。三是加大人力资本的投入,即大力引进新兴文化产业的创作设计师、软件设计师、文化

---

① 傅铭. 厘清文化事业与公共文化服务体系及文化产业的关系[EB/OL]. [2018 - 03 - 29]. http://www.rmlt.com.cn/2017/0804/488078.shtml.

经纪人等高级人才,推动首府民族文化产业的快速崛起和发展;围绕文化服务业重点领域,对现有的文化产业人员开展制度化、超前性的培训与交流,为全市文化产业快速发展提供强有力的人才支撑①。

(2)公共文化服务发展政策和标准的制定

相关政策的制定是"政府主导模式"的公共文化服务体系建设中政府的首要职责。在示范区创建过程中,呼和浩特市政府和相关部门根据不同时期的不同情况适时出台相关政策和文件,做出相应的政策安排。如示范区创建初期印发的《呼和浩特市创建国家公共文化服务体系示范区过程管理若干制度规定》《呼和浩特市创建国家第三批公共文化服务体系示范区宣传方案》《呼和浩特市创建国家公共文化服务体系示范区档案工作管理办法》《呼和浩特市国家公共文化服务体系示范区创建专项资金管理办法》。2016年,又先后印发《关于建立呼和浩特市创建国家公共文化服务体系示范区工作月报制度的通知》《呼和浩特市创建国家公共文化服务体系示范区绩效评估考核实施办法》等。2017年,随着公共文化服务体系示范区建设取得了阶段性成果,在总结建设经验和教训的基础上,新的发展课题和持续发展目标又对公共文化服务建设提出了新的要求,2017年6月起,先后出台《呼和浩特市社区与机关单位公共文化服务设施共建共用办法(试行)》《关于加快贫困地区公共文化服务体系建设的实施意见》《呼和浩特市推进基层综合性文化服务中心建设实施方案》《政府向社会力量购买公共文化服务的实施办法》《呼和浩特市培育和促进文化消费的实施意见》《呼和浩特市政府关于加快构建现代公共文化服务体系的实施意见》等政策文件。

在标准制定方面,2017年6月出台的《呼和浩特市政府关于加快构建现代公共文化服务体系的实施意见》提出,要以人民群众基本文化需求为导向,根据国家基本公共文化服务指导标准,按照因地制宜、适度超前的原则,围绕群众基本文化权益,建立与首府城市经济社会发展水平和供给能力相适应,包括基本公共文化服务保障标准、技术标准和评价标准在内的基本公共文化服务标准体系,明确基本公共文化服务的内容、种类、数量和水平,以及应具备的公共文化服务基本条件和各级政府的保障责任。参照国家、自治区基本公共文化服务指导标准,制定呼和浩特市基本公共文化服务实施标准。各旗县区要结合本地国民经济和社会发展"十三五"规划的制定实施,根据本地区经济社会发展水平和供给能力,统筹考虑城乡间、地区间、农区间的差距,制订具体实施方案,有条件的地区要在底线标准基础上适当提高。建立基本公共文化服务标准动态调整机制,根据实施效果和经济社会发展变化,适时调整完善具体指标。与《呼和浩特市政府关于加快构建现代公共文化服务体系的实施意见》同步发布的《呼和浩特市基本公共文化服务实施标准(2015—2020)》从文化设施、基本文化服务项目、保障措施三个方面规定了未来5年内呼和浩特市基本公共文化服务实施标准,为全市各旗、县制定当地标准提供了依据。

(3)充分发挥政府的监督和管理职能

2015年12月,呼和浩特市召开示范区工作推进会,市领导对示范区工作进行了专题部署,分管副市长与各旗县区签订了"示范区创建责任书"。2016年,将示范区创建工作列入

① 呼和浩特市统计局.巩固发展文化产业成果,促进首府文化更大繁荣——呼和浩特文化产业"十二五"发展回顾及"十三五"展望[EB/OL].[2018-03-29].http://tjj.huhhot.gov.cn/hhhttjj/show_news.asp?id=1333.

全市攻坚克难项目,举全市之力全面推进示范区创建工作。2017 年 3 月,市政府召开工作会议,与各旗县区政府重新签订《示范区创建责任书》。在创建过程管理中,市政府先后组织召开全市创建工作调度会 12 次。市创建办根据示范区重点建设项目,建立了创建任务月报制度、调试会制度、联络员制度和重点任务跟踪督查制度,印发《创建国家公共文化服务体系示范区过程管理若干制度规定》《档案资料管理办法》等。

2016 年 12 月 16 日,呼和浩特市创建国家公共文化服务体系示范区工作领导小组办公室印发《呼和浩特市创建国家公共文化服务体系示范区绩效评估考核实施办法》,将示范区创建工作纳入各旗县区、各责任单位绩效目标责任考核,采取按照季度测评与年度考核相结合、日常检查与重点事项督查督办相结合、创建任务完成情况与长效管理相结合的原则进行考核。2017 年 4 月,为了迎接文化部即将开展的中期督查工作,同时也为进一步推进创建工作进度,全面掌握各旗县区和各单位创建工作进展情况,及时查找存在的问题,呼和浩特市创建国家公共文化服务体系示范区领导小组在各创建单位自查的基础上,对示范区创建工作进行了中期督查。2017 年 10 月 31 日,根据文化部督查组中期督查的反馈意见,市政府组成专项督查组对各地区、各责任单位创建工作完成情况再次进行督查。

2017 年 3 月,呼和浩特市人民政府办公厅印发《呼和浩特市创建国家公共文化服务体系示范区工作任务分工方案》,对市委组织部、宣传部、政研室、监察局、审计局、编办、发改委、经信委、教育局、民政局、财政局、国土资源局、城乡建设委员会、规划局、环境保护局、文化新闻出版广电局、体育局、国资委、市委党校、市政府法制办、团市委、科协、残联、市总工会和妇联以及各旗县区政府的工作任务进行了分工,要求各地区、部门、单位要认真履行创建工作职责,科学规划,改进管理,强化服务。该方案的出台,进一步完善了党委领导、政府管理、部门协调、权责明确、统筹推进的公共文化服务建设管理模式。

2017 年 6 月,呼和浩特市人民政府办公厅关于印发《呼和浩特市公共文化服务体系建设评价考核办法(试行)》,规定以构建现代公共文化服务体系为目标,明确各级人民政府、文化主管部门、各相关部门及公共文化服务单位的责任,并使之成为考核其政绩、业绩的重要指标。通过实施目标化管理,明确和细化任务指标,层层签订责任状,使考核工作刚性化、制度化。全市公共文化服务体系评价考核工作,要在市委、市政府的领导下和市文化体制改革专项小组的部署和安排下,在全市范围内组织实施。该办法的实施,为示范区创建后续目标的实现提供了监督和管理保障。

（4）创新投资方式,保障经费投入到位

早在示范区创建之前,呼和浩特就已经实现了把公共文化产品和服务项目、公益性文化活动纳入公共财政经常性支出预算,公共财政对公共文化投入的增长幅度高于财政经常性支出增长幅度。在示范区创建经费投入上,2015 年以来,呼和浩特市创新筹资方式,发挥市级财政资金"杠杆"撬动作用,采取"政府 + 企业 + 社会投入"的方式,全市投资近 20 亿元用于公共文化设施建设、文化活动、艺术创作等。为加强和规范创建市示范区专项资金的管理和监督,2015 年 12 月,示范区创建工作领导小组印发《国家公共文化服务体系示范区创建专项资金管理办法》。自 2015 年起,呼和浩特市每年设立 3000 万元文化产业发展专项扶持资金。为进一步增强扶持资金使用效果,专门配套出台《呼和浩特市文化产业发展专项资金管理暂行办法》。2018 年 2 月至 2018 年 3 月,呼和浩特下达了中央补助地方公共文化服务体系建设专项资金 550 万元,用于重点支持市级和各旗县区的图书馆、文化馆购置设备及图书经费、公共文化体系建设、构建公共文化服务体系、乌兰牧骑场地维修改造及设备购置、惠民演出经费等项目；下达中央补助地方公共文化服务体系建设专项资金（重点项目）42 万元，共支持 21 个村文化活动室设备购置；下达中央补助地方公共文化服务体系建设专项资金 320.2 万元，用于重点支持市级和各旗县区盲人数字阅读推广工程"智能听书机"项目、国家级贫困旗县送戏下乡项目、广播电视户户通工程等项目。

2017 年 9 月，根据《内蒙古自治区财政厅关于下达 2017 年文化旅游提升工程实施方案中央基建投资预算（拨款）的通知》（内财投〔2017〕799 号），下达呼和浩特市 2017 年中央基建投资预算指标 2485 万元，专项用于支持公共文化设施建设、文化和自然遗产保护利用设施建设、旅游基础设施和公共服务设施建设项目。其中，分别下达和林格尔县、清水河县和武川县新华书店改扩建项目 122 万元、130 万元和 113 万元，下达武川县广播电视台制播能力建设项目 160 万元，清水河老牛湾黄河大峡谷旅游区基础设施建设项目 1000 万元，清水河老牛湾地质公园遗址保护利用设施建设项目 960 万元[①]；2018 年 1 月，下达 2017 年中央文化产业发展专项资金（重大项目方面）1140 万元，其中用于内蒙古天堂草原文化传媒有限公司"草原音乐网"国际化云平台建设 140 万元、内蒙古敕勒川旅游股份有限公司草原文化旅游区项目 1000 万元。

赛罕区以文化惠民为根本，2017 年共计拨付文化及体育事业专项资金 2201.96 万元。主要项目有，创建公共文化服务体系示范区经费 1226 万元，亮化工程 100 万元，图书馆、文化馆免费开放经费 81.7 万元，电影院经费 163 万元，文化室管理员经费及三区文化者经费 54 万元，社区文化室经费 35 万元，文物保护经费 70 万元，老放映员补助 14.16 万元，足球经费 440 万元，全民健身活动经费 15.5 万元等[②]。

2. 多方参与

推进公共文化服务的社会化，有利于推动政府职能转变，促成政府力量和社会力量优势互补的建设局面，形成政府、文化企业、社会组织及群众多元共建格局。2015 年出台的《呼和浩特市创建国家公共文化服务体系示范区规划》就将"加强政策引导，扩大购买服务，引入市场机制，激发各类社会主体参与公共文化服务的积极性，逐步形成政府、市场、社会共同参与公共文化服务建设的格局"作为示范区创建原则之一。2017 年 6 月出台的《呼和浩特市政府关于加快构建现代公共文化服务体系的实施意见》也将"加强政策引导，扩大购买服务，引入市场机制，激发各类社会主体参与公共文化服务的积极性，提供多样化的产品和服务，培育和引导居民文化消费需求"作为公共文化服务体系建设的原则之一。

（1）政府购买公共文化服务

2017 年 6 月，呼和浩特市财政局会同市文广新局制定印发了《关于政府向社会力量购买公共文化服务的实施办法》，明确市政府向社会力量购买公共文化服务的指导思想、目标任务、基本原则、实施主体、购买内容、购买方式、购买程序、绩效考核、保障措施等方面的内

---

① 呼和浩特市财政局. 呼市财政局下达 2017 年文化旅游提升工程实施方案中央基建投资预算 2485 万元［EB/OL］.［2018 - 02 - 25］. http://huhhot. gov. cn/zw/text. asp?class = 1105&id = 112583.

② 呼和浩特市财政局. 呼市赛罕区财政局 2017 年拨付文化及体育事业专项资金 2201.96 万元［EB/OL］.［2018 - 02 - 25］. http://www. huhhot. gov. cn/home/search_text. asp?id = 114984&class = h_11.

容。同时，文件还发布了政府向社会力量购买公共文化服务指导性目录，包括公益性文化产品的购买、创作与传播、公共文化活动的组织与承办、优秀传统文化的保护、传承与展示、公共文化设施的运营与管理、民办文化机构提供的免费或低收费服务等 5 个方面 25 个项目列入目录。2016 年，呼和浩特市政府共投入 640 万元，用于向专业文艺院团和社会文艺团体购买服务，推动了公共文化服务供给与人民群众文化需求有效对接。

托克托县北半球文化大院就是文化体制改革"政府向社会力量购买公共文化产品和服务"的有效探索。北半球文化大院于 2012 年建成，是由民营企业呼和浩特市北半球文艺演出有限责任公司投资建设，总投资 260 万元，占地 2400 平方米。大院内设演艺厅、排练室、图书阅览室、棋牌室、书画展厅、健身广场、演职人员餐厅、职工宿舍等。购置了灯光音响、演出车辆，组建了民乐队、舞蹈队、二人台演出队、晋剧票友队。大院从 2013 年年底运行以来，积极为基层群众提供优质、便捷的公共文化服务，每天免费开放时间 6 小时。每天有固定文艺爱好者在大院活动，常年有健身队和文艺团队近百人在大院排练。大院积极开展文化惠民下乡工作，积极完成各项大型文化活动，举办的元宵节群众文艺工作者联谊活动、迎新年农民书画联谊活动、迎新春老年人联谊活动受到社会的广泛关注。2015 年和 2018 年北半球文化大院两次获得全区十佳文化大院荣誉称号，2015 年获得中宣部评选的第六届"双服务"（服务农民、服务基础文化建设）先进集体。2015 年 1 月，呼和浩特市群众艺术馆农村旗县首家"基层群众文化辅导中心"在大院正式挂牌成立，这为大院培育民间文艺人才、为艺校学生提供实习培训机会、进一步繁荣基层群众文化生活起到积极的推动作用，同时也标志着北半球文化大院被纳入公共文化服务体系。现在，北半球文化大院已经成为政府购买公共文化服务的供应商①。2015 至 2016 年，市财政补贴托克托县北半球文化大院 123.6 万元，开展了 515 场文化惠民演出。

和林格尔县绿果果文化大院是呼和浩特群众艺术馆择优扶持的又一个农村文化大院。绿果果文化大院是和林格尔县下喇嘛盖村的村民姜果绿自筹资金在自家的奶牛养殖基地建设而成。大院有图书阅览室、棋牌室、远程教育接收室、文艺活动室、民间艺术室和宣传栏等。文艺活动室布置的有舞台、音响、灯光、电教设备等供乡亲们自排自演文艺活动和学习种植养殖新技术。文化大院的文艺团队在每年的春节、元旦、元宵节、"三八"妇女节、"五四"青年节、"五一"劳动节、"十一"国庆节等节日及重大纪念日期间组织开展形式多样的庆祝活动，如秧歌会演、歌舞文艺会演、农民歌手大奖赛等；农闲时节，文化大院的小剧团也自编、自演为村民表演节目，丰富了村民的文化生活。呼和浩特市群众艺术馆对文化大院定期开展业务指导和培训，拟订辅导工作计划，对农村文化大院的活动开展情况进行研究部署。目前文化大院已由最初的唱歌、跳舞、扭秧歌，发展到文艺表演、书法绘画、剪纸、泥塑、捏面人、运动健身，提供法律援助和法律服务，传承非物质文化遗产的多种形式②。此外，呼和浩特群众艺术馆重点扶持的文化大院还有郭天良文化大院和武川县王转桃文化大院。

2017 年 6 月，呼和浩特市举办"迎接自治区成立 70 周年、KTV 唱响中国梦"首届全民唱

---

① 托克托县政府. 托克托县北半球文化大院被评为全区"十佳文化大院"［EB/OL］.［2018 - 03 - 31］. http：//www. huhhot. gov. cn/zw/text. asp?id =87074&class =1103.

② 云水君. "能人"姜果绿［EB/OL］.［2018 - 03 - 31］. http：//tougao. 12371. cn/gaojian. php?tid = 308373.

歌大奖赛,助力文化市场转型升级。在全面开展唱歌大赛的同时,呼和浩特市文化市场综合执法局继续按照"试点先行、重点突破、逐步推开、带动全局"的原则,在已确定的试点的5家歌舞娱乐转型升级示范场所,有计划、有步骤地开展试点工作。鼓励试点娱乐场所参与基层公共文化服务,采取政府购买服务方式,组织与承接公益性文化艺术活动。引导组织试点场所开展"公益练歌房""午后10元唱"等活动,推广娱乐场所面向中老年人、低收入人群及特殊群体开发专项服务产品,提供优惠服务①。2016年,呼和浩特市着手在城市社区依托新闻出版广电总局公益影院建设项目,建设80个社区综合性公共文化服务阵地,并开展引入社会化管理和运营试点,统筹各方资源,提升体系末端设施的服务能力②。

(2)探索公益性文化机构与营利性企事业单位深度融合

2017年,呼和浩特市图书馆启动实施"鸿雁悦读"计划,引入社会力量参与全民阅读推广,创新推动公益性文化机构与营利性企业的跨界横向融合,加强市图书馆与新华书店全面合作,推动双方共同提供公共文化服务,打造"书香呼和浩特"阅读服务品牌,为群众打通公共文化服务最后一公里,使数十万市民和周边旗县、乡镇、苏木居民受益。具体做法是:呼和浩特市图书馆与新华书店全面合作,建立"公共图书馆+书店"模式,充分发挥新华书店网点资源优势,将新华书店旗下的城市书房建设成为呼和浩特市图书馆分馆,分馆设置专门阅览区,将新华书店的卖书功能与图书馆的看书功能整合起来,读者既可在书店买书,又能办理读者卡、借书还书,阅读学习。同时,新华书店通过竞标遴选成为图书馆馆配印本资源的主要供应商,有效保障了图书馆印本资源的质量。此外,呼和浩特市图书馆还与线上书店合作开展线上图书快借服务,读者在网上书店下单"买"书,读后将图书就近归还公共图书馆或服务网点,买书费用由公共图书馆承担。"公共图书馆+书店"的合作模式大大提高了读者的满意度,较好地实现了多方合作共赢。除与新华书店合作外,呼和浩特市图书馆还与加油站、市民服务中心等机构合作,实现市区公共图书馆、城市书房、市民服务中心服务点、加油站服务点等25个网点全面联通。

(3)鼓励民间资本参与公共文化服务,形成多元化投资格局

呼和浩特市文化产业近年来快速发展。2016年,全市文化产业法人单位2770家,其中规模以上文化企业63家,个体经营户7636家。此外,还有大量未注册的个体商户从业者,已逐步形成了由自治区和市属国有文化企业、民营文化企业、大量个体工商户共同构成的文化产业市场主体,并基本形成了信息服务业、动漫游戏业、设计服务业、现代传媒业、艺术品业、教育培训业、文化休闲旅游业、文化会展业等"文化+旅游+科技+体育+现代服务业"的文化产业"八大行业"。其中,以传统业态为主体的产业有:新闻服务、图书报刊音像制品出版发行、影视剧制作、文艺创作与表演、艺术培训、景区游览、娱乐休闲、工艺品制造、印刷复制等;以新兴业态为主体的产业有:互联网信息、广播电视信息传输、广告设计、多媒体制作、动漫、游戏软件开发、工业设计、会展服务等。总体来看,各类文化消费逐年提高,产业门类逐步健全,多元化的投资主体格局基本形成,为吸纳民间资本进入公共文化服务领域创造

① 苏晓东.呼和浩特市多措并举推动文化娱乐行业转型升级[EB/OL].[2018-03-31].http://nmg.sina.com.cn/news/2017-06-27/detail-ifyhmtek7814032.shtml.

② 云静.呼和浩特市创建国家公共文化服务体系示范区工作有特色[EB/OL].[2018-03-31].http://www.hhhtnews.com/2016/0105/2102017.shtml.

了条件。

呼和浩特市积极挖掘首府特色文化资源,发挥地域优势,优化投资环境,落实好各级政府扶持文化产业发展相关政策,建设了一批重点文化产业项目。其中,采用 PPP 模式建设的"蒙古民族民俗文化产业园"正在进行前期准备。2014 年 6 月,由蒙亮民贸有限公司投资、在成吉思汗大街与西二环路交接处西南角开工建设的蒙亮民族文化旅游商品研发展示景区基地已正式开始运营。2016 年,呼和浩特着手实施民间藏品展示平台建设工程,建立政府、社会共建民间藏品展示平台机制,由政府提供展示设施、安保,由社会组织、民间人士提供藏品,免费开放,为社会公众提供展品鉴赏服务①。

2012 年 7 月,呼和浩特市首家民营博物馆——斯琴塔娜艺术博物馆迎来了落成典礼和开馆仪式。斯琴塔娜艺术博物馆坐落于呼和浩特市如意开发区滨河东路,占地面积 1.2 万平方米,分为三层框架式结构,建筑面积为 9600 平方米。该博物馆是呼和浩特市首家民营博物馆,也是呼和浩特市的重点文化工程项目。博物馆具有鲜明的民族特色,以草原文化和中国古近代历史文化为主题,主要开展馆藏文物及近现代书画展览,相关领域研究、专题学术会议及文化交流等活动②。2017 年,斯琴塔娜艺术博物馆与中国艺术研究院合作,共同建设了国内第一家由中国艺术研究院挂牌的"传统壁画创研基地",同时又共同合作了"2017年度国家艺术基金古代壁画摹制人才培训项目",开始为国家培养以该系统专利技术为核心的古代壁画保护人才③。

2016 年 3 月开工建设的呼和浩特市儿童探索博物馆位于回民区锡林郭勒南路以西、香格里拉酒店以南地块,地处原市少年宫。该项目总投资 4.69 亿元,由市政府投资、老牛基金会捐资共同建设,占地面积约 2.4 万平方米,建筑面积 7.3 万平方米,规划建设为儿童探索、可以触碰的博物馆。作为呼和浩特市重点规划建设民生工程,儿童探索博物馆属公益性场所,将对市民实行公益性收费。目前各项目正在紧张有序建设中,部分场馆已于 2017 年 6月开始试运营④。

为方便广大读者阅读内蒙古本土文艺家图书作品,集中宣传展示内蒙古本土文艺精品图书,弘扬草原文化精神,2017 年 7 月,内蒙古红马读书会与玉泉区图书馆合作建设了红马书馆暨玉泉区图书馆红马分馆。"红马读书会"为香港红马读书会集团有限公司旗下的国际知名读书会品牌,同时是经香港特别行政区政府正式注册成立的非营利性社会团体,该品牌内地运营机构为内蒙古红马文化有限公司。"红马书馆"旨在打造内蒙古首家以"草原文化艺术"为主题,集本土文艺名家签名精品图书收藏整理、展览展示、学术研究、举办读书活动、开发图书配套衍生产品于一体的公益性主题书吧,建设红马书馆是玉泉区图书馆推进全民

① 云静.呼和浩特市创建国家公共文化服务体系示范区工作有特色[EB/OL].[2018 - 03 - 31].http://www.hhhtnews.com/2016/0105/2102017.shtml.

② 雒扬.呼和浩特首家民营博物馆——斯琴塔娜艺术博物馆开馆[EB/OL].[2018 - 03 - 31].http://inews.nmgnews.com.cn/system/2012/07/08/010798670.shtml.

③ 王月.政协委员斯琴塔娜:民办博物馆助力繁荣民族文化[EB/OL].[2018 - 03 - 31].http://www.sohu.com/a/218951717_667741.

④ 正北方网.呼和浩特儿童探索博物馆建成后啥样?[EB/OL].[2018 - 03 - 31].http://www.nmg.xinhuanet.com/xwzx/shgj/2017-05/03/c_1120908273.htm.

阅读的重要举措之一①。

　　2017 年 7 月 16 日,总占地面积约 35 000 平方米,项目总投资 1180 万元的托克托县革命历史纪念馆开工奠基仪式在托克托县黄河湿地管委会双墙村隆重举行,一期建设内容为托克托革命历史纪念馆和李裕智烈士故居,计划 2018 年 10 月完工并投入使用。革命历史纪念馆建成后,将成为托克托县重要的爱国主义教育基地和党员教育示范基地,对于教育引导全县各族干部群众和青少年儿童,学习先辈先烈,坚定理想信念,凝聚奋进力量,具有十分重要而深远的意义。同时,该项目还将进一步推动该县的红色旅游和文化产业的发展。该项目得到了内蒙古云曙碧公益事业基金会鼎力资助,2017 年 4 月 28 日,基金会捐赠 500 万元资金用于托克托县革命历史纪念馆项目中李裕智故居建设。

　　(4)人人参与、人人共享的公共文化服务体系建设

　　公共文化服务为大众服务,应该让大众成为主体,根据主体需求,鼓励群众积极参与,有针对性地提供产品和服务,形成人人参与、人人共享的中国特色社会主义公共文化服务体系。2015 年是"文化志愿者服务制度建设年",文化部强调要"大力开展文化志愿服务工作",各地文化志愿服务工作呈现出快速发展的良好势头。呼和浩特市群众艺术馆以此为契机,组织成立了呼和浩特文化志愿者联盟,按照志愿者不同的专业进行分组,派专人负责以音、体、美、智四大类分组引领、专业小类捆绑的形式服务社会、服务基层,重点培养一批志愿者领袖,发挥他们各自的积极性和主动性,让志愿者领袖都能发挥自己的组织能力、创新能力和意识能力。联盟主席团将定期对各组工作的开展和服务进行评比并拿出一定比例的经费进行奖励,把基层认可和深受民众欢迎的项目及个人进行宣传推广,充分发挥党员和团员的能动性,使每个党员团员分片承包、分项目负责,提倡一对一项目的常规性结对志愿服务。文化志愿者联盟自成立以来,以丰富多彩的活动为载体,依托多样化服务平台先后开展了送演出活动 10 多场,送展览活动 20 多场,送辅导下乡 30 多次,共计服务对象 6 万多人次。充分展现了良好的精神风貌,得到越来越多的群众认可和支持。呼和浩特市群众艺术馆制定了详细的公共文化服务志愿者招募章程,设立专门办公室确定专人负责此项工作,形成文化志愿者长效招募机制,同时利用多种媒介加大宣传力度,扩大影响力。截至目前,已吸纳团体志愿者 300 余支,个人志愿者 6000 余人。

　　2008 年 9 月 14 日正式启动的"百人百组百万人"带动工程,由 100 多名专业文化工作者组建 100 多支群众业余文化团队,带动全市百万群众参与公共文化活动,引导群众在文化建设中自我表现、自我教育、自我服务,使全市文化志愿者队伍不断发展壮大。

　　从 2017 年 7 月开始,为了通过展览提升公共教育的效果,呼和浩特民族美术馆开始对志愿者分层分阶进行培训,从基础教育到专项训练的培训都在双方的配合中取得斐然的效果。志愿者通过目标清晰的培训加深了和伙伴、团队之间的连接,也让之后的公共教育工作越来越轻松,越来越多的人参与到文化志愿者活动中来。呼和浩特市图书馆则在其微信公众号上开通了志愿者报名通道,报名者只需在其微信公众号上回复"呼和浩特市图书馆志愿者报名",根据提示回复报名信息即可。呼和浩特图书馆将定期汇总报名资料,对报名者进行筛选与审核,并通知适任者参加培训。

①　衡水.呼市玉泉区图书馆将与红马读书会联合建设红马书馆[EB/OL].[2018 - 03 - 31]. http://www.sohu.com/a/146918249_556631.

图3-6 呼和浩特市图书馆志愿者在服务(董海 摄影)

2016年起,按照公开招募、自愿报名、组织推荐、集中派遣的方式,赛罕区在全区集中招募101名农村牧区文化志愿者。将活跃在广大农村牧区有文艺专长、热心社会公益、乐于组织基层群众文化活动的群众文艺骨干和文化能人配备到赛罕区101个行政村,开展为期一年的文化志愿服务。文化志愿者都来自当地村民,且对有一定文艺特长的退休教师、民间艺人、文化能人、非物质文化遗产传承人优先进行招募。他们不仅在嘎查村公共文化建设方面发挥了积极作用,也实实在在体会到"文化发展依靠人民、文化成果由人民共享"的现代公共文化服务体系建设理念。

在基层,不仅仅是人人参与文化、人人享受文化,还形成了人人创造文化的良好氛围。除了众多的志愿者,目前,全市约有1100多支民间艺术团体活跃在城乡文化艺术舞台上。在农村,农民自编、自导、自演了许多宣传党的政策、先进事迹、科技致富、婚育新风的节目,成为基层群众文化活动的一道亮丽风景。赛罕区文体广电局组织专人逐村逐社区对农村、社区文化活动人才、队伍进行详细的登记和备案,建立赛罕区乡村、社区文艺人才数据库,重点进行文化培训和业务指导,进而辐射带动更多基层群众参与文化、喜欢文化、热爱文化[1]。巴彦镇罗家营村在区委宣传部和巴彦镇党委政府的支持下,举办了一场农民自编自导的文艺演出,引数百名群众、学生及军队官兵围观喝彩,演出中还增加了为灾区群众捐款的环节[2]。自十八大胜利闭幕后,和林格尔县贾新荣文化大院的文艺爱好者开始着手编撰和排练剧目,把十八大精神融入节目当中,利用快板儿、二人台等群众喜闻乐见的艺术形式传唱十

① 刘军,胡海波.呼和浩特市赛罕区:倾力打造基层文化娱乐新乐园[EB/OL].[2018-04-01].http://www.sohu.com/a/110861843_115568.

② 福荣.呼和浩特市罗家营村民自办文艺晚会为灾区捐款[EB/OL].[2018-04-01].http://www.nmgcb.com.cn/minsheng/2013/0424/28514.html.

八大精神,编排了《快板》《观花》《四人说唱十八大》等老百姓喜爱的剧目,演出有声有色,村民看得津津有味①。在新城区,保合少镇村民自编自导"魅力保合少,和谐新农村"消夏文艺会演走进社区表演。其中二人台节目《夸夸咱们的新农村》由水泉村村民刘祥厚和杜三青自编自演,两位村民真实地唱出农民的心声,歌颂了在党和政府的帮助下,村民住上新房、开上新车的美好生活②。在玉泉区,创建国家公共文化服务体系示范区文化大院优秀节目展演中,南台什文化大院的演员们自编自演了歌唱共产党政策好、中国梦就要实现的二人台《笑在心头喜在心》③。

六、呼和浩特模式的主要举措

1. 推进基本公共文化服务制度建设

制度建设关系到公共文化服务体系的理论构建,关系到公共文化服务体系的科学和可持续发展。呼和浩特市以示范区建设为契机,在已有的国家公共文化服务政策、法律法规、标准等的基础上,结合示范区创建实践和本市公共文化服务的实际情况,通过理论联系实际的制度设计研究,在示范区创建的不同阶段及时进行政策供给,为示范区创建和全市公共文化服务体系发展提供有力的机制和制度保障。

(1)组织协调机制建设

呼和浩特市委、市政府高度重视示范区创建工作,充分发挥统筹推进全市公共文化服务体系建设的功能,专门成立市创建国家公共文化服务体系示范区工作领导小组,负责全市创建工作的领导、组织和协调,研究解决创建工作中的重大问题。示范区工作领导小组由市长担任领导小组组长、市文化新闻出版广电局为牵头部门,宣传、发展改革、教育、财政、人力资源社会保障等28个部门单位为成员。领导小组下设办公室,办公室设在市文新广局。经过充分沟通与协调,本着充分发挥各部门职能作用和资源优势,在规划编制、政策衔接、标准制定、社会宣传和组织实施等方面加强统筹、整体设计、协调推进的原则,明确各单位工作职责:

市文化新闻出版广电局是示范区创建的主力单位,负责创建工作的整体策划、部署、协调保障工作,按照示范区规划和实施方案的要求,协调、调度、督查、指导创建工作。市委组织部负责建立创建示范区工作考核制度,将创建任务完成情况纳入各地区和部门领导干部的年度实绩考核,加强党组织在创建工作中的领导核心作用,重点对责任部门、单位及领导班子,特别是党政一把手参与和组织开展创建工作履行职责情况进行督查。将公共文化服务内容纳入干部培训的教学计划体系中。

---

① 赵明升. 和林格尔县文化大院自编自导文艺节目宣传十八大精神[EB/OL]. [2018 - 04 - 01]. http://inews. nmgnews. com. cn/system/2012/12/07/010881381. shtml.

② 刘泽. 呼和浩特市保合少镇文艺进社区 党民共赞和谐新农村[EB/OL]. [2018 - 04 - 01]. http://news. ifeng. com/gundong/detail_2012_07/07/15855428_0. shtml.

③ 呼和浩特市文化新闻出版广电局. 玉泉区创建国家公共文化服务体系示范区文化大院优秀节目展演[EB/OL]. [2018 - 04 - 01]. http://wxgj. huhhot. gov. cn/whfw/zyxx/201702/t20170209_174817. html.

各旗县区人民政府是本区域内创建工作的责任主体,分别成立创建工作领导小组,制订建设规划和实施方案,并组织实施;组织领导和检查督促本地区文化馆、公共图书馆、多功能剧场、乡镇(街道)综合文化站、村(社区)综合文化服务中心、电子阅览室、农家书屋的新建和改扩建工作、做好本地区文化信息资源共享工程建设工作,确保达到创建标准。

在资金保障方面,市财政局牵头,市文化新闻出版广电局、各旗县区政府配合,负责制定各级财政对创建国家公共文化服务体系示范区资金保障机制的政策,落实创建示范区所需启动资金和配套扶持资金,制定创建经费使用管理规定,加强创建资金的使用管理。按照创建要求,保障村(社区)至少有 1 名财政补贴的文化管理员。

在人才队伍的保障方面,市机构编制委员会办公室牵头,市文化新闻出版广电局、各旗县区政府配合,负责研究全市公共文化服务人才队伍建设规划和政策,合理调整全市公共文化服务单位编制和专业技术人员岗位设置,优化岗位结构,推进公益性文化事业单位管理体制改革,确保市级文化事业单位业务人员占职工总数高于 70%,各地区文化事业单位业务人员占职工总数高于 80%,按照创建规划要求,各地区要保障乡镇(街道)文化部配备 3 名专职工作人员,村(社区)至少有 1 名财政补贴的文化管理员。市人力资源社会保障局负责组织好基层公共文化服务工作者技能培训和职业鉴定工作。市民政局负责配合做好城市社区公共文化服务岗位设置,把公共文化服务相关内容纳入社区工作职责。

在公共文化服务设施建设方面,市发展和改革委员会负责将示范区创建工作纳入年度发展规划,负责创建示范区建设工程的立项和审批。市国土资源局负责全市创建示范区建设用地的使用把关,充分考虑建设需求,合理安排土地,确保公共文化服务设施用房,围绕建设规划,做好城乡土地规划指导工作,依法落实公共文化服务设施用地政策,单独建设的非营利性公共文化服务设施,以划拨方式办理用地手续,免缴行政性收费;配套建设的公共文化服务设施,按主体建设项目整体依法供地。市城乡建设委员会牵头,各旗县区政府配合负责按照示范区规划和实施方案的要求,简化工作程序,加快建设项目的审批和建设工作。按照有关政策,减免行政性收费,采取新建、改扩建等多种方式,推进市、旗县区、乡镇(街道)、村(社区)公共文化服务设施建设,统筹指导监督建设工作。市规划局牵头,各旗县区政府配合负责按照示范区规划和实施方案的要求,简化工作程序,按照有关政策,减免行政性收费,把公共文化设施建设纳入城市总体规划中,统筹规划,合理布局,方便群众参加活动。对新建住宅小区文化设施配套用房的面积及配套标准等内容提出规划要求,对规划设计方案审查把关,严格审查社区文化设施配套用房,必须按要求设计,满足文化服务功能需求等。在建设过程中,要求其文化设施配套用房与住宅楼项目同时设计、同时报批、同时施工。

多部门协调,在群众文化活动开展上形成补充。市体育局负责组织开展丰富多彩的群众体育活动,打造群众体育活动品牌;市团委负责针对留守儿童和进城务工人员子女开展公益性文化活动,配合开展公共文化服务青年志愿者队伍组建、培训管理工作,组建市、旗县区两级文化志愿者队伍;市科协会负责开展"送科技下乡"等公共文化科普活动;市残联负责配合建设和完善公共文化服务场所时提供设置方便残障人士活动设施的意见和建议,提供信息交流无障碍服务,经常针对残障人士组织各类文体活动和专题文化培训;市总工会、市妇联负责对创建工作中涉及工会、妇联等部门的工作内容要达到国家关于公共文化服务体系建设的相关要求。市教育局及各旗县区负责建设具有公益性、普惠性、服务性为主的社区文化学校,创建特色服务项目,发挥教育职能,以培训、教学、活动为主要内容,开展社区培训、教育、交流活动,加强校园文化建设,搭建校园公共文化服务平台。

在示范区建设宣传方面,市委宣传部负责制定《呼和浩特市创建国家公共文化服务体系示范区宣传工作方案》;协调组织中央、自治区、市级媒体对创建示范区工作进行宣传报道,创新宣传手段,挖掘创建经验,展示公共文化服务体系建设的最新成果。截至 2017 年,编发创建信息专报 40 余期,对一批示范典型进行了重点宣传报道,在《中国文化报》《内蒙古日报》《呼和浩特日报》等共报道 300 余次。2016 年 11 月开通了呼和浩特市公共文化微信公众平台,已推送 80 多期,共计信息 700 余条。

2017 年 7 月,在示范区创建取得一定成效之后,经过总结两年来的建设经验和教训,呼和浩特市人民政府办公厅又印发《呼和浩特市公共文化服务体系建设协调机制实施方案》,进一步对建立公共文化服务协调机制进行部署,规定的议事规则为:一是领导小组每年召开 1—2 次全体会议;二是领导小组办公室不定期召开联络员工作会议,重点研究、讨论公共文化服务体系建设有关具体工作任务。三是领导小组按照"集体讨论、协商一致"的原则形成会议纪要。四是领导小组各成员在会前应主动研究有关工作,认真准备材料,按时参加会议,并根据会议纪要精神,分头组织落实。五是领导小组重点围绕公共文化服务体系建设开展工作,不改变现行公共文化管理体制,不替代、不削弱有关部门现行职责分工。

由于各部门在示范区创建过程中顾全大局,相互配合,密切协作,目前全市公共文化服务体系建设已经形成组织领导到位,机制保障有力的协同建设格局,建立部门职责明确、分工协作、目标清晰、统筹有力、运转有效的公共文化服务协调机制,有力地推动全市的公共文化服务体系示范区创建工作。

（2）制度设计研究及成果转化

2015 年 12 月,呼和浩特市人民政府办公厅印发《呼和浩特市创建国家公共文化服务体系示范区规划》,就对制度设计研究工作进行部署,要求选择公共文化服务体系建设中既有本地特点,又有普遍意义的问题展开研究,以研究成果指导创建实践,将研究成果转化为政策制度,为解决突出矛盾和问题提供制度建设。确定以"呼和浩特市公共文化服务效能机制创新研究"为主题开展制度设计研究,主要目标有以下三个方面:立足呼和浩特地区特色,聚焦于民族地区的公共文化服务体系建设;着眼公共文化服务的普遍性问题,探讨提升公共文化服务效能的有效途径;以体制机制改革为突破口,探索提高公共文化服务效能的机制保障。

"呼和浩特公共文化服务效能机制创新研究"的主要内容包括呼和浩特公共文化服务现状与特点、呼和浩特提升公共文化服务效能面临的突出矛盾和问题、呼和浩特提升公共文化服务效能的基本思路、呼和浩特提升公共文化服务效能的机制创新、呼和浩特推进服务效能机制创新的重点工程、呼和浩特推进服务效能机制创新的关键举措等六大方面。课题研究与示范区创建紧密结合,最终形成共计 10 万余字的《呼和浩特公共文化服务效能机制创新研究》的课题研究总报告和《呼和浩特市基层综合性文化服务中心建设研究》《呼和浩特市鼓励和引导社会力量参与公共文化服务政策研究》子课题研究报告,以及《呼和浩特市公共文化服务现状和问题调研报告》《呼和浩特市推动科技创新与公共文化服务深度融合调查报告》《呼和浩特市各族人民群众基本文化需求调研报告》等 3 个相关调查报告。

2015 年 12 月,示范区工作领导小组印发《呼和浩特市创建国家公共文化服务体系示范区过程管理若干制度规定》,要求在示范区创建过程中,要健全领导机制,建立联络员制度、经费管理制度、工作自查机制、督导检查制度、专家跟踪指导制度、宣传工作制度、群众评价反馈制度以及档案管理制度。此后，在示范区创建过程中，呼和浩特依托制度设计研究成果转化形成或延伸出一系列的制度建设成果，为示范区建设提供有力的制度保障。

制定《呼和浩特市基本公共文化服务标准》。以人民群众基本文化需求为导向，根据国家基本公共文化服务指导标准，按照因地制宜、适度超前的原则，围绕群众基本文化权益，建立与首府城市经济社会发展水平和供给能力相适应，包括基本公共文化服务保障标准、技术标准和评价标准在内的基本公共文化服务标准体系，明确基本公共文化服务的内容、种类、数量和水平，以及应具备的公共文化服务基本条件和各级政府的保障责任。2017年6月，呼和浩特市人民政府印发《关于加快构建现代公共文化服务体系的实施意见》，并参照国家、自治区基本公共文化服务指导标准，出台《呼和浩特市基本公共文化服务实施标准（2015—2020）》，从文化设施、基本文化服务项目、保障措施三个方面规定未来5年内呼和浩特市基本公共文化服务实施标准，为全市各旗、县制定当地标准提供依据。

制定公共文化服务考核评价制度。为及时掌握全市国家公共文化服务体系示范区创建工作进度，有效推动示范区建设，2016年6月，示范区工作领导小组发布《呼和浩特市创建国家公共文化服务体系示范区工作月报制度》，规定各旗县区、各创建单位于每月25日前，将本地区、本部门示范区创建工作当月进展情况（包括基本情况、存在问题、解决措施等）报至示范区工作领导小组。各旗县区、各创建单位要指定专人负责信息月报工作。

2016年12月，为全面推进公共文化服务体系示范区创建工作深入开展，圆满完成各项创建目标任务，将公共文化服务体系建设示范区建设工作纳入各旗县区、各责任单位绩效目标责任考核，示范区工作领导小组印发《呼和浩特市创建国家公共文化服务体系示范区绩效评估考核实施办法》，规定考核工作由示范区工作领导小组统一组织，会同市委组织部、市委督查室、市政府督查室共同实施。采取听汇报、查阅资料、实地查看、问卷调查、群众走访等方式进行。

为加强呼和浩特市公共文化服务体系建设的组织管理，完善工作机制，全面实施公共文化服务体系目标化管理，提升公共文化监管能力和水平，2017年6月，呼和浩特市人民政府办公厅印发《呼和浩特市公共文化服务体系建设评价考核办法（试行）》，评价和考核的范围已不仅仅局限于示范区创建，而是针对整个公共文化服务体系的建设。同时该办法第十六条规定，要将群众对公共文化服务的满意度、评价结果纳入对地区和公共文化服务单位的考评之中。聘请社会人士和群众代表，采取平时监督和年终评议打分的方式，对相关地区和单位公共文化建设与发展、公共文化服务工作做出评价。引入第三方专业机构开展评估。通过社会问卷调查、公共文化服务管理平台社区互动窗口，广泛征求群众的意见建设和工作评价。

引导和鼓励社会力量参与公共文化服务制度。为切实提高公共文化服务质量和效能，进一步推动公共文化服务的社会化发展，2017年6月，呼和浩特市人民政府办公厅印发《关于政府向社会力量购买公共文化服务的实施办法》，明确市政府向社会力量购买公共文化服务的指导思想、目标任务、基本原则、实施主体、购买内容、购买方式、购买程序、绩效考核、保障措施等方面的内容。同时，文件还发布政府向社会力量购买公共文化服务指导性目录，包括公益性文化产品的购买、创作与传播；公共文化活动的组织与承办；优秀传统文化的保护、传承与展示；公共文化设施的运营与管理；民办文化机构提供的免费或低收费服务等5个方面 25 个项目列入目录。

建立经费管理制度。2015 年 12 月,为加强和规划创建示范区过程中中央、自治区、呼和浩特市公共文化服务体系示范区创建专项资金的管理和监督,提高资金使用效益,确保专款专用,示范区工作领导小组出台《呼和浩特市国家公共文化服务体系示范区创建专项资金管理办法》,规定严格执行创建资金"三专一封闭"管理制度,即"专人管理、专账核算、专款专用、封闭运行",各地区要配备专人管理创建资金,设置财务资金专账,进行统一核算,确定统一支出手续,规范资金使用。

公共文化服务设施免费开放制度。为推动社区与机关单位文化资源共建共享,提高城乡公共文化服务设施利用率、覆盖率,满足群众阅读、健身、参加文艺活动需求,2017 年 6 月,呼和浩特市人民政府办公厅出台《呼和浩特市社区与机关单位公共文化服务设施共建共用办法(试行)》,规定各级机关单位拥有的文化体育设施,包括室内活动室和室外露天运动场所,只要符合居民需要和安全标准、设施独立且场馆面积超过 300 平方米的,均应向社区居民开放。开放时间全年应不少于 11 个月,日均应不用于 5 小时。法定节假日和学校寒暑假期间,应适当延长开放时间。各旗县区文化、体育行政管理部门和场馆设施管理单位应建立场馆信息服务平台,并通过广播、电视、报刊、互联网等媒体,公布本行政区域内公共文化服务设施开放名录。

制定一系列文化志愿服务制度。为切实加强全市文化志愿者作管理,推进文化志愿服务发展,规范文化志愿者注册制度,加强文化志愿者管理,吸引更多的民众参与文化志愿服务事业,2016 年 9 月,呼和浩特市文化新闻出版广电局出台《呼和浩特市文化志愿者管理办法(暂行)》。2017 年 5 月,又配套出台《呼和浩特市文化志愿者服务章程(试行)》《呼和浩特市文化志愿者培训制度(试行)》《呼和浩特市文化志愿者招募制度(试行)》《呼和浩特市文化志愿者管理制度(试行)》《呼和浩特市文化志愿者守则(试行)》《呼和浩特市文化志愿者礼遇办法(试行)》《呼和浩特市文化志愿者退出机制(试行)》等文件。

制定公共文化服务宣传制度。为切实加强创建国家公共文化服务体系示范区工作的宣传力度,营造深厚的创建氛围,推动创建工作深入开展,2015 年 12 月,示范区工作领导小组发布《呼和浩特市创建国家第三批公共文化服务体系示范区宣传方案》,将具体宣传工作分为新闻宣传、社会宣传和对外宣传 3 类,对每一类的宣传内容和方式进行规定。2017 年 1 月 12 日,示范区工作领导小组对该方案进行修订,将具体宣传工作按本市级宣传工作和旗县区宣传工作分别进行部署。宣传工作的重点主要有以下几方面:一是创建工作的重要意义、目标任务和方法步骤;二是市委、市政府和示范区创建领导小组关于创建工作的重要部署、重要举措和重要活动,以及全市创建工作总体动态情况;三是各旗县区、各部门、各单位的好思路、好做法、好举措及取得的显著成效;四是近年来全市在公共文化服务体系建设中取得的突出成效和积累的成功经验;五是在创建工作中的新成绩、新亮点和取得的阶段性成果;六是在国家公共文化服务体系示范创建制度设计研究方面取得的理论成果;七是全面及时反映全市公共文化服务体系建设其他方面的工作。

制定档案管理制度。档案资料管理是示范区创建工作验收考核的重要指标之一。为切实做好创建工作过程中的各类档案资料的收集、整理、归档等工作,并建立健全档案管理制度,确保创建工作顺利通过国家文化部的验收,2015 年 12 月,示范区领导小组发布《呼和浩特市创建国家公共文化服务体系示范区档案工作管理办法》,对档案的收集内容、整理范围和要求、规范标准和规则、档案资料的存放、归档和移交、奖励与考核以及具体要求进行详细的规定。作为附件同时印发《示范区档案管理人员职责》《呼和浩特市创建示范区"项目指标"结论性说明》《呼和浩特市创建国家公共文化服务体系示范区档案卷内目录》。2017 年11 月24 日，示范区工作领导小组发布《关于收集2017 年度呼和浩特市创建国家公共文化服务体系示范区工作档案的通知》，要严格对照第三批《国家公共文化服务体系示范区创建标准（西部）》《呼和浩特市创建国家公共文化服务体系示范区规划》以及文化部2017 年7 月中期督查的反馈意见，参考《第三批国家公共文化服务体系示范区中期督查和项目和指标》，将本地区、本部门（科、室）在创建活动中产生的所有资料（包括文字、图表、影像等）进行"地毯式"梳理，逐条整理，做到翔实全面。

制定两部针对性的制度。一是针对贫困地区公共文化服务体系建设的政策。2017 年6 月，呼和浩特市人民政府办公厅发布《关于加快贫困地区公共文化服务体系建设的实施意见》，提出实现自治区级、国家级重点贫困旗县公共文化服务体系建设分别于2017 年和2020 年全部达到或接近全区平均水平的目标。贫困旗县公共文化服务网络更加健全，服务能力和水平明显提高，文化工作队伍不断壮大，公共文化服务资金、人才队伍保障政策逐步落实，群众基本文化权益得到较好保障。二是针对基层公共文化服务体系建设和政策。2017 年6 月，呼和浩特市人民政府出台《呼和浩特市推进基层综合性文化服务中心建设实施方案》，提出到2017 年年底，全市乡镇（街道办事处）和村（社区）普遍建成集宣传文化、广播电视、党员教育、科学普及、普法教育、体育健身等功能于一体，设施完备、功能齐全、服务规范、保障有力、群众满意度较高的基层综合性文化服务中心，形成一套符合实际、运行良好的管理体制和运行机制，建立一支高素质的基层文化队伍。

2. 强化公共文化服务主体单元建设

市级文化机构是城乡文化的中心，不仅担负着城区人口的公共文化服务任务，还要负责对县级、乡镇（社区）文化机构进行业务指导，是全市公共文化服务体系建设的协作和协调中心。县级文化机构处于承上启下的枢纽地位，承担着为本辖区内包括农村人口在内的全部人口提供公共文化服务的任务以及对乡镇、农村基层文化机构的业务辅导任务，是县域内公共文化服务体系建设的中坚力量。因此，市、县两级文化机构是市域内公共文化建设的主体单元，不仅需要有较强的资源保障能力、面向公众的服务能力，还需要有面向基层的业务指导能力。因而强化主体单元建设，充分激发其活力，对于完善公共文化服务体系、提升公共文化服务效能具有十分重要的作用。呼和浩特市以示范区创建为契机，通过多种手段和途径加强市县级文化机构建设，为建立覆盖城乡的公共文化服务体系提供有效保障。

（1）建立和完善公共文化服务机构法人治理结构

为进一步转变政府职能，创新政府提供公共服务的方式和手段，激发事业单位活力，更好地满足公众日益增长的公共服务需求，根据《中共中央　国务院关于分类推进事业单位改革配套的指导意见》、国务院办公厅印发的《关于建立和完善事业单位法人治理结构的意见》，2014 年，呼和浩特市机构编制委员会办公室印发《呼和浩特市事业单位法人治理结构试点工作的指导意见》的通知，启动事业单位法人治理结构建设试点工作，呼和浩特市图书馆作为试点单位之一，成立以呼和浩特市文化新闻出版广电局主要领导为组长的呼和浩特市图书馆法人治理结构试点工作领导小组。在明确图书馆试点单位的工作原则、目标和程序后,着手制订实施方案,完成《呼和浩特市图书馆理事会章程(草案)》,并面向社会公开招聘读者代表、新闻媒体代表。

经过精心准备,2015 年 6 月 19 日,呼和浩特市图书馆理事会成立大会暨第一届第一次会议召开,审议并通过《呼和浩特市图书馆理事会章程(草案)》《呼和浩特市图书馆理事会工作制度》《呼和浩特市图书馆理事会管理制度》。理事会由 13 名理事组成,其中政府行政部门代表 2 人、市文化新闻出版广电局代表 1 人、图书馆领导代表 1 人、图书馆职工代表 1 人、新闻媒体代表 1 人、社会知名人士 1 人、读者代表 1 人、高校图书馆代表 1 人、企业代表 1 人、政协委员代表 1 人、图书馆学专家代表 1 人、人大代表 1 人等组成。其中呼和浩特市文化新闻出版广电局代表理事,由市文化新闻出版广电局按组织程序委派;图书馆现任馆长为当然理事,同时是执行理事;职工代表理事由全体职工大会或职工代表大会选举产生;读者代表理事和新闻媒体代表理事采取网上公开报名,筹备领导小组筛选确认的方式产生;其他理事由筹备领导小组推荐产生,确保理事会成员结构的多元性、来源的广泛性和公众的参与性。

目前,呼和浩特市旗县级以上公共图书馆都已成立理事会。

呼和浩特市群众艺术馆也是全市法人治理结构试点单位,2015 年 3 月以来,在呼和浩特市文化新闻出版广电局的统筹领导下先后经历前期调研、学习研讨、草拟和修改群众文化理事会章程等过程,于 2017 年 6 月 19 日正式成立呼和浩特市群众艺术馆群众文化理事会。理事会由 15 名理事组成:其中专家理事 3 人,1 人为呼和浩特市群众艺术馆代表、另 2 人为内蒙古著名表演艺术家和著名作曲家;理事 12 人,2 人为市文化新闻出版广电局代表、1 人为呼和浩特市文明城市创建指导中心代表、3 人为呼和浩特市群众艺术馆代表、2 人为民办艺术团体代表、2 人为社会组织代表、1 人为新闻媒体代表、1 人为企业代表①。

2017 年 6 月 20 日,呼和浩特市博物馆理事会正式成立,最终形成以呼和浩特市博物馆代表、社会知名人士代表、民办博物馆代表、高校历史文化研究代表、新闻媒体代表、政协委员代表、地方历史学专家代表、企业代表等众多社会力量参与的理事会成员结构②。

(2)公共图书馆、群众艺术馆总分馆制建设

1)公共图书馆总分馆制建设

为了切实整合呼和浩特市的文献信息资源,实行"一卡通"通借通还服务,并逐步实现呼和浩特市文献信息资源的共建共享,2014 年 7 月,呼和浩特市图书馆发起成立呼和浩特市图书馆联盟,组织召开全市图书馆馆长联席会议,并与各馆签订《呼和浩特图书馆联盟协议书》《呼和浩特图书馆联盟协作协议书》,制定《呼和浩特图书馆联盟章程》,成立呼和浩特图书馆联盟理事会。按照《呼和浩特图书馆联盟章程》,该联盟的主要任务包括:

组织推动全市图书馆计算机管理系统一体化工作,开展计算机文献书目数据联合编目及共建共享;积极开展成员馆间的计算机流通借阅与馆际互借服务,实现全市图书馆的文献资源共享,逐步在有条件的地区实现通借通还;加强图书馆地方文献建设,开展地方文献资

源联合征集及全市图书馆地方文献联合目录的编制工作,联合开展地方特色数据库建设;积极推动图书馆联合参考咨询工作,搭建全市图书馆联合参考咨询服务平台,联合开展决策咨询服务、课题跟踪服务、专题文献资料编辑推送服务;组织开展面向基层图书馆从业人员的职业道德与专业知识技能联合培训工作,开展全市图书馆调研与业务辅导工作;联合开展以培养阅读习惯、传授阅读方法、促进大众阅读为目的的阅读推广活动。组织推进面向图书馆的讲座、展览资源共建共享工作,促进全市图书馆讲座、展览工作的平稳开展。积极促进面向全市的图书馆数字资源共建共享,开展数字文献资源利用宣传推广服务,推动全市数字图书馆建设健康发展;建立流动图书馆,实行总分馆制,实行“一卡通”借阅服务,通借通还,资源共享;建立基于联盟图书馆馆藏数字化加工中心,扩大资源共享服务范围,集中技术力量、管理人才和优势设备进行数字化生产,实现馆藏数字化加工的共享服务;建立全市图书馆联盟网站和软硬件平台支撑环境,供联盟各成员单位独立建立、管理、发布讲座及展览信息;在联盟内联合开展图书馆联盟项目研究,联合申报课题,对联盟可持续发展进行研究,制订图书馆联盟中长期发展规划。

截至 2015 年,呼和浩特市图书馆与包括旗县区图书馆在内的 16 个成员馆签订联盟协议,为实现全市公共图书馆总分馆制奠定基础。在此基础上,进一步完善各个基层服务点,通过走访调研各个服务点的基本情况,为开展总分馆制和通借通还工作创造条件。

为了顺利推进公共图书馆总分馆体系建设,学习借鉴先进地区公共图书馆总分馆体系建设经验,2016 年年初,呼和浩特市图书馆组织全市公共图书馆馆长及业务人员赴沈阳、长春,针对公共图书馆总分馆体系建设开展调研。2016 年 5 月 10 日,呼和浩特市图书馆组织召开“公共文化服务体系下的图书馆总分馆建设与运营”会议,讨论呼和浩特市创建国家公共文化服务体系示范区背景下,呼和浩特地区图书馆总分馆体系建设。会议邀请东莞市、嘉兴市图书馆专家介绍当地图书馆总分馆建设经验。

截至 2016 年,呼和浩特市已建立以市级图书馆为中心馆,旗县级图书馆为总馆,乡镇综合文化站为分馆,村(社区)综合文化服务中心(文化室)为基层服务点的总分馆四级服务体系,实现市内四区图书馆总分馆建设。2017 年 11 月,呼和浩特市图书馆启动“鸿雁阅读”计划,将内蒙古新华发行集团在呼和浩特市建设的 6 家城市书房纳入总分馆体系;同时还与企业合作建立中国石油内蒙古销售公司分馆、U°咖啡分馆、金谷银行分馆以及托克托县图书馆自来水公司分馆、玉泉区图书馆红马分馆等,使群众能够就近、便捷、充分地享受普遍均等的文化服务。

2)群众艺术馆总分馆制建设

2016 年,为进一步发挥群众艺术馆与文化馆等在公共文化服务体系建设中的作用,统筹推进全市及 9 个旗县区文化馆服务均衡发展,促进标准化、均等化,有效对接群众文化需求,呼和浩特市群众艺术馆启动了呼和浩特市文化馆 1＋9 联动机制建设。

基本原则:一是统一规划,分级负责。坚持“市里业务指导、旗县区统筹实施”的原则,科学规划,有序推进。二是政府主导,文化主抓。发挥旗县区人民政府在文化馆 1＋9 联动建设中的主导作用,加大投入,为文化馆 1＋9 联动建设做好强力后盾,各旗县区文化部门要承担主要建设责任,做好各相关单位、部门的沟通协调,推动 1＋9 联动建设。三是全面推开,重点推进。依托现有覆盖城乡的文化馆(站)服务网络,在全市及 9 个旗县区范围内全面推开文化馆 1＋9 联动建设,同时根据各旗县区自身基本情况、公共文化服务发展现状、服务网点布局等因素,在基础设施条件较好的地区重点推进,率先形成示范,为其他地区的文化馆1+9联动建设提供经验,确保全市及9个旗县区的文化馆1+9联动建设稳妥推进。四是城乡一体,效能优先。促进城市优质文化资源向基层和农村流动,维护和保障城乡群众同等享受基本公共文化服务的权益,不断满足城乡居民的精神文化需求。强化基层文化阵地的标准化管理、规范化服务,有效对接群众文化需求,提供多样化的产品和服务,增强发展活力,发挥最大的社会效益。五是因地制宜,注重实效。根据各旗县区的自然条件、经济社会发展现状和服务需求等多种因素,因地制宜确定改革方向,量力而行建设,要突出特点、特色,不强求一律。着重在现有基础上按照具体建设要求开展工作,循序渐进,注重实效,形成各具特色的建设格局,不搞一刀切。

重点建设任务:一是加强市级中心馆建设。呼和浩特市群众艺术馆是文化馆1+9联动制的中心馆,重点要加强中心馆职能建设,调整内设机构,承担起规划协调中心、业务支持中心、人才培训中心、创新研究中心和数字服务中心等五大职能,规范服务标识,建设数字平台,加强辅导培训,优化资源配置,不断提升文化馆1+9联动机制的服务效能。二是强化旗县区文化馆总馆建设。各旗县区文化馆既是面向公众提供公共文化服务的县级馆,又是旗县区域范围内1+9联动服务体系的总馆。各旗县区除履行好现有职能外,重点要强化总馆的职能,设置相应的工作机构。总馆要在中心馆指导下全面参与全市及9个旗县区各类文化活动,主动接受资源调配,协调好各分馆之间的资源配送,开展好文艺骨干培训、活动策划统筹、数字文化服务等。三是完善乡镇、街道、文化大院分馆建设。文化馆乡镇、街道、文化大院分馆以综合文化站为依托,除履行好现有免费开放等职能外,重点在总馆的指导下全面承担文化艺术辅导、文化活动组织、文化项目承办、特色文化建设、群文团队组建与扶持等分馆职能,指导村、社区群众文化活动,开展下探式延伸服务。乡镇、街道、文化大院分馆要与总馆互联互通、资源共享,通过创新管理方式,落实1+9联动运行机制,承担总馆部署的各项任务,策划、组织本地特色文化活动和培训、辅导、创作,吸引社会力量广泛参与,形成常态化的工作机制。

1+9联动机制的运行:呼和浩特市群众艺术馆作为1+9联动制的中心馆,要充分发挥辐射带动作用。一是要建立与旗县区文化馆(总馆)会议联席、活动联办、培训联做、平台联建、场地联用"五联"工作机制;二是向各旗县区文化馆派驻业务副馆长(原有人事关系不做改变,不要求在旗县区文化馆强制坐班),单就各旗县区文化馆各项群文活动的策划组织、业务培训、各分馆的业务指导、建立群众意见反馈机制等工作提供指导、支持。

旗县区文化馆作为各地区文化馆服务体系的总馆,要充分发挥龙头和枢纽作用。一是密切与中心馆、分馆的联系,统筹协调本地区的演出、展览、培训等活动及设施设备,为分馆提供资源、服务、技术、资金等支持;二是在中心馆业务副馆长的指导下,向各乡镇、街道、文化大院分馆派出流动文化指导员(原有人事关系不变,不要求在分馆强制坐班),定期(每月1次)和不定期(根据活动需求或者分馆的实际需要)对分馆的各项服务进行指导。

乡镇、街道、文化大院分馆既要参与落实总馆的各项任务和活动项目,又要挖掘地方特色策划、组织各类群众文化活动,组建培育业余文艺团队,听取群众意见、找准群众需求,丰富活跃基层群众文化生活。

在建设过程中,呼和浩特市群众艺术馆根据各旗县区的自身条件、经济社会发展现状和公共文化服务需求等多种因素,因地制宜,充分发挥文化户、文化大院作用,将其纳入1+9

联动建设内容,以各种不同形式,支持、推动文化户和文化大院在1+9联动体系建设中的作用。此外,结合文化馆理事会改革,鼓励支持企业、社会组织和其他社会力量,通过赞助活动、捐助设备、资助项目、提供公益产品和服务等方式,参与文化馆1+9联动建设。如北半球文化大院、绿果果文化大院、壹厘米教育被先后纳入1+9联动体系,成为呼和浩特市群众艺术馆分馆。

(3)积极参加公共图书馆和文化馆评估定级工作

目前,呼和浩特市县两级群众艺术馆、文化馆共有10家。在文化部组织的2015年第四次全国文化馆评估定级中,赛罕区文化馆获评一级馆,新城区文化馆获评二级馆,呼和浩特市群众艺术馆、回民区文化馆、土默特左旗文化馆、托克托县文化馆、武川县文化馆分别获评三级馆①。此次评估正值呼和浩特市申报创建第三批国家公共文化服务体系示范区之际,呼和浩特市抓住机遇,以评促建,对全市文化馆的基础设施、业务建设和服务水平进行一次全方位的检查,从中寻找差距,查漏补缺,整改提高,为下一步示范区创建中文化馆基础设施、服务内容和服务方式的提档升级提供全面、细致的依据。

2017年3月,文化部启动第六次全国县级以上公共图书馆评估定级工作。呼和浩特市高度重视,将公共图书馆评估定级工作与示范区创建工作相结合,以带动公共图书馆设施建设、经费投入、项目实施、队伍配备等重要问题的解决。

1)高度重视,提前筹备

2016年11月8日,根据创建公共文化服务体系示范区的要求,全市9个旗县区图书馆馆长在呼和浩特市图书馆就"全国公共图书馆第六次评估定级工作"展开研讨,根据《第六次公共图书馆评估标准》(征求意见稿),就各馆普遍存在的问题和先进经验进行交流,为更好地完成下一步自评过程中的各项任务谋对策、找途径②。

2016年12月6日,为使市、旗县区公共图书馆对即将开展的全国第六次县以上公共图书馆评估定级工作有充分的认识,并提前筹备评估前期的各项准备工作,由内蒙古自治区图书馆学会主办,呼和浩特市图书馆、呼和浩特市图书馆学会承办的"呼和浩特地区公共图书馆第六次评估定级"培训班在呼和浩特市图书馆举办。此次培训班特邀第六次公共图书馆评估专家组成员陈昊琳详细解读《市县两级公共图书馆第六次评估定级工作评估标准》,为各馆对照标准,自查自改,迎接第六次县以上公共图书馆评估定级工作做好准备③。

2017年4月15日,由中国图书馆学会民族文献阅读推广专业委员会、呼和浩特市图书馆等12家单位共同主办的"绩效评估与图书馆建设研讨会"顺利召开,呼和浩特图书馆组织本馆专业技术人员和业务骨干、各旗县区图书馆馆长与业务骨干参加。会议邀请南开大学商学院信息资源管理系柯平教授,碧虚公司刘锦山博士围绕第六次公共图书馆评估定级工作相关制度政策和具体评估标准、基层图书馆资源建设等主题展开报告,同时还就相关问题

① 文化部办公厅.文化部办公厅关于公示第四次全国文化馆评估定级结果的公告[EB/OL].[2018 - 04 - 02].http://www.cpcca.org.cn/pinggu/201610/t20161026_1267899.htm.

② 呼和浩特市文化新闻出版广电局.呼市旗县区图书馆馆长就第六次公共图书馆评估定级工作在呼市图书馆进行研讨[EB/OL].[2018 - 04 - 06].http://wxgj.huhhot.gov.cn/whzx/ggwh/201611/t20161110_157118.html.

③ 呼和浩特市文化新闻出版广电局."呼和浩特地区公共图书馆第六次评估定级"培训班在呼市图书馆举办[EB/OL].[2018 - 04 - 06].http://wxgj.huhhot.gov.cn/whzx/ggwh/201612/t20161207_158280.html.

进行深入探讨①。

2017年5月7日,呼和浩特市图书馆组织召开第六次全国公共图书馆评估条目详解研讨会,邀请评估定级宣讲专家委员会成员谢林为周边盟市及旗县图书馆馆员解读第六次评估定级标准条目②。

一系列培训和会议的召开,使全市旗县级公共图书馆管理人员进行一次全新的图书馆业务工作学习,对促进和推动公共图书馆评估定级工作、推动呼和浩特市公共图书馆的建设、促进示范区创建工作起到积极的推动作用。

2)积极行动,以评促建

评估工作启动后,呼和浩特市各旗县区政府和相关部门高度重视,市级和各旗县区公共图书馆相继成立第六次评估工作小组,在保证馆内业务正常开展的情况下,积极进行自评自查工作。以赛罕区为例,区政府责成区文化体育和广播电影电视局多次听取赛罕区图书馆进行汇报,了解第六次评估的精神、要求以及赛罕区图书馆的现状。赛罕区文化体育和广播电影电视局主要领导对如何做好第六次评估工作做出具体指示,成立由局领导担任组长的评估领导小组,要求图书馆对软硬件现状进行一次摸底,在政策文件允许的范围内对一些短板进行补救,夯实办馆基础。2017年5月,经过赛罕区文化体育和广播电影电视局研究并报区领导同意,赛罕区财政拨出专项款490多万元用来加强图书馆建设,弥补短板。这一举措有力地改善赛罕区图书馆的软硬件和资源状况,强化图书馆的现代化设施,为图书馆未来几年的发展奠定坚实的基础。

呼和浩特图书馆本着"以评促建、以评促管、以评促用"的指导思想,坚持以"提高图书馆服务质量和办馆水平"为目标,对照评估标准,认真组织培训学习,严格按照评估要求开展工作,如期完成评估平台各项指标的填报和各类业务材料的整理准备工作。8月份,根据自治区文化厅的统一部署,市文新广局牵头,组织两个评估工作小组,在前期网上初评基础上,深入土默特左旗、托克托县、和林格尔县、回民区、新城区等9个旗县区,对9家县级公共图书馆进行实地抽查复评工作,圆满完成呼和浩特地区县级图书馆评估工作。

2017年12月14日上午,文化部第三评估组对呼和浩特市图书馆实地评估后,充分肯定呼和浩特市图书馆在硬件设施配套、资源建设以及读者服务方面的特色、亮点和取得的成效,高度评价图书馆在本次评估定级过程中的工作成效。评估组指出:呼和浩特市图书馆能够紧紧抓住国家级公共文化服务体系示范区创建和第六次全国县级以上公共图书馆评估定级的契机,积极争取上级政府的重视,能够克服困难,在馆舍改造、文献建设、服务开展、数字资源建设等方面,都取得了卓有成效的成绩,打造"鸿雁悦读"和"青城记忆"等服务品牌,图书馆服务能力得到提升,功能性发挥得比较好,得到当地群众的认可,整体的面貌是很不错的③。

① 呼和浩特市文化新闻出版广电局.绩效评估与图书馆建设研讨会在呼和浩特召开[EB/OL].[2018 - 04 - 06].http://wxgj.huhhot.gov.cn/whzx/ggwh/201704/t20170417_177312.html.

② 呼和浩特市文化新闻出版广电局.第六次全国公共图书馆评估条目详解研讨会在市图书馆召开[EB/OL].[2018 - 04 - 04].http://wxgj.huhhot.gov.cn/whzx/ggwh/201705/t20170509_178559.html.

③ 呼和浩特图书馆.文化部第三评估组就呼市图书馆第六次全国副省级以上公共图书馆评估工作情况做出反馈[EB/OL].[2018 - 04 - 04].http://www.hhhtnews.com/2017/1222/2717889.shtml.

图 3-7　文化部第三评估组赴呼和浩特市图书馆开展第六次公共图书馆评估抽查工作（王宇　摄影）

在第六次全国县级以上公共图书馆评估定级中，呼和浩特市公共图书馆参评率为百分之百，申报二级地市级图书馆一家，县级图书馆两家，其他图书馆均申报三级，历次评估以来情况最好。通过此次评估，呼和浩特市公共图书馆硬件设施和资源等得到有效和快速提升，同时评估工作也是一次对全市公共图书馆事业的系统梳理，有利于发现不足，补齐短板，提升效能，对呼和浩特市示范区创建和公共文化服务体系建设起到极大的推动作用。

3. 强化公共文化服务基础设施建设

公共文化设施是公共文化服务供给的基础和载体，其完善程度直接影响着公共文化资源和服务供给的水平，没有布局均匀、全面覆盖的设施网络体系，公共文化活动就难以开展。近年来，呼和浩特市逐步构建"城市文化设施＋旗县区文化场馆＋乡镇综合文化站＋农村文化室（农家书屋）＋社会文体活动中心"的覆盖全市的公共文化设施网络，并结合"宽带中国""智慧城市"等国家重大信息工程建设，统筹实施数字图书馆、文化馆、博物馆、美术馆和文化信息资源共享等项目，构建标准统一、互联互通的公共数字文化服务网络。

2017 年，《呼和浩特市人民政府关于加快构建现代公共文化服务体系的实施意见》（简称《实施意见》）出台，呼和浩特市加快了公共文化服务基础设施建设工作，将公共文化设施的建设作为统筹推进公共文化服务均衡发展的主要任务。2017 年前后启动一批市级重点公共文化设施工程和旗县区级公共文化设施工程，有力地推进公共文化设施网络体系的建设。

（1）青城驿站建设

公厕建设关乎民生，是一个城市文明程度的标志。2016 年年底，呼和浩特市委、市政府积极响应党中央号召，决定启动青城驿站工程，把公厕建设作为提升首府环境卫生质量、推进城市文明发展水平的重要举措之一。青城驿站是以解决群众如厕这一民生公共刚需为核心，集公厕、文化休闲空间、景观建筑于一体的城市公共服务综合体。2017 年，青城驿站建设进入高潮。

青城驿站在重新定义公厕的基础上，在推动现代公厕文明的同时，扩大便民服务内容，增设文化设施和文化服务，赋予公厕更丰富的文化内涵，把公厕建设成重要的新型公共文化空间。青城驿站的选址围绕主街区和旅游景点周边,既有木质上下两层复式结构,也有泥土混搭结构,外形时尚、功能齐全。青城驿站内设水冲公厕、咖啡屋、超市、休闲茶吧、超市、节能汽车充电桩、手机充电站、信息查询、皮鞋美容、书报亭、便利店、银行柜员机、垃圾收集点等便民设施或服务,部分还设有母婴专区。青城驿站还为环卫工人休息、喝水、淋浴提供了空间。

在上述便民服务基础上,呼和浩特市特别重视青城驿站文化功能的开发打造,通过调动公共文化服务机构、社会教育机构、文化企业、社区居委会等各个方面的力量,在青城驿站建立阅览室、民族传统乐器展示馆、市民学校、道德讲堂、青少年活动中心、书画室、手工课程培训中心等文化空间,开展了一系列文化活动。呼和浩特市政府将 70 座青城驿站交给呼和浩特市图书馆和各旗县区图书馆管理运营,图书馆把青城驿站纳入公共图书馆中心馆—总分馆服务体系之中,根据青城驿站空间大小,为每个青城驿站配备数量不同的图书期刊报纸、自助办证机、自助借还机、阅读机等资源和设备。在空间比较大的青城驿站打造 12 个"鸿雁悦读"书房和 20 个微型图书馆,空间比较小的 38 个青城驿站配备自助售书机和数字阅读设备。

截至 2018 年 4 月,2017 年度计划建设的 346 个青城驿站已经全部建成[①]。2018 年计划新建青城驿站 500 个[②]。

(2)图书馆基础设施建设

目前,呼和浩特市共有旗县区两级公共图书馆 10 家,分别是呼和浩特市图书馆、回民区图书馆、玉泉区图书馆、新城区图书馆、赛罕区图书馆、托克托县图书馆、清水河县图书馆、武川县图书馆、和林格尔县图书馆、土默特左旗图书馆。全市旗县区两级公共图书馆均采用图书馆集群管理系统,采访、编目、典藏、流通等各个业务环节均实现数字化统一管理,并分别配备有流动服务车。

呼和浩特市图书馆现馆舍建设面积 8000 平方米,设有外借处、阅览室 15 个,拥有阅览座席 609 个,馆内配有 24 小时自助图书馆设备,拥有读者用终端计算机 105 台,触摸媒体机 8 台,实现读者服务区无线网全覆盖。2017 年与新华书店合作,共配备有 17 台流动车为市民提供"鸿雁悦读"服务。2015 年开始对馆舍进行分期改造,重点打造图书馆自助服务功能,目前各项改造工程已全部完成并投入使用。

2017 年 4 月,呼和浩特市启动呼和浩特市文化客厅项目。呼和浩特市文化客厅项目位于赛罕区巴彦塔拉路以东,内蒙古党校以南的位置,投资 40.39 亿元,建设包括呼和浩特市图书馆、呼和浩特市档案馆、呼和浩特市方志馆、呼和浩特市演艺中心、呼和浩特市青少年宫、呼和浩特民俗文化展示馆六大文化文化设施新馆。呼和浩特市文化客厅项目总建筑面积 336 900 平方米,其中呼和浩特市图书馆新馆建筑面积 35 000 平方米。项目从 2017 年 4 月开始,计划 2019 年 10 月完成[③]。呼和浩特市图书馆新馆建成之后,老馆作为呼和浩特市图书馆少儿分馆继续保留使用。

① 郭伟伟,李丽. 内蒙古:新一轮"厕所革命"让乡村更宜居[EB/OL]. [2018 - 04 - 15]. http://tourist.northnews.cn/2018/0409/2821117.shtml.

② 冯燕平. 云光中调研青城驿站及公共卫生间建设情况时强调以高质量民生工程回应群众对美好生活的期待[EB/OL]. [2018 - 04 - 15]. http://szb.saibeinews.com/rb/page/2018-04/13/content_548663.htm.

③ 内蒙古青山文化旅游投资有限责任公司,内蒙古建研咨询有限公司. 呼市文化客厅建设项目社会稳定风险评估[EB/OL]. [2018 - 02 - 23]. http://www.hhhtnews.com/2017/0511/2496229.shtml.

图 3-8 呼市图书馆流动服务车开展服务(王宇 摄影)

图 3-9 呼和浩特市图书馆新馆效果图

图 3-10 呼和浩特市图书馆 24 小时自助图书馆(王宇 摄影)

新城区图书馆现有馆舍面积 800 平方米,设有电子阅览室、社会科学(自然科学)图书外借室、少儿图书借阅室、工具书查阅室、地方文献查阅室、视障阅览室、自习室、培训辅导室等多个服务窗口;拥有阅览座席 174 个,读者用计算机 47 台,自助借还机 1 台,触摸媒体机 12 台,读者服务区实现无线网络全覆盖。2017 年 3 月,新城区图书馆(塞外书咖)装修改造项目启动,改造后的图书馆成为集 24 小时自助图书馆借还、报刊阅览、绿色上网、数字阅读、书咖茶吧、读者沙龙、亲子共读、视障阅览为一体的新型阅读空间,面积约 3000 平方米,2018 年 4 月正式对外开放。2017 年配备流动服务车一台。

回民区图书馆建筑面积 6000 平方米,阅览座席 400 个,读者计算机 80 台,自助借还机 5 台,触摸媒体机 8 台,读者服务区无线网覆盖率为 100%。2017 年配备流动服务车一台。

玉泉区图书馆是玉泉区最大的综合性公共图书馆,现馆舍面积 3000 平方米,设有共享工程电子阅览室、成人阅览室、少儿阅览室、采编室、书库、多功能厅、老年人阅览室、少儿活动室、视障阅览室、活动室、活动展厅、文献资料室、外借处等服务窗口,拥有阅览座席 220 个,读者用计算机终端 17 台、触摸媒体机 3 台,读者服务区无线网覆盖率达到 100%。2017 年配备流动服务车一台。

赛罕区图书馆现有馆舍面积 2500 平方米,与赛罕区市民服务中心共享使用有多功能教室、大型培训室、会议室、职工活动中心等总使用面积逾 3000 平方米,馆内设有书库借阅区、少儿活动室、少儿借阅室、特藏室,自习室,残障室,多媒体室,报刊查阅区、文化信息资源共享工程赛罕区支中心等服务窗口,拥有阅览座席 470 个、读者用计算机终端 47 台、自助借还机 3 台、触摸媒体机 4 台、自助办证机 2 台、读者服务区无线网覆盖率为 100%。2017 年配备流动服务车一台。

土默特左旗图书馆新馆 2018 年 3 月建成,建筑面积 3800 平方米,设有儿童阅览区、成人阅览区、电子阅览区,蒙文阅览区、盲文阅览区、报刊阅览区、自习室、多功能厅等,藏书 20 多万册,拥有阅览座位 300 多个、电子借阅机 1 台、自动借还机 2 台、少儿阅读机 2 台、读报机 4 台、自动办证机 1 台、图书消毒柜 2 台。读者服务区无线网覆盖率为 100%。2017 年配备流动服务车一台。

托克托县图书馆老馆馆舍面积 573 平方米,馆内设有电子阅览室、外借室、资料室、少儿阅览室等服务窗口。2017 年 12 月,3000 平方米的新馆建成。新馆设书库、阅览室、外借处、电子视听文献阅览室、咨询服务大厅、目录厅、多媒体报告厅、二十四小自助借还室、自学室、展示厅及办公区等,馆外大楼前设有人员集散地、绿化地、停车场及无障碍通道。读者用计算机 80 台、自助借还机 3 台、触摸媒体机 13 台、读者服务区无线网覆盖率为 100%。2017 年配备流动服务车一台。

和林格尔县图书馆现馆舍建成于 2015 年,2016 年正式对外开放,是和林格尔县重点公共文化服务设施项目之一。馆舍建筑面积 1550 平方米,设有借阅区、电子阅览区、视障人阅览区、少儿阅览区、自助借还区、多功能讲读厅等。拥有阅览座位 120 个、读者用计算机 40 台、自助借还机 2 台、触摸媒体机 4 台、3D 家庭影院 2 套,读者服务区无线网覆盖率为 100%。2017 年配备流动服务车一台。

清水河县图书馆现有馆舍建筑面积 230 平方米,租用面积 2000 平方米,拥有阅览座席 356 个,读者用计算机终端 40 台,自助借还机 6 台、触摸媒体机 4 台,读者服务区无线网覆盖率为 100%。2017 年配备流动服务车一台。在建新馆占地面积 4210 平方米,建筑面积为

3300 平方米,设计投资 909 万元,2017 年 10 月已完成主体工程建设。

武川县图书馆现有馆舍建筑面积面 1200 平方米,设外借处、综合阅览室、资料室、少儿阅览室、自学阅览室、电子阅览室等服务窗口,拥有阅览座位 300 个、读者用计算机 37 台、触摸媒体机 5 台、分馆一个,读者服务区无线网覆盖率为 100%。2016 年配备流动服务车一台。

(3)文化馆(群众艺术馆)基础设施建设

呼和浩特市、县两级共有群众艺术馆、文化馆 10 家。在文化部 2015 年第四次全国文化馆评估定级中,赛罕区文化馆获评一级馆,新城区文化馆获评二级馆,呼和浩特市群众艺术馆、回民区文化馆、土默特左旗文化馆、托克托县文化馆、武川县文化馆分别获评三级馆①。赛罕区文化馆在 2017 年被内蒙古自治区文化厅评为 2015—2016 年度全区十佳文化馆。

2017 年 3 月,按照高于国家西部创建标准的要求,呼和浩特市群众艺术馆建成面积为 8257 平方米的新馆,新增排练厅 2 个、剧场 1 个、展厅 1 个、琴房 9 个、器乐室 1 个、声乐室 1 个、合唱室 1 个、数字文化厅 2 个、互动厅 13 个、美术室 5 个、录音房 2 个、电教室 2 个。目前,设有壹厘米教育分馆、北半球分馆、八拜分馆、鸿福分馆等 4 个分馆。其中,鸿福分馆坐落于乌兰察布路 257 号,馆舍面积 400 余平方米,拥有大型演艺厅、各类文化活动厅(室)5 个,琴棋书画四大功能为一体,可进行唱歌跳舞、书法摄影、读书交友、旅游健身、法律援助、公益救助等活动;可同时容纳 200 多人训练、排练、演出等多项活动②。

图 3-11 呼和浩特市群众艺术馆(杜鹏飞 摄影)

赛罕区文化馆现址位于呼和浩特市赛罕区市民服务中心东五楼,馆舍面积 2500 平方米(包含南四楼剧场 1700 平方米)。设有舞蹈厅、音乐室、美术摄影工作室、非物质文化遗产展览展示厅、剧场等多功能厅室③。2017 年被内蒙古自治区文化厅评为 2015—2016 年度全区

① 文化部办公厅.文化部办公厅关于公示第四次全国文化馆评估定级结果的公告[EB/OL].[2018-04-02].http://www.cpcca.org.cn/pinggu/201610/t20161026_1267899.htm.
② 霍伟全.呼和浩特群艺馆鸿福分馆揭牌仪式隆重举行[EB/OL].[2018-04-02].http://inews.nmgnews.com.cn/system/2017/07/11/012372121.shtml.
③ 呼和浩特市赛罕区文化馆.本馆简介[EB/OL].[2018-04-02].http://www.hhhtshqwhg.com/bgjj_2.html.

十佳文化馆。玉泉区文化馆于 2017 年建成新馆,位于呼和浩特市滨河北路与巴彦路立交桥东 50 米,建筑面积 2100 平方米,馆内设有舞蹈排练室、戏剧排练室、非遗展厅、声乐教室、乐器教室、录音室、电子图书阅览室、党建会议室、健身室等功能科室,是一座可以满足各类文化活动、拥有科学布局规划的现代化、多功能场馆①。

此外,截至 2017 年年底,托克托县文化馆 2300 平方米的新馆已经建成,土默特左旗文化馆新建了 2000 多平方米的新馆,清水河县面积 3300 平方米的文化馆新馆主体工程已经完工。各旗县区级文化馆都配备了流动服务车。

(4)美术馆基础设施建设

呼和浩特民族美术馆于 2008 年 12 月正式开馆,位于呼和浩特市回民区公园东路 108 号,地处呼和浩特市区中心繁华地段,毗邻中山西路商业街,建筑风格独特,民族特色鲜明,是集综合性、教育性、公益性为一体的大型艺术场馆,总建筑面积 14 787 平方米,展厅面积 5407 平方米,其中民族剧场可容纳 300 人就座,环境优雅,交通便利。2014 年 7 月 18 日,位于呼和浩特民族美术馆三楼展厅的杨鲁安藏珍馆正式对外免费开放,面积近 1000 平方米,分为 6 个部分陈列杨鲁安先生收藏的碑帖、古今字画、印章、钱币、青铜器及个人字画共 437 件。

图 3-12 呼和浩特民族美术馆外景(牛福元 摄影)

---

① 杨帆,寇尧东.玉泉区文化馆新址建成 助力创建全国文明城市[EB/OL].[2018-04-02].http://baijiahao.baidu.com/s?id=1578502394480588011&wfr=spider&for=pc.

(5)博物馆基础设施建设

呼和浩特市的博物馆大致可以分为综合性博物馆和专题性博物馆两类。示范区创建过程中,呼和浩特市对两类博物馆基础设施建设非常重视。

综合性博物馆以呼和浩特市博物馆为代表。呼和浩特博物馆现有两处馆址,分别为内蒙古博物馆旧馆和清·和硕恪靖公主府。内蒙古博物馆旧馆于 2010 年由自治区文化厅移交呼和浩特市人民政府,市政府决定划归呼和浩特市博物馆作为馆址。呼和浩特市委、市政府于 2010 年 12 月决定对呼和浩特博物馆进行改扩建工程,总改扩建面积为 6950 平方米,其中抗震加固工程 4950 平方米、新建文物修复中心和办公楼 1200 平方米、新建地下文物库房 800 平方米,项目总投资 4510 万元。2013 年 12 月 22 日,改造后的呼和浩特博物馆对外开放。

呼和浩特博物馆清·和硕恪靖公主府位于呼和浩特市通道北路 62 号,是康熙皇帝六女儿和硕恪靖公主下嫁漠北喀尔喀蒙古土谢图汗部扎萨克多罗郡王敦多布多尔济所建府邸。始建于清康熙四十二年(1703),是全国唯一一座保存完好的公主府邸,总占地原 600 余亩。2001 年获批全国重点文物保护单位,2009 年 4 月 30 日正式对外开放。和硕恪靖公主府通过完整的公主府邸原貌展示,真实地反映清代早期建筑工程技术、生活水平、民族习俗、文化艺术等方面的情况,是研究清代北部边疆地区历史不可多得的实物依据,也是边疆各族人民友好团结、共同开发边疆、建设边疆的历史见证①。

对于专题性博物馆基础设施建设,呼和浩特市也十分重视。内蒙古将军衙署博物院是依托绥远城将军衙署而建立起来的专题博物馆,保护范围面积共 19 000 平方米,本着"保护为主、抢救第一、加强管理、合理利用"的指导方针,现对外开放有回事处、折房、官房、印房、大堂、二堂、箭亭、客厅、三堂、东厢、西厢等 11 个展厅,主要陈列内容为:"绥远城的历史""绥远城的八旗武备""绥远将军的工作及生活""绥远将军举行大典仪仗""绥远九·一九和平起义图片展"等专题展览及原状陈列展览,展出面积达 5000 多平方米。2012 年 11 月始,内蒙古将军衙署博物院归属于呼和浩特市文新广局兼管,为了提高游客参观的质量,对衙署文物本体建筑多年沉积灰尘进行全面清理,更换院内碎裂铺墁,重新更植草坪,在中轴区布置大型盆景花卉,并在仪门东次间安装大型 LED 屏播放衙署及历史文化名城宣传片,同时进行创建文明城市、园林城市和改进和加强机关作风的宣传工作②。

2017 年 6 月,呼和浩特市启动内蒙古革命历史博物馆建设,该馆位于呼和浩特市赛罕区机场路南辅路以南、如意河万通路以东,原啤酒厂旧址。总建筑面积 136 727 平方米,总投资 19.52 亿元③。博物馆的具体功能包括内蒙古革命历史展陈,大青山抗日根据地历史展陈,公用服务、临时展览、会议讲座、爱国主义宣誓教育,工程将于 2018 年 10 月完工。

昭君博物馆也是呼和浩特市重要的专题博物馆。2016 年 5 月 30 日,昭君文化旅游区建设工程开工奠基仪式在昭君博物院举行。昭君文化旅游区总占地 670 亩,被确定为内蒙古自治区 14 个品牌旅游景区之一。昭君文化旅游区建设以保护"青冢"为核心,形成"和"文

---

① 呼和浩特博物馆. 概况[EB/OL]. [2018 - 04 - 02]. http://www. hhhtbwg. org. cn/qiyejianjie/.

② 内蒙古将军衙署博物院. 博物院简介[EB/OL]. [2018 - 04 - 02]. http://www. jjys. org. cn/about. aspx.

③ 内蒙古青山文化旅游投资有限责任公司. 内蒙古革命历史博物馆建设项目施工[EB/OL]. [2018 - 04 - 05]. http://www. nmgggzyjy. gov. cn/jyxx/jsgcZbggDetail?guid = 2fe5ef2e-003a-443d-ad0d-2d888c13f569&isOther = false.

化展示轴、观演娱乐区、青冢保护区、文化体验区、集散服务区的"一轴四区"发展新框架。昭君文化旅游区建设工程将新建昭君博物馆、昭君万里出塞路、文化园、昭君大剧院、胡宁古街五大项目,提升神道、昭君文化交流中心、昭君有礼购物中心、7D 互动影院、昭君故里、青冢藏墨、昭君记忆馆、青冢、祭祀广场九大项目。旅游区的核心是昭君博物馆。该工程于 2017年 6 月竣工并投入使用①。

2017 年 5 月 20 日,内蒙古土默特博物馆建设项目正式开工。项目总投资约 8 亿元,规划总占地面积 230 亩,总建筑面积约 7.8 万平方米,由历史文化主展区、乌兰夫展区、红色革命展区三大展区组成。建成后,将成为自治区规模最大的集收藏、科研及教育为一体的重要历史文化基地,全市开展地区历史文化教育、红色革命教育基地和旅游会展中心的重要场所②。

由市政府投资、老牛基金会捐资共同建设的呼和浩特市儿童探索博物馆,位于回民区锡林郭勒南路以西、香格里拉酒店以南地块,地处原市少年宫,2016 年 3 月开工建设。儿童探索博物馆项目总投资 4.69 亿元,占地面积约 36 亩,建筑面积 7.3 万平方米,规划建设为儿童探索、可以触碰的博物馆。部分场馆已于 2017 年 6 月开始试运营③。

(6)呼和浩特市非物质文化遗产保护中心

2013 年 8 月,呼和浩特市政府决定将"市文化局文艺干部训练班"更名为"呼和浩特市非物质文化遗产保护中心"。2014 年 6 月 14 日,占地 1300 平方米的"非物质文化遗产传习展示馆"正式对外免费开放。馆内分非物质文化遗产项目展厅、"话青城"画廊、代表性传承人技艺互动展示厅、民俗项目展厅等功能展区,用文字、图片、仿真实景、传承互动等形式展示了近年来呼和浩特市非物质文化遗产保护工作取得的成果,同时为市民搭建起一个非遗保护、传承和发展的平台,充分发挥民众作为非物质文化遗产传承发展主体的作用④。

(7)基层公共文化基础设施建设

2017 年 6 月,呼和浩特市人民政府出台《呼和浩特市推进基层综合性文化服务中心建设实施方案》,对基层综合性文化服务中心建设进行部署。主要建设内容包括:一是按照均衡配置、规模适当、运行有效、节能环保的要求,继续推进村级文化室建设;二是依托乡镇(街道办事处)、村(社区)党组织活动场所、城乡社区综合服务设施、文化活动室、闲置中小学校、新建住宅小区公共服务配套设施以及其他城乡综合公共服务设施,采取盘活存量、调整转换、集中利用等方式,在明确产权归属、保证服务接续的基础上进行集中整合,配备相应器材设备,建成设施齐全、功能完善的基层综合性文化服务中心;三是根据基层文化活动特点和群众实际需求,按照自治区提出的标准,在人口相对集中的乡镇、村,建设便于群众健身娱乐、看戏、看电影的小舞台和小广场。到 2017 年年底,全市每个乡镇和人口较集中的村都要

---

① 呼和浩特市文化新闻出版广电局. 内蒙古自治区成立 70 周年献礼项目——昭君文化旅游区建设工程开工奠基仪式在昭君博物院举行[EB/OL].[2018 - 04 - 02]. http://www.nmgwh.gov.cn/xx/msyw/201605/t20160531_145695.html.

② 呼和浩特市土默特左旗政府. 土左旗投资 8 亿元启动实施内蒙古土默特博物馆建设项目[EB/OL].[2018 - 04 - 02]. http://www.nmgtmtzq.gov.cn/products/1603.html.

③ 正北方网. 呼和浩特儿童探索博物馆建成后啥样?[EB/OL].[2018 - 03 - 31]. http://www.nmg.xinhuanet.com/xwzx/shgj/2017-05/03/c_1120908273.htm.

④ 魏佩. 呼和浩特非物质文化遗产传习展示馆免费开放[EB/OL].[2018 - 03 - 30]. http://inews.nmgnews.com.cn/system/2014/06/14/011480103.shtml.

建有一个达到标准要求的小舞台和小广场。四是鼓励农民自办文化,通过政府引导、部门支持、社会参与,在农村大力发展文化大院、文化户,并将其作为基层综合性文化服务中心阵地建设和服务延伸的重要补充;五是在历史文化和民风民俗底蕴深厚、资源富集的农村牧区和城镇社区,鼓励兴建和兴办村史馆、民俗馆和传习所等设施。

建设标准为:乡镇(街道办事处)综合性文化服务中心建筑面积不低于 300 平方米,村(社区)综合性文化服务中心建筑不低于 120 平方米,并设置图书室、电子阅览室、文体活动室、多功能厅等设施,配备图书、电脑、投影仪、音响、乐器、桌椅等设备;小广场要设置科普文化宣传栏、阅报栏(或电子阅报屏)、公益广告牌、体育健身器材和夜间照明设备等。村史馆、民俗馆、传习所可以依托基层综合性文化服务中心建设,也可以单独建设。

2017 年 6 月 21 日,呼和浩特市人民政府办公厅出台《呼和浩特市社区与机关单位公共文化服务设施共建共用办法(试行)》,规定各级机关单位拥有的文化体育设施,包括室内活动室和室外露天运动场所,只要符合居民需要和安全标准、设施独立且场馆面积超过 300 平方米的,均应向社区居民开放。社区与机关单位公共文化服务设施的共建共用、向社会开放,成为基层公共文化设施的重要补充。

截至 2017 年,在农村依托 64 个乡镇综合文化站和 1004 个农家(草原)书屋、965 个村级文化室,在全市 965 个行政村、276 个社区中已建成建筑面积不低于 200 平方米的基层综合文化服务中心 816 个,总面积约 16 200 平方米,完成建设总量的 66%,已超额完成示范区 60%的建设任务要求。通过政府引导、部门支持、社会参与,建成文化大院(户)60 余家。依托广电总局公益影院建设项目,在市四区村(社区)已建成近 80 个社区影院。在内蒙古自治区文化厅 2015—2016 年度全区基层文化十佳单位和个人评选中,武川县西乌兰不浪镇文化站被评为全区十佳文化站;赛罕区西把栅乡八拜村宝华文化大院、托克托县北半球文化大院被评为全区十佳文化大院。

4. 加强公共文化服务人才队伍建设

2015 年 12 月,呼和浩特市人民政府办公厅印发《创建国家公共文化服务体系示范区规划和实施》,将进一步加大公共文化人才队伍建设力度作为创建的基本任务。2017 年 6 月,呼和浩特市人民政府印发《关于加快构建现代公共文化服务体系的实施意见》,将"加强队伍建设"作为公共文化服务体系建设的保障措施之一。近几年,随着示范区创建工作的展开,全市文化队伍无论是数量还是整体素质都得到全面提升。主要采取的措施有:

一是进一步完善选人用人机制,对实行免费开放后工作量大量增加、现有机构编制难以满足工作需要的公益性文化事业单位,结合实际和财力,合理增加机构编制,并实行文化系统内部人员流动和合理调配。2017 年出台的《呼和浩特市基本公共文化服务实施标准(2015—2020 年)》规定,旗县级以上各级各类公共文化机构按照职能职责、国家有关要求和当地人事、编办等部门核准的编制数量配齐工作人员。目前,市本级文化部门现有文化专业技术人员达 600 多名,其中副高级职称以上人员 166 人。

二是注重建设基层文化管理人员队伍,通过招聘录用大学生村干部、"三支一扶"人员、政府购买公益岗位等方式,充实行政村(社区)文化管理员,按照乡镇(街道)综合文化站配备有编制的专职工作人员 3 人,每个行政村(社区)综合文化服务中心(文化室)政府购买公益岗位不少于 1 个的标准进行人才队伍建设。同时,通过举办业务培训和辅导活动,提高基层文化管理人员的业务素质和服务能力。市旗县区级公共图书馆、市群众艺术馆每年提前制定基层培训计划,根据基层文化管理人员存在的实际问题有针对性地培训。2017 年 11 月,呼和浩特市群众艺术馆为来自武川全县各级乡镇 20 余名专业文化工作者举办草原儿女心向党·共圆伟大中国梦——呼和浩特市群众艺术馆"三区人才"定向培训班。武川县是呼和浩特市群众艺术馆的定向帮扶单位,该馆根据各乡镇基层文化工作者专业水平的不同,特制订专门的培训方案,培训以专业理论知识与实践表演讲解相结合,用通俗易懂的教学培训方式促进各级文化领域专业人才成长,努力提高全县各乡镇文化队伍整体素质和公共文化服务水平①。

2017 年 4 月 6 日至 2017 年 5 月 3 日,赛罕区文化馆开办四期"乡镇文化志愿者和馆(站)业务骨干培训",进行 8 个种类的培训,来自赛罕区各乡镇农村的 101 名文化志愿者及 25 名文化馆业务人员、11 名文化站长接受培训。此次培训,赛罕区文化馆提前做好培训规划,明确培训目标,一改以前培训只注重讲理论,缺乏现场指导性和示范性的做法,采取边讲课边示范的培训方法,收到良好效果②。

三是注重调动各类文化组织的积极性,形成文化专业工作者、民间文艺团体、文化志愿者三支队伍互相结合、互为补充的文化服务工作格局。全市图书馆、文化馆、博物馆和美术馆都设置文化志愿者岗位和制度。呼和浩特市群众艺术馆派多名业务老师常年为社会业余团队、学校、麦迪逊老年大学、进行免费辅导培训。2016 年起,按照公开招募、自愿报名、组织推荐、集中派遣的方式,赛罕区在全区集中招募 101 名农村牧区文化志愿者,配备到赛罕区 101 个行政村,开展为期一年的文化志愿服务。2017 年 7 月 6 日上午,内蒙古自治区在呼和浩特市举办全区志愿服务推进会,现场观摩呼和浩特文化志愿服务的先进经验和做法③。通过大力扶持民间文艺团体充实公共文化人才队伍。全市现有 1100 多支民间艺术团队活跃在城乡文化艺术舞台。百人百组百万人带动工程在各类群众文化人才的培养方面做出很大贡献,截至 2017 年 7 月,工程拥有专业组 63 个、业余演出团体 42 个、正式会员 9121 人、非专业会员近 30 000 人。

四是以示范区建设为契机,注重学习借鉴全国各地先进建设经验,大力提升自身建设能力。在举办 8 期创建培训班的基础上,重点组织 2 期高层次的培训班,特别邀请北京大学教授、文化部国家公共文化服务体系建设专家委员会主任李国新教授和国家公共文化服务体系建设专家委员会顾问委员、北京市人民政府文化顾问冯守仁教授主讲,同时还邀请浙江、广东、重庆等国内知名的公共文化专家、学者来指导创建工作,并进行专题辅导。组织市级和各旗县区创建小组负责人赴包头市、张家港市、嘉兴等创建城市学习考察,学习借鉴好的经验和做法,开阔视野、拓宽思路,使人员队伍整体素质得到明显提升,有效推进创建工作深入开展。同时,各旗县区也以示范区创建为契机,邀请专家进行实地调研指导,为基层文化

---

① 呼和浩特市文化新闻出版广电局. 呼和浩特市群众艺术馆"三区人才"定向培训班开班[EB/OL].[2018 - 04 - 04]. http://wxgj. huhhot. gov. cn/whzx/ggwh/201711/t20171123_213078. html.

② 呼和浩特市文化新闻出版广电局. 赛罕区文化馆开展免费开放活动之乡镇培训[EB/OL].[2018 - 04 - 04]. http://wxgj. huhhot. gov. cn/whzx/ggwh/201705/t20170505_178469. html.

③ 呼和浩特市文化新闻出版广电局. 全区志愿服务推进会在首府召开[EB/OL].[2018 - 04 - 04]. http://wxgj. huhhot. gov. cn/whzx/ggwh/201707/t20170712_199511. html.

机构答疑解惑,解决创建工作中遇到的具体问题。

五是各文化单位重视自身队伍建设,不断提高业务水平。如呼浩特市图书馆通过人事招聘、志愿者服务、外聘等形式引进更多年轻的、具有相关专业背景的人才;为解决实际工作中遇到的各种问题,举办和参与本市和发达城市举办的各种图书编目、计算机编目、图书馆管理等培训班,提高业务能力的同时学习同行的先进经验,加强现有在职职工的专业素养;以业务大比拼、业绩与绩效工资挂钩等形式在馆内形成业务竞争,进而不断增强在职职工的业务能力和服务意识;与相关机构合作召开学术会议或工作会议,邀请专家、学者来馆开办研讨会,让馆员学习了解图书馆发展的前沿知识和动态。例如,2016 年 7 月与内蒙古自治区图书馆学会、北京雷速科技有限公司、北京碧虚文化有限公司等单位合作举办“2016 e 线图情年会暨图书馆营销创新研讨会”,邀请国家公共文化服务体系建设专家委员会主任、北京大学信息管理系李国新教授,中国图书馆学会副理事长、中山大学图书馆程焕文教授,国家公共文化服务体系建设专家委员会委员、东莞图书馆馆长李东来研究馆员等专家学者就图书馆营销创新展开报告①。2017 年,邀请中国科学院文献情报中心科技期刊研究与培训中心主任初景利教授为馆员讲授“图书馆从资源能力到服务能力的转型变革”等②。

呼和浩特群众艺术馆不定期派业务人员走出去参加各门类的培训学习,进一步提高本馆职工公共文化服务的理论水平和业务能力。2017 年,先后派业务骨干参加内蒙古自治区文化厅举办的“文化馆(站)业务自动化管理系统培训班”、内蒙古群众艺术馆在满洲里举办的“2017年全区群文系统公共数字文化建设培训班”,赴包头参加“八省市区公共文化体系建设论坛”等。同时,为提高业务人员的艺术水平及文化修养,先后派业务人员参加内蒙古电视台主办的“三月女人天·最美女人节”活动并获得“最具才能女性团体”称号;参演第二十六届“激情梦想·魅力草原”艺术大赛荣获金奖;馆办团队蒙高利亚合唱团、西拉沐伦女子合唱团代表自治区参加由文化部主办的“永远的辉煌”第十九届中国老年合唱节,并获“纪念奖”,等等。

呼和浩特市民族美术馆通过举办研讨会和创作研究全面提升全馆业务素质。2016 年 2月,与内蒙古当代画院、内蒙古元代瓷器博物馆等多家单位联合举办“文化与文化产业的定位和发展”研讨会,就全市文化现状和文化发展空间的相关问题进行深入探讨;自主研究、策划的“马头琴传奇——蒙古族马头琴历代精品复原展览”,是内蒙古自治区首次以复原展览的形式对蒙古族国家级非物质文化遗产——马头琴进行系统性保护、开发、利用的项目,也将是首次将复原式展览保护向蒙古族传统文化领域拓展的开创性项目。该项目申报国家艺术基金 2016 年度传播交流推广资助项目通过复审。2017 年,自主策划并面向全区征集作品,举办“蓝天·白云·内蒙古 2016 写生作品展”和写生展主题学术研讨会,20 多位艺术家代表在研讨会上进行发言。这些活动在为群众提供优质展览的同时也提高馆员的业务水平。

5. 跨界融合快速推进服务体系建设

跨界融合是当代公共文化服务体系建设的创新思维之一。公共文化服务事业的发展是

---

① 刘剑英,牛士静.2016e 线图情年会暨图书馆营销创新研讨会在呼和浩特市举行[EB/OL].[2018 - 04 - 04]. http://www.chinalibs.cn/Zhaiyao.aspx?id = 404358.

② 呼和浩特市图书馆.呼和浩特市图书馆 2016 年度报告[EB/OL].[2018 - 04 - 04]. http://www. hhhtlib.cn/ArticleInfo.aspx?id = 45.

一个不断吸收新技术、新思想、新方法,创新服务方式、完善服务体系的过程。呼和浩特在示范区创建过程中,提炼出非营利性公益文化机构与各类机构跨界融合的发展理念,在这一理念指导下,全面、快速推进呼和浩特地区公共文化服务体系建设,这一举措对中西部经济欠发达地区,非常具有借鉴意义。在一定程度上,跨界融合是迅速、全面完善公共文化服务体系的有效举措。

(1)公共图书馆的跨界融合

公共图书馆是公共文化服务体系的重要组成部分,通过跨界融合,图书馆可以快速构建起中心馆—总分馆服务体系,创新服务模式,提升服务效能。呼和浩特市图书馆将"图书馆 + "思维运用到图书馆服务延伸和拓展之中,以群众需求为出发点和归宿,充分发掘自身优势,广泛与社会各类机构融合,实现图书馆、读者和社会机构多方共赢,构建起社会化的图书馆网络服务体系。"图书馆 + "思维打破传统图书馆建筑之"墙",让图书馆服务融合于社会公众的日常生活之中,其新颖多样的服务方式使公众的阅读热情被激活,同时图书馆的服务范围也得到极大延伸。

呼和浩特市图书馆在探索社会力量参与全民阅读建设的过程中,推出"图书馆 + 休闲场馆"的合作形式,逐步构建起"图书馆 + 书店""图书馆 + 咖啡厅""图书馆 + 奶茶店""图书馆 + 茶楼"等城市阅读联盟。具体运营模式是:由图书馆向休闲场馆提供一定数量的图书,负责图书流通、读者管理、信息发布以及阅读推广活动的开展;休闲场所只负责提供图书摆放和活动开展场地。对于图书馆来说,这些休闲场所环境相对安静,客流充足,具备开展阅读推广活动的流量基础,无须投入大量资金即可拓展服务领域,使文献资源得到充分利用;对于普通读者来说,由于图书馆与休闲场馆实现通借通还,因而可以更加便捷地享受到图书馆的服务,就近阅读、就近借还图书;而对于休闲场所来说,充满书香的休闲环境文化氛围浓厚,文化品位提升,能够吸引大量读者,也迎来更多商机。呼和浩特市图书馆在此基础上,逐步将服务网点扩展到加油站、青城驿站等公共服务设施,让"书香呼和浩特"的建设离市民更进一步,实现全民阅读的无死角覆盖。

图 3 - 13　呼和浩特市图书馆与 U°咖啡(巨海城店)签约(王宇　摄影)

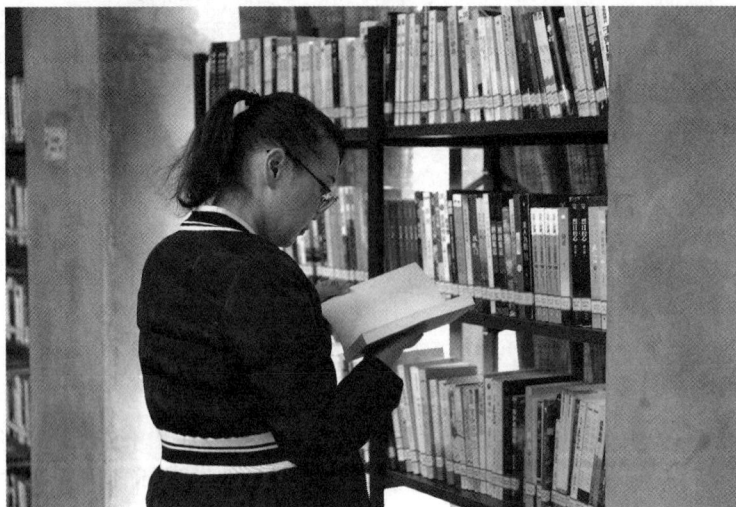

图 3 – 14　读者在 U°度咖啡借阅（王宇　摄影）

图 3 – 15　读者在内蒙古图书大厦自助办理鸿雁借书卡（王宇　摄影）

（2）群众艺术馆的跨界融合

示范区创建以后，如何加快推进群众艺术馆的总分馆服务体系建设，实现农村、城市社区公共文化服务资源整合和互联互通，是呼和浩特市群众艺术馆一直在思考的问题。他们在探索社会力量参与公共文化服务建设的实践中发现，通过跨界融合将一些由个人或企业创办的文化娱乐或教育机构纳入群众艺术馆的服务体系中来，通过业务培训、辅导使这些机构快速成长为基层群众文化艺术服务的中坚力量，同时也可以将市群众艺术馆的优质资源向基层下沉。

2015 年，呼和浩特市群众艺术馆先后在北半球文化大院、绿果果文化大院挂牌设立呼和浩特市群众艺术馆基层群众文化辅导中心。呼和浩特市群众艺术馆制订了翔实的培训指导方案，并每周一次派送馆内专业老师前去免费辅导、授课，根据大院的需求安排课程，大力扶持基层群众文化工作，保证其有序开展、运行。作为呼和浩特群众艺术馆分馆之一的壹厘米教育,是由内蒙古壹厘米教育信息咨询服务有限公司创办的集少儿艺术课程、初高中文化课补习、艺考培训为一体的一家教育培训机构;而拥有馆舍面积 400 余平方米,拥有大型演艺厅、各类文化活动厅(室)5 个,集琴棋书画四大功能为一体的鸿福分馆则是由 2016 年 7 月在呼和浩特民政局注册成立的民间非营利组织鸿福助老中心发展而成。该中心目前有义工志愿者 150 多人,会员 5 万多人,举办的体育文艺风采展示大赛、书法摄影艺术作品海选、文化文艺海选演出、老年书法、摄影、绘画展等深受中老年人的喜欢和欢迎,将其纳入群众艺术馆的总分馆体系之后,呼和浩特群众艺术馆从各个方面对其工作给予支持,使鸿福助老中心的文化艺术工作上了一个新的台阶①。

6. 创新供给载体大力开展文化活动

文化活动是公共文化服务重要的供给载体和供给方式,群众参与文化活动具有很强烈的参与感与获得感。呼和浩特市充分发挥文化活动在公共文化服务供给方面的优势,各市级和旗县区级文化事业单位打造一系列丰富多彩的文化活动。这些活动或者在平时开展,或者在节庆期间开展,不少活动已经成为常态化的服务项目,受到群众的热烈欢迎。

呼和浩特市图书馆常年举办青城文化讲坛,邀请有影响的专家和文化名人,开展专题讲座。讲座每周一场,每年 50 多场。讲座弘扬社会主义核心价值观,引人注目,内容丰富,高雅有趣,群众参与度很高。因此,青城文化讲坛受到内蒙古自治区党委宣传部和市委宣传部表彰,被授予"优秀基层讲堂"称号。2016 年,青城文化讲坛与雷蒙公益团队合作,定期推出雷蒙健康小屋,在呼和浩特市图书馆组织健康类公益科普讲座,截至 2018 年 3 月已举办 44 期健康类公益科普讲座,受到群众的一致好评。

呼和浩特市群众艺术馆 2017 年推出了"百姓文化大讲堂",由群众"点单"、群众艺术馆"配送"的惠民讲课为途径,开启了"订单式""菜单式"服务新模式,推出舞蹈、器乐、声乐、戏曲、书法、绘画、摄影、文化遗产保护等群众普遍关注又喜闻乐见、雅俗共赏的文化艺术项目及文艺理论知识专题讲座。从 2014 年起,群众艺术馆连续每年 6 月推出"广场舞免费教学"活动,截至 2017 年,已举办 1000 余场(次),吸引市民 10 万余人热情参与,成为呼和浩特地区的一个品牌文化活动项目。"群星璀璨"系列文化惠民摄影展活动、"全国少数民族自治区首府城市民族风情风物摄影作品展"和"民族情·小康梦"呼和浩特市摄影作品展。

呼和浩特市非物质文化遗产保护中心把中华传统文化、二十四节气文化、民俗文化、节庆文化和非遗项目及传承人有效融会贯通,采用讲座、互动、实地教学等多种方式,开展传习教学,使非物质文化遗产深入百姓、社区和学校,成为传承保护非物质文化遗产的有效阵地。开展元旦剪春送福非遗传承主题活动、贺新春书画笔会、品尝莜面美食学习传统技艺活动、非遗知识灯谜竞猜、国家级非遗项目专场演出活动、传统节日文化讲座、文化进社区大型公益活动等一系列丰富多彩的活动。2015 年举办的草原文化遗产日暨"民族记忆——内蒙古非物质文化遗产展"参展的非遗项目涵盖国家级、自治区级、市级以及旗县级共计 20 余项,其中有和林剪纸、清水河瓷艺、马头琴制作技艺、清水和布艺、新城蛋雕、银家泥塑、和林捏面人、微型仿真工艺、蒙奥神膏药制作技艺、武川莜面制作技艺、蒙镶传统制作工艺等。

---

① 霍伟全. 呼和浩特群艺馆鸿福分馆揭牌仪式隆重举行[EB/OL].[2018 - 04 - 03]. http://inews. nmgnews. com. cn/system/2017/07/11/012372121. shtml.

呼和浩特民族美术馆与呼和浩特市文化新闻出版广电局、内蒙古美术家协会共同举办的"蓝天·白云·内蒙古——写生作品展"活动，把人民群众作为文艺表现的主体、文艺审美的品鉴者，创造了接地气、传得开、留得下的优秀作品。2015年以来，已连续举办三届。2017年1月，为迎接内蒙古自治区成立70周年，繁荣自治区美术创作，经过精心策划，以深切的人文关怀和大区域大美术的办展理念，集聚了来自内蒙古各地200多位艺术家的600余幅写生作品，最后从中评选出126幅作品在第三届展览中展出。经过几年发展，"蓝天·白云·内蒙古——写生作品展"已经成为呼和浩特凝聚美术力量，展现草原和农牧民群众精神风貌，弘扬内蒙古民族文化，表达草原儿女对故乡热爱之情的艺术平台。

呼和浩特市民族美术馆于2014年7月正式开放杨鲁安藏珍馆，该馆面积近1000平方米，分为6个部分陈列了杨鲁安先生收藏的碑帖、古今字画、印章、钱币、青铜器及个人字画共437件。为庆祝内蒙古自治区成立70周年，呼和浩特市民族美术馆于2017年5月26日举办了"呼和浩特民族美术馆杨鲁安藏珍馆2017钱币收藏论坛"。活动以中国钱币的收藏现状与发展、杨鲁安藏珍馆收藏品鉴、古代钱币艺术价值和文献价值的体现三大主题为主要内容，旨在提升展览陈列水平，传播美术馆公共文化教育理念，使杨鲁安老先生留下的大批文化遗产能够充分发挥其历史与文化价值。2015年，呼和浩特市民族美术馆开设少儿蒙语书法培训班，邀请蒙语书法界有名的书法家为青少年进行辅导。三年时间培育60多名青少年书法爱好者，取得很好的效果，培训班学员获全国一等奖、二等奖等多项荣誉。

图3-16　在杨鲁安藏珍馆举办2017钱币收藏论坛（牛福元　摄影）

除了上述文化事业单位举办的文化活动之外，呼和浩特市各旗县也在打造体现当地元素、具有民族特色的创意性群众文化活动。例如，土默特左旗的"敕勒川民俗文化节"、托克托县的"黄河旅游文化节"、和林格尔县的"盛乐芍药文化旅游节"、清水河县"长城文化节"等各类文化活动，从不同角度传播着呼和浩特独有的文化魅力。利用节庆，举办各种节庆活动，也是呼和浩特市开展文化活动的一大亮点，呼和浩特市长年举办春节、元宵节文化庙会、少数民族文化旅游艺术活动、昭君文化节。呼和浩特市逐步完善节庆活动组织机制，将活动向前向后延伸，为提升呼和浩特市知名度和美誉度，为打造呼和浩特市公共文化服务核心品牌发挥重要作用。

7. 依托现代科技大力提升服务效能

2017年6月出台的《呼和浩特市人民政府关于加快构建现代公共文化服务体系的实施

意见》将"推进公共文化服务与科技融合发展"作为公共文化服务体系建设的主要任务之一,提出要从加强文化科技创新、推进公共文化服务数字化建设和提升公共文化服务现代传播能力三个方面开展公共文化服务与科技融合工作,努力提升公共文化服务效能和水平。

(1)打造呼和浩特市公共文化服务数字平台

公共文化服务数字平台是公共文化数字服务体系建设的重要组成部分,是对公共文化服务体系建设的提档升级,也是公共文化与现代科技结合形成的公共文化服务的新平台、新阵地。呼和浩特市群众艺术馆负责建设的呼和浩特市公共文化服务数字平台结合"国家公共文化服务体系示范区"和"智慧城市"的建设要求,以文化与科技融合的理念,深入挖掘公共文化服务需求,是集文化资源共享、文化信息服务、文化网上消费于一体的新型公共文化服务综合平台。该平台借助先进的科技手段,以"互联网+"为理念,积极拓展公共文化服务空间,丰富公共文化服务产品,优化公共文化服务手段,创造和培育新的文化服务消费生态,提升公共文化服务传播能力,对推动呼和浩特市公共文化服务的服务理念和管理方式的全面优化升级、提升公共文化服务体系的整体服务效能具有重要意义。

呼和浩特市公共文化服务数字平台包括公共文化数字资源库系统、文化应用服务系统、公共文化开放共享系统三大部分,支持智能手机、数字电视等客户端使用。

公共文化数字资源库系统又分为公共文化信息资源库、公共文化展示资源库、群文演出资源库和群文培训资源库4个子库,力图以多种形式全方位反映呼和浩特市所有的公共文化资源。其中公共文化信息资源库主要包括公益性文化设施及基本服务内容、政府、公益类文化事业机构各类文化公告信息以及主要文化旅游景点、文体娱乐设施及其交通、周边住宿和餐饮等旅游信息服务。公共文化展示资源库主要包括以下几部分:一是采用图文、音频、视频、三维动画的形式展示存放于呼和浩特市各个博物馆、艺术馆和美术馆的藏品,二是将国家公共文化信息共享工程的资源也纳入其中;三是以虚拟漫游的形式360°全景展示各类文化场馆;四是其以文字、图片和视频等形式展示优秀群众文化艺术成果。群文演出资源库主要包括面向基层、服务基层的文化活动;各类富有特色的群众文化团队介绍及代表性活动视频以及大型公益性文化艺术和体育活动的内容。群文培训资源库提供文化艺术在线免费指导和培训课程以及适应群众需求的百科知识在线讲坛,并支持蒙汉双语。

文化应用服务系统同时针对文化消费大众和提供文化服务的各类文化机构。如可为群众提供查询文化设施的"文化地图""文化设施资讯导读"和"文化设施交通导航",了解城市历史文化的"城市记忆",方便群众选择性参与文化活动和培训的"文化活动日历""文化信息预告""市民点播""电子学习""虚拟教室"等;为演出团体、演艺公司、文化单位等文化机构提供演出信息发布、宣传推广平台等。

公共文化开放共享系统为各文化单位、组织和团体提供信息采集、审核与发布以及用户管理功能。

目前,呼和浩特市公共文化服务数字平台还在不断优化完善中,通过在实际应用中不断收集群众和各类文化机构的反馈意见,力争将其建设成为让群众各取所需,向国内外公众更好展示地呼和浩特优秀文化、悠久历史,实现文化管理与服务部门对公共文化的科学管理和高效服务,助力文化强调建设。

(2)"鸿雁悦读"体系平台建设

在打造全市公共文化服务综合平台的同时,呼和浩特市还十分重视公共文化各个领域专业平台的建设。将专业平台融合到综合平台之中，使之成为综合平台的有机模块。群众通过综合平台可以进入相关专业模块，一站式获取自己需要的公共文化服务。"鸿雁悦读"计划是阅读领域的创新，也离不开信息技术的支撑。为此，呼和浩特市图书馆与北京碧虚文化有限公司、广州图创计算机软件开发有限公司、内蒙古新华发行集团股份有限公司合作建设阅读领域的专业平台——"鸿雁悦读"互联网支撑与资源整合体系，这是阅读领域的一个云服务平台。"鸿雁悦读"体系由资源整合管理子系统、书店管理子系统、图书馆管理子系统、读者管理子系统、大数据分析子系统、专家推荐子系统、读者借阅子系统、总分馆子系统组成。

通过资源整合管理子系统，将图书馆以及合作单位的书报刊印本资源、数据库资源等各类资源整合在一起，打造全民阅读云，面向用户提供检索、阅读、下载等 7×24 小时的数字服务。通过书店管理子系统，将实体书店或者网上书店自身业务系统业务数据纳入系统大数据池中，为后续图书销售、购买、流通与加工奠定数据基础。通过图书馆管理子系统，可以制订馆店合一状态下的发行、购买和流通策略，实时查看图书在馆店读者之间的流通情况，可以对回流到图书馆的书进行加工。通过读者管理子系统，可以记录读者购书、借阅、是否超期等情况，可以借助第三方机构的信用评价机制，对信用良好的读者提供增值服务。通过大数据分析子系统，可以将来自全国各地图书馆、实体和网络书店汇聚一起并进行分析，分析结果可供书店进书、图书馆购书、读者读书参考借鉴。通过专家推荐子系统，相关专家可以发布各学科的推荐书目，供图书馆、书店和读者参考。通过读者借阅子系统，读者可以借阅印本、数字等图书馆各种载体的资源，可以通过网络欣赏音乐、听取讲座、观看视屏；也可以借书阅读。读者可以在任何一家合作书店或者网络书店选书，选中的图书由平台自动与图书馆馆藏进行比对，符合条件的图书读者可以直接借走，由图书馆和书店结算书款，读者看完后还到书店、图书馆或者其任何一个分馆。

（3）地方特色文化艺术数字资源建设

通过文化与科技的融合，运用多媒体技术、云计算技术等新技术将地方特色文化艺术资源数字化，是保护民族民间文化，活跃群众文化氛围，拓宽相关文化机构服务范围、提升自身服务能力和水平，从而最终提升各机构服务效能的有效手段。2015 年，呼和浩特市人民政府办公厅印发的《创建国家公共文化服务体系示范区规划和实施方案》中提出要进一步加强具有民族特色的蒙古族、回族、满族等地方特色数字资源库建设的任务，要求市图书馆建设 3个以上地方特色数字资源库、市群众艺术馆建设 2 个、市博物馆建设 1 个以上地方特色数字资源库。到 2017 年，市图书馆可用数字资源达到 20TB，旗县区图书馆可用数字资源不低于2TB。目前，这一任务已提前超额完成，截至 2017 年，呼和浩特市图书馆建立了"呼和浩特回族风情录""雷蒙健康小屋""青城记忆"为专题的地方特色数字资源库，呼和浩特市群众艺术馆建有"百姓大舞台文化惠民演出季""呼市二人台剧节目""晋剧剧目"等 23 个专题数字资源。呼和浩特市博物馆围绕呼和浩特市地方文化特色和馆藏资源特点，建有"呼和浩特草原丝绸之路（视频）""历史文化名城——呼和浩特""元代蒙古人的社会风俗""中国古代钱币知识"等 8 个专题数字资源。这些特色文化艺术数字资源的建成，在内容上既有群众喜闻乐见的地方戏曲，也有群众自排自演的剧目，既有通俗文化的内容，也有流行文化，既有民族文化的学术研究资料，也有群众日常生活所需健康和科技知识，是当地群众的文化艺术宝库；在服务方式上，通过文化与科技的融合，满足互联网环境下群众获取信息个性化、移动化的特点，因而极大地提高公共文化产品的服务效能。

七、呼和浩特模式的品牌体系

品牌建设对于公共文化服务效能提升具有十分重要的作用。公共文化服务具有主体多样、受众广泛，内容丰富等特点。公共文化服务由政府主导，但是提供服务和产品的具体主体却呈现出多样化的特点，既有图书馆、文化馆、博物馆、美术馆等文化事业单位，又有通过政府购买服务的方式向大众提供公共文化服务的社会力量；公共文化服务面向全社会，受众广泛；公共文化服务和产品涉及的领域涵盖面广，内容丰富。从而，公共文化服务容易出现同质化的问题，辨别度低，难以给群众留下深刻的影响，从而影响服务效能的提升。品牌建设可以有效地解决公共文化服务产品能见度低的问题，通过持续的品牌建设，不断提升公共文化服务产品的能见度和美誉度。

呼和浩特市在公共文化服务体系示范区创建过程中，特别注重公共文化服务产品的品牌建设工作，呼和浩特市文化新闻出版广电局指导呼和浩特市图书馆、呼和浩特市群众艺术馆、呼和浩特市非物质文化遗产保护中心、呼和浩特民族美术馆等单位推出一系列丰富多彩的高品质文化活动，通过活动建构和培育品牌，通过品牌来规范活动，活动成为品牌的物质载体，品牌成为活动的思想灵魂，品牌的文化意蕴在历次活动中不断丰富，活动的影响通过品牌不断放大，形成一套文化活动与文化品牌相互建构、相互生成的做法。几年来的实践证明，这是一套很有成效的做法，通过努力，呼和浩特市打造由"鸿雁悦读"、青城记忆、昭君文化节和"百人百组百万人"带动工程等一系列核心品牌组成的多层次公共文化服务品牌体系，这在全国都是不多见的。

1."鸿雁悦读"

"鸿雁悦读"计划是呼和浩特市文化新闻出版广电局认真贯彻落实习近平总书记以人民为中心的发展思想，落实十九大报告"坚定文化自信，推动社会主义文化繁荣兴盛"的精神，从供给侧改革入手，促进要素自主配置，创新文化产业与文化事业融合机制，为解决群众阅读"最后一公里"问题，在全市培育"读书好、好读书、读好书"的氛围，打造书香社会，指导呼和浩特市图书馆于2017年11月推出的全民阅读品牌活动。

"鸿雁悦读"计划的创新举措包括如下四个方面：

第一，馆店融合，着力创新公共文化服务供给方式。首先，图书馆通过正规程序招标遴选新华书店作为馆配印本资源主要供应商，有效地解决馆配资源采购中存在的低价中标、以次充好、质量不高的问题，新华书店以主渠道的高度责任感确保印本资源的品质，从源头上保证为群众提供高质量的精神食粮。其次，群众凭借全市城乡通用的"鸿雁"读书卡，在新华书店各网点享受"你荐书、我买单"服务，使图书馆印本资源采购的专业性与群众参与自主性结合起来。第三，将新华书店体系网点建为图书馆分馆，彻底改变新华书店只能卖书的历史，将书店卖书与图书馆看书的功能合二为一，读者可以及时借阅到自己需要的好书和新书，为群众提供极大的方便。

第二，跨界合作，快速推进公共文化服务体系建设。以图书馆中心馆—总分馆服务体系为枢纽，通过与社区、企事业单位等建立广泛合作，充分利用合作方的体系、场所、人员优势，实现公共文化设施网点布局和体系化建设的快速推进。在体系化建设的基础上，推出了自动借书机、流动图书车、"阅读共享书箱"等服务方式，有效地夯实体系化覆盖面，使偏远地区的群众也能享受到国家文化惠民红利。

第三，科技支撑，不断拓展公共文化服务时空边界。打造"鸿雁悦读"互联网支撑与资源整合体系，将各方实体资源、数字资源、业务数据整合起来，构建全民阅读云服务平台，发挥"互联网＋"的作用，群众随时随地便捷地享受图书馆提供的线上荐书、在线阅读等各项服务，很好地弥补公共文化设施时空局限。

第四，群众参与，努力丰富公共文化服务供给内容。除了常规借阅服务，图书馆还举办青城文化讲坛、"鸿雁"大讲堂、"草原朗读亭""鸿雁"传书、"鸿雁"手书展览等文化交流活动，为群众搭建读书交流互动平台。既丰富公共文化服务供给内容，又调动群众的积极性和主动性。

"鸿雁悦读"计划实施以来，取得如下几个方面的效果：

第一，图书馆总分馆服务体系快速完善。截至2018年3月，"鸿雁悦读"已经实现市区内5个公共图书馆、新华发行集团网点、5个市民服务中心共25个网点互联网，并在很多社区、企事业单位设立分馆，迅速推进中心馆—总馆—分馆—服务点四级服务体系建设，设点布局成本低效率高。根据规划，2018年年底全部实现全市9个旗县区政府城关镇、公共图书馆、新华发行集团网点、政务服务中心、有代表性的乡镇（街道）、村（社区）网点以及70个"青城驿站"全部联通，着力打造城乡一体化的公共文化服务体系。

第二，图书馆服务效能明显提升。截至2018年3月5日，图书馆新增读者723人，借书13 775册次，还书13 030册次；新华书店办证13 000人，新书借阅50 000余册次，新书还回30 000余册次；全市图书流通率达60%。"鸿雁悦读"计划扩大了新华书店社会影响力，为其吸引了大量读者，带动了零售业务的发展，促进了文化消费。

第三，公共文化服务品牌效益彰显。"鸿雁悦读"已经成为呼和浩特市公共文化服务知名品牌，在群众中有着很高的知名度和美誉度。中国文化报、内蒙古日报等媒体对"鸿雁悦读"计划进行了报道。2018年1月8日，"鸿雁悦读"计划入选《文化部简报》。目前，"鸿雁悦读"的品牌影响正逐步向内蒙古自治区、全国扩展。

2018年3月11日，由内蒙古自治区党委宣传部组织召开"鸿雁悦读"计划专家评审会暨"鸿雁悦读"体系开题报告会。由国家公共文化服务体系建设专家委员会主任委员、北京大学信息管理系李国新教授领衔担任主任委员，辽宁省图书馆馆长王筱雯研究馆员，教育部图书馆学教学指导委员会委员、中国人民大学信息资源管理学院索传军教授，上海浦东图书馆原馆长、上海浦东新区教育局张伟副局长，河北大学图书馆副馆长任瑞娟教授共五位知名专家组成的专家委员会对"鸿雁悦读"项目进行评审。专家委员会认为：①该项目深入贯彻党的十九大报告关于不断完善公共文化服务体系、提高公共文化服务效能，加强文化自信的精神，深入贯彻供给侧结构性改革理念，立意高远。②该项目促进公益性文化服务机构与营利性企业深度融合提供公共文化服务产品创新机制，为文化事业与文化产业的融合，激活文化事业机构的活力做出积极探索。③该项目在公共文化设施网点快速布局、综合推进方面的经验，对于经济欠发达地区有借鉴作用。④该项目贯穿"互联网＋公共文化服务"的理念，通过技术手段把割裂的数据整合起来，为全民阅读提供"公共文化服务云"基础。⑤该项目带动和促进了图书馆总分馆服务体系的建设，对于中西部地区公共文化服务体系建设具有积极的参考作用。⑥该项目通过机制创新,完善公共文化服务体系,有力地促进文化消费,促进公共文化服务事业的可持续发展。

图3－17　鸿雁悦读计划启动现场众多市民前来咨询体验(王宇　摄影)

2. 青城记忆

青城记忆是呼和浩特市图书馆启动的呼和浩特市历史文化遗产长期保存数字工程,该工程以呼和浩特市历史、文化、教育、民俗、语言、非物质文化遗产以及各行业有相当影响的人物口述影像资料为基础,以数字技术对呼和浩特市近百年有重要价值的人物、事件进行深度挖掘保存,为区域文化保存和传承做出积极贡献。青城记忆提供两个版本的产品,一是视频版,一是丛书版。丛书版是在视频版基础上进行的二次创作,通过对视频版文字内容进行重构、补充和完善,以图文并茂的形式来深入全面反映呼和浩特市的历史文化。

图3－18　青城记忆系列讲座(董海　摄影)

通过青城记忆，使呼和浩特市近百年来的历史变迁首次以口述资料形式保存下来，有利于深度挖掘区域历史、保存区域文化，推动区域文化传承。通过青城记忆，使呼和浩特市图书馆更加深入地参与到区域文化建设中，加强与政府管理部门、社会各界精英与名流的互动，完成公共图书馆从文化保存与传播向文化深度开发利用的升级转型，提升图书馆在区域历史和公共文化服务体系建设中主力军的社会形象。通过青城记忆，与国家图书馆公开课以及国家图书馆"中国记忆"口述历史大型文化项目对接，借助国家图书馆平台传播呼和浩特市文化形象，加强国内外对呼和浩特市的认知，扩大呼和浩特市的影响。

青城记忆采用与社会力量合作共建的开发模式，委托北京碧虚文化有限公司负责平台开发工作，视频内容制作以及丛书编纂由呼和浩特市图书馆和北京碧虚文化有限公司共同完成。青城记忆系统平台是在碧虚文化管理系统 V2.0 基础上开发的，系统由两个部分组成：生产管理系统和读者系统。生产管理系统包括分类管理子系统、采编子系统、图片管理子系统、专题管理子系统。生产系统根据需要对资源按照多个维度进行组织，通过人工对相关对象数据进行编辑、标引，并进行本地存档。经过编辑存档的内容通过生产系统的索引子系统建立全文索引文件就可以发布使用。读者系统包括检索子系统、用户管理子系统、流量管理子系统等。读者系统为读者提供一个特色库的友好的应用环境，包括特色库以及各个子库的个性化页面、非 IP 读者登录入口、检索入口、浏览界面等。

为保证青城记忆的成功，在呼和浩特市文化新闻出版广电局领导下，建立顾问、制片、导演、摄影、字幕、常务等领导、生产组织体系，制订青城记忆人物遴选标准，经过推荐、自荐、举荐、资料初审、座谈等多种形式的工作，遴选出青城记忆第一期入选人物。为保证质量，制订包括前期沟通、拟订提纲、录制、视频剪辑、导出音频、字幕第一版、字幕初校、视频加字幕、视频对校、被采访者校对、终审、最终修改等 12 个环节在内的生产工艺流程，有力地保证青城记忆的质量。

青城记忆视频版（http://qcjy.leisun.org）推出以后受到读者的热烈欢迎和积极肯定，成为呼和浩特市图书馆打造的又一公共文化服务知名品牌。

图 3-19 青城记忆主页面

3. 昭君文化节

昭君文化节，源于呼和浩特传统的昭君庙会。举办昭君文化节的创意始于 1998 年。

1999年,呼和浩特市委、市政府考虑到王昭君在促进民族团结、维护祖国统一方面所做出的历史贡献,提出举办以"弘扬昭君文化,增强民族团结,促进经济发展"为主题的"中国·呼和浩特昭君文化节"。此后,每年夏季七八月间,昭君文化节成为一项常规性活动。

第一届昭君文化节,举办于1999年8月20日。仅在呼和浩特市南郊的昭君墓文管处举行,与民间的第六届昭君庙会合并举行,活动较少,规模不大,内容仅限于民俗歌舞、书画笔会及理论研讨等,因此影响有限。经过多年探索,昭君文化节的活动越来越丰富,不仅成为呼和浩特市的特色活动,在全区乃至全国都有一定影响。2017年7月8日,"第十八届中国·呼和浩特昭君文化节""第七届中国·呼和浩特少数民族文化旅游艺术活动"合并举行,并在内蒙古民族艺术剧院音乐厅举办隆重的开幕式。其中,第18届昭君文化节共有18项活动,涵盖文艺演出、电影展映、舞蹈展演、展会论坛等多个领域内容和多种文化艺术表现形式。

·历届昭君文化节坚持民族团结主题,展示少数民族特色文化。第18届昭君文化节不设闭幕式,将第二届全国少数民族优秀舞蹈作品展演首场演出作为活动开幕式,并未邀请知名艺术家和艺术团体进行专场演出,体现"瘦身、节俭、务实、有效"的举办原则。

昭君文化节已连续举办18届,具有持久的生命力,深受广大群众欢迎,其主要原因有:

一是深厚的群众基础。正如著名历史学家翦伯赞在《内蒙访古》中说的那样:"在内蒙古人民的心中,王昭君已经不是一个人物,而是一个象征;昭君墓也不是一个坟墓,而是一座民族友好的历史纪念塔。"昭君文化作为中国先进的历史文化和优秀的民族文化,最主要的一点是反映中华民族"以和为贵""以亲为荣"的民族凝聚力。呼和浩特人们喜爱昭君、信奉昭君、朝拜昭君,自昭君庙会时期就有深厚的群众基础。史书对昭君的赞扬不绝于耳,呼和浩特昭君墓闻名遐迩,昭君出塞带来民族团结,促进边疆地区与中原地区的经济文化交流,这种精神流传至今。

二是丰富多彩的活动内容。以第12届昭君文化节为例,组委会在公布会议时间的同时,面向社会各界广泛征集活动期间的各项活动。活动包括具有时代特点和地区特色的民间艺术、体育赛事、文艺演出、经贸会展、观光旅游、论坛研讨等。其中优先支持的活动要求品位高、规模大、影响大,并具有一定全国性甚至国际性。同时,各旗县区将结合当地的文化特色分别开展丰富多彩的活动,突出地方特色。丰富多彩的文化体育和旅游观光活动,吸引大量市民,甚至国内外的游客也慕名而来。

图3-20　昭君文化节之大型舞蹈《王昭君》(王宇　摄影)

三是与时俱进的办节理念。昭君文化节起源于昭君庙会,但在发展过程中融入时代特色,不仅限于群众活动,还融合经济、贸易、文化等多种内涵。昭君文化节曾与中国民族商品交易、中俄蒙特色旅游商品展、呼和浩特少数民族文化旅游艺术活动联合举办。昭君文化节为经贸活动提供一个广阔的平台,活动期间达成诸多合作意向,取得大量合作成果,产生广泛的影响。昭君文化节还为呼和浩特市旅游业发展带来机会。众多海内外游客前来观光游览,产生一系列消费活动,带动餐饮、酒店事业发展。借助昭君文化节契机,加强旅游产品宣传,提高旅游业的文化品位,实现"文化搭台,经济唱戏"。总而言之,昭君文化节已不仅仅是全市各族人民的文化节日,更是推进呼和浩特市经济社会发展、构建和谐社会的有效载体,是展示民族地方文化特色、塑造呼和浩特历史文化名城形象的品牌名片。

昭君文化节作为对 2000 多年前"昭君出塞"历史文化的延伸,不仅展现草原文化的深刻内涵和独特魅力,塑造草原历史人文名城的形象,展示首府文化的风采,而且取得良好的经济、社会、文化效益,成为推进首府经济社会发展和构建和谐社会的有效活动载体。昭君文化节活动异彩纷呈,品牌效应影响深远。

如今,昭君文化节已成为全市各族人民的盛大节日,也是每年呼和浩特市群众最期待的节庆之一。昭君文化节是一项群众性节庆活动,是百姓文化活动的大舞台,其办节宗旨当中就融入文化惠民的理念。通过举办昭君文化节,普通群众享受精品文化,既是文化的观赏者,也是参与者,在提高个人审美品位的同时,也提升整个城市的文化内涵。

4."百人百组百万人"带动工程

"百人百组百万"带动工程是呼和浩特市委、市政府为动员全民力量实现建设"文化首府""民生文化""大文化"的发展战略于 2008 年启动的一项文化惠民工程。具体内容是由100 多名专业文化工作者组建 100 多支群众业余文化团队,带动全市百万群众参与公共文化活动,不断壮大志愿者队伍,引导群众在文化建设中自我表现、自我教育、自我服务。"百人百组百万"带动工程通过建立健全呼和浩特文化人才档案库,发现、扶植、培育、使用呼和浩特市文化人才,整合基层群众文化资源,积极组织开展各类公益性群众文化活动,积极引导社会力量参与公共文化服务建设,满足广大城乡居民日益增长的文化需求,发挥文化引领风尚、教育人民、服务社会、推动发展的作用,进一步推动呼和浩特社会公共文化、群众文化深入开展,促进公共文化服务体系建设。

"百人百组百万"带动工程开展一系列文化活动,深受广大群众好评。例如:在玉泉区召开"敕勒川文化创意产业园区研讨会",并拍摄《青城话端午》电视专题片;举办优秀文艺节目巡演走进土默特左旗;在玉泉区大盛魁文创园举办"纪念抗日战争胜利 70 周年图片及实物展览";在达茂旗召开"内蒙古草原古道文化产业园区论证会";为达茂旗 60 周年旗庆创作歌曲 6 首,其中《内蒙古草原古道歌》荣获优秀奖;在武川县召开"北魏武川古镇研讨会";在赛罕区召开"历史文化旅游发展研讨会";举办"书香首府,全民阅读"大型图书展销活动和本土作家签售活动,并在呼和浩特市图书馆建立本土作家作品收藏阅览室。

"百人百组百万"带动工程在文化交流和传播方面取得一系列成就,本土明星"百人百组百变歌王"蒙克,曾参加央视《星光大道》《回声嘹亮》《我要上春晚》等节目;电影剧本《老村长的故事》被改编为电影《村长轶事》并在央视 7 套播出;土默特左旗百人百组会员不计报酬,义务为拍摄农村题材电影《李子王的浪漫事》做群众演员;创作长篇小说《绝牲》《岁月》,出版《百人百组书法组优秀作品选》;在内蒙古广播电台《绿野之声》栏目中,百人百组高级会员曹建成举办讲座 38 期,在《呼和浩特市日报》和《呼和浩特市晚报》上刊登发表 80 多篇百人百组会员的文章。此外,该工程还开展近千场讲座、表演、展览展示、赛事等文化活动。

"百人百组百万"带动工程实施以来,已形成人人参与、人人共享、百万群众受益的新局面,成为首府公共文化服务体系建设中的生力军,成为首府培育文化人才的靓丽名片。该工程受到内蒙古电视台、内蒙古广播电台、《内蒙古商报》、呼和浩特市电视台、呼和浩特市广播电台、《呼和浩特日报》等多家媒体的关注。2013 年被该工程被内蒙古自治区党委宣传部授予"全区宣传思想文化工作创新奖"。

截至 2017 年 7 月,全市 9 个旗县区成立工程组委会,建成各类活动、传习、示范、培训、体验基地 23 个,已成立策划组、收藏组、非遗传承组、戏曲歌舞组、史志组、文学创作组等专业组 63 个,吸纳社会业余演出团体 42 个。2017 年,已拥有正式会员 9121 人。

5. 文化大院工程

文化大院(户)扶持工程由呼和浩特市政府主导,由呼和浩特市群众艺术馆牵头,调动社会资源,采用精准扶助机制,对旗县区文化大院进行培育和扶持,扶持一些初具规模、具备一定服务功能的农村、基层文化大院(户),壮大基层公共文化服务力量。

目前,呼和浩特市有不同规模的文化大院(户)60 余家,除了托克托县北半球文化大院、和林格尔县绿果果文化大院进之外,文化大院工程还对和林格尔县郭天良文化大院和武川县王转桃文化大院进行重点扶持。

郭天良文化大院是呼和浩特市群众艺术馆 2016 年 12 月正式挂牌设立的基层文化辅导中心,呼和浩特市群众艺术馆从各个方面对文化大院的工作给予支持,在协调加大文化基础设施建设投入外,安排专业人员定期对文化大院文艺骨干进行业务辅导、培训,使文化大院成为一所集文化娱乐、法制教育、科技传播为一体的当地农民不可或缺的"精神乐园"。武川县王转桃文化大院成立于 2014 年 10 月,下设红歌合唱队、秧歌队,健身舞队及二人台演出队,共有会员 400 余人。大院的建立,在为广大群众提供文化活动场所的同时,充分发挥阵地作用,举办群众喜闻乐见的文化活动,丰富群众文化生活,使文化建设惠及全县人民。2017 年 4 月 12 日,呼和浩特市群众艺术馆正式为大院挂牌,成立武川县第一个基层文化辅导中心。

呼和浩特市群众艺术馆对文化大院定期开展业务指导和培训,拟定辅导工作计划,对农村文化大院的活动开展情况进行研究部署。依托文化大院组织群众,凝聚群众、服务群众的优势,组织群众文体活动、发挥群众带动群众的活动宗旨。在文化大院的建设过程中,文化大院的知名度和关注度得到有效提高,逐渐成为基层群众业余文艺生活的主要阵地,为呼和浩特市群众文化活动增添一道亮丽的风景线。

6. 春节·元宵节文化庙会

呼和浩特市首届春节·元宵节文化庙会开始于 2008 年。经过十余年的发展,春节·元宵节文化庙会发展越来越成熟,文化庙会坚持弘扬社会主义核心价值观,将传统文化与现代技术很好地结合起来,着力展示呼和浩特市独具特色的地域文化和民族文化,内容丰富,形式多样,群众参与热情度高,实现社会效益和经济效益双丰收。

2018年春节·元宵节文化庙会的主题为"新春新风新时代,玉泉新貌新气象",由呼和浩特市文化新闻出版广电局和玉泉区政府联合举办,于2月21日(正月初六)至3月2日(正月十五)在玉泉区大召区块、玉泉区图书馆和大盛魁文化创意产业园区块内举行,内容包括民俗文化展示、民族文化展示、文化旅游展示、群众参与活动四大版块,开幕式、各类民俗活动、文艺演出、"鸿雁悦读"进庙会、非遗展示等八大类67项活动。

民俗文化展示版块包含民间评书快板、天桥八大怪杂耍技艺、打太平鼓等系列活动;以及蛋雕、剪纸、吹糖人、做糖画、布艺等非物质文化遗产绝活展示活动。民族文化展示版块包含民族服饰展示展览活动、民族歌舞展演。文化旅游展示版块包括改革开放40周年图片展活动、百坊来过年和景区免费大拜年、外地游客逛庙会等活动。群众参与版块包括乌兰牧骑进社区惠民演出活动、"抛绣球招亲"活动、"玉泉大舞台"活动等。

通过春节·元宵节文化庙会,群众普遍感受到党和国家政策好,我国社会发展,经济繁荣,生活水平逐年提高,文化生活越来越丰富,内心油然生出爱党爱国爱乡爱家的情怀,社会效益显著。通过参与春节·元宵节文化庙会,很多企业也获得很好的发展机会,经济效益显著提升。

经过多年的培育和打造,春节·元宵节文化庙会已经成为呼和浩特市、内蒙古自治区知名的公共文化服务品牌,成为公共文化服务领域的一道靓丽的风景线,在呼和浩特市、内蒙古自治区乃至全国都有很大的影响。

八、呼和浩特模式的核心效果

由于注重顶层设计和创建实践的双重交互驱动,经过几年的建设,呼和浩特公共文化服务体系示范区体现出多方面的成效,在基本理念、单元建设、设施建设、内容建设、技术建设、标准建设、体系建设、制度建设、效能建设、持续发展等诸多方面均有很好的表现,其中最为引人注目的核心效果则体现在体系建设和效能提升两个方面。

1. 体系建设推进迅速

呼和浩特市在示范区创建期间,通过公益性文化机构与营利性企业深度融合的创新机制,实现体系建设快速推进,为提升效能奠定坚实的基础。

(1)公共图书馆总分馆服务体系

呼和浩特市图书馆在示范区创建过程中,着力推进以市级图书馆为中心馆,旗县级图书馆为总馆,乡镇综合文化站为分馆,村(社区)综合文化服务中心(文化室)为基层服务点的总分馆四级服务体系建设,面向全市城乡构建起图书馆服务体系的骨干网络。在此基础上,以图书馆中心馆—总分馆服务体系为枢纽,通过与社区、企事业单位等建立广泛合作,充分利用合作方的体系、场所、人员优势,实现公共文化设施网点布局和体系化建设的快速推进。

图 3 - 21　呼和浩特市图书馆党委社区分馆开馆（俞伟明　摄影）

表 3 - 1　呼和浩特市图书馆总分馆体系一览表

中心馆	总馆	分馆名称	分馆地址	分馆序号
呼和浩特市图书馆	呼和浩特市图书馆	党委社区分馆	呼和浩特市新城东街党委社区	1
		财政局分馆	大学东街 18 号	2
		小召小学分馆	玉泉区小召前街 168 号	3
		呼市戒毒所分馆	呼和浩特玉泉区 209 国道 15 公里处路西	4
		如意开发区管委会分馆	赛罕区三纬路 2 号	5
		U°咖啡分馆	丰州路巨海城九区东门国会馆北 100 米路西	6
		呼市高速大队分馆	金川开发区电力学院北门对面	7
		呼市纪检委分馆	如意开发区一纬路 8 号	8
		石油公司	呼和浩特新城区成吉思汗大街 26 号日新大厦	9
		金谷银行	呼市新城区成吉思汗大街(体育场对面)	10
		内蒙古图书大厦 3 楼图书卖场	中山西路 94 号图书大厦 3 楼	11
		城市书房——图书大厦店	中山西路 94 号图书大厦 4 楼	12
		图书大厦 5 楼文化综合体	中山西路 94 号图书大厦 5 楼	13
		城市书房——金蓝港店	光明大街 26 号女神酒店 1 楼	14
		城市书房——摩尔城店	新华大街维多利摩尔城 A 座 12 层	15
		城市书房——外文店	新华大街 56 号东 3 层	16
		城市书房——金游城店	鹏欣金游城 3 楼	17

续表

中心馆	总馆	分馆名称	分馆地址	分馆序号
呼和浩特市图书馆	呼和浩特市图书馆	内蒙古发改书苑	敕勒川大街发展改革大厦 B 座 3 楼	18
		校园书屋——内蒙古工业大学店	内蒙古工业大学金川校区图书馆	19
		校园书屋——大学城店	大学城呼和浩特职业学校图书馆	20
		社区书房——三角线店	胜利西街南 50 米	21
		呼市总工会职工书屋	小召前街呼市总工会 1 楼	22
		内蒙古党校益友书屋	内蒙古党校 3 楼	23
		武川县新华书店	武川县可镇文化东街 2 号	24
		土默特左旗新华书店	土默特左旗察素齐镇团结大街政府广场南 400 米	25
		托克托县新华书店	托克托县东胜西路与利民路交叉口西 100 米	26
		和林格尔县新华书店	和林格尔县两道巷与红旗街交叉口西北 150 米	27
		清水河县新华书店	清水河城关镇永安街 96 号	28
	赛罕区图书馆	中专路街道办事处综合文化站	丰州南路丁香苑小区	29
		大学东路街道办事处综合文化站	内蒙古大学东校区南 100 米	30
		大学西路街道办事处综合文化站	内蒙古农业大学西校区旁	31
		人民路街道办事处综合文化站	呼伦南路 85 号	32
		乌兰察布东路街道办事处综合文化站	大学东街桥华世纪村华园小区	33
		昭乌达路街道办事处综合文化站	大学路小学滨河校区南 100 米	34
		敕勒川街道办事处综合文化站	平安街与 009 县道交汇处西南	35
		巴彦街道办事处综合文化站	巴彦街道舍必崖村	36
		金河镇综合文化站	金河镇鳊格图村	37
		黄合少镇综合文化站	黄合少镇美岱村	38
		榆林镇综合文化站	榆林镇陶卜齐村	39
	新城区图书馆	成吉思汗大街街道办事处分馆	成吉思汗街道办事处院内一楼	40
		东街街道办事处河西社区分馆	兴安路与乌兰察布路十字路口建行宿舍前院	41
		古路板村分馆	保合少镇古路板村村委会院内	42
		东风路街道办事处丽苑社区分馆	海拉尔东路 753 号丽苑社区院内	43
		中山东路街道办事处迎宾南路社区分馆	中山东路姑子板巷 2 号	44

续表

中心馆	总馆	分馆名称	分馆地址	分馆序号
呼和浩特市图书馆	新城区图书馆	锡林北路街道办事处车站西街社区分馆	呼和浩特站铁道饭店西巷	45
		西街街道办事处温馨家园分馆	新城区日盛茂街市场前巷	46
		迎新路街道办事处团结小区社区分馆	新华大街丰州路口北 200 米路西	47
		海拉尔东路街道办事处公安厅社区分馆	海拉尔东路 15 号	48
		新城区医院分馆	新城区医院	49
	玉泉区分馆	石东路街道办事处	富丽社区	50
		鄂尔多斯路街道办事处	康居社区	51
		大南街街道办事处	小西街社区	52
		昭君路街道办事处	五里营社区	53
	武川图书馆	武川图书馆青山分馆	青山社区	54
	和林图书馆	翔宇分馆	和林格尔县经济开发区翔宇小区	55
	托克托县图书馆	双河镇综合文化站黄河社区站		56
		双河镇综合文化站东胜社区站		57
		新营子镇综合文化站		58
		伍什家镇综合文化站		59
		古城镇综合文化站		60
		五申镇综合文化站		61
		广宁寺分馆		62
		自来水公司分馆		63
		郝家窑村农家书屋		64
	土默特左旗图书馆			
	清水河图书馆			
	回民区图书馆			

(2)群众艺术馆总分馆服务体系

呼和浩特市群众艺术馆在创建示范区过程中,构建以市群众艺术馆为中心馆,旗县区文化馆为总馆,乡镇、街道综合文化站为分馆,村(社区)综合文化服务中心(文化室)为基层服务点的"设施成网、资源共享、人员互通、服务联动"文化馆总分馆四级服务体系。2017年年底,在全市及9个旗县区范围内,形成市县两级文化馆1+9联动制,实现群众文化艺术资源有效整合、统筹利用和共建共享。1+9联动制建立起广大群众能够就近方便地享受优质公共文化服务,对公共文化的获得感持续增强的公共文化服务体系。

呼和浩特市群众艺术馆是文化馆1+9联动制的中心馆,承担规划协调中心、业务支持中心、人才培训中心、创新研究中心和数字服务中心等五大职能。各旗县区文化馆既是面向公众提供公共文化服务的县级馆,又是旗县区域范围内1+9联动服务体系的总馆,在中心馆指导下全面参与全市及9个旗县区各类文化活动,主动接受资源调配,协调各分馆之间的资源配送,开展好文艺骨干培训、活动策划统筹、数字文化服务等。文化馆乡镇、街道、文化大院分馆以综合文化站为依托,除履行好现有免费开放等职能外,重点在总馆的指导下全面承担文化艺术辅导、文化活动组织、文化项目承办、特色文化建设、群文团队组建与扶持等分馆职能,指导村、社区群众文化活动,开展下探式延伸服务。

(3)区域群众艺术馆(文化馆)公共文化联盟

2016年7月,经内蒙古自治区呼和浩特市文化新闻出版广电局批准,由内蒙古自治区呼和浩特市群众艺术馆发起,西藏自治区拉萨市群众艺术馆、新疆维吾尔自治区乌鲁木齐市群众艺术馆、宁夏回族自治区银川市群众艺术馆、广西壮族自治区南宁市群众艺术馆,全国五个少数民族自治区首府群众艺术馆,经友好协商自愿组织形成从事公益性公共文化服务团体机构——五个少数民族自治区省会城市群艺馆(文化馆)公共文化艺术联盟。该联盟以促进事业发展、加强区域交流、共享文化资源、促进队伍建设为宗旨,在不改变现行国家规定的财务和人事管理体制的架构下,坚持以贯彻落实党中央一系列文化政策为指针,遵循国家法律法规、社会道德规范,从联盟成员的工作需要出发,相互支持、互通有无,构建成员之间的信息网络,共同推动少数民族自治区之间的公共文化服务事业健康发展。合作内容包括每年召开一次联盟会议;每年确定一个活动主题;原则上每年以联盟名义举办2次大型公共文化主题活动;在联盟成员间开展考察、经验交流、文化交流等活动。

图3-22 少数民族自治区首府城市群艺馆成立公共文化艺术联盟研讨会(杜鹏飞 摄影)

2017年4月,为进一步推进馆际友好建设,增进区域文化交流,呼和浩特市群众艺术馆、阿拉善盟群众艺术馆与南宁市群众艺术馆,共同签订《群众文化发展长期交流合作友好协议》,三方结成共促三地群文队伍建设、共创群文服务品牌、共推群文事业发展的长期交流合作伙伴关系,开展文明共建、文化共享的结对互助活动,推动三地公共文化共同繁荣发展。同时,作为"相约民歌湖畔·共眷天下民歌"南宁民歌湖周周演——民歌专场演出的系列活动,呼和浩特市群众艺术馆应南宁市群众艺术馆邀请,与阿拉善盟群众艺术馆精心挑选了当地优秀的民族歌舞节目,力争为南宁的观众带去一台精彩纷呈的文艺晚会,真正实现蒙、桂两地跨区域文化发展交流①。

(4)非遗文化普及体系

呼和浩特市非物质文化遗产保护中心在创建示范区过程中,在全市大力开展非遗文化普及体系建设工作,截至2017年年底,全市共建立非遗基地10个,非遗传习所20个,地域覆盖城乡9个旗县区,遍布学校、商城、博物馆,形成较为完整的非遗文化普及网络体系,为呼和浩特市非物质文化遗产保护工作的进一步深入开展奠定坚实的基础。

表3-2 呼和浩特非遗市传习所、传习基地一览表

序号	名称	旗、县、区、	审批时间
1	国家级非物质文化遗产项目和林格尔剪纸传习所	和林格尔县	2014年5月30日
2	非物质文化遗产和林格尔项目传习基地	和林格尔县	2014年5月30日
3	国家级非物质文化遗产项目土默特左旗脑阁传习所	土默特左旗	2014年5月30日
4	国家级非物质文化遗产项目武川爬山调传习基地	武川县	2014年5月30日
5	非物质文化遗产项目武川莜面饮食制作技艺传习所	武川县	2014年5月30日
6	非物质文化遗产项目托克托县项目传习基地	托克托县	2014年5月30日
7	非物质文化遗产项目托克托县剪纸传习所	托克托县	2014年5月30日
8	非物质文化遗产清水河项目传习所	清水河县	2014年5月30日
9	非物质文化遗产清水河项目传习基地	清水河县	2014年12月18日
10	非物质文化遗产项目和林格尔剪纸、摅份子、面塑所	和林格尔县	2014年12月18日
11	非物质文化遗产项目赛罕剪纸技艺、高桥秧歌传习所	赛罕区	2016年12月18日
12	非物质文化遗产项目二人台传习基地	土默特左旗	2016年1月20日
13	非物质文化遗产项目白氏正骨指术点穴传习所	新城区	2016年9月22日
14	非物质文化遗产项目蒙古族皮雕画传习所	新城区	2016年9月22日
15	非物质文化遗产项目蒙镶传统手工制作技艺传习所	玉泉区	2016年9月22日
16	赛罕区石人湾非物质文化遗产传习基地	赛罕区	2016年9月22日
17	非物质文化遗产项目三空李氏正骨传习所	玉泉区	2016年9月22日
18	非物质文化遗产项目赛罕剪纸、高跷秧歌传习所	赛罕区	2016年9月22日

① 呼和浩特市文化新闻出版广电局.市群艺馆跨区域合作创佳绩 "草原之夜"专场演出显风采[EB/OL].[2018-04-04].http://wxgj.huhhot.gov.cn/whzx/ggwh/201705/t20170502_178365.html.

续表

序号	名称	旗、县、区、	审批时间
19	非物质文化遗产项目蒙古族皮画土默特皮画传习所	玉泉区	2016 年 9 月 22 日
20	非物质文化遗产项目传统手工技艺传习基地	玉泉区	2017 年 3 月 28 日
21	自治区级非物质文化遗产项目青城德兴源烧卖传习所	玉泉区	2017 年 6 月 28 日
22	自治区级非物质文化遗产项目清水河（陶）瓷艺个体传习所	清水河	2017 年 8 月 6 日
23	玉泉区非物质文化遗产项目传习基地	玉泉区	2017 年 8 月 6 日
24	玉泉区非物质文化遗产项目西水磨九曲传习所	玉泉区	2017 年 8 月 6 日
25	非物质文化遗产回民区项目传习所	回民区	2017 年 8 月 6 日
26	新城区非物质文化遗产项目传习所	新城区	2017 年 8 月 6 日
27	呼和浩特非物质文化遗产项目传习基地	新城区	2017 年 8 月 6 日
28	托克托蒙古族非物质文化遗产项目传承基地	托克托县	2017 年 9 月 28 日
29	呼和浩特非物质文化遗产项目蒙古族乐器传习所	新城区	2017 年 11 月 20 日
30	非物质文化遗产项目蒙古族传统牛角弓制作技艺传习所	土默特左旗	2017 年 8 月 6 日
31	呼和浩特市非遗传习体验基地	金川开发区	2017 年 12 月 16 日

（5）公共文化数字服务体系

在示范区创建过程中，除了注重物理服务体系的建设之外，呼和浩特市还特别重视公共文化数字服务体系的建设工作，结合国家重大信息工程建设，统筹实施数字图书馆、文化馆、博物馆、美术馆等各类公共文化服务机构数字服务平台建设工作，于 2017 年开始打造标准统一、互联互通、一站式的呼和浩特市公共文化服务数字平台。该平台包括公共文化数字资源库系统、文化应用服务系统和公共文化开放共享系统，将公共文化各领域各方面的服务与产品都整合在一起，以现代技术手段极大地方便群众快捷地享受全市的公共文化服务。

在打造全市统一的公共文化服务平台的同时，呼和浩特市特别重视各公共文化服务机构早已开展的各自业务服务平台的规范化建设。呼和浩特市图书馆、呼和浩特市群众艺术馆、呼和浩特市民族美术馆、呼和浩特市博物馆、呼和浩特市非物质文化遗产保护中心以及其他公共文化服务机构，在构建各自物理服务体系过程中，充分发挥互联网和现代技术的优势，建成实体服务体系与数字服务体系相结合的服务网络，实现服务体系的全覆盖。例如，呼和浩特市图书馆通过"鸿雁悦读"计划，建设覆盖全市城乡的数字图书馆服务体系，群众可以随时随地非常便捷地享受到图书馆提供的各项服务。

2. 服务效能提升明显

（1）公共文化覆盖面显著提升

"公共"二字是公共文化服务的重要特征，这就要求公共文化服务覆盖面越广越好，理想状态是实现全部人口的覆盖。覆盖面最大化，直至达到全覆盖，这是提升服务效能的基本要求，也是呼和浩特市创建示范区的努力目标。呼和浩特市在创建公共文化服务体系示范区过程中，将这一问题列为重中之重加以解决。经过几年的努力，呼和浩特市建立实体场馆设施＋流动服务＋数字服务平台构成的公共文化服务体系，极大地提升公共文化服务的人口覆盖面,使呼和浩特的城乡群众都可以通过物理的或者数字的方式获取到政府提供的公共文化服务。

（2）基本公共文化服务全免费

目前,呼和浩特市、县两级图书馆、文化馆(站)、博物馆、美术馆均已实行免费开放,免费开放经费全部落实到位;科技馆、工人文化宫、妇女儿童活动中心等均对市民提供基本公共文化服务项目。呼和浩特市文化新闻出版广电局与呼和浩特市财政局联合建立免费开放经费监督机制,定期对免费开放经费使用、管理情况和地方配套资金的落实情况进行督查,确保各级公共文化活动场馆免费开放工作的顺利实施。

（3）获取公共文化服务成本显著降低

获取文化服务和产品时会产生两种成本,一是文化服务或产品的直接成本,一是为获取文化服务和产品付出的间接成本。基本公共文化服务全免费,只是免除公共文化服务和产品的直接成本,但是,群众还需要付出交通、时间等间接成本,如果间接成本过高,就会影响群众获取公共文化服务的积极性。呼和浩特市通过打造覆盖面最大化的公共文化服务体系,充分利用互联网和数字技术的优势,大大降低群众获取公共文化服务的距离成本;同时还创新"菜单式""订单式"服务机制,通过群众自主自助选择服务项目,降低群众享受公共文化服务的时间成本。

（4）公共文化服务效能显著提高

通过采取扩大公共服务体系覆盖面,基本公共文化服务全面免费,降低群众公共文化服务获取成本等一系列措施,呼和浩特市为提升公共文化服务效能奠定坚实的基础。在此基础上,公共文化服务机构加强供给侧结构性改革,为群众提供格调高雅、丰富多彩、喜闻乐见的文化服务和产品,受到群众的欢迎,公共文化服务效能获得显著提升。

2016 年,呼和浩特市非物质文化遗产保护中心启动非物质文化遗产进校园活动,首批进入 20 所学校开展活动,受益学生达 3000 余人次。2017 年,非遗进校园活动更加深入,覆盖全市大中小学 50 余所,受益师生达 8000 人次。

2017 年,呼和浩特民族美术馆全年共举办展览活动 22 次,举办研讨会、培训、论坛、交流座谈会等公共文化服务活动 80 余次,日常展览共接待 3.3 万余人次,赴外巡展受益人数达 1.5 万人次,平均每周免费讲解 40 个小时,2.6 万人次受益。

呼和浩特市群众艺术馆推出的广场舞免费教学活动,截至 2017 年已连续开展 4 年,举办活动 1000 余场(次),吸引 10 万余市民热情参与,惠及市民 20 余万人次。

九、呼和浩特模式的核心特点

呼和浩特模式的核心特点就是在政府主导下,广泛吸纳社会力量加入公共文化服务体系建设中,从"融合"到"深度融合",在融合的深度和广度上下功夫,同步实施"公益文化服务机构 +"与"互联网 +",充分发挥公益文化服务机构 +、科技 + 的倍增效用,促进公共文化服务提供主体和提供方式多元化。

1. 公益文化服务机构 +

在示范区创建过程中，呼和浩特市充分发挥政府的主导作用，努力贯彻公益性文化服务机构 + 的理念，促进公益性文化服务机构与社会组织、学校、社区、企业、志愿者等要素的合作与深度融合，支持和引导上述要素参与公共文化服务，对公共文化服务的设施建设、服务内容及服务方式形成有效补充。通过合作，政府和公共文化服务机构有效地扩充了公共文化设施，不仅节约资金，还有效地培育和引导群众的文化消费需求；群众则有了更为丰富的文化生活，有了更多的休闲文化场所；合作方或者提升了自身的社会影响力，或者在为社会提供公共文化服务的同时更好地满足自身成员的文化需要，或者获得更好的经济效益，或者自身能力得到锻炼。公益性文化服务机构 + 的实践，实现了群众、公益文化服务机构、政府、合作方多方共赢的局面。

2. 互联网 +

呼和浩特市在创建示范区过程中，充分贯彻国务院 2015 年 7 月 4 日印发的《国务院关于积极推进"互联网 +"行动的指导意见》的精神，着力推进"互联网 + 公共文化服务"战略，促进互联网与公共文化服务融合创新，不断培育公共文化服务新型业态，有效地促进公共文化服务均等化和效能提升。

呼和浩特市将互联网作为公共文化设施不可或缺的重要组成部分来看待，构建由互联网公共文化设施与实体公共文化设施深度融合的公共文化设施网络，突破实体公共文化设施辐射半径、开放时间等方面的时空局限，形成真正意义上的时空全覆盖的公共文化设施网络，为公共文化服务的标准化、均等化奠定基础。

在公共文化服务内容方面，在面向群众提供传统服务内容的基础上，还推出基于互联网的服务内容，各公共文化服务机构通过互联网向群众提供数字阅读、在线演出、数字展览、数字直播、电子竞技等丰富多彩的互联网公共文化产品，与传统服务形成互补，完善公共文化服务内容。

在公共文化服务平台方面，在推进各个领域专业平台建设的基础上，整合全市各领域公共文化资源，创新公共文化服务供给模式和服务模式，打造呼和浩特市互联网支撑与公共文化资源整合体系，通过便捷的一站式在线服务，提高了公共文化服务的精准程度和群众参与的自主性和积极性，有效降低群众享受公共文化服务的成本，促进公共文化服务的均等化。

十、呼和浩特模式的经验

1. 具有较为普遍推广价值的工作模式是创新的主要目标

创新的主要目标是总结提炼具有较为普遍推广价值的工作模式，从而实现点面结合，以点带面，举一反三的效果。这就要求创新成果具有较强可复制性和推广性，以便从整体上促进工作的开展。呼和浩特模式紧紧围绕上述要求，在文化主管部门的指导下，以供给侧改革为抓手，指导要素自主配置，促进公益性文化机构与营利性文化企业合作，探索文化事业与文化产业深度融合提供公共文化服务产品创新机制，加强公共文化服务体系建设，最大限度地发挥公共文化服务机构与合作方的各自优势并实现共赢，努力调动群众参与的自主性与积极性，通过丰富多彩的活动，培育浓厚的文化氛围，促进和谐社会的建设。实践证明，呼和浩特模式具有较强的可复制性和推广性。

国家公共文化服务体系示范区创建工作是为实现中华民族伟大复兴中国梦而提出的一项重大战略，关系着社会的全面繁荣和长远发展。创建"示范区"，必然要建立一个能够被其他地区学习效仿的模范。所有，从根本目的来说，国家公共文化服务体系示范区创建工作就是要推动各地研究和解决公共文化服务体系建设面临的突出矛盾和问题，探索建立公共文化服务体系可持续发展的长效保障机制，为同类地区提供借鉴和示范，为国家制定相关政策提供科学依据和实践经验。这是每一个示范区创建都必须始终遵循的工作方向，呼和浩特亦然。

正所谓站在前人的肩膀上可以看得更远。从 2005 年开始明确提出建设公共文化服务体系，我国已经展开十多年的实践探索，在取得巨大成就的同时也累积丰富的经验，对公共文化服务体系建设有了更深刻的领悟。而且，呼和浩特是我国第三批国家公共文化服务体系建设示范区创建城市，相对来说具有更多有利条件，有了第一批和第二批示范区创建城市的探索实践，我国公共文化服务体系创建中存在的一些普遍矛盾和问题更加明显地浮现出来。2015 年 1 月，中共中央办公厅、国务院办公厅印发《关于加快构建现代公共文化服务体系的意见》，又为各地示范区创建工作提供更为明确的指导。基于这些优势，呼和浩特在示范区创建中，针对公共文化服务体系建设的一些普遍性问题上做出新的探索，取得成功，从而为其他地区提供可高度借鉴和学习的范本。

自文化体制改革开展以来，我国文化事业与文化产业逐渐分而治之，双轨并进。把和人民群众基本文化权益密切相关的，以及涉及国家根本利益的文化单位实行实业化编制，由国家提供财政经费和政策扶持，以保障其公益性发展。而那些不涉及国家安全、文化安全的非基础性的文化内容则进行产业化开发，从原来的国家财政补贴为主转向以市场化运作为主，允许其以营利为发展目标。从实践来看，实行文化体制改革后文化产业市场化发展步伐不断加快，展现蓬勃发展的生命力，取得令人惊叹的辉煌成就，但文化事业的发展相对而言却进展缓慢，尤其在考虑到人民群众正在快速提升的文化需求时，大力推进公益性文化事业的发展就更加迫切。这正是各地都面临的一个普遍性问题。

文化事业和文化产业都是以满足人民群众的文化需求、丰富人们精神生活、提高国家文化软实力为发展目标，所以二者虽然二分而治，但也具有统一性，实际上也无法全然分开。过去我们的探索中，出现过文化事业和文化产业混为一谈，实行"以文补文"政策，导致公共文化服务萎靡不振。文化事业和文化产业双轨发展制是我国文化体制改革的宝贵经验，而在这基础上，还应该促进二者双向优势互补，以公益性文化事业培养和发展人们的文化消费需求，为文化产业创造和拓展文化市场，同时，发扬文化产业的活力，为文化事业建设丰富内容和形式，推动公共文化服务繁荣发展，更好地满足不同人群的多元化文化需求。也就是说，解决公共文化服务事业发展的问题，需要从供给侧进行改革，在坚持政府主导以确保公益性发展方向的前提下，推进文化产业与文化事业的深度融合。这是广泛适用于我国各地公共文化服务事业的一条发展之路。而呼和浩特以"图书馆＋新华书店"为模式开展的"鸿雁悦读"计划取得巨大成功，也从实践的层面证明这一发展之路的可行性，并为其他地区推进公益性文化事业与经营性文化产业的深度融合提供可借鉴的具体做法。

2. 以人民为中心是做好公共文化服务工作的前提

人民的文化权利与生存权、发展权以及经济、社会权利同等重要，同样应该得到更好保障，完善公共文化服务体系，是尊重和落实人民文化权益的重要举措。呼和浩特模式的品牌活动"鸿雁悦读"计划从采购到借阅，直至阅毕交流都体现群众的中心地位，一切举措皆为了方便群众阅读，致力为群众提供最优质的阅读体验。"鸿雁悦读"计划所提供的公共文化服务，是基于全体市民的共同利益，以普遍实现公共文化权益为准则，以全体人民为服务对象，追求社会效益的最大化，打破年龄、性别、城乡的界限和职业、身份的差距，惠及全体群众，确保每一位群众都能在全民阅读中有所收获。

"以人民为中心"是中国共产党的核心精神，一直是党和国家治国理政的根本立场和价值取向。党的十九大上，习近平同志更是把坚持"以人民为中心"确立为新时代坚持和发展中国特色社会主义的基本方略之一。他强调："人民是历史的创造者，是决定党和国家前途命运的根本力量。必须坚持人民主体地位，坚持立党为公、执政为民，践行全心全意为人民服务的根本宗旨，把党的群众路线贯彻到治国理政全部活动之中，把人民对美好生活的向往作为奋斗目标，依靠人民创造历史伟业。"①这一重要发展思想表明，在中国特色社会主义事业建设中，不仅要在经济社会发展领域坚持以人民为中心，在其他领域，在各个方面，以及整个建设过程中，都必须坚持以人民为中心。

从公共文化服务体系建设方面来看，人民群众的文化权益和文化需求是我国现代公共文化服务体系建设的出发点和落脚点。2014 年，文化部公共文化司指出，总体上，我国公共文化服务体系建设还存在"三个不适应"：一是与全面建成小康社会的目标要求还不相适应；二是与我国当前的经济社会发展水平还不相适应；三是与基层群众日益增长的精神文化需求还不相适应②。当前，我国公共文化服务体系建设的主要任务是保障全体民众的基本文化权益，满足其基本文化需求，如读书看报、听广播、看电视电影、参加文化活动等。而从我国公共文化服务体系建设的实践情况来看，初期出现的一个突出问题就是高投入之下却没能够获得高效益，设施"空壳"现象较为严重，人民群众参与度偏低。主要原因就是供给与需求脱节，提供的基本公共文化服务项目种类少、产品不丰富、质量不高，以及建设主体重投入轻产出、重建设轻管理的现象还普遍存在。

为此，《关于加快构建现代公共文化服务体系的意见》中高度强调"以人民为中心"的基本原则。我国公共文化服务体系建设已进入新的发展阶段，为解决好初期留下的问题，推动当前建设工作的更快更好发展，就必须把"以人民为中心"贯彻到每一步、每一环节，而不是只停留在口头上，止步于思想环节。要做到发展为了人民，发展依靠人民，发展成果由人民共享。即从人民群众的文化需求出发，以人民需求为导向提供公共文化服务，发展人民群众喜闻乐见的服务项目和文化活动，吸引、鼓励人民群众参与其中，成为公共文化服务体系建设主体的一员。

---

① 孙大海. 始终坚持以人民为中心的价值追求[N]. 人民日报,2017 – 10 – 23(14).
② 霍文琦. 我国公共文化服务体系建设还存在"三个不适应"[DB/OL]. [2018 – 04 – 03]. http://www. chinalibs. net/ArticleInfo. aspx?id = 433992.

3. 社会力量参与公共文化服务的机制创新

坚持政府主导作用,激发广大群众参与公共文化服务的自主性和积极性。国有文化事业单位、各类社会组织、广大人民群众,都是公共文化事业的建设主体。在公共文化体系建设过程中,群众参与程度往往影响着公共文化服务效能的高低,要激发群众参与公共文化服务的热情,形成"政府主导、社会参与、共建同享,多方共赢"良好格局。提高群众参与度与自主性,是公共文化服务体现建设的重要抓手之一,也是落实十九大报告一切以人民为中心的具体实践。

人民群众不仅是我国公共文化服务体系建设的服务对象,也是建设主体。鼓励企业、社会组织和个人等社会力量多方式多领域参与公共文化服务体系建设中,这也有利于满足人民群众的多元化文化需求,提升服务效能。而从事实来看,社会力量参与公共文化服务的关键在于政府的支持和引导。鼓励社会力量参与公共文化服务,是要发挥市场的杠杆作用,推动各类文化服务资源的整合。社会力量可为公共文化服务带来极大发展动力,但如果这股力量不可控,也可能造成公益性不保的后果,这已在我国过去的实践探索中有所展现。因而,应坚持在政府主导下引导和鼓励社会力量参与公共文化服务体系建设,这一前提要素是决定相关工作能够健康有序发展的关键。

在确保公益性的前提下,社会力量可通过多种方式参与到公共文化服务体系建设的多个环节中。公共文化设施建设方面,可鼓励社会力量以冠名资助、公私合作、捐赠等形式投资建设设施或举办文化机构,如举办各类民办博物馆、图书馆、剧场等。公共文化服务内容和项目方面,鼓励社会力量通过主办、承办、协办、合作、志愿行动等方式参与各类公益性文化活动,如文艺演出、文化下乡、展览活动、研究咨询等。鼓励具有相关能力、符合条件的企业、社会组织和个人等社会力量参与政府购买公共文化服务活动,以"服务外包"等形式提供产品和服务,承接政府主办的各类公共文化服务项目,从而丰富公共文化服务供给,提高服务效能。此外,政府还可通过提供场地部分硬件设备、实行税收减免、提供部分资金支持等方式来进一步激发社会力量的积极性,促进社会力量更广泛地参与到公共文化服务体系建设中。其中,尤其要重视文化产业领域的社会力量,文化产业与公共文化事业有着更广泛的合作优势。如呼和浩特模式中的"鸿雁悦读"计划,以图书馆与书店的合作为核心,盘活公共文化服务多个环节,为人民群众带来更实在的文化福利。

4. 政府角色与作用的创新探索

在建设公共文化服务体系、面向群众提供公共文化服务产品过程中,政府主管部门的角色十分关键。根据《公共文化服务保障法》,在公共文化服务体系建设和公共文化服务产品提供过程中,政府应当发挥主导作用,而政府主导作用应该如何发挥是一个重要课题。政府主导作用并不意味着政府凡事亲力亲为,包揽一切,如果这样,与小政府大社会的现代治理理念背道而驰,且不利于发挥市场要素和社会要素的作用;但如果片面理解小政府大社会的治理理念,缩手缩脚、无所作为显然也是不妥的。

小政府大社会就是要建立服务型政府。服务型政府是我国政府行政体制改革的重要目标。党的十九大报告又特别提出,转变政府职能,深化简政放权,创新监管方式,增强政府公信力和执行力,建设人民满意的服务型政府。而提供公共产品、公共服务是服务型政府的基本职能。作为服务型政府，应注意摆脱管制型政府的办事作风，要"放""管""服"三管齐下，在简政放权的基础上，注重监管创新，注重优化服务。简政放权是要"放手"，而不是做"甩手"掌柜。所以，在公共文化服务体系建设中，政府应发挥主导作用，但不须事必躬亲，而是将工作关注点和着力点转向宏观调控、市场监管，真正为广大人民服务。

呼和浩特模式的实践在这方面做出了富有成效的探索，呼和浩特市文化新闻出版广电局作为主管部门，既积极推动、撮合、指导呼和浩特市图书馆和新华书店创新合作，又充分尊重社会主体和市场主体各自的独立性，不干涉这些机构具体的业务工作，而是由公益性文化机构与营利性企业通过充分协商沟通，达成具有可持续发展的合作机制。呼和浩特市文化新闻出版广电局在此过程中发挥很好的、合适的作用，真正贯彻供给侧改革的理念。呼和浩特模式中政府主管部门在公共文化事务中的作用可以简单概括为"守分际，有作为"，这对于政府依法行政的同时积极发挥自身的主导作用具有积极的参考价值。

第四部分

部分地区公共文化服务体系建设案例

一、北京市朝阳区：以创新求突破，全面推进示范区建设

朝阳区是北京市面积最大的城区和人口大区，面积 470.8 平方千米，现辖 24 个街道办事处、19 个地区办事处；2016 年常住人口 385.6 万人，其中常住外来人口 174.8 万人[①]。朝阳区汇集了大量的外国驻华使馆、国际组织、国际商会、国际传媒机构、跨国企业总部和外资金融机构，是我国"国际交往的重要窗口、中国与世界经济联系的重要节点、对外服务业发达地区、现代体育文化中心和高新技术产业基地"[②]。

2011 年 6 月，朝阳区取得首批国家公共文化服务体系示范区创建资格，2013 年 11 月，创建工作获通过文化部验收。朝阳区在创建过程中突出"首都城市功能拓展区"定位，打破传统行政体制限制，创新"3 + 1"公共文化服务网络运行机制，建立"区—地区—街乡—社区（村）"四级公共文化服务网络，制定"2 + 5"四级服务网络评价体系，全方位动员社会各界力量积极参与，培育一批文化活动品牌，全区公共文化服务事业取得长足发展，成效显著。

1. 布局：创建"3 + 1"四级公共文化服务网络

朝阳区一直十分重视文化建设工作，尤其是进入 21 世纪后，朝阳区更是在"十五"计划中明确提出建设"文化教育发达区"的目标。2008 年，第 29 届奥运会在北京举办，主场馆鸟巢即位于朝阳区，以筹办奥运为契机，朝阳区还兴建了奥运会主游泳馆水立方、奥林匹克森林公园等重要设施。受奥运会等的积极影响，民众对文化体育活动的参与热情高涨，极大地促进朝阳区公共文化事业的发展。2011 年 1 月 1 日，即"十二五"开局之年，朝阳区把全区第一个工作大会定为文化工作大会，并以区委、区政府 1 号文件出台了《朝阳区委区政府关于进一步加强文化工作的意见》，制定《朝阳区"十二五"时期文化发展规划》，初步奠定朝阳区的大文化发展格局，也为朝阳区创建国家公共文化服务体系示范区提供良好的基础条件。

2011 年 6 月，朝阳区成功获得国家公共文化服务体系示范区创建资格，朝阳区委区政府对此高度重视。2011 年 7 月 29 日，朝阳区政府发布《朝阳区创建国家公共文化服务体系示范区建设规划（2011—2012）》（简称《创建规划》），指出，朝阳区创建国家公共文化服务体系示范区具有重要意义，是进一步贯彻落实国家文化发展战略的迫切需要，是北京市建设有中国特色世界城市和社会主义先进文化之都的迫切需要，是朝阳区提升区域核心竞争力的迫切需要[③]。此外，《创建规划》中还详细提出创建的目标、指标标准、主要任务、实施步骤和保障机制等，全面展现朝阳区打造的公共文化服务体系蓝图。

公共文化服务体系建设需着眼全局，首先要从整体上进行科学布局，避免重复建设或出

---

① 北京市朝阳区统计局. 2017 北京市朝阳区统计年鉴［EB/OL］. ［2018 - 02 - 01］. http://www. chys-tats. gov. cn/cytjj/sjjd/tjnj/419246/index. html.

② 北京市朝阳区人民政府. 北京市朝阳区国民经济和社会发展第十二个五年规划纲要［EB/OL］. ［2018 - 04 - 05］. http://fagaiwei. bjchy. gov. cn/fzgh/ghwj/sew/.

③ 朝阳区人民政府办公室. 朝政发〔2011〕15 号：北京市朝阳区人民政府关于印发朝阳区创建国家公共文化服务体系示范区建设规划（2011—2012）的通知［DB/OL］. ［2018 - 02 - 01］. http://www. chinalibs. net/ArticleInfo. aspx?id =430792.

现服务不能到达的空白地带,确定各级设施的适宜服务半径,合理规划其功能作用,找准各自的特点定位,并推动资源整合,使点与点相辅相成,相互联络形成网络,实现服务全覆盖。因而,《创建规划》提出,在北京市区县"区—街乡—社区(村)"三级公共文化服务网络的基础上,根据朝阳区面积较大、人口众多的特点,建设公共文化四级服务网络,即在区和街乡之间建设地区级文化中心,形成"区—地区级—街乡级—社区(村)级"四级服务网络。

2011 年,朝阳区与专业机构合作,开展朝阳区现状文化资源普查和市民需求调查,建立朝阳区文化资源 GIS 数据库。在此基础上,朝阳区规划分局、文化委托北京市规划院研究编制了《朝阳区文化设施空间布局专项规划》(简称《空间规划》),这也是北京市第一个专项的文化设施空间规划。《空间规划》强调合理配置空间资源,以构建四级公共文化服务网络为出发点,优化资源配置,重点对公共文化设施建设进行规划研究,在设施内容设置上强调满足服务人群的多元文化需求,立足功能混合、弹性配建、节约资源、保障基本的原则,通过均衡布局,实现步行 1000 米半径内就有一座公共文化场馆,形成"15 分钟公共文化服务圈"。而且,《空间规划》还为朝阳区下一步文化设施建设及资源整合预留了空间,创造了条件,对公共设施的土地资源配置形成约束,为提升城市文化功能奠定基础。

为确保公共文化服务网络运行效能,提升四级公共文化设施的运行质量,朝阳区还创新实行"3 + 1"服务网络运行机制,即在"区—街乡—社区(村)"三级公共文化服务网络的基础上,加强地区级文化中心运行。朝阳区"3 + 1"公共文化服务网络的不同层级各有侧重,通过优化各个服务层级效能,带动提升整体服务效能,达到"3 + 1 > 4"的效果。其中,区级公共文化服务机构运行突出"统筹"特征,实现资源优化配置;地区级公共文化服务机构突出"特色",这一层级服务机构在设置时已统筹考虑区域面积、群众需求、人口数量、环境特征等因素,可因地制宜地提供公共文化服务,满足群众多元化、多层次的公共文化服务需求;街乡级公共文化服务机构突出"均等",更加注重保障群众的基本文化权益;社区(村)级公共文化服务机构重在"便捷",更加重视服务重心下移,突出覆盖率和可达性,是朝阳区"15 分钟公共文化服务圈"的基础性保障。

2. 保障:坚持政府主导,建立"3 + 3"工作模式

按照规定,国家公共文化服务体系示范区有两年的创建期,在这期间,朝阳区坚持普遍达标、重点突破与凸显特色相结合,坚持借助创建契机,不断夯实基础、补齐短板、打造亮点,整体提升公共文化服务水平。为确保创建工作顺利进行,朝阳区还坚持以政府为主导,建立并逐步完善各项保障措施,联动相关力量,充分动员社会参与,形成独具朝阳特色的"3 + 3"示范区创建工作模式。

建立三个保障体系:一是组织保障体系,建立"1 + 6 + 43"的创建组织网络。2011 年 6月确定获得创建资格后,朝阳区立即成立创建领导小组,区四套班子主要领导亲自担任组长。领导小组下设综合协调、制度建设、宣传信息、设施建设、街道创建和农村创建 6 个办公室,及 43 个街乡办公室,建立"1 + 6 + 43"的组织架构;并层层建立责任制,促进工作落实,确保推进创建工作。二是政策保障体系,将《创建规划》作为引导文化建设发展的重要手段,在创建中严格落实,并根据实际情况进行修改完善。2012 年 2 月 22 日,朝阳区召开深化创建国家公共文化服务体系示范区暨文化工作会,发布了根据《创建规划》制定的《朝阳区推进国家公共文化服务体系示范区创建行动的实施方案》和《朝阳区创建国家公共文化服务体系

示范区项目指标任务分解表》,进一步明确了示范区创建的目标、任务和要求。此外,还出台《加快建设文化朝阳十大行动计划》《关于进一步加强公共文化服务体系建设的意见》等一系列配套政策和制度,确保各项工作顺利推进。三是资金保障体系,设立创建示范区专项资金,加强专项资金管理,用好中央财政、市财政下拨创建经费,确保专款专用,并确保财政对公共文化的投入不低于财政经常性增长,不低于两年创建周期的投入。2011 年,朝阳区公共文化建设投入 3.43 亿元,比 2010 年增长了 22.5%;2012 年,投入 4.01 亿元,比 2011 年增长16.91%;2013 年,投入 4.14 亿元①,人均文化支出高于北京市平均水平。

形成三个机制:一是协调联动机制,示范区创建领导小组通过工作调度制度、办公室联席会议制度等,定期研究创建重点工作进展情况,对重点难点问题进行集中讨论,形成"党委政府统一领导、宣传部门协调指导、行政主管部门组织实施、有关部门密切配合"的工作格局。二是绩效评价和监督机制,研究制定"2 +5"综合考评指标体系,将创建工作纳入街乡政府考核指标体系,引入第三方测评机构,通过听查看访四种方式对各街乡创建情况进行测评。三是社会动员参与机制,将创建工作与全区各项工作有机融合,加强媒体宣传和社会宣传,不断提高群众对创建示范区工作的知晓率、参与率和支持率。2011 年以来,朝阳区的创建工作被中央电视台、北京电视台、《光明日报》《中国文化报》《北京日报》等众多媒体报道。

3. 考评:完善"2 +5"评价体系推进可持续发展

公共文化服务体系建设一直以来存在一个重要问题,即结果难以量化考评,往往导致"建而不管、管而不用、用而不更新"的问题。要解决这一问题,就必须加强监管,建立健全评估与考核机制。为此,朝阳区对接国家公共文化服务体系示范区创建要求,建立了"2 +5"公共文化服务评价指标体系,对朝阳区四级公共文化服务网络建设运行情况进行评估。

"2 +5"评价体系主要包括 2 个服务评价指标体系,即《朝阳区公共文化服务评价指标体系》《朝阳区街乡公共文化服务评价指标体系》,和 5 个绩效考核指标体系,即《朝阳区街乡文化中心绩效考核指标体系》《朝阳区社区(村)文化活动室绩效考核指标体系》《朝阳区文化馆绩效考核指标体系》《朝阳区图书馆绩效考核指标体系》和《朝阳区博物馆绩效考核指标体系》,从设施、供给、享受、管理、保障五个方面系统、科学地评价全区公共文化服务建设情况。通过评价与考核相结合,既把握朝阳区四级服务网络建设运行的总体情况,也明确各单位在工作推进中的责任。

2012 年 9 月 19 日和 2013 年 3 月 16 日,朝阳区先后聘请第三方专业机构围绕创建工作开展了两轮测评。测评针对全区 43 个街乡、全区 50% 的社区(村)文化室,以及朝阳区文化馆、图书馆和北京民俗博物馆,采取了听(听取汇报)、查(查看档案)、看(实地考察)、访(问卷调查)等测评方法,客观全面地评价了朝阳区公共文化服务的水平与特质。根据测评结果发现的问题,有关单位积极采取措施进行整改提升,很好地推动了朝阳区创建工作的开展。

在评估中,朝阳区采取"政府、专业、社会"的多主体共同参与的评估方式。政府评估包括部门自评和主管部门评价;专业评估指聘请第三方专业机构进行测评,可在查找问题的基础上有针对性地制订解决对策;而社会评估主要指建立健全包括社会组织、社会单位、社会

---

① 　朝阳区文化委员会.朝阳区创建国家公共文化服务体系示范区的经验与思考[R]//北京公共服务发展报告(2014—2015).北京:社会科学文献出版社,2015:76 – 83.

公众、新闻媒体等广泛参与的公共文化服务社会评价机制，通过调查问卷、访谈、座谈会等形式，让广大公众也能为公共文化服务体系建设献言献策，从而使公共文化服务更契合群众需求。

为确保评估体系发挥长效，朝阳区还建立区公共文化服务评价平台，涵盖文图博、街乡、社区（村）的材料提交管理、实地考察地点管理、问卷调查管理、网络测评管理、测评结果统计等主要功能，实现对公共文化服务工作的实时监督和动态管理；并制定《朝阳区公共文化服务评价考核实施办法》和《公共文化重大项目管理考核办法》，把一年一次的公共文化服务评估结果纳入处级领导班子综合考核指标体系，形成文化服务绩效考核常态机制。

4. 实效：全面提升公共文化服务效能

2013年6月17至18日，文化部验收组对朝阳区开展国家公共文化服务体系示范区创建验收实地检查，76项指标中有71项达到优秀、5项合格。文化部验收组充分肯定朝阳区"15分钟公共文化服务圈""3+1文化服务网络"、街头自助图书馆、文化居委会、文化地图等14项亮点创建工作，并指出，这些亮点工作在全国公共文化服务体系建设中可以起到示范作用。最终，文化部验收组对朝阳区实地验收给出89.4分的基础得分（最高基础得分为90.6分），朝阳区以高分顺利通过验收。

至2013年两年创建周期结束时，朝阳区全面完成示范区建设规划的各项任务目标，成效显著[①]。通过新建、改扩建、追缴配套及整合资源等多项措施，朝阳区街乡文化中心、社区（村）文化活动室的设置率均达到100%，达标率分别由创建初的21%、26%上升到100%、96%；按照"本地城乡居民公共服务重在均衡、流动人口公共文化服务重在公平、外籍人口公共文化服务重在品质"的理念，在创建中坚持为群众办实事，使群众得实惠，群众服务满意度从创建初的61.4%提高到83.4%；各街乡以争创"一街（乡）一品、一社区（村）一特"为抓手，形成77个文化活动特色品牌，涌现出潮流音乐节、798艺术节、北京民俗文化节、"书香朝阳"全民阅读活动等一大批区级文化品牌；一批批文化活动走出朝阳、走向世界，民俗博物馆在韩国合作举办"亚洲婚俗展"，下岗女工大鼓队赴芬兰、爱沙尼亚演出，国声京剧团赴美国纽约市演出，兵马俑灯彩在英国等国家展出；全区各级文化设施近千个，基本形成覆盖城乡的"15分钟公共文化服务圈"，编制的《朝阳区公共文化服务地图》，内容涵盖文化馆、图书馆、博物馆、影剧院、创意产业集聚区等5大类、830个设施点位的详细信息，使百姓能够就近享有公共文化服务。公共文化建设队伍形成规模，43个街乡文化中心全部列为全额拨款事业单位，形成一支门类齐全、结构合理、储备丰富的文化人才队伍，全区拥有群众队伍1662支，骨干力量5.4万余人，注册文化文明志愿者30 445人。文博图事业实现快速发展，区图书馆建立总分馆制，43个街乡实现100%通借通还；公共图书馆人均占有藏书增长了150%，平均每册藏书年流通率增长了154%，人均到馆次数增长了600%；区文化馆、图书馆、博物馆以及街乡文化中心全部免费开放，节假日不闭馆，开放时间全面增加。

数字文化社区、24小时自助图书馆是朝阳区创建工作中的两个重点项目，取得的效果令人瞩目。"数字文化社区"被列为北京市2012年政府实事工程和公共文化服务十大惠民

---

① 北京市文化局.北京市朝阳区创建国家公共文化服务体系示范区成效显著[DB/OL].[2018-02-01].http://www.chinalibs.net/ArticleInfo.aspx?id=430791.

工程,该项目将现有的有线电视线路引入街道和社区的文化站,依托歌华高清交互平台,结合互联网无线技术,整合利用首都图书馆、艺术院团、文化共享工程等多渠道资源,创建一个多媒体、跨平台、多终端的文化信息资源共享平台,读者只需点击触摸屏就可翻看一万种电子期刊,戴上耳机便可欣赏海量节目。2012 年,北京市在朝阳区率先启动数字文化社区建设,朝阳区的数字文化社区总量在全市占 70%。在 2012 年建设完成 70 个数字文化社区的基础上,2013 年,朝阳区又扩充建设了 46 个数字文化社区,使数字文化社区覆盖到全区所有街乡。朝阳区建立的数字文化社区——潘家园数字文化社区,在文化部"全国文化信息资源共享工程·公共电子阅览室示范点"评选活动中,被评为"公共电子阅览室示范点"。

数字文化社区实现了数字文化资源共享,而 24 小时自助图书馆让公共图书馆服务更加灵活便捷。依然是朝阳区在北京市率先推出 24 小时自助图书馆。2011 年 5 月,朝阳区开始启动项目建设,2011 年 8 月 31 日,首批 10 台自助图书馆正式亮相朝阳街头,至 2015 年年底共建成 127 台[1],形成以传统物理馆舍为主体、24 小时自助图书馆为补充的公共图书馆服务体系。24 小时自助图书馆凭借数字化、智能化、人性化特点,为读者提供便捷、实时的服务,吸引更多拥有较高学历的社会中坚力量加入持证读者群[2]。数据显示,24 小时自助图书馆的办证数量占区公共图书馆同期办证总量的 47.16%,流通量占区公共图书馆同期流通量的 36.58%;办证人员年龄以 19 岁至 45 岁人群为主,大多拥有大专或大专以上学历,京籍、非京籍办证人数基本持平。还有调查显示,100% 的受访者希望自己所在社区建设自助图书馆,100% 的受访者认为自助图书馆对自己开展阅读、提升文化素养方面有帮助。

2013 年以来,在成功创建国家公共文化服务体系示范区的基础上,朝阳区进一步巩固完善创建成果,深化公共文化服务供给侧改革,不断提升公共文化服务效能,文化建设持续开花结果,其成功经验和做法为北京其他城区和全国其他地区带来了很好的示范效应。

---

[1]　李凯. 自助图书馆:打通阅读服务"最后一公里"的实践——北京市朝阳区 24 小时自助图书馆建设[J]. 图书馆建设,2016(2):19 - 22.

[2]　黄晓伟. 北京朝阳:创新构建"3 + 1"服务网络　全面提升公共文化服务效能[N]. 中国文化报,2013 - 04 - 30(9).

二、内蒙古自治区鄂尔多斯市：文风流溢，普惠百姓

鄂尔多斯市地处内蒙古西南部，西北东三面为黄河环绕，南临古长城。"鄂尔多斯"为蒙古语，意为"众多的宫殿"，全市辖七旗一区和康巴什新区，总面积8.7万平方千米，截至2016年年底，全市常住人口205.5万（其中蒙古族19万），是一个以蒙古族为主体、汉族占多数的地级市。鄂尔多斯历史悠久，距今14万到7万年前，就有"河套人"在这里繁衍生息，文化底蕴深厚，是草原文化中的一颗璀璨明珠。

2011年5月，鄂尔多斯市启动国家公共文化服务体系示范区创建工作，2013年11月，鄂尔多斯市以西部12个创建城市第三名的成绩通过示范区创建验收。2014年9月，鄂尔多斯市政府出台《鄂尔多斯市创建国家公共文化服务体系示范区后续建设规划（2014—2016年）》，2015年年底又出台《鄂尔多斯市人民政府关于加快构建现代公共文化服务体系的意见》，决定进一步提升创建示范区已取得的成果，到2020年建成覆盖城乡、便捷高效、保基本、促公平的现代公共文化服务体系。

1. 阵地与流动相结合，推进城乡基本公共文化服务均等化

鄂尔多斯地域广阔，人口密度较小且分布不均。改革开放后，随着城镇化发展进程加快，越来越多农村牧区人口进入城镇，导致农村牧区人口分布更为稀散，不少牧区平均每平方千米仅住有3或4人。另一方面，城乡经济差距也在影响着公共文化服务的均衡化发展，在经济条件发展较好的城镇，公共文化建设投入更多，基础设施建设较完善，市民可享有更加丰富、便利的公共文化服务，而在经济发展相对较差的农村牧区，其公共文化事业通常也更落后。在这种情况下，要推进城乡文化事业均衡发展，就面临着较大挑战，尤其在广大农村牧区，实现公共文化服务全覆盖是一个显而易见的大难题。

为解决这一重大问题，鄂尔多斯市一方面继续完善城乡各级公共文化服务机构和基层服务点的建设，加强阵地服务；另一方面，面向基层，面向广大农村牧区，深入开展文化进社区、下基层活动，大力开展机动灵活、简便易行的流动文化服务，把公共文化服务主动送到广大农牧民群众身边。由此，鄂尔多斯市构建起以市、旗两级为骨干，苏木（乡镇、街道）和嘎查（村、社区）为基础，农牧民家庭文化户和民间组织为延伸，流动文化为枢纽，功能健全、实用高效、覆盖城乡、结构合理的公共文化服务网络，切实体现公益性、均等性、基本性、便利性的要求。

鄂尔多斯市政府在创建国家公共文化服务体系示范区期间，加大投入力度，加强公共文化基础设施建设，初步构建起"城镇10分钟文化圈""农村2公里文化圈"和"牧区10公里文化圈"；在示范区后续建设中，结合"十个全覆盖"工程的实施，继续坚持管好用好全市公共文化设施，对图书馆、文化馆（群众艺术馆）、博物馆、苏木（乡镇）综合文化站、嘎查（村）文化室、街道社区文化站室（文化活动中心）、文化户的建设提出明确要求，以此进一步完善各级服务机构和服务点的设施设备，提高其服务能力和服务水平，进而巩固完善已建成的市、旗（区、县）、苏木（乡镇、街道）、嘎查（村、社区）、家庭文化户五级公共文化服务网络。至2017年年底，鄂尔多斯市共有注册博物馆29个、公共图书馆9个、文化馆（群艺馆）10个；全

市公共文化设施总面积达到 159 万平方米、人均 0.78 平方米,公共文化设施设置率、覆盖率和受益率均达到 100%;市图书馆、市群艺馆为部颁标准地级一级馆,鄂尔多斯博物馆为国家一级博物馆;全市 74 个苏木乡镇和街道办事处全部建有面积 500 平方米以上的综合文化站,实现了"十个一"标准①;全市 907 个行政嘎查村和社区全部建有面积 100 平方米以上的综合性文化服务中心,实现了"四个一"标准②和"七个一"标准③;全市广播电视综合覆盖率达到 99.1%,有线电视用户数达 34 万户,全市直播卫星户户通用户达到 8.7 万户,地面数字电视用户达 18.2 万户④。

为满足分散居住在草原的广大农牧民的精神生活需求,鄂尔多斯创新服务模式,大力发展流动文化服务,实现公办与民办相结合、阵地与流动相结合、集中与分散相结合、传统与现代相结合,走出了一条公共文化服务体系建设的新路子。流动文化服务一直是鄂尔多斯文化建设中的亮点。从 20 世纪 80 年代开始,鄂尔多斯就为本地文化馆、乡镇苏木文化站配备不同类型的文化车,在各村庄和农牧民聚居区之间依照"三定一日"制(定点、定时、定线,过文化日)巡回,为广大农牧民送去图书、电影、录像、科技资料,开展小型文艺演出。示范区创建期间,鄂尔多斯进一步发展流动文化服务的优势。2012 年,鄂尔多斯市统筹规划,一次性投入 8000 万元,统一购置 111 辆适合开展流动服务的文化车、74 台流动电影放映车和 1030 套乐器、灯光、音响设备,配备给全市所有群艺馆、文化馆、图书馆、文艺团队和基层文化站、文化室,为送文化提供条件。各公共文化机构主动开展上门服务,用文化车把文化送到离农牧民群众最近的地方,确保居住在偏僻农村牧区的群众也能方便地享受到基本文化权益。近几年,鄂尔多斯的流动文化服务取得显著成效,全市普遍建立流动图书馆、流动文化馆、流动文化站、流动博物馆和流动电影站;6 支乌兰牧骑均保持自治区一类乌兰牧骑标准,每队每年为基层巡回演出百场以上,全市形成强有力的流动文化服务体系,不仅有力缩小了城乡基本公共文化服务之间的差距,也使有限的地区文化资源得到更加充分的利用,如乌审旗、伊金霍洛旗、准格尔旗等地的图书馆通过开展图书流动服务,成功使馆藏图书的借阅率提升了 30% 左右。

2. 加强保障,提升标准,推动公共文化服务优质化

自 2011 年创建示范区以来,鄂尔多斯市建立了市、旗区、乡镇苏木(街道)、村嘎查(社区)、家庭文化户等五级公共文化服务网络,在确保人人享有基本公共文化服务的同时,还着力推动公共文化服务的优质化发展,在人、财、物等方面加强保障,制定一系列公共文化服务

---

① 苏木乡镇综合文化站"十个一"标准是指:一个藏书 5000 册以上的图书阅览室,一个配置 20 台以上电脑的文化信息资源共享服务公共电子阅览室,一个文艺排练室,一个棋牌游艺室,一个展览陈列室,一个体育健身活动室,一个集影视文艺演出、会议讲堂于一体的多功能厅,一个大型文体活动广场,一支业余文艺队和一辆流动文化车。

② 嘎查文化室"四个一"是指:一个图书阅览室(草原书屋),一个文化信息资源共享工程服务点和公共电子阅览室,一个包括文艺、游艺、健身活动的综合活动室,一个集看电影、看演出、体育活动等功能于一体的文化广场。

③ 社区文化活动中心"七个一"标准指:一个多功能活动室,一个书刊阅览室,一个信息资源共享服务室,一个展览陈列室,一个体育健身室,一个棋牌游艺室,一个宣传栏、黑板报等配套设施。

④ 侯乐. 鄂尔多斯:坚定文化自信 打造西部民族文化强市[N]. 鄂尔多斯日报,2018 - 02 - 04(2).

标准,从供给侧改革入手,为人民群众提供更好的公共文化服务。

提升公共文化服务质量,首先必须加强相关保障。鄂尔多斯市在创建示范区期间突出抓了三大保障体系——人才保障体系、技术保障体系、资金保障体系建设,为公共文化文化服务质量提升提供全方位保障。人才队伍建设方面,鄂尔多斯市及时制定出台公共文化人才队伍建设规划,将重点放在落实乡镇文化站人员编制和村(社区)文化管理人员队伍上。每个苏木乡镇和街道综合文化站核定编制至少 3 名,嘎查村和社区文化室至少配备 1 名享有公共财政补贴的管理人员,实行旗聘、镇管、村用工作机制;公共文化服务志愿者达到 7384名;为每个苏木乡镇培育一支民间文艺队,形成政府与民间相结合的文化服务队伍。2015年,鄂尔多斯市图书馆积极探索事业单位法人治理结构的试点工作,完成理事会组建工作,吸纳社会力量广泛参与公共文化事业发展,做公共文化服务的"管家"。技术设施建设方面,鄂尔多斯市现已实现公共文化活动场所全部免费开放,并以科技助力文化,提升公共数字文化服务。全市公共图书馆均建立电子图书室,配备技术设备,建立公共文化远程服务网络,形成四级电子阅览网络;鄂尔多斯市图书馆推出"掌上图书馆"和"城市街区 24 小时自助图书馆",打破时间空间限制,让读者可以随时随地享受到公共图书馆服务。在"十三五"期间,鄂尔多斯市全面推动实施广播电视以数字化为特征的户户通工程,完成应急广播体系建设,为广大人民群众提供突发事件应急广播服务;加快互联网电视、IPTV(交互式网络式电视)、手机客户端发展,实现覆盖领域由电视终端向智能终端延伸。财政资金保障方面,鄂尔多斯市财政每年安排 5000 万元专项资金,各旗区每年安排 150 至 300 万元专项资金,重点用于公共文化网络建设、产品供给和活动补贴。并规定,各级财政每年对文化事业的投入占本级财政一般预算支出的比例达到 5% 以上,形成资金投入长效机制。

在健全公共文化服务保障体系的同时,鄂尔多斯市还建立公共文化考核和绩效评估指标体系,出台《鄂尔多斯市公共文化服务绩效评估办法》,用以强化服务和责任落实,促进工作整改,提高服务水平。2014 年 9 月,鄂尔多斯被文化部确定为国家公共文化服务标准化试点地区,随后在 10 月正式启动公共文化服务标准化试点工作,从实际出发,制定了一系列公共文化服务标准并于 2015 年开始实施。与《鄂尔多斯市人民政府关于加快构建现代公共文化服务体系的意见》一同印发的还有《鄂尔多斯市基本公共文化服务实施标准(2015—2020年)》,其中明确提出保障标准、服务标准和评价标准 3 大类 16 个项目、60 个具体标准,内容涉及文化设施、广电设施、体育及其他设施、组织支撑、财政保障、队伍建设、读书看报、鉴赏文化艺术、观赏电影、收听收看广播电视、阵地服务、流动服务、数字服务、特殊群体服务、组织考核、社会评价,十分全面。按照这一实施标准,鄂尔多斯市的人均公共文化设施数量、服务半径、数字化设备设施等方面均高于中西部平均水平,达到我国东部地区水平。

在政府的有力支持下,鄂尔多斯近年来出现了一批优秀的文化精品,如《森吉德玛》《库布其》等大型民族舞剧以及"鄂尔多斯诗歌那达慕"等文化品牌活动,受到广大群众的热烈欢迎。仅 2016 年,鄂尔多斯市新创剧节目(包括晚会)12 台,新创音乐、舞蹈、曲艺、小戏小品等作品 150 多件,获得自治区级以上奖项 57 项。其中,舞剧《森吉德玛》、舞蹈《和谐四瑞》入选 2016 年度国家艺术基金资助项目,音乐短剧《血染蒙古袍》等 3 部作品入选第十三届草原文化节优秀展演剧目①。"鄂尔多斯诗歌那达慕"是由鄂尔多斯市文化新闻出版广电局、鄂尔多斯市文学艺术界联合会主办、鄂尔多斯市图书馆承办的诗歌文化活动,第一届活动于2016年8月展开,第二届于2017年8—11月展开。"鄂尔多斯诗歌那达慕"以"播撒诗意,种植美好"为主题,设有诗词研讨会、首届中国先锋诗人诗会、百年新诗文献展、诗歌社群普及、诗歌惠民、诗意七夕等活动板块②,着力打造"中国诗歌之城"③,成效卓著。此外,鄂尔多斯市还积极开展与其他地区文化交流合作,通过参与各种对外文化交流活动,组织举办巡演,将鄂尔多斯民族文化送到各地,还引进国内外一些文化艺术精品。2011年以来,鄂尔多斯市财政每年至少投入500万元,采购国内外20多台优秀剧目,在全市各大剧场进行巡演;2012年,先后邀请中国东方演艺集团、国家京剧院、中国歌剧舞剧院、中国话剧团、中国芭蕾舞剧团到鄂尔多斯演出,给广大市民带来精彩纷呈的文化盛宴。

3. 发扬民族文化,突出公共文化服务特色化

鄂尔多斯市地处少数民族地区,当地文化具有鲜明的地方特色、民族特色。在公共文化服务体系建设中,鄂尔多斯市紧密结合当地实际,重点突出民族性、地域性和时代特色,走具有地区特色的公共文化发展之路。

鄂尔多斯在近年来的文化事业发展建设中,一直坚持继承民族优秀文化、发展民族特色文化、发挥民族文化优势。在创建示范区过程中,鄂尔多斯市着力突出公共文化的民族地域特点,以蒙古族文化为主体、蒙汉优秀传统文化为代表展现当地文化特色。全市城乡公共文化服务机构在充分挖掘民族文化资源的基础上,重点开展"节庆文化日"和"农牧民文化日"和地方文化讲座等公共文化活动。"节庆文化日"方面,鄂尔多斯市集中打造文艺演出品牌,定期举办文艺会演、舞台艺术大赛等品牌文化艺术活动,如每三年举办一次"鄂尔多斯国际那达慕大会"和"鄂尔多斯民间艺术大赛",准格尔旗每三年举办一次"漫瀚调艺术节",鄂托克旗每两年举办一次"阿尔寨文化节",乌审旗每年举办一次"萨拉乌苏民间文化节",杭锦旗每年4月底5月初举办"千峰骆驼节"演示"驼文化"全貌,鄂托克前旗举办"上海庙赛马节"展现独具特色的马文化,伊金霍洛旗举办的"达尔扈特文化节"将神圣的成吉思汗祭祀文化与质朴的乡村农牧文化有机结合,由此形成一批享有盛誉的地方文化艺术节。"农牧民文化日"是指由农牧民家庭文化户或农村牧区民间文化组织主办的、以民族传统文化活动为基础,不固定举办的基层群众文化活动④。鄂尔多斯农牧区有着丰富多样的祭祀活动,如成吉思汗祭祀、苏勒德祭祀、圣火祭祀、山水树木祭祀等,这些民俗文化活动具有广泛的群众基础和深厚的历史基础,将传统那达慕、马奶节、敖包盛会、赛马节、民间歌舞赛、农牧民诗歌赛等节日和活动融入公共文化活动内容,与时代社会发展相结合,在保持其鲜明民族特色的同时又融合新的时代内涵,提升活力,让广大群众更加喜闻乐见。而且,"农牧民文化日"在农

---

① 陈力,魏永刚. 草原处处闪烁文化之光——内蒙古自治区鄂尔多斯市公共文化服务建设调查(图)[DB/OL]. [2018 - 02 - 06]. http://www. chinalibs. net/ArticleInfo. aspx?id = 431177.

② 韩美霞. "鄂尔多斯诗歌那达慕"荣获"最佳创新奖"[DB/OL]. [2018 - 04 - 05]. http://www. ordo-swxg. gov. cn/2016/zhdt/whdt/201802/t20180227_2087473. html.

③ 姜正红. 鄂尔多斯诗歌那达慕:文化惠民　打造诗歌之城[DB/OL]. [2018 - 04 - 05]. http://ent. cnr. cn/zx/20170918/t20170918_523953821. shtml.

④ 旺楚格. 鄂尔多斯农村牧区"文化日"探究[J]. 鄂尔多斯文化,2013(4):11 - 13.

牧民的家门口开展,实现资源下移,重心下移,让公共文化服务深入到鄂尔多斯的广大农村牧区。地方文化讲座方面,东胜区图书馆推出的本土名人文化访谈活动——"访地方名人探文献深意"就很有代表性。通过与东胜各领域名家进行深入对话访谈,倾听名家成长故事,追寻名家闪光足迹,展示东胜杰出人物壮美的人生画卷,让群众更加了解家乡、热爱家乡[①]。

鄂尔多斯人民向来能歌善舞,民间文化力量令人瞩目。公共文化服务体系建设坚持以政府为主导的同时,也需要广泛鼓励社会力量参与其中。在示范区创建期间,鄂尔多斯已先后扶持家庭文化户1.1万户,组建民间文化组织和乡村业余文艺队1000多个,这些家庭文化户遍布广大农村牧区,是活跃在广大农村牧区群众身边的文化"生力军",在满足农牧民的文化需求方面发挥了重要作用。而在示范区后续创建建设中,鄂尔多斯市政府在加强各级公共文化部门的服务功能的同时,又一直鼓励和扶持"文化独贵龙"形态的农牧民艺术团体及各类文化协会等自发文化组织,将这些民间文化组织纳入公共文化服务体系。"独贵龙"源自蒙古语,本义是圆圈或者环形,历史上是蒙古族人民反帝反封建斗争的一种组织形式,参加这一组织者经常坐成圆圈,共同讨论研究各种问题;在斗争中通过决议和上报政府的呈文签名,也是所有人围着一个圆圈签名。如今,"独贵龙"被赋予新的内涵,成为传播先进文化的基层组织。"文化独贵龙"往往以文化户、民间艺人为一体,其主要任务是配合草原文化促进会和文化部门带动农牧民开展文体活动、提高农牧民综合素质。以"文化独贵龙"为代表的众多民间文化组织最大特点是,由群众自发建立,实行自我管理,形式喜闻乐见,内容丰富多彩,常年免费为广大群众服务。这些民间文化组织上接文化站、文化室,下衔文化户,可弥补文化站服务距离远的不足,解决文化户实力单薄、能力有限等问题,是公共文化服务的重要补充力量。

4. 以制度为规范,强化公共文化活动常态化

公共文化服务的宗旨是保障广大人民群众的基本文化权益,丰富其精神文化生活。简单来说,就是要满足人民群众日常读书看报、收听收看广播电视的需求。因而,公共文化服务的可持续发展、活动的常态化开展是公共文化服务体系建设中的一个重要内容,要坚决避免三天打鱼、两天晒网的做法。

为确保公共文化活动的开展持续稳定,鄂尔多斯市政府明确提出"着力推动公共文化活动常态化",并将此列为创建国家公共文化服务体系示范区及后续建设的重点任务之一。自创建示范区以来,鄂尔多斯开展的公共文化活动更加丰富多样,有参与型群众文化活动,如全民阅读、文艺表演,也有欣赏型展示活动,如文物展陈、图片展览等,每逢节庆日更是活动不断,热闹非凡。

2011年1月,文化部和财政部联合发文,推动美术馆、公共图书馆、文化馆(站)免费开放,要求健全相应基本公共文化服务项目并向广大群众免费提供。鄂尔多斯市严格遵守国家相关规定,全市范围内的公共文化服务机构全部实现免费开放,文化馆、博物馆每周开放时间达到42小时,图书馆、电子阅览室每周开放时间达到56小时。除此之外,鄂尔多斯市

---

① 东胜区图书馆.东胜区图书馆重磅推出本土名人文化访谈活动[DB/OL].[2018-04-05].http://www.dsselib.cn/a/2017/10/17/1385.aspx.

政府投资建设的 1000 多个公共文化活动场所也全部免费开放,并常年开展全民阅读、文艺表演、展览展示等文化活动。

公共文化活动场所免费开放并确保一定的开放时长是公共文化活动常态化开展的基础条件,而除此之外,相关的方面还有公共文化活动的数量、内容和举办形式。当前,广大群众的精神文化需求在不断提升,并呈多元化发展趋势,只有足够的活动、丰富的内容、多样的形式才能更好地吸引人们参与,而有了人气,公共文化活动就能良性循环,并更好地开展下去。为此,鄂尔多斯市把制度设计研究工作作为示范区创建的重要内容,确立方案,成立鄂尔多斯市公共文化服务体系制度设计研究专家组,结合实际工作中存在的问题有针对性、有重点地展开课题研究,以推动公共文化服务体系建设在科学理论指导下实现可持续发展。并注重将相关研究成果转化,根据制度设计研究成果先后制定《鄂尔多斯市公共文化服务体系建设实施办法》《公共文化设施管理办法》《政府社会购买公共文化服务实施办法》《发展民族特色文化实施办法》《公共文化建设专项资金管理办法》《流动文化服务制度》《农村牧区家庭文化户管理办法》等 20 多项制度,形成具有地区特色的公共文化服务制度体系。这一系列制度也为公共文化活动的常态化开展提供指导和规范。

在这些制度的指导下,鄂尔多斯市的公共文化活动展现出繁盛的风貌。全市各旗区坚持节庆活动和常规活动相结合,主题系列活动与专题单项活动相结合,如前面提到的"节庆文化日"和"农牧民文化日",有的定期举办,有的不定期举办,一年四季,长年不断,常办常新,精彩纷呈的活动带来极大的吸引力,群众参与热情高,在草原上营造出浓郁的文化氛围。鄂尔多斯市政府发布的《鄂尔多斯市创建国家公共文化服务体系示范区后续建设规划(2014—2016 年)》还明确对全市各级公共文化服务机构提出公共文化活动常态化的指标,要求文化馆、站、室所属文艺团队每年为群众演出场次至少要达到 10 场以上;全市群艺馆、文化馆每年组织群众文艺创作者创作群众喜闻乐见的文艺作品达到 1000 件以上,等等。

经过多年建设,鄂尔多斯市的公共文化活动已形成长效机制。数年来,全市各级公共文化馆(群艺馆)、图书馆及文艺团体每年深入基层开展送戏、送书、送展览、送辅导等活动近 1500 场;全市举办以"百日消夏广场文化活动"为代表的各种群众文化活动近 3000 场;每个综合文化站都组建起一支业余文艺团队,全年业余文艺团体共演出 1000 余场;全市人均每周参加文化活动 5 小时以上,农牧民平均每月能看到 1 场电影,每年能看到 2 场文艺演出①。各类群众性文化活动贯穿全年、遍布城乡,不断满足广大群众的精神文化需求,在鄂尔多斯市形成"年年有主题、月月有展赛、周周有演出、天天有活动"的生动文化生活氛围。

---

① 侯乐.鄂尔多斯:坚定文化自信 打造西部民族文化强市[N].鄂尔多斯日报,2018-02-04(2).

三、吉林省长春市：推进文化惠民，打造东北亚现代文化名城

长春市是吉林省的省会、副省级市，被誉为"北国春城"，是中国东北地区中心城市之一、东北亚区域性中心城市，哈长城市群核心城市之一，"一带一路"北线通道重要枢纽节点城市。长春市现辖 7 区、2 县级市、1 县，总面积 20 565 平方千米，2016 年总人口为 779.3 万人，市区人口 450.9 万人。长春市是我国著名的汽车城、电影城、森林城、雕塑城、科教名城，已连续九次蝉联"中国最具幸福感城市"。

长春市是国家历史文化名城，文化类型多样，历史文化、民族文化、民俗文化、曲艺文化、电影文化、雕塑文化、冰雪文化竞放异彩，内涵丰富，特色鲜明。2011 年获得国家公共文化服务体系示范区创建资格后，长春市在公共文化服务方面加大投入，加快发展，不断推动当地公共文化服务体系建设从无到有、从有到优，致力于打造东北亚文化名城，进一步切实惠及广大人民群众。

1. 高位统筹，上下联动，全力推进示范区创建工作

国家公共文化服务体系示范区创建工作自始之初就得到长春市委、市政府领导的高度重视。2011 年 5 月 19 日，长春市成立由市委书记、市长亲任组长，多位市级领导和市政府秘书长任副组长，30 多个部门和县（市、区）负责人为成员的创建国家公共文化服务体系示范区工作领导小组，正式启动创建国家公共文化服务体系示范区工作。该领导小组成员在 2012 年 3 月根据实际情况变化进行调整，新调整的领导小组由市委、市人大、市政府、市政协的主要领导担任组长，全面组织协调创建工作的推进机制。市委、市政府多次召开会议，强调要以创建国家公共文化服务体系示范为契机，掀起长春市文化建设热潮。市人大将示范区创建纳入常委会议案办理事项，并先后两次专题视察示范区创建工作、听取工作报告。市政协召开专题议政会建言献策，并成立课题组深入研究长春公共文化服务体系建设，为做好这部分工作，长春市政协文教委组织部分委员和专家学者展开了历时 4 个月的深入调查，收集背景资料 200 多份，发放调查问卷 800 份，召开座谈会 20 多次[①]，综合运用数据和问卷分析、定性与定量分析等方法，为长春市公共文化服务体系建设的总体发展思路、提升公共文化基础设施"四级"网络建设水平、公共文化服务单位改革与创新发展等方面提出多个可行建议和意见，最后形成 6 篇高质量的调研成果并结集出版。建立"1 + 14 + 167 + 1778"四级组织领导模式，即 1 个市、14 个县（市）区、167 个街道（乡镇）、1778 个社区（村）每一级都建立了相应的组织领导机构，为示范区创建工作提供强有力的支持和组织保障。

经过多次讨论研究后，2011 年 7 月 27 日，长春市委、市政府正式出台《长春市创建国家公共文化服务体系示范规划(2011—2012)》(简称《创建规划》)，并印发《创建工作任务分解表》。《创建规划》明确长春市示范区创建工作的指导思想和基本原则、总体目标、主要任务、重点项目、推进时限和保障措施等内容，是长春市全面推进示范区创建工作的行动纲领

---

① 高峰，张颖，胡永辉. 长春市政协推进公共文化服务体系建设[N]. 人民政协报，2012 - 08 - 25 (A01).

和基本依据。根据《创建规划》,长春市各县(市)区也制定《创建实施方案》,实现从高位统筹,提供政策保障,充分发挥政府的主导作用。

为确保示范区创建工作的进度,长春市政府还加强对过程的督导。长春市政府与各县(市)区签订责任状,层层落实责任。2012 年 2 月,长春市成立创建示范区工作推进组,由市文广新局领导任组长,下设综合协调小组、制度设计研究推进小组、公共图书馆服务推进小组、文化活动推进小组、基础设施建设推进小组、资金管理小组和基层队伍建设推进小组七个小组,深入各地展开实地调研督导,推进各方面工作。2012 年 3 月 24 日,国家创建公共文化服务体系示范区督查组来长春进行督查,对长春市公共文化服务体系示范区建设及"三馆一站"免费开放情况提出反馈意见。根据意见,长春市对创建工作进行积极协调,调度重点工作进展,举办创建示范区培训班,使各方力量进一步明确工作步骤和责任目标,同时组织调研组再赴长春各县(市)区、开发区和直属单位进行调研,深入了解汇总创建过程中存在的问题,提出解决方法,有的放矢地进一步推进长春市公共文化服务体系建设。2012 年 10 月 30 日,长春市文广新局根据局领导分片包干责任制做出的安排部署,各责任组分赴各县(市)区进行第三次调研督导。2013 年 1 月 11 日,长春市成立创建国家公共文化服务体系示范区专项推进组,其中分设制度设计课题研究推进组、宣传组、文化惠民活动组、资金保障和设施建设组,采用倒计时的形式,集中精力推进,集中力量攻坚。在市委市政府的有力领导和各级各部门的积极参与下,最终,长春市示范区创建工作以高标准顺利通过国家验收,综合得分在中部 10 个城市中排名第二位;在单项成绩中,长春市示范区档案工作成为全国最佳,工作积极性获得满分,媒体宣传得分排名中部城市第一位。长春经验获得文化部充分肯定,被指定为第一批开展创建工作中部城市的代表,在第二批创建工作会议上介绍经验。

2. 创建为民,把握重点,实现公共文化服务全覆盖

长春市在示范区创建期间及后续工作中一直坚持"创建为民、创建惠民"的工作思路,加快公共文化设施建设,加强公共文化服务供给,成果显著。

基础设施是公共文化服务体系的基石,长春市将此列为示范区创建工作的首要解决问题之一。在示范区创建工作之初,长春本着"新建一批、改造一批、维修一批、整合一批"的工作思路,大力推进市、县、乡镇、村(社区)四级公共文化设施建设,无论是建设速度、建设成果,还是建设投入,都实现长春市公共文化事业发展史上的突破。2011 年 5 月 19 日召开的长春市创建国家公共文化服务体系示范区领导小组第一次会议上,长春市委领导就明确提出,确保用两年时间,通过"完善一个网络、构建三个体系、抓好八个项目",初步建立起比较完善、具有长春特色、在全省领先、在中部地区具有示范作用、在全国具有一定影响的公共文化服务体系①。其中,"完善一个网络"就是指要加强市直、县(市)区、乡镇(街道)、村(社区)四级文化设施网络建设。创建期间,长春市完成长春市图书馆、长春市少年儿童图书馆的改造工程,新建长春市群众艺术馆建设、长春市朝鲜族群众艺术馆。长春市有 50 个少数民族成分,少数民族人口占全市总人口的 4.2%,朝鲜族是长春市世居民族之一,而成立于

1953 年的长春市朝鲜族群众艺术馆是长春地区以朝鲜族为主的各少数民族群众的文化活动中心、研究中心、培养中心和辅导中心。示范区创建期间，为给广大朝鲜族群众创造良好的文化活动环境，满足其日益提高的民族文化艺术需求，市政府先后召开三次专题会议，决定按国家一级馆标准新建长春市朝鲜族群众艺术馆馆舍。新馆建设工程于 2012 年 2 月立项，2013 年 3 月开始投入建设，由市财政拨款，共投入资金 5220 万元，2015 年 12 月该新馆已全面投入使用。此外，长春市各县（市）区、开发区也通过新建、置换、购买等多种方式，大力推进公共文化设施建设。最终，全市 24 个文化馆和图书馆全部达标，全市 97 个乡镇均建有综合文化站，街道综合文化站和村、社区文化活动室建设也实现全覆盖，初步形成以市馆为主体、以县馆为枢纽、以乡镇综合文化站（社区文化中心）为依托的公共文化服务网络。

"均等化"是当前公共文化服务体系建设的一大重点。为推动城乡基本公共文化服务均等发展，长春市将公共文化资源和服务向基层倾斜、向农村倾斜、向弱势群体倾斜。东北农村地域宽广，每个行政村由数个自然屯组成，屯与村的距离最远达 10 多公里，天寒时期农民不便到村文化活动室享受服务。因此，长春市在已建成的市直、县（市）区、乡镇（街道）、村（社区）四级文化设施网络基础上，继续探索行政村设施向自然屯覆盖。采取政府补助一点、部门支援一点、社会赞助一点、农民自筹一点的方式，长春市各地通过清理垃圾点、挪移农民柴火垛堆放点、填埋沙坑水坑的方式，建起一批自然屯文化小广场，新盖一批自然屯多功能活动室，有效打通农村公共文化服务的最后一公里，使得农村参与公共文化的群众人数迅速增加。

在不断推进公共文化设施建设全覆盖的同时，长春市还以重点项目为龙头，加强公共文化服务供给。创建初期，长春市集中力量抓好"幸福家园"创建项目、"欢乐庄稼院"推广项目、图书馆联盟"云"服务平台项目、数字资源"三进入"拓展项目、电子阅览室建设项目、"情暖万家"公益演出项目、"唱响长春·共筑家园"广场文化项目、公共文化服务社会参与机制研究项目这八个重点项目，推进公共文化服务均等化发展，使公共文化资源全民共享。公共图书馆服务是公共文化服务中的一个重要内容，长春市图书馆积极探索总分馆服务体系建设，针对传统协作型总分馆建设的不足，及时转型，制定"中心馆—总分馆制"发展战略，以长春市图书馆为总馆，以县（市）区图书馆为分馆，以街道、社区、乡村等为基层服务网点，加强社区图书馆建设，在全市 374 家社区建立 301 家社区分馆，打造更加便捷的三级图书馆服务网络，现已实现全市各级图书馆纸质图书通借通还，数字资源共建共享，为城市阅读书网建设奠定了坚实基础①。全市图书馆还遵照规定在 2011 年全面实行免费开放，据统计，长春市图书馆免费开放后，办证及文献借阅量分别达到免费前的 2 至 3 倍，展现出良好的社会效益。

《长春市国家公共文化服务体系示范区后续建设规划（2014—2018）》（以下简称《后续建设规划》）提出四大类共 23 个公共文化重点项目，包括汽车图书馆建设、地图图书馆建设、法人治理结构试点、长春公共文化信息网建设、长春电影节、文化庙会、长春读书节等，由此进一步完善优化公共文化设施的布局，提升公共文化服务供给能力和质量。目前，《后续建设规划》中的农安县文化馆、图书馆已建成并向群众开放，长春市群众艺术馆、市朝鲜族群众

---

① 谢群.公共文化服务均等化便捷化实践模式探索——长春地区城市阅读书网体系建设实例［EB/OL］.［2018 – 04 – 05］.http://www.chinalibs.net/Articlesps.aspx?id＝424266.

艺术馆新馆已建成开放,长春市博物馆即将竣工,计划于 2018 年年底开馆。"十三五"期间,按照《关于长春市加快构建现代公共文化服务体系的实施意见》,长春还将重点抓好"一馆两中心"建设工程,即建设国家一流水平的长春市少年儿童图书馆;建设集排练、演出、文化休闲娱乐于一体的长春演艺中心;建设集展示、推介、孵化、拍卖等多功能于一体的长春市文化创意产品交易中心暨非物质文化遗产保护中心,不断提升公共文化设施建设、管理和服务水平。

3. 多元保障,强化支持,加快繁荣公共文化事业

为确保公共文化服务体系建设的顺利进行,长春市采取多项举措,确保多元保障,从人才队伍建设、财政经费投入、信息技术支持、社会宣传推广等方面为示范区创建以及后续建设提供强有力的支撑,持续推动全市公共文化事业的繁荣发展。

人才队伍是公共文化服务的关键要素,尤其在基层,人员不足已是一个普遍性问题。长春市借示范区创建之机,加大培训力度,坚持"锻炼一批干部、完善两个队伍、填补三项空缺、壮大社会文化骨干力量"的工作思路,收到很好的效果。"锻炼一批干部"是指把一批工作热情高、干劲足、想干事、能干事的干部充实到公共文化服务领域锻炼,促进其成长成才。"完善两队伍"指完善县级图书馆、文化馆业务人员队伍,通过内部调剂和招聘等方式,完善文图两馆的人员需求。"填补三项空缺"指在乡镇综合文化站只有一名站长的情况下,再配备两名工作人员,避免站长唱独角戏。2012 年 4 月,长春市一次性招聘 308 名社区文化工作者,为五城区全部配齐社区文化工作者。"壮大社会文化骨干力量"就是建立文化志愿者队伍、文化类协会、群众业余文艺团体。经过两年创建期的努力,长春市综合文化站人员编制总数由 80 个增加到 501 个,347 个社区配齐了文化专干,每个行政村有一名享受财政补贴的文化管理员。

长春市在创建期间制定了《加强县级和城乡基层单位宣传文化工作队伍建设的实施意见》,对基层文化工作者队伍建设提出明确指导。2016 年,又发布《长春市公共文化服务基本保障标准(2016—2020)》,要求"每个乡镇(街道)综合文化站每站配备有编制人员 3 人,规模较大的乡镇适当增加。由政府购买的村(社区)综合性文化服务中心公益岗位每村(社区)不少于 1 个"。在加强人员配备的同时,长春市还积极展开培训,提升现有人才队伍的整体素质。除了多次组织开展市县两级政府主管领导、文图两馆馆长及乡镇(街道)综合文化站站长培训,还根据《长春市基层群众文化队伍培训计划》,面向乡镇综合文化站骨干、社区文化专干、村文化活动室负责人、欢乐庄稼院热心人、文化志愿者、业余文艺团体骨干开展多次文化培训工作。

创建期间,长春市的公共财政投入大幅提升。全市各级财政用于大型公共文化设施的建设资金 15 亿元;各县(市、区)基本落实城区人均 1 元、农村人均 0.5 元的群众文化活动经费,落实图书馆、文化馆等公共文化场所免费开放的资金;德惠市财政为每个乡镇综合文化站每年配套免费开放经费 5 万元,朝阳、绿园、二道、德惠等地购书经费均达到 20 万元以上;乡镇综合文化站建设、文化信息资源共享工程建设等地方配套资金得到落实;市直两个图书馆的购书经费由 700 万元提高到 1200 万元,并纳入市财政预算;市直群众文化活动经费投入不断加大,2012 年达到 700 万元。除了国家拨付的示范区创建启动经费,长春市财政还配备 1000 万元资金用于示范区创建"攻坚战",其中 80% 的资金按普惠性原则分配,剩余 20%

的资金用于奖励成效突出的创建成员单位①。

技术保障方面,长春市利用网络、声讯、通讯等现代信息技术,大力推进公共文化服务的数字化发展。通过文化共享工程建设实现从市级、县级到街道、社区、乡镇、村等基层网点的数字资源共享;建立了服务群众的长春文化信息网、书香长春学习网、长春文化信息资源共享支中心等公共文化服务平台和公共文化服务技术支撑系统,让人们可以通过网络随时随地获得服务。至 2016 年,长春市已完成网络机房和电子阅览室的建设,公共文化资源存储空间达 36TB。

公共文化服务体系建设由政府主导,但也离不开社会各界的支持与参与。为让广大公众更好地了解长春市示范区创建工作的进展,长春市创建国家公共文化服务体系示范区领导小组办公室编辑发布示范区创建工作简报 29 期,出版《长春文化》6 期,并在长春文化网上设置了专栏。同时,与多家媒体建立良好联系,及时报道长春市公共文化服务建设动态,文化部网站、吉林省文化厅网站等采用长春市示范区创建信息 100 余条,《吉林日报》《长春日报》等报道长春市示范区创建工作 80 余次,还在《长春日报》开设"新春送祝福、文化在行动"专栏,组织长春市主流媒体开展示范区创建基层行宣传活动,发表 8 个系列报道,营造良好的创建氛围。

4. 文化惠民,突出效能,丰富活跃群众文化生活

按照"一手抓创建,一手抓惠民"的工作思路,长春市在公共文化服务体系建设中高度强调创新,坚持让文化惠民乐民富民,问需于民,问计于民,充分激发社会各界的参与热情,从而大大提升公共文化服务效能。

随着示范区创建以来对公共文化服务的各方面投入不断加大,长春市的文化惠民活动也日益丰富,并已形成常态化。全市各公共图书馆、文化馆和乡镇(街道)文化站全部实施免费开放,各地开展的文化惠民活动有目标、有载体、有经费、有要求,大大丰富和活跃了广大群众的文化生活。不但每年坚持为城乡居民免费放映数字电影,举办广场文化活动,开展公共图书馆讲座和精品系列演出,开展送戏下乡活动,各种文化节庆和赛事更是异彩纷呈,每年举办一届长春文化艺术周、社区艺术节和农民文化节,年均举办有规模的文化活动 180 场左右,基本形成季季有大赛、月月有比赛、周周有节目、天天有活动的繁荣局面。多年来,长春市已形成一些值得推广的经验,如"打造欢乐庄稼院、先进文化百村行"夯实农村文化阵地的做法得到中宣部的高度肯定,已在全国进行推广。"幸福家园建设"经验在全省推广。

由于气候独特,东北农村往往是"三个月种田,九个月干闲"。为丰富广大农民的农闲生活,长春市从 2007 年 3 月开展起欢乐庄稼院活动,采取党委政府主导、社会力量参与、农民自编自演的多元共建模式,从农民所需着眼,有效解决农村文化活动场所如何"建"、农村文化阵地如何"用"的问题。在传统的送书下乡、送戏下乡、送文化下乡活动中,农民往往处于被动的"你来我接受"状态,而欢乐庄稼院打破这一常态,创新地将"三下乡"变成"留在乡",使流动的文化服务稳固下来,把欢乐庄稼院变为"不走"的农村文化阵地和农民的"永久"乐园,在家门口就能有书读、有戏看、有棋下、有秧歌扭。示范区创建工作启动以来,长春市将

---

① 刘修兵. 创建国家公共文化服务体系示范区的长春路径[EB/OL]. [2018 - 02 - 25]. http://www. wenming. cn/whhm_pd/yw_whhm/201304/t20130411_1168934. shtml.

"欢乐庄稼院"列为重点项目,进一步深化普及这项建设。如九台市把"欢乐庄稼院"建设纳入民生工作重要内容,联动多部门的资源和力量合力共建,提供扶持资助、设备装备和专业服务以及帮扶援建、人员培训和志愿服务,并从 2012 年起建立实行了星级"欢乐庄稼院"评价体系,进行年度星级评比;根据各乡镇不同特点因地制宜地提出不同建设指导标准,分批推进,逐步扩大其覆盖面,使欢乐庄稼院里更加红红火火。

公共文化服务是有人气才有效能。为了有效提升公共文化服务效能,防止设施"空壳化",长春市采取了 3 项措施,即实施延时服务、错时服务和延伸服务[①]。长春市图书馆开展延时服务,开馆时间由原来一天 8 小时延长到 12 小时,即从早 8 点半到晚 8 点半开馆,日均到馆读者因而大大增加。乡镇综合文化站和社区文化活动室开展错时服务,规定在双休日和节假日必须开放,平时调休;同时还可根据服务群体的需要,适当调整服务时间,增加晚上开放时间。如各社区文化活动中心主要面向小学生开展的"四点半课堂"活动,就错时到放学后的下午 4 点半到 6 点半开放。延伸服务则是在正常开展流动服务之外,启动了汽车图书馆、地铁图书馆、24 小时自助图书馆建设项目,并开展 24 小时自修服务试点,把公共文化服务推送到那些没有建立固定服务点的地方,极大地方便群众看书借书。

在保障好城乡居民公共文化权益的同时,长春市还将特殊群体的基本文化权益作为重点考虑事项,加强对老年人、未成年人、残疾人、农民工、生活困难群众的公共文化服务。为更好满足农民工的文化需求,长春市兴建了若干个工地书屋、工地放映点、演出点,把文化发展成果送进工地、送到农民工身边;还把城区农民工子弟学校纳入图书馆和文化馆重点辅导培训的范畴,使他们享受到与城市居民同等的公共文化服务。在长春电影节期间,举办了电影歌曲大家唱、"精彩电影惠万民"系列活动,实行优惠票价,吸引了众多观众,在公益电影放映点,每天来看电影的人都络绎不绝。在 2012 长春图书博览会期间,长春市图书馆为低保户、新疆班学生、贫困大学生等发放总价值 800 万元的购书卡,并开展多项服务民生的项目,包括阅读扶助、向市民免费发放健康类图书、市民购书优惠等活动,使更多群众充分享受到文化建设的新成果。

---

① 高泽.长春市夯实基础抓"四化"构建公共文化服务新常态[N].中国文化报,2017 – 10 – 13(8).

四、广东省东莞市:创新引领,科技助力,"东莞模式"走向全国

广东省东莞市因地处广州之东,境内盛产莞草而得名。东莞是全国 5 个不设市辖区的地级市之一,下辖 4 个街道、28 个镇、248 个社区、350 个村。东莞是世界有名的制造业城市,吸引了大量外来人口。据《广东统计年鉴—2017》数据显示,东莞 2016 年年末常住人口为826.14 万人,其中户籍人口为 200.94 万人,外来人口占常住人口的 80%。

东莞市在公共文化服务体系建设中所形成的"东莞模式"得到高度评价。示范区创建期间,东莞先后 4 次在中宣部、文化部组织召开的全国会议上介绍公共文化服务体系建设经验成果。创建工作验收时,专家组总结了东莞 20 条在区域或全国具有一定示范意义和推广价值的做法和经验。现在,Interlib 图书馆集群网络管理平台、"政府补贴、限价经营、院线运营"模式等"东莞经验"也正在被全国越来越多的地方拿来学习借鉴。

1. 政府主导致力打造"文化名城"

公共文化服务体系建设必然离不开政府的支持,政府主导是"东莞模式"成功的最重要因素。东莞市委市政府一直十分重视文化工作,早在 2001 年就提出"文化新城"战略,着力建设"图书馆之城""博物馆之城""广场文化之城"和"音乐剧之都",十年间,东莞先后投入70 多亿元完善文化设施,取得了丰硕成果,建成一批标志性的大型公共文化服务设施。如2002 年动工兴建、2005 年正式开馆的东莞图书馆,总投资 1.7 亿元,总建筑面积为 44 654 平方米,至今仍在全国地级市图书馆位居前列,展现出东莞市对于发展公共文化事业的雄心壮志。2010 年,东莞市适应转型升级的发展趋势,提出实施"文化名城"发展战略,决定从2011—2015 年市级财政每年投入 10 亿元,努力打造全国公共文化服务名城、国家历史文化名城、全国现代文化产业名城和岭南文化精品名城。其中,"全国公共文化服务名城"被列在首位,也是最先吹响建设号角。

2011 年,东莞成为全国首批"创建国家公共文化服务体系示范区"的城市。示范区创建工作作为建设"全国公共文化服务名城"的首要任务,得到东莞市委、市政府的高度重视,不但被列入"一把手工程",写入党代会报告、市政府工作报告,并连续两年将创建项目作为市政府"十件实事"之一,还与各镇(街)签订创建责任书。《东莞市创建国家公共文化服务体系示范区建设规划(2011—2012)》明确指出,2011—2012 年市级财政投入的资金重点用于公共文化服务名城建设,全力保障国家公共文化服务体系示范区创建各项工作。为打好示范区创建的攻坚战,东莞市成立创建国家公共文化服务体系示范区工作领导小组,统筹协调全市公共文化服务体系创建工作,由市长任组长,市委常委、宣传部部长和分管副市长任副组长。领导小组下设办公室,根据工作任务需要下设综合组、宣传组、保障组、研究组 4 个工作小组,负责具体落实创建国家公共文化服务体系示范区各项日常工作,与各镇(街)工作小组沟通协调创建工作。由此形成强有力的领导机制,建立起相关单位、镇(街)协调联动,村(社区)积极参与的工作协调机制。

在坚持以政府为主导、以公共财政为支撑、以全民为服务对象、以基层为重点的创建思路下,2013 年,东莞市以高分顺利通过国家公共文化服务体系示范区验收,得到专家组高度

好评。为进一步巩固创建成果,加快公共文化服务标准化、均等化、制度化、社会化、信息化发展,2014 年 8 月 14 日,东莞市政府召开常务会议,审议通过《东莞市构建现代公共文化服务体系实施意见》及《东莞市公共文化服务体系绩效评估办法》《东莞市公共文化服务社会化发展促进办法》《东莞市加强村(社区)公共文化服务实施办法》《东莞市进一步引导企业加强文化建设实施办法》"1 + 4"政策文件。东莞"1 + 4"政策文件的出台,从政策层面为公共文化服务提供保障和指引,使公共文化服务体系建设从政府一时重视的临时性行为转变为政府的职能,政府的主导作用得到加强,为东莞市公共文化服务体系建设建立一个常态化、长效化机制,十分有利于东莞市公共文化服务的规范化、可持续化发展。

东莞市政府清醒地认识到,创建成功不是终点,而是新的起点。《东莞市构建现代公共文化服务体系实施意见》(简称《意见》)提出"建成全国领先的国家公共文化服务体系示范区"的目标,为东莞市公共文化服务体系的未来发展指明方向。《意见》提出,到 2020 年,东莞每万人拥有公共文化设施面积(按常住人口计算,不含室外文化设施面积)达到 1800 平方米的标准,人均藏书达到 1.2 册以上,打造全省、全国性的重大文化活动品牌 3—5 个,打造全省公共文化服务体系示范镇 1—2 个,打造全省、全国公共文化服务体系示范项目 3—5个。为确保这一目标的顺利实现,东莞市政府采取多项保障措施,包括建立健全东莞市现代公共文化服务体系建设工作协调机制,落实经费保障机制,健全政策支持机制,建立专家咨询机制,以及建立并完善绩效评估机制,全方位、多角度地为构建现代公共文化服务体系保驾护航。

2. 高品质建设公共文化服务体系

在各级政府的统筹和领导下,经过十多年的不懈努力,东莞市已初步实现由传统文化事业向现代公共文化服务体系的转变,尤其是自创建示范区以来,东莞一直坚持高标准、严要求,通过推进标准化实施、推动服务品牌化、提速数字化建设,东莞市公共文化服务体系建设取得长足进步,在全省乃至全国都处于领先位置。

自示范区创建以来,通过实施镇(街)文广中心达标工程,东莞市的 32 个镇(街)文广中心全部达到省"特级文化站"标准,并有 19 个入选"广东省百佳文化站",排名全省第一;通过实施村(社区)"五个有"工程,完成村(社区)公共文化服务设施全覆盖,实现广播电视"村村通"和"渔船通";每万人拥有室内公共文化设施面积达到 1670 平方米,高于全省平均水平;建成文化广场 769 个、公共图书馆(室)641 个、公共电子阅览室 589 个、"农家书屋"589个、自助图书馆和图书馆 ATM 40 个、博物馆 42 座、市民艺术中心 1 个,形成覆盖全面、国内一流的公共文化服务设施网络体系。全市公共图书馆、文化馆、文化站达标率均已提前完成"十二五"所定目标任务,其中市级图书馆、文化馆一级馆达标率和乡镇(街道)综合文化站的一级站达标率均为 100% ,在珠三角地区城市排名第一。

2014 年 10 月,东莞市成为全国首批 10 个国家公共文化服务标准化试点地区之一。试点工作无前例可循,每一步都是摸着石头过河,唯有不断创新、勇于实践才有出路。这是东莞继成功创建国家公共文化服务体系示范区后,在构建现代公共文化服务体系方面的又一次大胆探索与实践。标准化试点工作开展后,东莞结合本地实际,依托专家队伍,经过大量实地走访调研,反复论证,制定高于国家标准和广东省标准的《东莞市基本公共文化服务实施标准》《东莞市各镇(街)公共文化服务绩效评估方案》《东莞市文化馆服务规范》《东莞市公共图书馆服务规范》《东莞市公共图书馆运行管理规范》5 个标准文件。其中，《东莞市基本公共文化服务实施标准》共 27 项 65 个指标，与国家标准 14 项 22 个指标和广东省标准的 13 项 32 个指标相比，"东莞标准"更全、更细、更高。此外，东莞还将基层综合性文化服务中心建设标准纳入公共文化服务标准化建设体系，出台《东莞市基层综合性文化服务中心建设实施方案》，从场地选址、服务功能，到设施和器材配置、场馆开放、图书报刊、电影以及文体演出服务，为村（社区）综合性文化服务中心建设提出明确标准。这一系列标准的出台实施，为广大群众提供了更高的公共文化服务保障"底线"，标志着东莞的公共文化服务又迈上新的征程，走向更高台阶。

标准化给东莞公共文化服务发展设定基本要求，有助于解决服务不均等问题，有效提升了服务效能。随着公共文化服务设施的不断完善，公共文化服务质量的不断提升，人们参与公共文化服务活动的热情大大增强。自创建以来，通过整合挖掘各类文化资源，东莞策划推出一大批内容丰富、特色鲜明的公共文化活动品牌，数量多达 40 多个，如"我们的节日""百千万文化惠民活动""东莞读书节""绚丽大舞台""文化周末"、"越唱越红"农民工歌唱大赛、"都市彩虹""东莞学习论坛""文化志愿者大舞台"等，有效满足广大群众的多样化文化需求。其中，"文化周末"荣获文化部创新奖；"绚丽大舞台""越唱越红"荣获群星奖；"越唱越红"到 2013 年发展成由 9 个城市共同举办的全省性文化活动"同饮一江水"广东打工者歌唱大赛；"文化志愿者大舞台"2014 年被文化部评为"文化志愿服务推进年"示范项目，2015 年被评为广东省最佳志愿服务项目。公益讲座中，东莞图书馆的"市民学堂"和东莞文化馆的"名家课堂"也在社会上有了极高的参与度和广泛的影响力。

2012 年 11 月，中国图书馆年会在东莞举办，这是中国图书馆年会首次引入城市承办机制，东莞成为第一个成功申办年会的城市。这届年会规模远远超过以往，产生空前的影响力，年会的短短三天时间，3000 多位参会代表云集东莞，展会参观人次近 10 万，达成多个合作意向，金额近 10 亿元。年会期间，东莞所展示出来的公共文化服务体系建设成效受到国内外专家学者们的高度好评，而其中所展现的技术的力量更是得到广泛关注。一直以来，东莞图书馆积极推进文化与科技相融合，走出一条以技术带动发展的新路。东莞图书馆的科技创新成果至今仍处于行业前列，开发的"Interlib 图书馆集群网络管理平台"使东莞率先在全国实现市域范围的通借通还，该平台目前已被 2600 多家不同级别的图书馆借鉴采用；研发全国首个 24 小时自助图书馆及首个图书馆 ATM，被国家文化部选为"国家文化创新工程"扶持项目；承担国家"公共电子阅览室建设计划"首批试点建设任务，研发设计新型公共电子阅览室"技术 + 规范"的建设路线和管理方式；建设"东莞学习中心"，向广大市民提供免费、开放、终身的网上学习服务和数字阅读推广服务，被全国文化信息资源建设管理中心授予全国首个"公共数字文化体验区"[①]。

以科技为助力，东莞现已形成一个科学高效、先进创新的公共文化服务技术体系，并在此基础上不断提速数字化建设。2015 年，东莞市文化馆被文化部全国公共文化发展中心列为全国首批数字文化馆建设试点单位之一，东莞在公共文化服务领域又展开一项创新探索。经过一年多的开发建设，2017 年 6 月 1 日，东莞市文化馆正式启用数字文化馆"文化莞家"，

---

① 东莞图书馆. 图书馆介绍［EB/OL］.［2018 - 04 - 05］. http://www. dglib. cn/dglib/bgjs/201511/46856908a338425fa2f07bb55871511e. shtml.

网上平台正式上线,线下互动体验空间开始对外开放,借助科技的力量为人们提供更加便利、更加丰富的公共文化服务。当天,数字文化装备展也向市民开放参观,展出当下数字文化产业最新创新成果,包括无息投影技术、3D 裸眼技术等 12 台高科技数字设备①,让广大社会公众能够零距离接触,并了解当今最先进的数字化技术。

3. 以基层为重心切实提升效能

公共文化服务重在基层。而东莞作为"直筒子市",基层的重要性尤为突出。在东莞的公共文化服务体系建设中,如何实现均等化发展,满足广大基层群众的文化需求是一个突出的挑战,实际中仍存在基层公共文化资源配置不平衡、资金投入方式单一、社会化参与程度不高等问题。示范区创建以来,东莞对这些问题予以高度重视,将重心下移至基层,多措并举,综合施策,一方面以群众需求为导向,加强基层公共文化服务设施、供给、队伍等方面的建设,切实保障人民群众文化权益;另一方面,全面发动社会力量,鼓励各方参与公共文化服务体系建设,推动公共文化服务社会化发展。

东莞市是较早探索总分馆制建设的地区,率先建立以东莞图书馆为总馆,镇(街)图书馆为分中心馆,村(社区)图书室为分馆或服务点,图书流动车为补充,同时吸收企业、学校图书馆加入的集群管理模式,形成市—镇—村三级管理模式。创建工作启动后,东莞市对居于网络末梢相对薄弱的村一级公共文化服务体系建设予以高度重视。从行政架构上来说,东莞市是市直管镇(街),中间没有设其他层级,因而镇(街)一级需要承担更多的管理工作;从人口来说,流动人口占绝大多数,600 多万外来务工人员存在巨大的文化需求,并呈现鲜明的多元化特征;从经济来说,东莞市人民的物质生活水平越来越高,精神生活需求也随之不断提升,给公共文化服务提出更高要求。根据这一特殊市情,东莞市政府提出按照"人口数量和服务半径"指标,进一步完善、提升和优化基层公共文化设施网络,决定结合群众需求参照"五个有"标准②完善建设村(社区)公共文化设施。为避免资源浪费、重复建设,还要求加强资源整合,实施村(社区)图书阅览室和文化信息共享资源工程服务点、公共电子阅览室、农家书屋合并建设,统一纳入"五个有"建设标准,由此形成全市村(社区)基层"一个平台,多样服务"的格局。

文化设施建有所用才能真正发挥效用。为保障文化设施的正常运转,东莞市进一步明确各级政府的公共文化服务主体责任,并特别强化镇管意识,要求各级部门必须切实担负起统筹管理本地文化设施的职责。2016 年 12 月 13 日,《东莞市公共图书馆管理办法》(下简称《办法》)经东莞市政府常务会议审议通过,并于 2017 年 3 月 1 日与《中华人民共和国公共文化服务保障法》同日正式施行。《办法》规定,镇人民政府(街道办事处、园区管委会)应当统筹规划本行政区域内村(社区)图书馆(室)或服务网点的建设,在学校、企业、地铁站、火车站、汽车站等人口密集区域设立图书馆(室)或者服务网点。为解决基层公共文化服务人员力量不足、专业水平偏低的问题,东莞实行"市管、镇聘、村用"模式,共同分担文化管理员

---

① 靳延明. 数字文化馆"文化莞家"启用[N]. 南方日报,2017 – 06 – 02(DC04).

② "五个有"标准指的是:有一个总面积不少于 200 平方米的综合文化活动室;有一个不少于 60 平方米的公共图书阅览室;有一个建筑面积在 1000 平方米以上的文体广场;有一个面积不少于 40 平方米的文化信息共享工程服务网点(公共电子阅览室);有一批文化活动和体育健身器材。

工资,为每个村(社区)聘用1名专职的文化管理员,大部分具有文艺专长,本科以上学历的占到44%;还为全市每个村(社区)都配置2名以上兼职的文化志愿者,形成专兼结合的基层文化服务队伍。为使管理运行更加规范,东莞市还实行公共文化服务体系绩效评估,要求评估成绩不合格的限期整改,评估连续两年为"低"或"差"的镇街单位、机构或活动项目,要对重点问题进行专项分析,并制订整改方案及措施上报。

群体数量大、文化需求大的外来人员是东莞基层公共文化服务中不容忽视的存在。一直以来,东莞市政府都十分注重面向"新莞人"的文化关怀。"新莞人"是东莞对广大外来建设者的正式称谓,体现"海纳百川、厚德务实"的东莞城市精神。示范区创建以来,东莞市在这方面表现更是突出,不断创新农民工服务机制,先后出台《东莞市加强新莞人服务工作实施方案》等政策制度,扶持新莞人文艺作品获得国家级以上奖项20个,建立的"新莞人人才培育与扶持机制"被文化部评为农民工文化服务示范项目;打造的"越唱越红"农民工歌唱大赛发展升级为全省性的文化品牌活动,屡获殊荣,并在塘厦成立全国首个"中国农民工歌曲创作基地";推出的"走进艺术"市民公益培训班、名家课堂、"我的打工成才路"巡回演讲等品牌活动,受到外来务工人员的广泛欢迎。此外,东莞市还大力鼓励企业建设完善职工图书室、电子阅览室、文体活动室、培训中心、文化走廊、阅报栏等文化设施。超过万人的工业园区、大型企业参照村(社区)公共文化服务设施标准,配套建设基础文化设施。中小型企业结合周边公共文化服务设施的配套情况,适当建设基础文化设施。这些举措基本形成"政府主导、企业共建、社会参与"的新莞人文化工作机制,进一步推动企业文化建设成为东莞现代公共文化服务体系的重要内容和有益补充,也让广大新莞人能够更加便利地共享文化成果。

为进一步激发公共文化事业的活力,东莞还坚持充分发挥社会力量的人才、资金、技术、项目等资源优势,采取多种措施鼓励社会力量参与公共文化服务体系建设,提出"非禁即入"原则,全面开放与构建现代公共文化服务体系所涉及的各个领域,重点鼓励社会力量参与文化设施建设、文化平台建设、公益性文化活动、文艺创作生产、特色文化传承等公共文化服务领域的社会化发展。这些做法让广大基层老百姓从公共文化服务的服务对象发展成为公共文化服务体系的建设主体,更加深入地参与到公共文化服务中来,不仅有效解决政府"一力独撑"时的压力,还极大地丰富公共文化服务的内容和形式。经过多年的努力,东莞已建立一支数量众多、无处不在的文化志愿者团队,是东莞公共文化服务队伍的重要补充。截至2016年8月,东莞拥有文化志愿者服务队48个,其中各镇(街)服务点33个,市文化馆、市图书馆、市展览馆、玉兰大剧院等各场馆服务点15个,文化志愿者广场活动辅导示范点5个,登记在册文化志愿者4400多名,服务项目1500多个,志愿服务时长近17万个小时①。社会力量、社会资本积极参与公共文化服务体系建设,2013年的"千场演出"中,有200场专门由社会团队组织实施;2014年,东莞全市34座博物馆中有17座是民办博物馆,并涌现出枕头博物馆、婚庆风俗博物馆和莞香博物馆等特色鲜明的博物馆。2017年3月7日,东莞正式推出全民艺术普及行动计划,向社会公开招募活动项目"合伙人",投入1825万元,以发动社会力量参与基层公共文化服务,其中直接用于基层公共文化服务建设和供给的项目资金达1446万元,势必吸引更多社会力量加入公共文化服务体系建设中来。

---

① 赵水平.文化志愿服务:绽放东莞公共文化服务的别样风采[N].东莞日报,2016-08-16(A15).

五、上海市浦东新区：引领潮流，接轨国际

浦东新区位于上海市黄浦江东岸，地处我国沿海开放带的中心和长江入海口的交汇处，背倚长三角都市群，面向太平洋。浦东新区面积 1210 平方千米，常住人口 550.10 万人，现辖 12 个街道、24 个镇。经过多年的发展，浦东新区正朝着国际金融中心、航运中心、贸易中心、科创中心的方向不断前进，一个外向型、多功能、现代化新城区已经形成，被誉为"中国改革开放的象征，上海现代化建设的缩影。"

2013 年 11 月，浦东新区获第二批国家公共文化服务体系示范区创建资格。创建过程中，浦东新区充分利用自贸区建设的契机，着力进行体制机制改革，不断推进公共文化服务事业的发展，建成覆盖城乡、便捷高效、保基本、促公平的现代公共文化服务体系，取得良好成效，成为我国现代公共文化服务体系的现实样本与创新典型。2016 年 10 月，浦东示范区创建工作通过验收。

1. 利用自贸区建设优势推进示范区创建

中国（上海）自由贸易试验区［China（Shanghai）Pilot Free Trade Zone］，简称上海自由贸易区或上海自贸区，是中国政府设立在上海的区域性自由贸易园区，位于浦东境内，属中国自由贸易区范畴。2013 年 9 月 29 日，中国（上海）自由贸易试验区正式成立，范围涵盖上海市外高桥保税区、外高桥保税物流园区、洋山保税港区和上海浦东机场综合保税区、金桥出口加工区、张江高科技园区和陆家嘴金融贸易区七个区域，总面积 120.72 平方千米。自贸区的建立是浦东新区经济发展的一个重要机遇，而对于公共文化服务事业来说，这也是一个十分难得的良机。自贸区在体制机制上的改革方向与浦东公共文化服务体系建设的开放性、国际性和多元化目标高度一致。为打造主体多元、内容丰富的公共文化服务体系，浦东充分利用体制机制改革和扩大文化领域改革的政策优势，将自贸区建设与公共文化服务体系建设有机结合，形成具有浦东特色的公共文化服务体系。

（1）促进政府职能转变

从实质来说，自贸区建设就是一个管理体制改革的过程。自贸区建设的核心是以体制创新促发展，而不是依靠优惠政策来发展。通过对内深化改革，对外深化开放，促进政府转变职能，将市场行为的主导权更多地让渡于市场主体，使政府逐步由管理型政府向服务性政府转变。自贸区的这一发展方向正与浦东在公共文化事业发展上所确立的"需求导向、政府主导、社会参与、专业运作"的工作模式高度一致。借助自贸区建设对政府管理体制改革的推力，浦东实现更有效的政府购买服务、委托社会管理等运作模式，更充分地调动各类社会文化组织参与公共文化服务与管理的积极性。成效十分明显，示范区创建期间，震旦博物馆、喜玛拉雅美术馆、民生现代美术馆、艺仓美术馆等一大批民营文化场馆纷纷涌现，成为浦东新区公共文化服务体系中的重要一部分。

（2）促进文化国际交流

作为国际性大都市，浦东公共文化服务体系的发展势必也要与世界接轨。为此，浦东启动公共文化建设的"深度国际化"模式，通过践行"引进来"和"走出去"两手抓，两手都要硬

的理念,不断提升浦东文化在国际上的影响力。2008 年上海国际文化服务贸易平台正式运营,2013 年上海自贸区启动后,该平台"境内关外"的区位优势得以强化①。通过与自贸区的积极对接,浦东文化的包容性、融合性更强。一是不同行业之间的融合越来越紧密;二是地区之间文化要素的流通更加顺畅、频繁;三是能够容纳范围更广、内容更多元的文化资源。这种模式使得文化产品和服务的生产、引入、流通、消费更加顺畅。另外,文化输出上也有了更大优势,自贸区在资金、税收、政策等方面给予国内文化主体一定优惠,积极配合浦东文化走出去,有效扩大来浦东公共文化在世界范围的影响力。

(3)金融与公共文化建设相结合

自贸区试验的中心任务是以金融改革带动内外贸易,在金融方面展开广泛探索,包括利率市场化、汇率自由汇兑、金融业的对外开放、金融产品创新等,也涉及开展更多的离岸业务。而浦东公共文化服务体系要增强国际影响力、在互联网时代打造国际文化高地,金融创新的支持就是一个非常重要的助力,可以极大提升公共文化的活力。基于此,浦东区积极承接自贸区金融创新的"溢出"效应,促进文化与金融的融合,为浦东提升国际文化竞争力释放出更加强大的制度红利②。

2. 将公共文化融入智慧城市建设

智慧城市建设与公共文化服务体系建设是相辅相成的关系,智慧城市建设可为公共文化建设提供人力、物力、资金支持,而文化建设又能够为智慧建设提供智力支持。在"十二五"期间,浦东新区智慧城市建设取得积极成果,在第六届中国智慧城市大会上,获得"'十二五'中国智慧城市领军新区"称号。浦东在打造智慧城市、进行智慧式管理和运行时,利用先进的信息技术,将公共文化因素蕴含在智慧城市的管理和建设中,改善浦东的文化氛围,让公共文化服务于民众,提升民众的文化生活品质。

(1)推动文化进驻商务楼宇

浦东陆家嘴金融城是一个集办公、文娱休闲、观光旅游于一体的综合性金融中心,被誉为"东方曼哈顿",也是浦东的一块智慧高地,这里生活工作着大量白领人群。每年,浦东都在陆家嘴金融城举办上百场的文化活动,内容形式丰富多彩,如楼宇间各企业、机构单位共同举办的朗诵会、晚会,知名乐团在楼内大厅举办的音乐会等。这些活动的举办不但给予各种文艺团体充足的展示空间,高雅的艺术和文化也让白领们的精神文化生活不断充实。而通过提高文化空间在楼宇中的占有率、增加文化艺术场地利用率,楼宇的文化功能逐渐突出,一些美术馆、收藏馆不断涌现,极大丰富了金融中心的文化生活。一些企业也认识到文化治企的重要性,纷纷在企业内开辟文化活动场所,如震旦大厦、交通银行、金茂大厦、时代金融中心四家共改造了 3500 平方米,用作演艺、活动、讲座、培训的场所③。这给有着较高文化需求的都市白领人群带来方便,让他们能够更多地参与各种高品质的文化活动,提升金融城的文化氛围和人文气息,形成独特的"智慧型"城市文化生活圈。

---

① 文新. 为文化出口插上翅膀——记上海国际文化服务贸易平台[J]. 文化月刊,2010(3):33 – 35.

② 倪晓光. 试论如何发挥自贸区在浦东公共文化服务体系建设中的作用[J]. 上海文化,2014(8):79 – 83.

③ 蒲雯. 浦东公共文化融入智慧城市建设[N]. 浦东时报,2016 – 04 – 13(2).

（2）社区公共文化管理智慧化

通过实现社区公共文化管理智慧化，浦东在全国各地同时期的公共文化服务体系示范区建设中独树一帜。创建国家公共文化服务体系示范区以来，位于浦东新区中心区域的陆家嘴街道在智能城市建设中，围绕浦东新区以"一切为了人的发展，一切为了幸福生活"为主题，通过"智慧社区"建设，积极打造符合智慧城市的现代公共文化服务体系。各街道和基层单位都参与到公共文化的智慧管理中，街道提供资金保障、职能科室提供业务指导和服务、居民区党组织担负指导监督、居委会主导推动、社工站协同工作、居民骨干组织实施、居民群众积极参与，并监督"自治金项目"的运作，形成良好的民主自治文化氛围。这种模式促进社区管理民主化，培育社区自治管理文化，扩大民众参与社区管理的范围，实现社区管理的智慧化。

（3）文化融入科技，实现生活"智慧化"

在基层公共文化服务体系建设中，浦东充分发挥新媒体的力量，2011年，浦东新区开设"浦东文化网"，2013年开设"浦东文化"微博，2014年开设"浦东文化"微信。借助网络无处不在、无时不在的特点扩展公共文化服务可及范围，打造影响广泛的公共文化网络新阵地。2014年下半年起，浦东开始建设浦东公共文化数字平台——文化浦东云，采用全景和虚拟技术，推进公共服务资源的数字化整合，并在线展播各类群众文化活动演出，使文化浦东云成为浦东市民获取公共文化服务信息、参与活动、学习交流的数字化中心①。

3. 探索公共文化机构法人治理结构

公共文化机构建立健全法人治理结构是现代公共文化服务体系建设中的一项重要内容。作为浦东公共文化服务体系中的一个重要组成，浦东图书馆是上海各区县中体量最大、服务能级最高的区级公共图书馆，2010年浦东图书馆新馆正式开馆，年接待读者近400万，每年举办文化活动千余场。2014年，浦东图书馆正式启动法人治理结构试点。在现有政策框架内，浦东图书馆通过改革创新，积极探索法人治理结构，取得显著成效，为浦东新区、上海乃至我国其他城市的公共文化机构法人治理提供了有益的经验和借鉴。

（1）从制度建设入手，使改革有制可依

与有的图书馆将理事会定义成"议事咨询机构"不同，作为文化部法人治理试点单位，上海浦东图书馆将理事会定位为"决策机构"，在法人治理结构的探索方面实现了突破。在举办单位浦东新区宣传部（文广局）的主持下，浦东图书馆起草了《上海浦东图书馆章程》（简称《章程》）。《章程》明确规定举办单位、理事会、管理层各自的权利和义务，是浦东图书馆法人治理结构的制度载体和理事会、管理层的最高行为准则。举办单位的权利包括：确定浦东图书馆的业务范围，组建浦东图书馆第一届理事会，向浦东图书馆理事会委派相关理事，提名理事会理事长、副理事长等。《章程》规定："浦东图书馆管理层由馆长和副馆长组成，是理事会的执行机构，实行馆长负责制。"浦东图书馆法人治理制度设计引入"负面清单"，以明确职责范围。"负面清单"明确规定了举办单位、理事会、图书馆管理层的权责范围，明确哪些事情不能碰、不能做，确保权力运行遵循一定的框架。

①　薛帅.文化闪亮智慧城市——上海浦东公共文化融入智慧城市建设[N].中国文化报,2016-04-08(4).

（2）吸纳社会人士组建理事会

对于公共图书馆来说，法人治理结构是一次体制机制的全新创生过程。理事会是法人治理结构的核心。浦东图书馆理事会成员体现社会化、专业化、国际化的特点。浦东图书馆理事会由 13 名理事组成，其中举办单位 1 名、浦东图书馆 1 名、其他社会方代表 11 名。社会方代表理事中既有图书馆业界的专家，也有市民所熟知的浦东各领域知名人士，所占比例高达 85%。浦东图书馆理事由政府部门代表、社会人士代表、图书馆代表三方组成，且以社会人士为主。理事会是图书馆决策机构，要对图书馆的未来发展负责。理事会设理事长和副理事长各 1 名，经举办方提名，由理事会选举产生。理事会依法决策，要按照章程管理图书馆。为了解和满足社会不同阶层的利益诉求，理事会成员中还吸纳白领代表和为弱势群体服务的机构创始人等。为了保证理事会决策的专业性，浦东图书馆理事会下设文献资源建设专业委员会、财经专业委员会、阅读推广专业委员会三个专业委员会①。社会方理事密切了图书馆与社会的联系；通过社会方理事，图书馆也可更好地了解读者需求，获得社会资源。

（3）完善监督制度

浦东图书馆法人治理构建了一种立体化、制度化的监督、反馈体系，以配合法人治理有效运行，确保公益服务的方向。监督是理事会的另一重要职能。举办单位通过确定图书馆的业务范围、委派相关理事、任命理事长和副理事长、审核批准理事会工作报告等手段实现对浦东图书馆的监管②。理事会及其所属的专业委员会承担内部监督职责。涉及职工利益的重大分配方案还需经图书馆职代会通过。同时，浦东图书馆欢迎广大读者、新闻媒体和其他单位进行外部监督。为完善法人治理结构，浦东图书馆还采取拓展理事会权限、完善服务体系和支撑体系、巩固公众参与渠道等措施。

此外，浦东图书馆还完善信息公开制度、财务审计制度、绩效考评制度，丰富合作交流制度，形成一种内外结合、多元化、制度化的多维监督、反馈体系，促进图书馆管办分离，整合社会资源，实现多方治理，激发办馆活力，成效明显。主要表现在：一是管理更加专业化，理事会吸纳不同专业知识背景的专家和最了解读者需求的社会人士，为图书馆的管理和决策提供强大的智力支持；二是资源更加社会化，为更好地满足读者多层次文化需求，浦东图书馆不断整合社会资源，探索社会力量参与公共文化机构建设的新模式，开展形式多样的阅读推广活动，深受群众欢迎；三是服务更多元化，法人治理结构扩大社会资源，提升图书馆的服务能力和专业水平，普通读者成为图书馆举办活动的重点关注对象，图书馆的办馆活力大大提高③。

浦东图书馆在制度设计、理事会运行机制和激发办馆活力等方面取得阶段性成效，并得到业界好评。国家公共文化服务体系建设专家委员会委员对浦东图书馆法人治理结构试点

---

① 浦东成功试点文化事业单位法人治理［EB/OL］.［2018 - 03 - 25］. http://www. shanghai. gov. cn/nw2/nw2314/nw2315/nw15343/u21aw1118100. html.

② 浦东图书馆. 馆庆特辑｜大家好，给大家介绍一下，这是我们的法人治理结构试点项目［EB/OL］.［2018 - 03 - 25］. http://www. sohu. com/a/198458492_289001.

③ 崔丽,肖厚忠. 公共图书馆法人治理探索——以浦东图书馆为例［J］. 图书情报工作,2016,60（12）：81 - 86.

探索做出以下评价:"不仅为创建国家公共文化服务体系示范区增添了亮色,也是公共文化事业单位建立法人治理结构、发挥社会和市场机制作用的有益实践。"①

4. 引入"民非"力量提升服务效能

上海是一个典型的移民城市,大量外来人口的涌入也带来多元化的文化需求。近年来,浦东文化发展的主要矛盾表现为市民日益增长的文化需要与文化产品供给相对不足,满足社区居民多元化的文化需求成为基层公共文化服务的主要任务。但是,文化专业力量薄弱、街道文化资源缺少、文化产品单一、文化服务能力有限等问题的存在限制了基层公共文化服务水平提升。为激活浦东公共文化事业的活力,浦东做出多番努力和探索,立足群众日益增长的文化需求,以民众需求为导向,积极培育文化供给主体多元并存、文化活力迸发的格局。主要措施包括:创新机制,吸引社会力量参与公共文化设施建设,在公共文化服务领域推进社会化专业化运营,实施错时社会化运营,开发公共文化服务设施剧场功能,加大政府购买服务力度,发挥扩大"浦东宣传文化发展基金"等的杠杆效应,为社会力量参与公共文化事业给予资助,培育文化非营利组织,从政策、资金、资源等多方面加以扶持。从实际情况来看,浦东的"民非"(即民办非企业单位)力量在公共文化服务体系建设中表现抢眼,值得关注。

2009年11月,塘桥街道专门成立培育和孵化参与公共事务公益类社会组织的民非组织——塘桥社会组织服务中心。借助塘桥社会组织服务中心培育孵化专业化的文化类社会组织,有效弥补公共文化服务能力不强的问题。浦东新区塘桥街道党工委办事处还积极从党政、社会、公众三个角度整体推进公共文化服务社会化专业化发展,着力通过政府开放阵地、培育社会组织和激发公众参与来提升公共文化服务能效,引导社会力量多元参与,有效实现了四个转变:工作理念上,从街道提供什么样的文化服务居民就接受什么文化服务和活动,转变为街道提供什么样的文化服务"问需于民";工作手段上,从街道直接提供文化服务和组织文化活动,转变为引入文化类社会组织提供文化服务和引导居民自我服务和自我发展;工作评价上,从街道以对上负责为主转变为以群众满意度为唯一评判文化服务优质的标准;工作成效上,从单纯强调自娱自乐的群众文化服务体系转变为引导全社区居民参与的公共文化服务体系②。

此外,浦东开发开放以来,龙美术馆、证大艺术中心等一批由私人和"民非"建设的高品质艺术场馆陆续投入运营,提升了群众公共文化需要的层级;金桥镇、三林世博等社区文化活动中心尝试委托专业文化公司运营,其开发的公共文化项目受到周边居民的欢迎;浦东新区各级政府加大了对群众文化团队的扶持力度,一大批群众性文化团队常年活跃在基层文化的一线③。

5. 创新公共文化服务产品采购模式

加大政府购买服务力度是提升公共文化服务社会化水平的一个重要举措。而浦东在这

---

①　蒲雯.浦东成功试点文化事业单位法人治理[N].浦东时报,2016 - 03 - 30(2).

②　蒲文中.创新模式,提升效能,激发公共文化发展活力——上海浦东新区积极推动公共文化服务社会化专业化[N].中国文化报,2015 - 07 - 10(5).

③　邓捷.浦东培育文化多元供给主体研究[J].科学发展,2014(3):55 - 61.

方面的做法也颇有新意。长期以来，政府主导的公共文化资源配送是公共文化服务的重要组成部分。浦东新区每年平均投入公共文化服务的资金约为 1 亿元，如此大力度投入，结果却难达到理想效果。政府供给的文化资源却未必是市民想要看的。为此，浦东新区在 2017 年推出了公共文化服务产品采购大会（简称文采会），旨在解决公共文化服务体系发展不平衡、不充分的问题。文采会是浦东新区唯一高效、便捷、规范的公共文化信息沟通、采购服务平台。平台致力于鼓励社会力量参与公共文化建设，使市民群众享受到心仪的文化服务，也让文化公司、专业院团找到合适的受众市场，推动浦东文化产品和服务的供需对接，提高公共文化服务的针对性和有效性，把浦东公共文化资金花在刀刃上。

浦东新区首届文采会于 2017 年 2 月 24 至 25 日在上海浦东展览馆举行，并决定以后各届都在每年 11 月举行。首届文采会以"文化惠民的博览会永不落幕的大观园"为主题，参展商包括上海及外省市各类文化院团、艺术院校、文创企业、宣传文化系统各直属事业单位及各类民非组织和文化团队都在榜上，覆盖范围包括文艺演出、展览展示、培训讲座、文化活动策划、数字公共文化服务等 12 大类上百个项目[1]。需求方则涵盖新区各委办局、街镇、开发区、事业单位、民非企业、社会组织及个人。为保证服务供给方的质量，浦东文采会对报名企业进行了筛选。参会单位首先在"文化浦东云"APP 报名，举办方在 314 家报名单位中，筛选出 266 家单位在现场搭台[2]。供给方纷纷带来自己的明星产品，展示自己的风采，供需求方挑选。会上达成合同意向额 5300 多万元，获得业界和广大市民的广泛好评。在 2017 年 11 月举办的第二届文采会的竞拍活动中，浦东各开发区管委会、36 个街镇文化管理部门全部参加竞拍，完成本单位下一年度重点精品文化资源的意向采购，精品目录中的 26 个项目（节目）被采购一空[3]。

按照以往的文化配送模式，上级政府下发文化配送菜单，文化活动中心只能在有限的范围内进行选择，出于保险起见，文化活动中心不敢轻易尝试新开发的、不熟悉的文化项目，只能反复选择比较熟悉、已经开发成熟、社会影响力较强的文化项目，导致文化服务枯燥乏味、缺乏新意。文采会为供需双方提供交流的机会，在这一开放的平台上，公共文化产品的供需双方面对面展开洽谈，做到信息透明、选择多样、交易便捷。主办方汇总梳理报名参展机构的产品项目，在完成基本公共文化服务资源采购洽谈的基础上，列出精品目录，由各街镇竞价采购。浦东文采会还设置公众观察员这一特别角色。公众观察员可入场体验文采会上的产品，并与供应方的团队及负责人表达各自群体的文化需求，使文化采购更有效率。供给方可以为需求方提供个性化定制的文化服务，最大限度满足各类人群的文化需求。

文采会将文化产品的供需双方聚拢在一起，实现供需无缝对接，通过市场引导供需双方共同扩展浦东公共文化服务产品的种类和内涵，扩大采购平台的辐射力和影响力，在机制探索、政策引领等方面形成长效影响，使浦东市民享受到越来越丰富多元的文化产品和服务，打造公共文化供给侧改革的"浦东样本"。

---

① 唐玮婕. 把一亿元文化钱花在刀刃上[N]. 文汇报,2017 - 02 - 26(1).

② 王志彦. 浦东推出"私人定制"公共文化服务[N]. 解放日报,2017 - 02 - 24(2).

③ 沈则瑾. 上海浦东新区探索公共文化服务资源定价机制创新[EB/OL]. [2018 - 03 - 26]. http://www.ce.cn/culture/gd/201711/20/t20171120_26928786.shtml.

六、浙江省嘉兴市：均衡发展，城乡一体

近几年来，嘉兴市深入实施"文化兴市"战略，以"文化强市"为目标，以文化惠民、群众满意为根本，以提高服务效能为抓手，坚持政府主导、公共财政支撑，高起点、高标准、高要求，实现了基本公共文化服务的标准化、均等化，建成网络健全、结构合理、发展均衡、运行有效的现代公共文化服务体系。

2013 年，首批国家公共文化服务体系示范项目"嘉兴市城乡一体化公共图书馆服务体系"通过文化部验收评审，被誉为打破"篱笆墙"的公共图书馆和中国公共图书馆总分馆建设的"嘉兴模式"；2016 年 8 月，嘉兴市通过第二批国家公共文化服务体系示范区创建验收。

1. 强化组织领导，严格实施督查考核

嘉兴市对照示范区创建标准和自身实际，提出系统创建示范区的理念和措施。通过强化组织领导、推动目标考核、推进重点项目、落实资金保障、实施过程管理等，形成党委、政府重视，人大、政协支持，市、县两级联创，整体推进示范区创建的新模式。

（1）成立示范区创建领导小组

为加强领导和协调，落实各项创建任务，2013 年 12 月，嘉兴市成立由市长任组长的创建工作领导小组，小组成员由嘉兴市机构编制委员会办公室等 20 多个市级单位以及各县（市、区）政府主要负责人组成，领导小组下设办公室[①]。办公室组织机构设定为综合协调组、宣传动员组、工作督导组、项目推进组、财政保障组和课题研究组，并下发通知明确各小组的职责分工[②]。

（2）以市委、市政府名义下发创建规划和实施意见

2013 年 12 月，嘉兴市委、市政府印发《嘉兴市创建国家公共文化服务体系示范区规划（2013—2015 年）》（简称《规划》），提出"到 2015 年，率先实现基本公共文化服务的标准化、均等化，率先建成网络健全、结构合理、发展均衡、运行有效，具有嘉兴特色、东部地区示范、全国领先的现代公共文化服务体系"的创建目标，并提出加强统筹协调、落实经费保障、加强人员配备、建立工作机制、加大宣传力度 5 项保障措施[③]。并根据《规划》印发《关于推进国家公共文化服务体系示范区创建的实施意见》，部署完善公共文化设施和服务网络、提供多样有效的公共文化产品和服务、创新公共文化服务的体制机制和提高群众知晓率、参与率与满意度等几大任务。

---

①② 嘉兴市委办公室. 中共嘉兴市委办公室、嘉兴市人民政府办公室关于成立嘉兴市国家公共文化服务体系示范区创建工作领导小组的通知[EB/OL].［2018 – 03 – 23］. http://www.jxcnt.com/sfqcj/content/2014-04/14/content_2545111.htm.

③ 中共嘉兴市委，嘉兴市人民政府. 关于印发《嘉兴市创建国家公共文化服务体系示范区规划（2013—2015 年）》的通知[EB/OL].［2018 – 03 – 23］. http://www.jxcnt.com/sfqcj/content/2014-04/14/content_2545112.htm.

(3)明确责任,实施考核

制定示范区责任分解表,明确规定示范区创建领导小组各成员的主要职责①;与各县(市、区)政府签署创建责任书,以领导小组名义下发目标责任制考核办法;制定示范区县(市、区)目标责任制考核办法和成员单位各部门目标责任制考核办法,根据考核情况,确定先进单位若干名进行表彰奖励;制定市级文化系统责任分解表,将具体工作落实到责任单位、责任领导和责任人。

(4)部署和推进重点项目,落实资金保障

2014 年 3 月,创建工作领导小组按照示范区创建总体目标和要求,针对薄弱环节和创新突破项目,列出全年 17 个重点项目并排出时间表,落实创建资金和县(市、区)配套资金,确保重点项目重点落实,推进示范区创建②。2015 年,在已取得成就的基础上,按照优"亮点"、补"弱点"的原则,部署全年 15 个重点项目,要求在扎实攻坚 2015 年重点项目的同时对 2014 年未完成或还需加大力度的项目强化后续推动。

(5)强化专项督查,实施过程管理

由市督查考评办牵头,市委、市政府督查专员带队,会同有关部门,对各县(市、区)贯彻落实创建规划及目标责任制情况进行实地专项督查,并印发《督查通报》。此外,市人大也多次开展示范区创建专题调研,指导和督察创建工作。市政协在实地调研后召开主席会议,专题研究嘉兴市国家公共文化服务体系示范区创建工作情况。

2. 重视制度化设计,强化理论支撑

制度设计研究是推动示范区创建体系化、规范化、标准化的科学方法,是示范区创建的重要环节和重要内容。嘉兴市高度重视制度设计研究工作,按照创建要求、结合嘉兴实际,坚持调查与研究相结合、理论与实践相结合、全面与重点相结合、过程与结果相结合,以理论研究推动创新实践,同时组建由市领导任顾问,本地公共文化专家、各级文化行政部门负责人及公共文化单位实践经验丰富、理论功底扎实的专业人员组成的"三三制"课题组,并聘请有关专家担任学术指导。2013 年 8 月获得示范区创建资格以来,多次邀请专家来嘉兴研讨制度设计课题,通过深入调研及多次召开座谈会、研讨会、论证会提炼总结后,最终形成"1 + 5 + X + 2"系列成果:即 1 个总报告,5 个分报告,若干由制度设计研究成果转化而来的政策文件、标准规范,以及 1 本创新案例集成和 1 份委托第三方开展的公众满意度调查报告。

"1 + 5 + X + 2"系列成果中,"1"是指 1 个总报告,即《嘉兴市城乡一体化公共文化服务体系创新研究》,是对嘉兴城乡一体化公共文化服务体系建设的总体性设计研究。"5"是指在 1 个总报告外形成的 5 个分报告,包括《嘉兴市公共文化体制机制改革创新研究》《嘉兴市文化馆总分馆服务体系研究》《嘉兴市公共图书馆中心馆—总分馆服务体系标准化研究》《文化有约:"互联网 +"公共文化服务平台创新研究》《嘉兴市基层公共文化队伍"两员"制

---

① 中共嘉兴市委,嘉兴市人民政府. 关于推进国家公共文化服务体系示范区创建的实施意见[EB/OL]. [2018 – 03 – 23]. http://www.jxcnt.com/sfqcj/content/2014-04/14/content_2545113.htm.

② 嘉兴市国家公共文化服务体系示范区创建工作领导小组. 关于加快推进创建国家公共文化服务体系示范区重点项目的通知[EB/OL]. [2018 – 03 – 23]. http://www.jxcnt.com/sfqcj/content/2014-04/14/content_2545115.htm.

度研究》。5 个分报告以问题为导向,与创建实践紧密结合,对嘉兴城乡一体化公共文化服务体系建设中的五大重点问题进行深化研究。"X"是指由制度设计研究成果转化而来的制度性文件,包括为公共文化服务创新发展做出顶层设计的《关于构建城乡一体化文化馆总分馆服务体系的实施意见》等 10 个制度性文件;《嘉兴市基本公共文化服务实施标准》等考核办法和考核指标体系等。"2"是指 1 本案例创新集和 1 个公共文化需求及满意度报告。

3. 以标准化为推手,促进服务均等化

2015 年 6 月,嘉兴市委、市政府根据《国家基本公共文化服务指导标准(2015—2020年)》,制定与当地经济社会发展水平相适应、具有嘉兴特色的地方实施标准《嘉兴市基本公共文化服务实施标准(2015—2020 年)》,从基本服务项目、硬件设施、人员经费、绩效评价等几个方面明确基本公共文化服务的内容、种类、数量和水平,明确政府保障底线,做到保障基本、统一规范,并抓好推进落实。

为进一步完善嘉兴市城乡一体化公共图书馆服务体系,促进公共图书馆服务标准化、均等化,制定《嘉兴市公共图书馆中心馆—总分馆服务体系标准》,全面系统地梳理、总结、提炼嘉兴公共图书馆总分馆建设的基本做法、经验,促进总分馆建设的标准化,成为嘉兴公共图书馆中心馆—总分馆服务体系提高综合服务效能、规范内部管理的有力保障:一是明确公共图书馆总分馆建设的基本原则,即"政府主导、统筹规划,多级投入、集中管理,资源共享、服务创新"。二是界定中心馆、总馆功能。三是固化主要指标和基本制度,即设施建设指标、资源配置指标、服务效能指标和运行管理制度、人员经费保障制度[1]。目前,嘉兴市公共图书馆总分馆服务体系城乡覆盖率已达 3 万人每馆,接近发达国家水平。全市已建成 1 个中心馆,6 个市、县总馆,59 个镇(街道)分馆,88 个村(社区)分馆,400 多个流通站点,并开通数字图书馆、手机图书馆、电视图书馆、汽车图书馆、24 小时自助图书馆等。读者走进任何一个乡镇、村分馆都可以平等享受图书馆的标准服务[2]。

在前期海盐县文化馆总分馆建设试点的基础上,2015 年 4 月 29 日,嘉兴市正式印发《嘉兴市人民政府办公室关于构建文化馆总分馆服务体系的实施意见》,并同步发布《嘉兴市文化馆总分馆服务体系标准(暂行)》,嘉兴文化馆总分馆建设正式步入制度化、规范化、标准化快车道。按照该标准的规定,嘉兴各县(市、区)都要形成以县域为基本单元以县(市、区)文化馆为总馆,镇(街道)综合文化站为分馆,村(社区)文化活动中心(文化礼堂)为支馆的"设施成网、资源共享、人员互通、服务联动"的文化馆总分馆服务体系。在"大嘉兴"范围内,形成以嘉兴市文化馆为中心馆,以"统一网点布局、统一服务标准、统一数字服务、统一效能评估、统一下派上挂"为主要特点的"中心馆—总分馆"服务体系。实行"县聘镇用、镇聘村用"的双重管理模式,以"人"为纽带,建立起总馆和分馆、分馆和支馆的紧密联系。目前,全市五县二区分别构建了 7 个总分馆体系。

---

① 嘉兴市文广新局.关于印发《嘉兴市公共图书馆中心馆—总分馆服务体系标准》的通知[EB/OL].[2018 - 03 - 25].http://www.jiaxing.gov.cn/swhj/zcwj_6120/gfxwj_6121/201506/t20150604_497844.html.

② 陈云飞.着力构建文化馆图书馆总分馆制的"嘉兴模式"——嘉兴市推进文化馆、图书馆总分馆制建设情况介绍[J].图书馆杂志,2017(3):13 - 16.

4. 坚持按需供给,全面消除供需矛盾

2013 年 12 月,嘉兴市委、市政府印发《关于推进国家公共文化服务体系示范区创建的实施意见》提出要提高群众知晓率、参与率与满意度,坚持社会主义先进文化前进方向和城乡群众精神文化生活需求相结合,充分考虑城乡群众基本文化权益的差异性和文化爱好的多样性,突出公共文化服务项目和产品的丰富性、针对性和特色性,吸引城乡群众广泛参与。引入第三方社会调查统计机构,以群众的公共文化需求调查、参与率和满意度为统计重点,建立专门的公共文化服务绩效评估体系,提高绩效评估结果的科学性和指导性,并根据评估结果推动建立激励机制。

与第三方机构合作进行需求和满意度调查。2014 年,创建工作领导小组将"公共文化服务满意度和需求调查"作为加快推进创建国家公共文化服务体系示范区重点项目之一,嘉兴市文化广电新闻出版局与上海零点指标信息咨询有限公司签订《嘉兴市城乡一体化公共文化服务满意度测评项目委托协议书》,正式启动示范区创建群众需求及满意度调查的第三方测评,通过定量问卷调查、定性深度访谈、座谈会等三种方式,明确各受益群体对嘉兴市城乡一体化公共文化服务的真实评价、目前仍未满足的文化需求点以及总体满意度水平,总结嘉兴城乡一体化公共文化服务体系的优势与劣势,并提出针对性的建议,完成《嘉兴市城乡一体化公共文化服务体系满意度报告》。嘉兴市文化部门将在测评调查的基础上,有针对性地向公众提供公共文化服务和文化产品,不断推进面向公众的文化服务。

以"互联网 + 公共文化服务"精准对接群众文化需求。2011 年 7 月,嘉兴"文化有约"公共文化服务平台诞生,2013 年 8 月平台改版升级,融合现代信息技术成果,所有资源被包装成文化产品统一上架,让市民通过预约方式参与活动。目前,"文化有约"项目已形成场馆定约、平台晒约、市民预约、反馈评约、政府购约的整套操作体系。与此同时,"文化有约"还建立群众评价反馈机制,市民既可在履约结束后对服务项目进行网上评价和反馈,也可提出改进意见或发起新的项目。"互联网"平台预约和"订单式"的活动参与,实现服务与需求的无缝对接,推动基本公共文化服务与多样化、个性化、优质化公共文化服务的有机统一;而信息反馈工作机制、公民诉求表达机制及时吸收群众意见,问需于民、问约于民、问计于民,彰显嘉兴公共文化服务以群众为中心的服务理念①。截至 2015 年年底,"文化有约"网站总访问量突破 300 万次,推出项目 2657 项、9286 场次,直接受益群众 150 多万人次②。

5. 鼓励社会力量参与,形成多方合力

2013 年,嘉兴市委、市政府出台《关于推进国家公共文化服务体系示范区创建的实施意见》,提出要鼓励"社会力量积极参与公共文化产品的生产和供给,培育文化非营利组织,引入竞争机制,面向市场,采取政府采购、项目补贴、定向资助等方式,通过集中配送、连锁服务等多种形式,有效解决公共文化产品供给问题,实现提供主体和提供方式多元化。加大社会力量参与市、县、镇、村四级公共文化服务的力度,提高对城乡基层群众的文化供给能力。完

① 耿俪洳,刘靖.嘉兴打造公共文化"互联网 +"特色品牌[N].嘉兴日报,2015 - 06 - 23(11).

② 耿俪洳,孔越,刘靖.让文化阳光遍洒城乡 嘉兴创建国家公共文化服务体系示范区[EB/OL].[2018 - 03 - 25]. http://zjnews.zjol.com.cn/system/2016/04/14/021109987.shtml.

善图书采编和技术保障外包、新华书店'农村小连锁'嘉兴模式,并向村(社区)文化中心延伸连锁服务"。在示范区创建过程中,嘉兴市创新举措、加大力度,越来越多的社会机构参与到公共文化服务建设中。

扶持民办博物馆。为鼓励和扶持社会力量兴办博物馆,早在2010年7月,嘉兴市就出台《嘉兴市促进民办博物馆发展的意见》。2014年,又出台《〈嘉兴市促进民办博物馆发展的意见〉实施细则》,在民办博物馆的设立、年检、变更与终止,政策扶持与资金补助,补助资金的申报与审核,藏品管理与开放要求等四个方面提出操作性强、具体翔实的内容。该细则的出台,在更好地改善和优化民办博物馆的生存环境的同时,能真正引导和促进民办博物馆向规范化和专业化的方向健康发展。

在公共图书馆总分馆体系建设中引入社会力量。嘉兴市图书馆总分馆体系建设引入社会力量提供专业服务,与浙江省邮政速递物流有限公司嘉兴市分公司签订物流协议,实现总馆与分馆、分馆与分馆及分馆与村(社区)图书流通站间的书刊配送、预约流转等图书流通外包服务;与嘉兴市金穗信息技术有限公司签订技术服务合同,实现分馆设备维护外包。2013年,嘉兴市图书馆整合社会各方资源,以亲子悦读天地绘本读物为载体,创建禾禾品牌。到2014年年底时,以故事会和手工坊为主打,禾禾品牌活动已向乡镇、村、社区全面推开,累计开展活动约370场次①。除总馆外,各乡镇分馆也在积极探索社会力量引入途径。如余新分馆与余新镇中心幼儿园建立合作关系,每周3天、每天2场的绘本故事会活动,充分利用该馆丰富的馆藏绘本资源,由余新镇中心幼儿园老师讲述,为孩子们带来生动有趣的图书馆体验。

政府购买公共文化服务。2014年,嘉善县结合魏塘街道文化中心新建的契机,以政府购买服务、委托管理为途径,与民办非企业组织嘉善众悦文化服务中心签订委托管理合约,明确政府和社会组织双方的职责和权益:政府承担文化活动中心人员、大型项目等支出;众悦则需按照服务标准,全面负责中心日常运作管理,为基层群众提供优质文化服务②。2014年7月,出台《嘉兴市"文化有约"项目资金补助暂行办法》,明确规定,对公益性文化场馆采用经费补助方式,针对展览、讲座、培训、演出、提供场地、主题活动等6种方式,根据参与人数、活动地点、活动形式的不同,分别设置不同的补助要求,社会力量参与的公益性文化活动则采取以奖代补的方式进行鼓励③。2014年10月,有6家民营机构与"文化有约"项目签订合作协议,正式进入公共文化服务领域④。

6. 坚持集成化创新,全面提高服务能力

嘉兴市把创新渗透到公共文化服务的每一个领域,以集成化的方式不断涌现。在全市推行村(社区)文化专职管理员和文化馆向镇(街道)文化站下派文化员的"两员"制度,即村

---

① 耿俪泅,陆艳芳. 社会力量涌入公共图书馆建设[EB/OL]. [2018 – 03 – 25]. http://www.cnjxol.com/xwzx/jxxw/jxshxw/content/2015-01/27/content_3261799.htm.

② 王燕. 嘉兴市成为第二批国家公共文化服务体系示范区[EB/OL]. [2018 – 03 – 25]. http://jx.zjol.com.cn/system/2016/09/04/021288489.shtml.

③ 浙江省财政厅. 嘉兴市"文化有约"工程探路公共文化服务政府购买制度[EB/OL]. [2018 – 03 – 25]. http://www.zjczt.gov.cn/art/2014/9/3/art_1167552_729177.html.

④ 徐宁. 期待社会力量与公共文化服务良性互动[EB/OL]. [2018 – 03 – 25]. http://www.cnjxol.com/xwzx/xwrp/content/2014-10/07/content_3174068.htm.

(社区)配备 1 名享受政府补贴的专职文化管理员和县级文化馆向镇(街道)下派文化员制度。至 2015 年 1 月,全市村级文化专职管理员配备率 86%,县级文化馆向镇(街道)下派文化员完成率为 68%,基层文化工作力量得到加强,提升了专业化水平,有效解决公共文化服务"最后一公里"的问题,同时为文化馆总分馆的运行提供人才支撑①。

率先在市文化馆、博物馆开展理事会制度试点。2014 年 11 月 15 日,嘉兴市文化馆理事会成立,构建以"理事会为决策层、监事会为监督层、馆领导班子为管理层"的公共文化服务机构法人治理结构;制定《嘉兴市文化馆章程》,作为规范文化馆管理运行最高准则;理事会定位为决策机构,向举办单位负责并报告工作;理事会 13 名理事中,举办单位代表 1 名,文化馆主要负责人和职工代表各 1 名,县(市、区)文化馆、镇(街道)文化站、农村"文化礼堂"代表各 1 名,由各单位委派或推荐产生;社会理事 7 名,向社会公开招募超过半数理事面向社会公开招募,充分体现广泛性、代表性,体现利益相关方共同协商管理的现代治理理念;举办单位委派理事拥有"一票否决权",既保障政府对公共文化服务机构发展方向的管控,又防止权力被滥用;监事会单独设立,由 3 人组成,监事长由举办单位指定,理事会与监事会成员不得相互兼任;馆长由举办单位提名,其他主要管理人员由馆长提名,经举办单位党委考察,提交理事会审议通过后,按干部管理权限,由举办单位任免。另博物馆理事会也同时成立,按如上理念选出理事 11 名②。

所辖各县(市、区)积极创新、亮点纷呈。如:南湖区 2012 年开展的"小广场大舞台"成效明显、歌城打造享誉全国,两年内在全区范围内建设文化小广场 180 个,免费为 50 支较大规模的业余文艺团队配备广场小音箱和音乐光盘,通过文化小广场建设,区业余群众文体团队及爱好者队伍如星火燎原般蓬勃发展,业余文体团队数量达 600 多支,参与人数达 18 000 余人③。为加强村级文化管理,促进村级文化标准化、均等化建设,从 2014 年 8 月开始,秀洲区在全区实行村级文化管理"七个一"模式,即树一个公告牌、给一份点播单、填一张反馈表、联一个移动服务平台、建一项调休制度、搭一个自主舞台、创一个品牌。实践证明,通过实行村级文化管理"七个一"模式,达到村级文化管理形成标准化、文化活动开展形成常态化、文艺人才培养形成团队化的目标④。嘉善县乡村艺术团"以城带镇"形成示范,切实解决基层文化工作中"有人做事、有钱做事、做多少事、要做成事"四大问题,形成嘉善特色,有力地提升全县公共文化服务水平⑤。平湖市"党员文化志愿者"活跃基层,海盐县县镇村三级公共文化绩效评估有效实施,海宁市城市社区文化管理员全面覆盖,桐乡市"排舞之乡"、乌镇戏剧节形成品牌等,不断满足群众基本文化需求。

---

① 嘉兴市国家公共文化服务体系示范区创建工作领导小组办公室. 关于印发金琴龙同志在嘉兴市国家公共文化服务体系示范区创建工作领导小组会议上的讲话的通知[EB/OL]. [2018 – 03 – 25]. http://www. jxcnt. com/sfqcj/content/2015-05/28/content_2576963. htm.

② 嘉兴市文化馆理事会正式成立[EB/OL]. [2018 – 03 – 25]. http://www. cnjxol. com/Industry/content/2014-11/21/content_3213205. htm.

③ 商建中. "小广场 大舞台"模式探索[J]. 上海文化,2014(10):46 – 49.

④ 李建华. 特色文化助推创建国家公共文化服务体系示范区[EB/OL]. [2018 – 03 – 25]. http://jxxznews. zjol. com. cn/xznews/system/2015/07/15/019537877. shtml.

⑤ 浙江省文化厅. 浙江嘉善以城带乡解决基层文化工作四大核心问题[EB/OL]. [2018 – 03 – 25]. http://www. sccnt. gov. cn/gnwhxw/201412/t20141205_16589. html.

七、山西省朔州市:文化为民,文化惠民

朔州市位于山西省西北部,辖朔城区、平鲁区、山阴县、应县、右玉县、怀仁县两区、四县和一个省级开发区,69 个乡镇、4 个街道办,1688 个行政村,面积 1.06 万平方千米,人口175 万。

2013 年 11 月,朔州市获得第二批国家公共文化服务体系示范区创建资格。2016 年 1月,朔州市的制度设计课题成果《朔州市乡镇综合文化站服务效能提升研究》通过第二批国家公共文化服务体系示范区创建城市制度设计验收评审。2016 年 10 月 26 日,中国图书馆年会期间,第二批国家公共文化服务体系示范区颁牌仪式举行,文化部、财政部正式向示范区创建城市颁牌,朔州市成功创建第二批国家公共文化服务体系示范区。

1. 完善覆盖城乡的公共文化设施网络

推进国家公共文化服务体系示范区创建,是建设社会主义文化强国、满足人民群众日益增长的精神文化需求的重要举措。"十一五"以来,朔州市积极推动"文化强市"战略实施,逐年提高文化支出比重,大力发展建设公共文化服务事业,将公共文化产品和服务项目、公益性文化活动纳入财政经常性支出预算。市本级投资近 10 亿元,新建文化艺术中心、图书馆、博物馆、新闻大楼、体育馆,改扩建群艺馆、影剧院。在示范区创建之初,朔州市六县区文化馆、图书馆有 80% 达到国家部颁标准;85% 的乡镇(街道)建有单独设置的综合文化站;60% 的行政村建有面积不低于 100 平方米的文化活动室(中心),全部行政村(社区)已建立农家书屋。总体来看,公共文化基础设施网络在创建之初就已基本形成,公共文化服务体系建设具备较好的发展基础。获得示范区创建资格后,朔州市进一步完善公共文化设施网络建设,按照公益性、基本性、均等性、便利性的要求,着力建设符合本地实际情况、比较完整、覆盖城乡、可持续的基本公共文化服务体系。

到 2016 年,朔州市顺利完成创建任务,市级"三馆两中心"(即群艺馆、图书馆、博物馆、文化艺术中心、文化活动中心)设置率达 100%,且设施齐全,功能完备,达到部颁二级馆标准。六县区"两馆"(即图书馆、文化馆)设置率达 100%,其中有 11 个馆达到部颁二级以上馆标准,有 1 个馆达到部颁三级馆标准。乡镇一级,全市 73 个乡镇(街道办)均设置了综合文化站,设置率达 100%,95.8% 以上的文化站单独设置,平均面积达 363 平方米。村一级,全市行政村全部建起了村级文化活动室,设置率达 100%,平均面积为 135 平方米,建设面积达标率达 82.3%[1]。此外,朔州市还在创建期间大力推进图书馆总分馆制,以市图书馆为总馆、以县级公共图书馆为分馆,逐步向乡镇综合文化站以及农村农家书屋延伸,积极构建起覆盖全市的图书馆服务网络,进一步完善覆盖城乡的市县乡村四级公共文化服务体系网络。

在创建之初,朔州市的基层公共文化设施建设相对属于全市公共文化服务体系的薄弱环节,全市乡镇(街道)、社区还未建有标准设置的公共电子阅览室,行政村(社区)没有文化

① 郭文新,安玉,张建国. 朔州市创建国家公共文化服务体系示范区取得可喜成绩[EB/OL]. [2018 - 03 - 26]. http://sxsz.wenming.cn/szwm/201604/t20160421_2502722.html.

信息资源共享服务点。为推进城乡公共文化服务均等化发展，创建工作开展以来，朔州市特别对县级以下的乡镇村加大建设力度，全面实施"广播电视村村通""村级文化活动场所全覆盖""农家书屋全覆盖""农村电影放映工程""送戏下乡"等文化惠民工程。自2010年开始实施的广播电视村村通工程，为六县区边远山区群众免费发放直播卫星接收设施13 000多套。2015年开始，又实施广播电视户户通工程，为朔州市除朔城区、怀仁县之外的其他四县区群众发放直播卫星接收设施4300多套。每年为全市1688个行政村免费放映电影20 256场。从2014年开始，每年为每所农村寄宿制中小学放映电影9场，全市131所农村寄宿制学校共放映电影1179场①。保障了基层老百姓看电视、听广播、看电影的需求。另外，全市每个乡镇（街道）都设置综合文化站，每个站都配备价值10万元的器材。乡镇综合文化站设有多功能厅、图书室、培训室和共享工程活动室等功能服务室，配备相应的设施，能够正常开展活动，且全部免费开放。村级文化活动室建设方面，在原有设施的基础上，2015年统筹相关资金116万元，为773个行政村配备了新设施。并为全市的1688个农家书屋每个配备了价值2万元的图书。使80%的乡镇、街道设有标准配置公共电子阅览室，80%的行政村建立的农家书屋藏书量达到2000册以上。如此，让广大群众也有场所看书读报、参加文化活动，有效保障基层民众的基本文化权益。

在此基础上，为进一步为广大民众提供更优质的公共文化服务，朔州全面实现市县乡村四级公共文化服务场馆免费开放，同时采取各种措施，提升公共文化服务机构的服务能力。各级公共图书馆、博物馆、文化馆（站）面向广大群众，尤其是弱势群体和特殊人群实施无障碍、零门槛进入制度。并不断进行完善，公共图书馆设立盲文阅读区，配备设备和盲文读物。市级图书馆应用新技术不断扩大服务范围拓展读者群。市群艺馆在做好免费开放服务项目的同时，不断提高艺术辅导能力，开设多种针对老年、少年儿童、青年等不同群体的培训班。文化馆也经常组织开展针对弱势群体和特殊人群的各类文体活动，如开展面向农民工的文化培训等②。朔州市还开展"乡镇综合文化站效能提升"的课题研究，从人员配备、管理协调、资金保障、活动内容、绩效考核等方面积极探索提升基层公共文化服务效能的路径，取得了较好效果。

2. 重点建设公共数字文化工程

借助现代科技提升公共文化服务水平，发展公共数字文化服务网络，这是我国现代公共文化服务体系建设中的一个重要内容。在示范区创建中，朔州市十分重视基层公共文化设施的数字和网络建设。在推进市至乡镇（街道）公共文化场所公共电子阅览室建设的同时，朔州市还采取了多种方式以提升数字文化和网络服务能力。2014年4月，朔州市图书馆开通数字图书馆、移动图书馆服务，标志着朔州市的公共文化数字服务建设迈上了一个新的台阶，全市的国家公共文化服务体系示范区创建工作取得又一重要成果。

2016年，朔州市文化局启动了朔州市公共数字文化工程，进一步构建覆盖全市城乡的公共数字文化服务网络。该工程是朔州市创建第二批国家公共文化服务体系示范区的重点工

① 姚存民，张建国，袁兆辉. 健全服务体系，改善文化民生［N］. 山西日报，2018 – 03 – 26（4）.

② 马淑坤，曹晓敏. 创建国家公共文化服务体系示范区朔州有特色亮点多［EB/OL］.［2018 – 03 – 26］. http://www. sxrb. com/sxxww/xwpd/dsxw/5421305. shtml.

程,是 2016 年全国 40 个基层公共数字文化服务推广试点之一,也是朔州市"十三五"公共文化工作的重要内容。依托国家公共文化数字支撑平台,朔州市公共数字文化工程整合朔州地方特色优秀文化艺术资源为入口,通过"互联网+"搭建全市公共文化服务新平台,结合智慧城市元素打造了区域一体化的 O2O(线上线下)知识文化社群体验式服务数字化平台。

朔州市公共数字文化工程一期主要包括四大项目:一是"两中心两站一平台"系统项目,"两中心"即市文化局数字文化管理中心、市图书馆机房中心;"两站"即市博物馆、市群艺馆数字服务站;"一平台"即市县乡村四级分布式互联网站集群——朔州数字文化网一站式服务平台。"两中心两站一平台"项目已于 2017 年 8 月 24 日上午顺利通过初步验收。二是"六馆八库"资源建设项目,即数字图书馆、群艺馆、体育馆、博物馆、美术馆和红色文化馆等六个数字场馆,右玉精神专题数据库、朔州方志年鉴数据库、朔州文物古迹数据库、朔州名人专题数据库、杨家将专题数据库、中华门神文化数据库、朔州非遗专题数据库、朔州文艺专题数据库八个地方特色文化信息资源数据库,以及 50 集《魅力朔州》专题纪录片。"六馆八库"项目资源内容丰富,涵盖多种文化内容,架构合理,地方文化特色突出,能够较好地满足群众的多样化文化需求。三是"市县体系"网络建设项目。由中国移动通信集团朔州分公司建设 1083 条专线或宽带,包括 4 条 100M 互联网专线、6 条 10M 互联网专线、73 条 4M 互联网专线以及 1000 条 2M 互联网宽带,分别覆盖市、6 县区、73 个乡镇(街道)、1000 个村(社区),旨在清除城乡数字鸿沟,实现全区域互联互通。四是基层数字文化服务推广项目。至 2017 年,朔州市已为全市 73 个乡镇(街道)配备了公共文化一体机,建设了数字文化驿站,同时开发了"文化朔州云"手机 APP,开通了"文化朔州云"微信公众号,让群众足不出户就能随时随地享受公共文化服务。

目前,朔州市公共数字文化工程一期四大工程已经完成,并于 2017 年 12 月 19 日通过专家验收。专家们一致认为,朔州市公共数字文化建设工程项目总体规划站位较高,设计理念先进,服务前瞻性强,建设了一项文化惠民数字化新业态服务[①]。按照规划,2018 至 2019 年将开展二期工程,主要任务包括[②]:完善一期工程软硬件技术需求服务;乡村网站集群建设;继续建设朔州地方特色资源库;重点建设文创商城平台,开发文化消费,建设文惠卡。

3. 打造特色鲜明的公共文化活动品牌体系

在公共文化服务供给方面,朔州市坚持以群众需求为出发点,深入开展各种主体的系列文化活动,注重面向基层、面向农村,立足于弘扬地方特色文化,着力创新公共文化服务方式,提高人民群众的生活质量,培育打造群众文化活动品牌,繁荣基层文化。

自示范区创建以来,朔州市已经连续几年把"送戏下乡"活动作为丰富农村群众文化的重头戏,不断加大投入,演出场次逐年增加。市本级连续多年开展"送戏下乡"活动,举办"群众合唱比赛""小戏小品小剧种"展演、"山花奖"展演、"市民才艺展演"等大型文化活动。各乡镇及社区则借助文化大舞台,开展形式多样、丰富多彩、主题突出的广场文化活动。

① 田晶,杨俊梅.朔州市公共数字文化建设项目验收会召开[EB/OL].[2018-03-26].http://www.sxsznews.com/c-64/s-321161.html.

② 朔州数字文化网.朔州市公共数字文化工程介绍[EB/OL].[2018-03-26].http://www.szwhy.gov.cn/qtnr/szjj/201708/t20170810_17904.html.

2015 年，市政府进一步扩大"送戏下乡"活动范围，实现 300 人以上行政村每村送戏一场的目标，市本级"送戏下乡"达到了 1101 场[①]。

在政府的引领和鼓励下，示范区创建中，一大批富有地方文化特色的群众活动涌现出来，并呈品牌化发展。"一县一品牌、一镇一特色"的公共文化活动品牌体系正在形成。朔城区的"马邑文化节"、平鲁区的"门神文化节"、山阴县的"边塞文化周"、应县的"百姓大舞台、群众好声音"、怀仁县的"万人广场舞"、右玉县的"西口风情生态旅游文化节"等群众性文化品牌活动已成为代表性文化品牌。这些品牌活动不但提升了朔州市对外形象，扩大了地方文化的知名度，还推动了朔州市的文化旅游产业发展。其中，平鲁区根据尉迟敬德开发出的"门神文化节"活动，还将非物质遗产项目踢鼓秧歌送到其他城市，在 2018 年春节的北京龙潭庙会、地坛庙会上表演，反响热烈。除充分发掘利用地方特色文化资源外，朔州市也十分重视举办各种节庆日活动，朔城区每年的正月十五元宵节街头文艺表演、四月八庙会、"七一""八一"、国庆、"九九"重阳节、广场艺术节等极大地丰富群众的节日文化生活，实现群众文化活动的普及化、常态化。2016 年举办的"纪念中国共产党成立 95 周年'我为党旗添风采'送文化下基层文艺演出"被群众赞为是一台有思想、有温度、有品质的文化盛宴。

朔州市还通过扶持民间文艺队伍、吸纳社会资助等形式推动公共文化服务专业化和社会化，积极搭建文化活动平台，进一步推动群众文化活动的品牌化发展。山阴县以人才队伍建设推动县级文化发展，全县组建包括"书画协会""舞蹈协会""中老年艺术协会"等 30 多支文化团队，还建起 80 多支民间文艺队，活跃在农村基层，取得了较好效果。怀仁县累计投入上亿元，新建高标准、多功能的大型文化活动中心、青少年文化活动中心，并先后举办了象棋邀请赛、乒乓球积分赛、羽毛球团体赛，承办全市第二届运动会篮球比赛、全省第十四届击剑比赛，因此荣获"全国群体工作先进县""中国民间文化艺术之乡"等荣誉称号。相对其他地区来说，应县是一个农业大县，财政穷县，为此，在创办文化服务平台的过程中，县委、县政府发动全县人民积极参与，举办各种捐赠活动，让群众既是享有者，也是参与者，带来非常高的积极性，成效显著。例如，北湛村文化大院、大营村文化大院，已因应县快板书和耍孩儿而闻名；"百村万人广场舞"大赛、"百姓大舞台、群众好声音"成为群众演、演群众、群众看的大舞台，极大地丰富了群众的文化生活，改变了农村精神风貌[②]。右玉县则从 2010 年开始举办生态健身旅游节、西口文化论坛，影响力不断增加。

4. 鼓励和引导社会力量参与

在示范区创建中，朔州市从多个方面积极探索推动公共文化服务的社会化发展，积累了一些成功经验。在此基础上，2016 年 4 月，朔州市人民政府办公厅下发了《关于朔州市推动公共文化服务社会化发展的意见》[③]，提出"到 2020 年，全面形成公共文化服务社会化发展

---

① 马淑坤，曹晓敏. 创建国家公共文化服务体系示范区朔州有特色亮点多[EB/OL].［2018 - 03 - 26］. http://www.sxrb.com/sxxww/xwpd/dsxw/5421305.shtml.

② 张强. 均等发展，全面开花——山西省朔州市六区县创建国家公共文化服务体系示范区成效显著 [N]. 中国文化报，2015 - 07 - 23（8）.

③ 朔州市人民政府办公厅. 关于朔州市推动公共文化服务社会化发展的意见[EB/OL].［2018 - 03 - 26］. http://www.shuozhou.gov.cn/xxgk/zbwj/201604/t20160429_56964.html.

格局,人民群众基本文化权益得到更好保障"。除此之外,朔州市政府还出台了《关于引导和扶持民营文艺表演团体发展的有关意见》《朔州市文化志愿者管理办法(暂行)》《朔州市购买公共文化演出服务方案》等相关政策,从以下方面鼓励和引导各方社会力量参与公共文化服务体系建设中来。

一是引导社会力量参与公共文化设施建设与管理。鼓励有条件的社会机构、企业和个人等各方社会力量捐助或开办博物馆、图书馆、文化馆、剧院、影院等非营利性文化设施,参与城市社区和农村文化设施管理。政府通过民办公助等方式在土地使用、规划建设、税费减免等方面给予政策优惠。目前,朔州市的多厅数字影院全部由民间投资兴建,怀仁县由个人投资建设的民俗博物馆也已被纳入公共文化服务体系。

二是鼓励社会力量自发参与公共文化服务。鼓励学校、企事业单位将建成的图书馆(室)、文体活动室、体育活动场地等文化设施向社会开放,鼓励社会力量通过主办、承办、协办、冠名、合作、捐赠等方式参与到各类公共文化服务中来。同时,采取项目补贴、资助团队、组织评奖活动、落实公益性捐赠抵税制度等方式,提升社会力量在公共文化服务方面的参与热情。

三是着力培育公共文化服务社会化主体。鼓励各方社会力量注册兴办文化实体,依法减少和规范行政审批事项,简化办事程序。建立政府专项引导资金,以奖励和补助的形式培育公共文化服务社会化主体。加强公共文化事业单位对公共文化服务社会化主体之间的业务指导和培训,鼓励各类公共文化服务机构成立行业协会,推动公共文化服务志愿者队伍建设。朔州市开展示范区创建工作以来,市本级登记注册的文化类协会达 52 家(体育类 23 家,文化艺术研究类 17 家、社会科学类 12 家),市县两级新注册民营文艺表演团体达 25 家(市本级 4 家,县区 21 家);乡镇、农村自办文化初具规模,每乡每村至少有一支以上的文体活动队伍[①]。

四是健全政府向社会购买公共文化服务机制。朔州市将政府购买公共文化服务所需资金列入财政预算,并逐步加大投入力度,出台相关制度对政府购买进行规范,重点突出对具有创新意义和针对农村群众、农民工等弱势群体的文化惠民项目的支持。示范区创建以来,朔州市政府已集中采购"周末大舞台""送戏下乡"等文化惠民活动。同时,采取政府购买方式,不断壮大基层文化队伍,先后为市、乡镇和社区基层公共文化服务机构配备 297 名(市级公共文化服务场馆 115 名,乡镇和社区 182 名)政府购买服务人员,各行政村明确了 1 名文化指导员[②]。

五是推进公共文化服务体制改革和机制创新。在公共文化机构建立健全法人治理结构,吸纳有关方面代表、专业人士以及社会各界群众参与公共文化事业机构的管理,提高机构运行效率和社会效益。2014 年 11 月,朔州市图书馆被文化部列为全国 10 个公共文化机构法人治理结构试点单位之一。市政府对此高度重视,专门下发《朔州市图书馆法人治理结构实施方案》的文件(朔政办发〔2015〕100 号),这也是全国 10 个试点单位中唯一一家以政府层面下发文件推动改革工作的试点馆。2016 年 4 月,朔州市图书馆首届理事会理事成员名单确定,包括政府部门委派代表 3 名、举办单位代表 1 名、图书馆职工代表 3 名、社会群众代表 8 名。此外,朔州市的市县两级文化馆、博物馆也正在积极推进法人治理结构改革。政府也通过深化公共文化管理体制改革,逐步实现由"行政管理"向"公共治理"转变,由"举办文化"向"治理文化"转变,初步形成市场化的公共文化供给手段。

---

①② 胡继业等. 文化为民,文化惠民——朔州市创建国家公共文化服务体系示范区综述[N]. 朔州日报,2016 - 04 - 30(1).

八、贵州省贵阳市：筑，公共文化之城

古代贵阳盛产竹子，以制作乐器"筑"而闻名，故简称"筑"，也称"金筑"，别名"林城""筑城"。贵阳市现辖云岩、南明、花溪、乌当、白云、观山湖 6 个区，清镇 1 个县级市，修文、息烽、开阳 3 个县，77 个乡镇，全市总面积 8034 平方千米。至 2016 年，贵阳常住人口为 469.68 万人，少数民族人口在总人口中占比超过 15%。全市有 11 个世居少数民族，分别是苗族、布依族、土家族、彝族、侗族、仡佬族、白族、回族、满族、壮族、水族，主要居住在 18 个民族乡和非民族乡的 199 个民族聚居村。

2013 年 11 月，贵阳市成为第二批国家公共文化服务体系示范区创建城市。创建过程中，贵阳市打造了特色鲜明、亮点众多的"贵阳模式"，成为西部欠发达地区利用社会力量推进公共文化服务体系建设具有特色和亮点的典范。2016 年，文化部验收组对贵阳的经验和做法给予了很高的评价，认为贵阳在创建中"全面达标与重点突破紧密结合，成效显著"。

1. 夯基础，补短板，完善设施网络

我国西部地区公共文化设施基础普遍薄弱。在创建之初，贵阳市的公共文化服务体系建设水平总体并不高，直到 2013 年还没有市级博物馆，云岩、南明、观山湖区没有县级图书馆，而中心城区也没有充足的空间来新建公共文化设施。这给贵阳市的示范区创建工作带来极大挑战。设施是公共文化服务开展的基础，在公共文化服务体系建设中，第一要务就是建立全覆盖的公共文化基础设施网络。

为此，贵阳市一方面加大投入，在有条件的区域新建或改建文化馆、图书馆，提升基础设施的服务能力。在 2015 年 1 月新成立贵阳市少年儿童图书馆，并于 2016 年 2 月 25 日正式开馆，这也是贵州省建立的第一家专门面向未成年人服务的图书馆。在 5 个区市全面实施 8 个图书馆、文化馆新馆建设，即观山湖区文化馆、图书馆；云岩区图书馆；南明区图书馆；花溪区文化馆、图书馆；清镇市文化馆、图书馆。此前没有设馆的城区落实编制并选址新建馆舍，已有两馆但未达到国家等级标准的花溪区、清镇市两个区市则实施"两馆"提升建设项目，均按照国家规定县级二级馆标准进行建设。观山湖区先后投入近 2 亿元资金，打造观山湖区基础文化设施建设，位于林城西路的观山湖区图书馆、区文化馆项目已经动工，预计主体建筑在 2018 年内完成，总占地面积为 19 702 平方米，建筑面积为 5000 平方米。其中，图书馆内设书库、阅览室、儿童阅览室、残疾人（盲人）阅览室、开放式阅览室、多媒体阅览室等；文化馆内设排练厅、教室、多功能厅、陈列室、录音棚、琴房等，建成后可满足市民多方面文化活动需求。至 2017 年，贵阳大剧院、贵阳奥体中心、国际会展中心、筑城广场、贵阳孔学堂等一批重大文化基础设施建成投用；贵阳市少年儿童图书馆新馆、贵阳市博物馆馆舍建设已被纳入市"十三五"文化事业发展规划的重点项目和工程，并已立项启动，将于"十三五"中期建成[①]。

---

① 刘辉，杨禹璋.织密文化设施网 便利服务市民享：贵阳市创建国家公共文化服务体系示范区走笔（一）[N].贵阳日报，2016 - 04 - 23(1).

另一方面,建立"图书馆小站",作为填补基层公共文化设施空白的替代性过渡方案,以及基层公共文化设施效能不足的完善方案,尽快补齐基层公共文化设施的"短板"。"图书馆小站"主要是向基层群众提供免费的公共图书借阅服务,同时也开展各类读者活动。为让广大市民能够更便捷地享受这一服务,贵阳市选取城市综合体、居民小区、市民公园、超市、咖啡吧、旅游景点等近民亲民的场所,建设 50 多个集图书借阅和电子图书下载服务为一体的"图书馆小站"。这一项目于 2014 年最先在贵阳市的云岩和南明两个中心城区展开,由贵州省文化厅统一部署,贵州省图书馆与云岩区文广局共建 10 个"图书馆小站",贵阳市图书馆与南明区文广局共建 10 个"图书馆小站"。省、市图书馆负责承担"图书馆小站"的图书配送任务,并制定统一的工作规范和管理制度,每年各提供 3000 册次以上的图书,实行流动配送,让图书资源活起来。图书馆在配送图书时,还会根据小站选址的具体情况来调整图书类型,老年人多的社区多配一些养生保健类书籍,少年儿童多的则多配一些教育类书籍。读者可就近借阅图书,也可实现与省、市图书馆的通借通还。中央《党的群众路线教育实践活动简报》第 449 期对贵阳建设"图书馆小站",创造性解决市民群众活动场所少的"民生十困"问题给予了充分肯定。

由此,依托省、市图书馆的丰富藏书资源,以及分布广泛的"图书馆小站",实现了省、市、区公共图书馆基层服务三级联动,即省、市图书馆服务为源头,区图书馆服务为核心支撑,"图书馆小站"为服务节点,构建起一个服务方式便利化、多样化、现代化,服务范围广泛的公共阅读服务体系,实现了中心城区公共图书服务全覆盖。此外,贵阳市还不断加强县级以下公共文化设施网络的建设,大力推进乡镇文化站、社区文化服务中心、村文化室的建设,采取"固定设施 + 流动服务"的方式,着力打通公共文化服务"最后一公里",形成市、区(市、县)、乡(镇、社区)、村(居委会)四级公共文化服务网络。现已实现公共电子阅览室覆盖 70% 以上的社区、乡镇,75 个乡镇综合文化站、912 个行政村农家书屋实现全覆盖。至 2016 年,贵阳市共有文化馆、群众艺术馆 13 个,文化站 170 个,公共图书馆 14 个,图书馆藏书量 403.07万册;有广播电台 2 座,广播人口综合覆盖率 100%;电视台 2 座,电视人口综合覆盖率99.71%[①],全市公共文化机构全部实现免费开放,公共文化设施网络也在不断完善。

2. 育特色,扬优势,打造大数据贵阳

公共数字文化服务是我国现代公共文化服务体系建设中的一项重要内容。随着互联网的普及,数字化、网络化已渗透人们的日常生活中,让公众能够通过互联网和新媒体免费获取文化信息资源也已成为公共文化服务的一个重要任务。2014 年,贵州省开始探索推进大数据产业发展,近年来发布一系列政策,着力推动大数据产业成为贵州经济社会发展的新引擎。2015 年 1 月 6 日,贵阳市委、市政府下发《关于加快大数据产业人才队伍建设的实施意见》,提出要把贵阳打造成为全国大数据产业先行区和西部智能终端产业基地。同年,作为贵阳大数据战略行动的重要内容,代号为"701"的覆盖贵阳全城的免费 Wi-Fi 项目正式启动。2015 年 5 月 1 日,项目一期投入运行,贵阳市民在筑城广场、会展中心等地搜索以"D-GuiYang"(即大数据贵阳)命名的免费 Wi-Fi,连接后即可免费上网。这也意味着贵阳已实

---

① 贵阳市统计局.2016 年贵阳市国民经济和社会发展统计公报[EB/OL].[2018 – 03 – 24].http://tjj.gygov.gov.cn/c8024/20170414/i1197019.html.

质性跨入大数据时代。

为使广大民众能够更便捷、更实惠地感受到"大数据贵阳"发展带来的好处,贵阳市以实施贵阳大数据战略行动为依托,大力推动科技与文化融合,在示范区创建过程中创新开展全城免费 Wi-Fi 接入城市公共文化传播现代网络体系建设项目。2015 年 9 月 11 日,贵阳市公共文化服务联合会成立,成员涵盖文化资源供给、文化服务项目信息和公共文化服务机构三大类,共 80 家,贵阳市文广局为其业务主管单位。该联合会的首要工作就是采集成员单位的文化服务信息,建立数据库,开办公共文化服务网站,公布文化服务信息,以实现服务预订。目前,贵阳市规划实施的以基础资源数据库为平台,公共文化服务官网、贵阳市网上数字博物馆、市县网上文图两馆以及公共文化服务联合会系统、志愿者管理系统为内容的一期信息化建设项目已完成并正式运行。2017 年,在原来热点覆盖的基础上,贵阳全市的主干道、车站、景区、重点商务区、医院、机场、学校等公共场所已实现 2236 个 AP 热点免费接入服务,总覆盖面积达 12.8 平方千米,基本上实现了贵阳市主要街道和场所的全面覆盖。这标志着贵阳全面建成公共区域免费 Wi-Fi,人们可以利用无处不在的无线宽带网络来免费获取文化信息,让贵阳市的公共文化服务能力实现新的跃升。而贵阳的这一创新之举也得到文化部和贵州省文化厅的高度肯定。

贵阳这一项目利用互联网技术和大数据平台,打造数字文化馆、数字图书馆、数字博物馆等线上公共文化服务空间。其中,贵阳数字博物馆于 2016 年 5 月上线试运行,9 月正式向公众开放。这是一个结合 3D 虚拟现实技术、VR 虚拟现实技术、三维藏品扫描和大数据技术的网上数字博物馆。用户戴上 VR 设备后就可以坐着不动逛博物馆,全景式、庭院式的虚拟场景带给用户如现实般的浸入式体验,还能更全面地观赏各种文化遗产,第一期开放的内容包括 76 项贵阳的非物质文化遗产、6 个贵阳市的不可移动文物、25 件古玉器、27 件古瓷器、20 件古代金器和 4 件清代古董野生东珠①。该项目是由贵阳市文广局与本地文化领域龙头企业合作采取民建公管的方式共建而成,深入贯彻实施政府主导、鼓励社会力量积极参与公共文化服务的意见,将公共服务和产业发展有机结合,向公众公益性提供文化遗产展陈服务的同时,也培育和促进文化消费,探索基于互联网的文化艺术电商服务模式,有利于公共文化服务进一步增强发展动力。

另外,2015 年,贵阳市文化局还与国家标准化研究院合作,创新开展公共文化信息资源国家标准研究项目,对涉及的数字文化服务资源进行分类管理,制定适合贵阳市实际情况的"公共文化资源分类标准体系",推动数字文化资源开发管理标准化和高效化。同年,由全国信息分类与编码标准化技术委员会向国家质监总局申报国家标准,经批准,《公共文化资源分类》被正式列入 2015 年国家标准制修订项目计划,项目编号为:20152022-T-469。该标准规定公共文化资源的分类原则、编码方法及代码,适用于公共文化资源的管理、清查、登记、统计等工作。经过对标准草案进行多次修订,2017 年 4 月 28 日,全国信息分类与编码标准化技术委员会发布《公共文化资源分类》国家标准(征求意见稿)。这展现贵阳为全国公共文化服务体系标准化做出的积极贡献。

"十三五"期间,贵阳市还将在已有基础上进一步推进文化与科技的融合发展。其中一项主要任务是应用贵阳市公共文化服务数据库及展示平台,统筹数字图书馆、数字文化馆、

---

① 赵红薇.贵阳数字博物馆正式开放[N].贵阳日报,2016 – 09 – 17(A04).

数字博物馆及农村数字电影公益放映、数字农家书屋等项目,完善门户网站与手机 APP 并行运转的文化服务新路径。通过这些举措,贵阳着力强化科技强文效应,发挥现代科技对文化建设的驱动、支撑和提升作用,积极运用数字技术、网络技术、信息技术提升公共文化服务水平和服务品质,形成资源丰富、技术先进、服务便捷、覆盖城乡的公共数字文化服务网络。

3. 强内涵,树品牌,提升服务效能

贵阳历史悠久,少数民族众多,地域文化特色鲜明且内涵丰富。示范区创建以来,贵阳市大力弘扬"知行合一、协力争先"的贵阳城市精神,通过精彩多元的文化活动持续丰富和深化贵阳城市精神的文化内涵。

"贵阳孔学堂"是其中的一个重要载体。贵阳孔学堂坚持"创造性转化、创新性发展"方针,以传承弘扬中华优秀传统文化,培育践行社会主义核心价值观为宗旨。自 2012 年 9 月 29 日(即孔子诞辰 2563 周年纪念日)建成并启动首堂讲学以来,贵阳孔学堂每年举办公益国学讲座达 100 余场,吸引近数十万人走进课堂聆听百余位国学专家学者对我国优秀传统文化的阐释。除讲座外,贵阳孔学堂还举办"开笔礼""成人礼""中华婚礼""敬老礼""9·28 祭孔大典"等典礼活动,开展春节、清明、端午、中秋、重阳、"二十四节气"等民俗文化活动,兴办"溪山踏歌行"系列演出、"溪山翰迹"书画创作展出等文化艺术交流活动,并为青少年开展琴、棋、书、画、诗、礼等"六艺培训",引起广泛关注,很多人慕名前往参加,由此逐渐发展成为贵阳的一大文化品牌。

2014 年 12 月 30 日,贵阳市委九届四次全体(扩大)会议通过《中共贵阳市委关于全面实施"六大工程"打造贵阳发展升级版的决定》,提出"构建以贵阳孔学堂、阳明洞、阳明祠'三足鼎筑'的贵阳精神大厦,丰富'知行合一、协力争先'贵阳精神的内涵"。明代著名哲学家、教育家王阳明曾被贬贵州龙场(今贵阳市修文县)多年,并留下"龙场悟道"的传说,由此催生了阳明心学,所以,贵阳是阳明文化的发源地。为更好地发掘、整理、推介阳明文化,在贵阳孔学堂之外,贵阳市还决定围绕阳明洞打造中国阳明文化园,围绕阳明祠打造阳明文化公园,努力建设"中华文化瑰宝、世界心学圣地"。经过近几年的努力,现已取得显著效果,修文县围绕阳明洞等历史遗迹,打造"阳明文化园",举办中国·贵阳(修文)国际阳明文化节;云岩区依托辖区的阳明祠,举办"走进阳明祠良知行"阳明文化接力系列活动;贵阳孔学堂举办阳明学系列讲座 20 余期,邀请知名心学专家开坛论道,使贵阳和阳明文化更紧密地联系在一起,也让广大群众对阳明文化有了更深了解。

此外,各级文化部门还深入挖掘和传承贵阳民族特色和传统民俗文化,打造出一系列文化品牌,如充满独特民族风情的苗族的"四月八",布依族的"三月三""六月六"等民族节日活动品牌,以广场、社区为阵地开展的"文化惠民贵阳社区行""戏聚星期五""阳明读书会"等活动品牌,大力弘扬精神文明的"多彩贵州文明行动""祖国好·家乡美""5 个 100 创建""周末大讲堂"等活动品牌。贵阳市还大力开展文化志愿服务活动,积极参加文化部"春雨工程""大地情深"活动,与成都市、重庆市、昆明市等其他城市开展文化联动,将高品质的文艺演出、展览送到城乡基层,并对当地文艺人才进行培养,把传统的"送文化"变成"种文化",成效显著。同时,贵阳还在全社会大力弘扬"奉献、友爱、互助、进步"的志愿精神,广泛开展各种形式的"绿丝带"志愿服务活动,持续推动"绿丝带"志愿服务活动制度化、常态化,以社会主义核心价值观为指引,加强社会诚信建设。为巩固文化品牌建设成果,贵阳市将市民参与的反馈评价机制与服务品牌建设结合起来,编制完成《贵阳市以群众需求为导向的公共文化反馈与评价制度》,形成科学的公共文化服务评价体系,确保公共文化服务为民惠民乐民的发展方向,从而有效提升服务效能。

4. 增活力,促保障,推动长效发展

公共文化服务体系建设的顺利进行需要从公共文化设施网络、公共文化服务内容和手段、公共文化管理体制和运行机制、公共文化服务保障机制等方面共同发力。《贵阳市"十三五"文化事业发展规划》(简称《规划》)提出,"十三五"期末,每万人规模以上文化活动(指10人以上的文化活动)场次达160场;公共图书馆藏书人均占有量达1.4册;广播电视入户率达100%;每万人文体团队(指5人以上且每年开展活动不少于12次的民间文体团队)数≥10支;每周人均文体活动时间(指市民每周自愿可控进行的文体活动时间)≥4小时;每万人公共文化数字资源总量达0.25TB;每万人作品和计算机软件版权登记量≥20件。这是贵阳市现代公共文化服务体系建设的发展目标,而要顺利实现这一目标,保障机制建设就是关键,《规划》也从加强组织保障、完善政策配套、强化人才支撑、落实经费保障几个方面提出相应的要求和措施。而从示范区创建之始,贵阳市就坚持从组织保障、财政保障、人才队伍保障、政策制度保障等方面为公共文化服务体系建设保驾护航,实现公共文化服务事业的快速、可持续发展。

组织保障方面,获得示范区创建资格后,贵阳市及时出台《中共贵阳市委 贵阳市人民政府关于加强公共文化服务体系建设创建国家公共文化服务体系示范区的实施意见》《贵阳市创建国家公共文化服务体系示范区建设规划》和《贵阳市公共文化设施布局规划》三个文件,成立示范区创建工作领导小组,以及由国家、省、市专家构成的专家咨询委员会,设立创建办公室,领导、指导和实施创建工作。

财政保障方面,贵阳市各级财政和社会资金对公共文化服务体系建设的投入不断增加。2013—2015年,市级财政每年安排300万元创建示范区专项工作经费,各区(市、县)财政每年均安排10万元创建示范区专项工作经费,用于保障示范区创建任务的统筹推进和相关工作项目的开展。市县两级财政的文体传媒事业支出不断增加,2013年达1.65亿元,2014年达1.89亿元;社会资金投入公共文化服务的力度也在逐年加强,2013年达3.4亿元,2014年达到6.3亿元。到2016年,市县两级财政计划投入两馆等公共文化设施经费8亿元,为贵阳市成功创建国家公共文化服务体系示范区提供重要保障。

人才队伍建设方面,按照示范区创建的西部标准,贵阳市确保75个乡镇综合文化站在编人员3名以上,达标率100%;每个村居明确1名财政补贴的工作人员,承担设施设备管理、活动组织、团队建设等基层公共文化服务工作,确保基层公共文化服务有人负责、有人做事。2010年,贵阳开始试点城市基层管理体制改革,撤销所有街道办事处,改以社区服务中心替之,推行城市基层扁平化管理,使城市管理和服务资源下沉到社区。社区人员经费纳入政府编制和财政预算,但相对来说,社区可支配经费较少,多采取一职多责的办法解决。创建工作开展后,贵阳市为确保基层宣传文化工作有效开展,在每个社区单独设1名在编宣传文化专员,赋予公共文化服务职责,完善街道一级公共文化服务的人员保障。

同时,为进一步增强发展活力,贵阳市还大力鼓励社会力量参与公共文化服务体系建设,积极推动文化志愿者服务。除在实践中积极探索外,还将成功经验升级为制度,进一步

加强保障。制度设计课题研究是国家公共文化服务体系示范区创建工作中的一项重要内容。贵阳市以众多的社会力量参与公共文化服务成功案例为基准,将实践中的好做法、好经验提炼固化为制度,深入推进相关制度设计建设。现已制定并发布《贵阳市促进社会力量参与公共文化服务的意见》《贵阳市政府采购公共文化服务管理办法》《贵阳市鼓励民间博物馆发展的意见》等制度。贵阳的制度设计理念和创新得到国家公共文化领域专家的肯定和认可,在国家评审验收阶段,贵阳市制度设计获得西部地区第二名的优秀成绩。贵阳在社会资源共建共享方面的这些探索,如前面提到的贵阳数字博物馆的做法,为西部经济发展中地区利用社会力量推进公共文化服务体系建设带来很好的示范作用。

九、陕西省渭南市:全民共建,全民共享

渭南地处关中平原东部最宽阔地带,是陕西东大门,下辖 11 个县市区,有国家级高新技术开发区、省级经济技术开发区、卤阳湖现代产业经济开发区、华山风景名胜区,总面积 1.3 万平方千米,总人口 560 万。

2013 年 9 月,渭南市获得第二批国家公共文化服务体系示范区创建资格。渭南市委、市政府对此高度重视,把构建现代公共文化服务体系作为践行群众路线、建设文化强市、保障人民群众基础文化权益的重要契机和有效载体。经过数年努力,现已建成覆盖城乡、便捷高效、保基本、促公平的现代公共文化服务体系。2016 年顺利通过国家验收。

1. 基础设施建设绘就公共文化版图

渭南的文化事业在示范区创建前整体水平偏低,基础文化设施建设也比较滞后。突出表现在公共文化服务设施数量不足,且分布不均,导致渭南市民对公共文化设施的满意度较低。有统计数据显示,2012 年,渭南主城区文化用地仅为 31900 平方米,只占总建设用地 0.08%,人均城市建设用地 102.88 平方米,而其中人均文化用地不过 0.08 平方米;在渭南市民对市级、区级和社区级文化设施满意度评价的一项调查中,表示“很满意”的只占 10.9%,而认为“不太满意”和“很不满意”的分别占 35.2% 和 13.8%①。

为此,在示范区创建工作开展时,渭南市委、市政府就把公共文化基础设施建设作为首要工作来抓。2014 年 3 月,渭南市委市政府印发《渭南市创建国家公共文化服务体系示范区建设规划》和《渭南市创建国家公共文化服务体系示范区实施方案》,提出到 2015 年 9 月,形成公共文化设施网络广覆盖、服务供给高效能、组织支撑可持续、保障措施管长远的基本公共文化服务体系②。并对加快完善公共文化服务设施网络做出全面而具体的规划,涉及渭南市图书馆(科技馆)、渭南市文化艺术中心、渭南市电影传媒大厦、渭南市博物馆和文豪国际中心、陕西华山非物质文化遗产展示园、县级图书馆文化馆两馆、乡镇(街道)文化站和重点镇综合文体中心、村级文化活动室和社区文化活动中心,以及公共电子阅览室建设等。

在市政府的有力领导下,目前,渭南市已全面形成市—县—乡镇—村四级公共文化服务设施网络。渭南市体育馆、渭南市文化艺术中心、渭南市博物馆和渭南市图书馆等一批重要文化场馆共同构成了渭南市的公共文化服务版图。其中,2011 年 2 月动工建设、2014 年年底建成并投用的渭南市文化艺术中心总投资达 3 亿元,总建筑面积达 3.3 万平方米。该中心包括大剧院、多功能展厅、影城、艺术培训用房四个功能实体,是一座集综艺演出、大型会议、群众文化活动、艺术培训、现代影城、陈列展览、文化商街为一体的综合艺术中心。其中,大剧院是由地下一层和地上三层看台组成,可同时容纳 1000 多名观众进行观看。如今,渭

---

① 宋薇. 渭南主城区文化设施配置绩效评估及优化布局策略研究[D]. 西安:西安建筑科技大学,2015:78.

② 渭南市人民政府. 渭南市创建国家公共文化服务体系示范区建设规划[EB/OL]. [2018 - 03 - 29]. http://top. weinan. gov. cn/cjggwh/wjtz/397413. htm.

南市文化艺术中心已成为市内群众开展、参与公共文化活动的重要场所。

通过示范区创建,渭南市的公共文化设施网络建设实现了飞速发展。渭南市图书馆达标率(部颁三级以上)由创建前的45%增长到73%,文化馆由54%增长到91%,乡镇(街道)文化站设备完备率由60%增长到87%,"两馆一站一室"公共电子阅览室设置率由创建前的60%增长到88%[①]。至2016年,全市已建成镇文化站123个、重点镇综合文体中心25个、村文化活动室1779个、社区文化活动室165个、建成信息资源共享工程县级支中心10个、乡镇电子阅览室123个、村级共享工程服务点2871个,初步建成覆盖城乡、结构合理、功能健全、实用高效的四级公共文化服务设施网络。

2. "一元剧场"激发群众文化活力

作为国家治理体系和治理能力现代化的组成部分,现代公共文化服务体系建设中的重要一条就是要求各级政府转变职能,不断强化公共服务职能,向服务型政府转变。渭南市在示范区创建过程中,十分注重转变政府职能,引导社会力量参与公共文化建设。《渭南市支持文化大发展大繁荣的若干政策》明确提出,加快文化管理体制改革,转变文化行政部门职能,由"办文化"向"管文化"转变,由微观管理向宏观管理转变,由直接管理向间接管理转变[②]。这一政策文件和《渭南市关于加快建设文化强市的决定》都提出,对参与公共文化服务的社会力量给予土地优惠、项目补贴、以奖代补、贷款贴息、税收减免等方面的支持。

渭南市是全国著名的"戏剧之乡",拥有秦腔、同州梆子、阿宫腔、迷胡等13个地方戏曲剧种,皆历史悠久,源远流长,在中华人民共和国成立后更是进入前所未有的繁荣期。然而在20世纪90年代,由于财政体制改革、市场经济和外来文化的冲击,全市剧团逐渐走向衰落,出现了"剧团长期无戏演,群众无戏看"的困境。为了解决这一问题,2007年下半年,渭南市文广局及秦腔剧团围绕着"政府扶持、企业联姻、院团服务、百姓受惠"的基本思路开始新的探索,决定将戏票售价定为一元,并把这一文化惠民项目定名为"周末一元剧场"。活动启动的当天就出现一票难求的火热场面,效果十分惊人。随后,"周末一元剧场"的成功经验在陕西多地甚至其他省市迅速推广,受到社会各界和众多媒体的广泛关注,被誉为全国公共文化体系项目建设典范。2010年9月,渭南市创办的"周末一元剧场"经国家工商总局批准,成功获得商标注册。

为进一步推动这一项目的发展,让更多老百姓从中受惠,在已开展三年实践的基础上,渭南市将"周末一元剧场"扩展到"一元剧场",实现全年演出。同时,由市级扩展到县(市、区)级,实现由城镇普及到乡村,达到每年演出1200场的目标,实现市、县两级演出团体公共文化服务机制再创新[③]。"一元剧场"项目是渭南市政府部门由"办文化"向"管文化"转变的典型实践。该项目开展以来,坚持"政府支持、企业联姻、院团服务、百姓受惠"的运营模式,每场由政府补贴3000至6000元,同时以商演、企业冠名赞助等形式保障演出运营。演

---

① 邢雪雪.构筑文化版图 让文化育民乐民"接地气"[N].华商报,2017-02-09(E4).

② 渭南市人民政府.渭南市支持文化大发展大繁荣的若干政策[EB/OL].[2018-03-29].http://www.weinan.gov.cn/gk/zcfg/167044.htm

③ 渭南市人民政府.渭南市"一元剧场"项目[EB/OL].[2018-03-30].http://top.weinan.gov.cn/cjggwh/yyjc/507711.htm.

出内容方面,"一元剧场"既有传统经典的本戏和折子戏,又有秦腔现代戏和综艺节目,可满足观众的不同需求。渭南市开展示范区创建工作后,"一元剧场"又被评定为国家级公共文化服务体系示范项目之一,其文化惠民、文化乐民的作用得到进一步发扬。2015 年,渭南全市 12 个院团 400 多名演职人员参与"一元剧场"文化惠民演出,累计演出 1501 场次,受惠群众 88.9 万人次[①]。2017 年 11 月,渭南市举行"一元剧场"十周年特别演出,十多部精彩戏曲节目纷纷上演,为广大戏迷奉上一场饕餮盛宴。

除"一元剧场"项目外,渭南市还从更多方面展开探索,鼓励社会各类文化企业和民间艺术团体、文化志愿者参与公共文化服务,共同推动全市公共文化事业的繁荣发展。民间文艺团队常常活跃在社区、工厂、农村,对促进城乡均衡发展具有积极作用,是公共文化服务的重要组成部分。渭南市专门制定《渭南市群众文艺表演团队星级评定办法》,对全市近千支群众文化团队开展星级评定,向星级文化团队给予补贴奖励,大大提高群众参与公共文化服务的积极性和主动性。渭南市还积极为各类社会组织和文化企业承办群众文化活动提供支持。在政府的促成下,渭南市模特协会、嘉和美术馆、琦琦辉煌文化公司、唐韵星空文化艺术交流中心、渭南市国标舞协会、月亮宫艺术培训学校等社会文化组织先后举办渭南市首届模特大赛、国标舞大赛、青年书画大赛、艺术学子巡演、少儿舞蹈大赛、群众文化大舞台等大型赛事及活动,在社会上引起强烈反响。2014 年,渭南市提出组建一支 5000 人以上的"渭南·与文化同行"志愿者队伍,并制定出台《渭南市文化志愿者服务方案》,将文化志愿者服务工作纳入全市年度目标任务考核。目前,这支文化志愿者队伍积极活跃在基层一线,以农民、老年人、留守儿童、残障人群等群体为重点服务对象,参与数百场大型公共文化活动的服务,极大地发扬文化志愿者作为公共文化服务体系建设生力军的作用。

3. "一县一品"促进服务均等化

示范区创建期间,渭南市一直坚持"为了群众,依靠群众群众,服务群众"的工作方针,组织开展群众喜闻乐见、丰富多彩的文体活动,深化提升"一元剧场""四进零距"两大品牌,新创了"青春之梦"项目,还在基层实现了公共文化活动"一县一品""一镇一品""一村一品",有力推动渭南市基本公共文化服务的均等化发展。

"四进零距""青春之梦",以及前面已介绍的"一元剧场",这三大文化服务平台是渭南市重点打造的公共文化服务品牌项目,针对不同年龄段群众的文化需求而推出,实现了老中青三代人公共文化服务的全覆盖。"四进零距"工程是由政府提供补助,将歌舞、曲艺各种类型文化产品直接送到广场公园、城镇社区、园区企业、乡村院场,解决不同区域群众均等享受公共文化服务的问题。2015 年,渭南市"四进零距"工程成为国家文化部确定的 2014 年度 13 个国家文化创新工程项目之一。而为了弥补青少年群体公共文化服务的不足,渭南又创新推出"青春之梦"系列活动,包括"校园金话筒""经典诵读""艺术学子巡演"等,让广大青少年也能在公共文化服务体系建设中一展梦想。

"一元剧场""四进零距""青春之梦"是渭南市着力打造的公共文化服务品牌,而除此之外,渭南市每个区县也都形成各自的文化品牌。这些品牌共同构成一个形式多样、内容丰富

---

① 渭南市人民政府. 一元剧场演出惠及 88.9 万群众[EB/OL]. [2018 - 03 - 30]. http://top. weinan. gov. cn/cjggwh/yyjc/507721. htm.

的渭南文化品牌体系,保障了每一县、每一区老百姓的基本文化权益。

临渭区积极打造文化＋旅游特色产业,区内下邽镇牒吴村在乡村建设中突出公共文化服务的特色,建有 1000 平方米的社区服务中心,80 平方米的村级综合文化活动室,80 平方米的农家书屋,以及 6 个小型休闲活动点,这些场馆已成为村民必去的文化休闲之地。文化元素的注入,给当地村风村貌带来新的内涵,同时大力发展农耕体验园、农家乐等旅游项目,使该村获得"美丽乡村看下邽,下邽必看牒吴村"的美誉。

富平县从 2012 年开始搭建运行"百姓大舞台",这一活动以"让大家唱、让大家看、让大家乐"为原则,以"文化精彩、魅力富平"为主题,以"百姓大舞台,有才有艺您就来"为特色,为广大老百姓提供一个充分展示才艺的舞台。这一让群众喜闻乐见的方式激励越来越多人自发参与其中,演员涵盖各个年龄层、各行各业,节目内容也极其丰富,几乎包括所有艺术表现形式。目前,百姓大舞台已成为富平县的一道独特风景线,实现"天天有活动、周周有特色、月月有主题"。

蒲城县在 2013 年出台《"文化民生 欢歌蒲城"群众文化惠民活动实施方案》,确定涉及秦腔、广场舞、农民画、锣鼓秧歌等内容的十大主题文化活动,由县、镇、村三级联动,积极打造"文化民生 欢歌蒲城"群众文化活动品牌,每一季度更换主题,积极组织各类文化活动和文艺赛事,极大地丰富群众文化生活。

4."360"联动机制推动非遗保护

渭南市拥有丰富的非物质文化遗产(简称非遗)资源,包括联合国人类非物质文化遗产代表作项目 1 项,国家级非遗项目 12 项(即韩城行鼓、华县皮影戏、华阴老腔、阿宫腔、合阳提线木偶戏、华阴迷胡、同州梆子、合阳跳戏、韩城秧歌、澄城刺绣、澄城尧头陶瓷烧制技艺、蒲城杆火技艺),省级 102 项,市级 253 项[①]。非遗是人类历史文化的宝贵资源,也是一个地区、一个民族的重要精神财富,一直以来,非遗保护与传承都是我国文化领域的重要内容。示范区创建以来,渭南市也就非遗保护与公共文化服务展开了积极探索,并成功走出一条新路。渭南市在非遗保护方面的主要方式并不是传统主流的博物馆保护和生产性保护,而是借助政府的公共文化服务把非遗项目公共产品化,让更多人来了解非遗,走近非遗,从而实现对非遗的保护和发展,同时,非遗化的公共文化活动也更好地满足当地群众的文化需求,实现非遗保护和公共文化服务的双赢[②]。

早在创建伊始,渭南市就十分关注如何在示范区创建中做好非遗保护,高度重视顶层设计,成立了制度设计研究工作团队,聘请国家公共文化服务体系建设专家委员会委员蒋惠莉、华中师范大学吴理财教授为首席专家。随后,在充分调研的基础上,确立《渭南市公共文化服务与非物质文化遗产项目"360"联动机制设计研究》的课题研究方向。根据研究成果,渭南市出台了《渭南市非物质文化遗产项目参与现代公共文化服务体系建设的实施意见》《渭南市公共文化服务与非物质文化遗产保护联动工作考评办法》《渭南市非物质文化遗产

---

① 秦毅,田建,刘莹.以人民为导向 推动文化强市建设:陕西省渭南市创建国家公共文化服务体系示范区纪实[N].中国文化报,2016 - 04 - 08(8).

② 解胜利.互嵌——非遗保护与公共文化服务相结合的渭南实践[J].华中师范大学研究生学报,2014(3):1 - 5.

代表性传承人参与公共文化服务体系建设的实施办法》等系列文件,为渭南市在示范区创建中如何做好非遗保护提供全方位的指导。该研究课题成果在 2016 年 1 月的全国第二批示范区创建城市制度设计研究课题成果评审中获得优秀等次,位列西部创建城市第三名。

渭南市公共文化服务与非物质文化遗产项目"360"联动机制的"3"是指常态化联动、网络化联动和群众化联动三条发展路径;"6"是指剧场平台、广场平台、社区平台、基地平台、巡演平台、数字平台六大支撑平台;"0"是指公共文化服务与非遗保护联动的无缝对接,实现设施、资金和人才的全面共享与互动双赢。"360"联动机制为渭南市示范区创建带来显著实践成效,仅开展两年就使渭南市大型公共文化服务活动,如"一元剧场"项目中,非遗项目所占比例高达三分之二。在文化下基层、城市援助农村的文化项目中,"四进零距""青春之梦"等重大品牌项目中,也有非遗音乐、戏剧、舞蹈、技艺的展示、交流与演出。

为推进对非物质文化遗产的保护和传承,除了利用报刊、广播电视、网络等媒体宣传外,渭南市还积极组织各类赛事、展览、培训、交流,激发广大人民群众的学习参与热情,普及非物质文化遗产保护知识,促进非物质文化遗产的传播。如在元宵节举办信达文化大庙会,邀请渭南市的非遗项目来参演和参展;开展非物质文化遗产进校园活动,让大学生们近距离感受非遗文化,组织留学生观看非遗表演、体验非遗道具制作,让他们在动手实践过程中深入了解中国文化,感受中华文化魅力,也使非遗的影响力传到世界。这些活动不仅为群众提供种类多样的公共文化服务,也通过为非遗项目创造展示机会提供适当补贴促进非遗的保护和传承。

此外,渭南市还创新引入现代科技,利用数字化手段推动非遗保护和传承。创建期间新建的渭南市文化艺术中心三楼设有非物质文化遗产展示传习馆,占地面积 1300 平方米,其中不仅囊括渭南地区所有国家级、省级、市级非遗项目,还集中展示渭南农耕文明的辉煌成就和风土人情,展品多达一万多件。场馆内可以开展全市非遗保护传习活动,也具备现场技能展示、技艺传承、实地体验、非遗保护名录简介等功能。2016 年 6 月 13 日,非物质文化遗产展示传习馆举办开馆仪式,从此对社会公众免费开放。传习馆内运用了现代化声、光、电于一体的多媒体展示设备,实现观众与非遗更好地互动,更全面地感受非遗的精粹。

同时,渭南市还开发建立非物质文化遗产专题数据库,其中共建内容 164 项,并还在持续更新。数据库中收集丰富的非遗资源内容,包括每个项目的具体内容介绍,电子文本、照片、影音、多媒体资料等;设有电子地图版的非遗资源分布图,将每个项目的地域范围落实到市、县,甚至更细一级的乡镇,既在数据库的搜索引擎功能之外提供更多补充和辅助,同时又可以独立存在以发挥作用。

渭南市进一步加大非遗保护的资金保障和人才保障,制定了相应机制。资金保障方面,将公共文化服务与非遗保护联动经费列入政府财政预算,安排专项资金,建立专项经费年度增长机制和经费使用绩效评价机制,确保经费投入增长和经费使用效率。人才保障方面,统筹公共文化服务与非遗保护二者的人才队伍建设,避免人才断层,挖掘那些具有较高艺术价值却已濒临灭绝的民间工艺、技艺及其代表性传承人,对"个体精英型传承人"采取有效的保护措施和鼓励政策,激励新人去学习、去参与、去保护、去传承。

附录一
呼和浩特市人民政府关于加快构建
现代公共文化服务体系的实施意见

（呼政发〔2017〕29 号 2017 年 6 月 21 日）

各旗、县、区人民政府,经济技术开发区管委会,市各委、办、局,各企业、事业单位:

为加快构建呼和浩特市现代公共文化服务体系,保障全市人民基本文化权益,促进文化事业繁荣发展,根据《中共中央办公厅、国务院办公厅印发〈关于加快构建现代公共文化服务体系的意见〉的通知》（中办发〔2015〕2 号）和《内蒙古自治区党委办公厅、自治区人民政府办公厅印发〈关于加快构建现代公共文化服务体系的实施意见〉的通知》（内党办发〔2016〕8号）精神,结合我市实际,制定如下实施意见。

一、指导思想、基本原则和主要目标

（一）指导思想

以邓小平理论、"三个代表"重要思想、科学发展观为指导,全面贯彻党的十八大和十八届三中、四中、五中、六中全会精神,深入贯彻落实习近平总书记系列重要讲话精神,按照全面建成小康社会的总体要求,坚持社会主义先进文化前进方向,牢固树立以人民为中心的工作导向,以改革创新为动力,以基层为重点,加快构建体现时代发展趋势、符合文化发展规律的现代公共文化服务体系,促进基本公共文化服务标准化、均等化,切实保障人民群众基本文化权益,提高公共文化服务效能,推动社会主义文化大发展大繁荣,提高城市文化软实力。

（二）基本原则

1. 坚持正确导向。以社会主义核心价值观为引领,发展先进文化,创新传统文化,扶持通俗文化,引导流行文化,改造落后文化,抵制有害文化,巩固基层文化阵地。围绕民族地区"携手团结奋斗、共同繁荣发展、弘扬民族文化、共建和谐家园"的大局,以国家公共文化服务体系示范区创建为契机,进一步发挥好现代公共文化服务体系建设在增进民族团结、提高文化认同、促进社会和谐中的突出作用,着力在全社会形成积极向上的精神追求和健康文明的生活方式。

2. 坚持政府主导。发挥政府在公共文化服务体系建设中的主导作用,以公共财政为支撑,以公共文化单位为骨干,以社会力量参与为补充,加强公共文化产品和服务供给,按照一定标准推动实现基本公共文化服务均等化。履行政府保障职责,切实保障人民群众基本文化权益,加强政策引导,扩大购买服务,引入市场机制,激发各类社会主体参与公共文化服务的积极性,提供多样化的产品和服务,培育和引导居民文化消费需求。

3. 坚持改革创新。推进公共文化体制机制改革,加快政府职能转变,完善公共文化服务管理体制和运行机制,创新公共文化服务内容和形式,强化部门协作机制,打破行业壁垒,促进文化与体育、教育、旅游、科技等深度融合,努力实现政策制定协同化、资源配置最优化、服务管理集约化,推动文化事业和文化产业协调发展。

4. 坚持效能优先。建立完善以群众需求为导向的公共文化服务模式。优化公共文化资源配置，把工作重心和文化资源向基层和贫困地区倾斜，加大基层资源投入，推进内容创新、手段创新、管理创新和制度创新，提高公共文化服务效能。完善公共文化服务评价机制，努力提高公共文化服务设施覆盖率、资源利用率和服务普及率，全面提升公共文化服务水平。

（三）主要目标

1. 到 2017 年底，全面完成第三批《国家公共文化服务体系示范区创建标准（西部）》任务，把我市建设成为国家级公共文化服务体系示范区。

2. 到 2020 年，建成覆盖城乡、布局合理、便捷高效、惠及全民的现代公共文化服务体系，主要指标达到全国平均水平，部分指标进入全国前列。公共文化设施网络全面覆盖、互联互通，公共文化服务的内容和形式更加丰富，服务质量明显提升，公共文化管理、运行和保障机制进一步完善，政府、市场、社会共同参与公共文化服务体系建设的格局基本形成，人民群众基本文化权益得到更好保障，公民道德素质和社会文明程度显著提升。

二、主要任务

（一）统筹推进公共文化服务均衡发展

1. 完善城镇公共文化设施。按照选址合理、功能齐全、便捷高效的原则，合理布局市级和旗县区所在地公共文化设施，提高城市公共文化设施的覆盖能力和服务水平。市级重点建设图书馆、群艺馆、博物馆、影剧院、体育馆（场）等公共文化设施。旗县区重点建设和维修改造图书馆、文化馆和影剧院等公共文化设施。落实从城市住房开发投资中提取不低于 1% 的经费用于社区公共文化设施建设的政策，加强城镇社区综合文化服务中心建设。整合企业、社会组织、学校等场所设施，消除城镇社区特别是城乡接合部公共文化服务"盲区"。通过政府购买服务以及吸引企业和社会组织投资等方式，解决老旧小区居民文化活动场所问题。

2. 推进农村牧区公共文化设施建设。根据农村人口发展和分布，按照规模适当、功能优先、经济适用、节能环保的原则，合理规划建设农村公共文化设施。充分利用现有公共设施，统筹建设集宣传文化、党员教育、科技普及、普法教育、体育健身等多功能于一体的乡镇综合文化站。继续推进村（社区）综合性文化服务中心（文化室）建设，增强综合服务能力。在乡镇所在地和人口相对集中的行政村，建设便于群众健身娱乐、看戏、看电影的小舞台、小广场。人口密度低于每平方千米 50 人的旗县配备综合流动文化车，开展政策宣传、文艺演出、图书借阅、电影放映等送文化活动。加强农村牧区群众文体活动器材设备配备。

3. 加快贫困地区公共文化服务体系建设。与实施脱贫攻坚战相结合，按照精准扶贫的要求，明确贫困地区公共文化服务资源缺口，以广播电视服务网络、数字文化服务、乡土人才培养、流动文化服务、农村留守妇女儿童文化帮扶等为重点，集中实施一批文化扶贫项目，力争在较短时间内使贫困地区公共文化服务能力和水平得到明显改善。大力开展流动服务和数字服务，促进公共文化资源向城乡特别是农村延伸，着力打通公共文化服务"最后一公里"。发挥城市文化资源优势，促进城乡对口帮扶，通过结对子、种文化等方式，加强城市对农村文化建设的帮扶，增强农村基层文化活力。

4. 保障特殊群体基本文化权益。坚持普惠与特惠相结合，将老年人、未成年人、残疾人、农民工、生活困难群众、城市低收入群体和农村留守妇女儿童作为公共文化服务的重点对象,研究制定服务内容、项目和保障计划。积极开展面向老年人和未成年人的公益性文化艺术培训服务、展演和科技普及活动。实施"书香童年"阅读工程,开展学龄前儿童基础阅读促进工作和向中小学生推荐优秀出版物、影片、戏曲工作,推动各类图书馆增设少儿阅览室或少儿书架。将定期参观博物馆、美术馆、纪念馆纳入中小学教育教学活动计划。指导文化企业开发制作有利于青少年身心健康的优秀作品。大力实施青少年体育活动促进计划。公共文化服务机构要为残疾人提供无障碍设施。支持有条件的图书馆提供盲文读物、手语解说或有声图书阅览,鼓励有条件的电视台增加手语节目或加配字幕。将农民工文化建设纳入常住地公共文化服务体系,以公共文化机构、社区和用工企业为实施主体,满足农民工群体特别是新生代农民工的基本文化需求。加大对生活困难群众的帮扶力度,探索实施文化低保工程。

5. 制定呼和浩特市基本公共文化服务实施标准。以人民群众基本文化需求为导向,根据国家基本公共文化服务指导标准,按照因地制宜、适度超前的原则,围绕群众基本文化权益,建立与首府城市经济社会发展水平和供给能力相适应,包括基本公共文化服务保障标准、技术标准和评价标准在内的基本公共文化服务标准体系,明确基本公共文化服务的内容、种类、数量和水平,以及应具备的公共文化服务基本条件和各级政府的保障责任。参照国家、自治区基本公共文化服务指导标准,制定呼和浩特市基本公共文化服务实施标准。各旗县区要结合本地国民经济和社会发展"十三五"规划的制定实施,根据本地区经济社会发展水平和供给能力,统筹考虑城乡间、地区间、农区间的差距,制定具体实施方案,有条件的地区要在底线标准基础上适当提高。建立基本公共文化服务标准动态调整机制,根据实施效果和经济社会发展变化,适时调整完善具体指标。

6. 提升公共文化设施建设、管理和服务标准化水平。加强《公共图书馆标准》、《文化馆建设标准》、《乡镇综合文化站建设标准》、《公共图书馆服务规范》、《乡镇综合文化站管理办法》等国家标准和规范的宣传培训,引导各旗县区合理规划建设各类公共文化设施。坚持设施建设和运行管理并重,提升公共文化设施建设、管理和服务标准化水平。加强村(社区)基层综合性文化服务中心建设,统筹建设一批集宣传文化、广播电视、党员教育、科技普及、普法教育、体育健身等多功能于一体的基层综合性文化服务中心。

(二)增强公共文化服务发展动力

1. 培育和促进文化消费。统筹考虑群众的基本文化需求和多样化文化需求,推动公共文化服务向优质服务转变,实现标准化和个性化服务的有机统一。广泛开展公益性文化艺术活动,培养健康向上的文艺爱好,扩大和提升文化消费需求。鼓励有条件的公共文化机构挖掘特色资源,加强文化创意产品的研发,创新内容生产和运作模式,拓展服务项目,改善服务条件,为群众提供差异化的文化服务。建立健全政府引导、企业参与、市场运作的文化艺术活动组织模式,形成一批参与面广、延续性强、影响力较大的文化艺术活动品牌。支持民办文化场馆、经营性文化设施等提供优惠或免费的公益性文化服务。完善公益性演出补贴制度,通过票价补贴、剧场运营补贴等方式,支持艺术表演团体提供更多公益性演出。积极发展与公共文化服务相关联的教育培训、体育建设、演艺会展、旅游休闲等产业,引导和支持各类文化企业开发公共文化产品和服务,满足人民群众多层次的文化消费需求。

2. 鼓励和引导社会力量参与公共文化服务体系建设。进一步简政放权,减少行政审批项目,吸引社会资金投入公共文化领域。建立健全政府向社会力量购买公共文化服务机制,扩大采购范围。推广运用政府和社会资本合作等模式,促进公共文化服务提供主体和提供方式多元化。鼓励和支持社会力量通过投资或捐助设施设备、兴办实体、资助项目、赞助活动、提供产品和服务等形式参与公共文化服务体系建设。鼓励社会力量捐资助建或独资兴建公益性文化设施,兴办具有地方特色的文化艺术、特色传统技艺、非物质文化遗产的研习、展示和传承基地;鼓励国有企事业单位和学校的各类文化体育设施向社会免费或优惠开放。创新公共文化设施管理模式,有条件的地方可探索开展公共文化设施社会化运营试点,通过委托或招投标等方式吸引有实力的社会组织和企业参与公共文化设施的运营。

3. 强化政府对社会力量参与文化建设的支持。建立健全政府向社会力量购买公共文化服务机制,出台政府购买公共文化服务指导性意见和目录,采取政府购买、项目补贴、定向资助等政策措施,鼓励和扶持各类公益性文化机构、社会力量和文化企业参与公共文化服务。公办图书馆、文化馆(站)、博物馆、科技馆、展览馆、影剧院、城市公共文化广场等公益性文化设施,要积极主动为社会力量、社会资本、民办文化艺术组织举办的公益文化活动提供支持。有条件的公共文化单位可探索社会化运营,通过委托或招投标等方式吸引有实力的社会组织和企业参与公共文化设施的运营。

4. 培育和规范文化类社会组织。加强对文化类行业协会、民办非企业单位等社会组织的引导、扶持和管理,放宽准入条件,简化登记手续,优化管理服务,加快职能转变,推广购买服务,促进、扶持各类文化类社会组织规范有序发展。鼓励各类文化服务机构成立行业协会,发挥其在行业自律、行业管理、行业交流等方面的重要作用。推动文化行业协会与行政机关脱钩,将适合由社会组织提供的公共文化服务事项交由社会组织承担,扩大政府向文化类社会组织购买服务范围。加强政府管理和社会监督,严格执行社会组织年检制度和信息公开制度,开展运营绩效评估和社会信用评估,实现依法管理、依法运营。

5. 大力推进文化志愿服务。坚持志愿服务与政府服务、市场服务相衔接,奉献社会与自我发展相统一,社会倡导和自愿参与相结合,构建参与广泛、内容丰富、形式多样、机制健全的文化志愿服务体系。创新服务内容、工作方式和活动载体,积极探索具有地方或行业特色的文化志愿服务模式。完善文化志愿者注册招募、服务记录、管理评价和激励保障机制。鼓励专家学者、艺术家、优秀运动员等社会知名人士参加志愿服务,提高志愿服务的社会影响力。推动文化类社会组织、各类社会力量、专业艺术院团等到基层教、学、帮、带,建立志愿服务下基层制度,广泛开展送演出下基层等活动。加强对文化志愿队伍的培训,提升文化志愿者的服务意识、服务能力和服务水平。

(三)加强公共文化产品和服务供给

1. 提升公共文化服务效能。完善公共文化设施免费开放的保障机制,深入推进公共图书馆、文化馆、博物馆、美术馆、纪念馆等免费开放工作,逐步将民办博物馆、行业博物馆纳入免费开放范围。推动科技馆、文化宫、妇女儿童活动中心以及青少年校外活动场所免费提供基本公共文化服务项目。促进学校体育场馆课余时间向学生开放,推动有条件的学校体育场馆向社会开放,鼓励党政机关、国有企事业单位文体设施向社会开放。建立群众文化需求反馈机制,及时准确了解和掌握群众文化需求,制定公共文化服务提供目录,开展"菜单式"、"订单式"服务。加强公共文化服务品牌建设,推动形成具有鲜明地区特色和社会影响力的服务项目。提高现有剧场等设施的使用效率。加大对跨部门、跨行业、跨地域公共文化资源的整合力度,以行业联盟等形式推进公共文化机构互联互通,开展馆际合作、文化服务"一卡通"、公共文化巡演巡展等服务,实现区域文化设施资源共建共享。加强基层广播电视播出机构服务能力建设,充分利用广播、电视、网络双向互动功能,为各级政府部门便民服务提供窗口和平台。

2.丰富优秀公共文化产品供给。各类公共文化事业单位、国有文化企业和文化团体要为群众生产和提供丰富优质的公益文化产品。鼓励广大文艺工作者深入生活、扎根人民,努力创作生产体现社会主义核心价值观、体现民族精神和时代精神、思想性艺术性观赏性有机统一的优秀文艺作品。建立群众文艺精品创作制度体系,巩固群众文艺创作的良好势头。通过开展作品研讨、经验交流、文艺精品巡演等活动,发挥群众文艺精品的示范引领作用。建立优秀传统文化传承和发展体系,加强优秀文化艺术普及推广,加大对民间文化扶持力度,加强文化遗产保护工作,广泛开展戏剧等优秀文化遗产、高雅艺术进社区、进校园、进军营、进厂矿等公益性展演,推进送戏、送书、送电影下乡和优秀出版物推荐、展销活动。提高网络文化产品和服务供给能力,促进优秀传统文化和当代文化精品网络传播。充分利用国家对少数民族地区开办民族语言广播电视频率频道以及涉农广播电视节目的扶持政策,加强基层广播电视台站建设,推进广播电视涉农节目制作和农村题材文艺作品创作。继续实施少数民族新闻出版"东风工程",加强蒙古文及蒙汉双语出版物的出版发行和蒙古语文艺作品创作。加强知识产权审核和版权保护,防止侵权或盗版产品进入公共文化服务供给体系。大力发展公益广告,推广公益慈善理念。

3.繁荣群众文化生活。深入开展全民阅读活动,实施优秀出版物推荐制度,推动全民阅读进家庭、进社区、进校园、进企业、进机关、进农村,组织开展好"全民读书月"活动。建立草原书屋出版物补充更新机制。积极开展文明健康、丰富多彩的群众性文化活动,促进全民艺术普及、全民健身、全民科普和群众性法治等文化活动的开展,创新活动载体,以富有时代感的内容形式,吸引更多群众参与文化活动。以"我们的节日"为主题,组织开展群众性节日民俗活动。实施基层特色文化品牌建设项目,打造一批文化强镇强村。深入开展和谐社区、"美丽乡村"等精神文明创建活动。支持群众自办文化,通过政府引导、部门支持、社会赞助等方式,扶持民间创作力量,鼓励和支持社会团体和个人组建民间剧团、民间诗社、业余乌兰牧骑、流动文化蒙古包,建设文化大院、文化户。利用节会、集市和农闲时节,组织开展政策咨询、科技培训、卫生保健讲座、文艺展演、法制教育等群众性文化活动。推进红色文化、社区文化、乡土文化、校园文化、企业文化、军旅文化和家庭文化建设,培育积极健康、多姿多彩的社会文化形态。

(四)推进公共文化服务与科技融合发展

1.加强文化科技创新。围绕公共文化服务体系建设的重大科技需求,发挥文化和科技相互促进的作用,将文化科技创新纳入科技发展专项规划,深入实施文化科技创新工程。探索建立公共文化创新与科技研发的协同机制,推动公共文化机构与科研院所、高科技企业合作攻关,加强文化专用设备、软件、系统的开发应用,加强科技成果向应用领域转化,推进公共文化服务创新手段、提高效能。鼓励和扶持影视制作机构加快推进科技创新和技术改造升级,实现设备的数字化、网络化和高清化。鼓励和扶持全媒体集成播控平台建设,促进传统媒体与新媒体融合发展。

2.推进公共文化服务数字化建设。结合"宽带中国"、"智慧城市"等国家重大信息工程建设,加快推进公共文化机构数字化建设。统筹实施文化信息资源共享工程及公共电子阅览室、数字图书馆、数字文化馆、数字博物馆、数字科技馆、农村数字电影放映、城乡电子阅报屏等数字化建设工程,构建标准统一、互联互通的公共数字文化服务网络。建立数字公共文化服务信息管理平台,建设公共文化服务供需平台、公共文化服务传播网和特色资源整合平台。鼓励各地整合优秀文化资源,科学规划公共数字文化资源建设,开发特色数字文化产品,提高资源供给能力。支持数字版权公共服务平台建设,有效保护公共数字文化资源。加强公共文化大数据采集、存储和分析处理。

3. 提升公共文化服务现代传播能力。重视信息网络技术条件下公共文化服务创新,加快构建现代公共文化传播体系。实施广播电视台高山台站基础设施建设工程和中央广播电视节目无线数字化覆盖工程,加强广播电视台、发射台(站)、监测台(站)和地面数字电视覆盖建设,进一步提高传输质量,全面实现广播电视户户通、广播村村响。灵活运用宽带互联网、移动互联网、广播电视网、卫星网络等,拓宽公共文化资源传输渠道。大力推进"三网融合"及高清电视、互动电视、交互式网络电视、手机电视等新业务发展,推广数字智能终端、移动终端等新型载体,加快推进有线电视网络建设和数字化双向化改造。推进应急广播体系建设,完善应急广播覆盖网络,打造基层政务信息发布、政策宣讲和灾害预警应急指挥平台。

(五)创新公共文化管理体制和运行机制

1. 建立公共文化服务体系建设协调机制。立足当前公共文化服务体系建设实际,建立呼和浩特市公共文化服务体系建设协调工作机制,明确工作职责,充分发挥各部门职能作用和资源优势,在规划编制、政策衔接、标准制定和实施等方面加强统筹、整体设计、协调推进。各旗县区要发挥基层党委和政府作用,根据实际建立相应的协调机制,加强各类重大文化项目的统筹实施,实现共建共享,提升综合效益。推进国家公共文化服务体系示范区创建,发挥公共文化服务建设典型示范作用。

2. 深化公益性文化事业单位改革。按照关于深化文化体制改革和推进事业单位分类改革的要求,理顺政府和公益性文化事业单位之间的关系,探索管办分离的有效形式。进一步落实公益性文化事业单位法人自主权,强化公共服务功能,增强发展活力,发挥公共文化服务骨干作用。明确公益性文化事业单位职能定位,全面推进人事、收入分配、社会保障、经费保障等制度改革,增强发展活力。创新运行机制,积极探索符合我市实际、适应不同类别公益性文化事业单位的法人治理结构,推动公共图书馆、博物馆、文化馆等组建理事会,吸纳有关方面代表、专业人士、各界群众参与管理,健全决策、执行和监督机制,提高运行效率。完善年度报告和信息披露、公众监督等基本制度,依法依规加强管理。加强和改进公益性文化事业单位党组织建设,充分发挥基层党组织战斗堡垒作用和党员先锋模范作用。

3. 推进基层文化场馆整合联动。推进图书馆、文化馆总分馆制建设,建立以市级图书馆、文化馆为中心馆,旗县级图书馆、文化馆为总馆,乡镇综合文化站为分馆,村(社区)综合文化服务中心(文化室)为基层服务点的运行模式,优化公共文化资源配置。推进基层公共文化服务区域联动,发挥区域性中心城市的辐射带动作用,推动相邻城市公共文化资源共建共享。

4. 创新基层公共文化管理体制。充分发挥城乡基层群众性自治组织的作用,推动开展公共文化服务参与式管理,健全民意表达和监督机制,推广居民、村民评议等行之有效的做法,引导城市社区居民和村民积极参与公共文化服务项目规划、建设、管理和监督,切实维护群众的文化选择权、参与权和自主权。调动驻村(社区)单位、企业和社会组织等多方面力量,统筹资源,共同参与基层文化的管理和服务,形成多元联动格局。将公共文化服务纳入基层社区服务网格进行管理,推进社区文化志愿服务,培育城乡社区互助文化,营造社区和谐环境。

5.健全公共文化服务评价机制。健全落实基本公共服务实施标准,以保障基本公共文化服务为基础,以效能为导向,将公共文化服务作为考核领导班子和领导干部政绩的重要内容,纳入科学发展考核体系。建立公共文化机构服务水平绩效考评制度,考评结果作为确定预算、收入分配和负责人奖惩的重要依据。加强对重大文化项目资金使用、实施效果、服务效能等方面的监督和评估。完善公共文化服务质量检测体系,研究制定公众满意度指标,建立群众评价和反馈机制。探索建立公共文化服务第三方评价机制,通过问卷调查等形式,增强公共文化服务评价的客观性和科学性。

三、保障措施

(一)加强组织领导。各级党委、政府要将构建现代公共文化体系纳入本地区国民经济和社会发展总体规划,纳入重要议事日程,切实加强组织领导,并结合实际制定实施方案、规划或专项行动计划,集中力量推进工作落实。建立由文化部门牵头,宣传、发展改革、教育、财政、人力资源社会保障等部门参加的公共文化服务体系建设协调机制,统筹推进现代公共文化服务体系建设。做好宣传和舆论引导工作,形成全社会支持和参与现代公共文化服务体系建设的良好氛围。

(二)落实经费保障。明确各级政府基本公共文化服务事权,按照事权与财力相匹配的原则,合理划分各级政府基本公共文化服务标准,落实提供基本公共文化服务项目所需资金,保障公共文化服务体系建设和运行。进一步加大市级财政转移支付力度,支持农村和城市社区基层公共文化服务设施建设,保障基层城乡居民公平享有基本公共文化服务。创新公共文化服务投入方式,采取政府购买、项目补贴、定向资助、贷款贴息等政策措施,支持包括文化企业在内的社会各类文化机构参与提供公共文化服务。落实现行鼓励社会组织、机构和个人捐赠公益性文化事业所得税税前扣除政策规定。加强对公共文化服务资金管理使用情况的监督和审计,加强绩效评价。

(三)加强队伍建设。进一步完善选人用人机制,着力培养一批具有现代意识、创新意识的公共文化管理者和基层公共文化服务人才队伍。对实行免费开放后工作量大量增加、现有机构编制难以满足工作需要的公益性文化事业单位,要结合实际和财力,合理增加机构编制。实行文化系统内部人员流动和合理调配。加强基层文化队伍建设,乡镇(街道)综合文化站应配备3名专职工作人员,村(社区)综合文化服务中心至少配备1名公共财政补贴的文化管理员。加强基层乡土文化人才队伍建设,扶持培养村(社区)民族民间文化传承人和非物质文化遗产传承人,鼓励和扶持基层群众中的各类文化人才、文化活动骨干积极发挥作用。完善基层公共文化服务人才培养和保障机制,依托大专院校和文化艺术学校,设立呼和浩特市级公共文化专业人才培养基地。探索推行公共文化服务人员持证上岗制度。稳步推进基层公共文化服务队伍培训,旗县级以上公共文化服务单位工作人员集中培训时间每年不少于15天,乡镇(街道)、村(社区)专兼职人员参加集中培训时间每年不少于5天。

四、该文件自公布之日起 30 日后施行，有效期 5 年，规范性文件统一编号为：ZG-2017-18 号

附件

呼和浩特市基本公共文化服务实施标准

（2015—2020 年）

项目	内容	标准
文化设施	硬件设施	1.合理规划建设各类公共文化设施，市级要设立公共图书馆、群艺（文化）馆、博物馆、美术馆、非遗展示馆、影剧院；旗县（区）要设立公共图书馆、文化馆；乡镇（街道）设置综合文化站，行政村（社区）设置基层综合性文化服务中心（文化室）。 2.市级公共图书馆建筑面积不低于 4500 平方米；旗县（区）级图书馆建筑面积不低于 1500 平方米。 3.市级群艺（文化）馆建筑面积不低于 4000 平方米；室外活动场地不低于 600 平方米；旗县（区）级文化馆建筑面积不低于 1500 平方米，室外活动场地不低于 400 平方米。 4.乡镇（街道）按照辖区内常住人口规模设置不同规模综合文化站。建筑面积根据服务人口数量具体设定，不能低于 300 平方米。户外活动场地不低于 600 平方米。 5.乡镇所在地和人口集中的行政村要设置供群众看戏、看电影和开展文体活动的小舞台、小广场，小舞台建筑面积要达到 140 平方米，小广场硬化面积不低于 600 平方米。 6.行政村（社区）综合文化服务中心（文化室），建筑面积不低于 120 平方米，户外活动场地不低于 600 平方米。 7.草原（农家）书屋面积 20 平方米以上，配齐书柜、报刊架、阅览桌椅，其中配置书柜不少于 6 个，报刊架 2 个。 8.新建、改建、扩建居民住宅区，应配套建设公共文化服务设施。 9.依托广电机构、社会服务机构，在乡镇和有条件的行政村基层综合文化服务中心建立广播电视公共服务网点。 10.旗县（区）以上设立广播电视播出机构和广播电视发射台，按照广播电视工程建设标准等进行建设。 11.建立旗县城市区数字影院，1 个旗县数字影院建设至少 1 厅。配置 2K 数字放映设备。 12.有条件的乡镇、行政村建设室内电影放映点，室内放映点面积 50 平方米，并配置相关设备。
	流动设施	13.市、旗县（区）两级公共图书馆、文化馆等根据实际需要及当地发展水平、人口密度配备综合流动文化车。 14.每个旗县（区）必须配备足额的电影放映员，电影放映员必须持有放映资格证。 15.严禁放映盗版、侵权音像制品和电影制品。 16.配备流动放映车。
	辅助设施	17.公共文化设施为残疾人配备无障碍设施。

项目	内容	标准
基本文化服务项目	读书看报	18. 公共图书馆、文化馆、乡镇(街道)综合文化站、村(社区)综合文化服务中心(文化室)配备图书、报刊和电子书刊,并免费提供借阅服务。公共图书馆和有条件的草原书屋配备盲文书籍,开展盲人阅读服务。 19. 旗县(区)级公共图书馆人均藏书量不少于 0.5 册(件),人均年新增公共图书馆藏书数量不少于 0.06 册(件)。草原书屋图书、报刊、音像出版物不少于 2000 册(件),年更新不少于 100 册(件)。 20. 在城镇主要街道、公共场所、居民小区等人流密集地点设置阅报栏或电子阅报屏,提供时政、"三农"、科普、文化、生活等方面的信息服务。每日更新不少于 2 类。 21. 旗县(区)图书馆、乡镇(街道)综合文化站、草原书屋等提供少数民族语言或文字的图书、音像制品。 22. 每个草原书屋可供借阅的图书不少于1200 种、1500 册,报纸期刊不少于 20 种,音像制品和电子出版物不少于 100 种。年新增图书不少于 60 种,报纸期刊及时更新。每年组织读书阅读活动不少于 2 次。 23. 对报纸投送周期超过五天的边远地区行政村,通过建设数字草原书屋实现报纸的及时有效更新。数字书屋报刊 50 种以上/年,每天更新;期刊 30 种以上/年,每出版期更新;图书 1000 册/年,每天更新;音像制品(包括农业科技、教育培训、电影、曲艺文化等)900 小时以上/年,每天更新;本地化特色内容投递服务 50G/年。 24. 各级政府每年至少举办 1 次本辖区的全民阅读活动,活动延续时间不少于 7 天。
	收听广播	25. 为全民提供突发事件应急广播服务,建立中央、自治区、市级、旗县(区)四级上下贯通,可管可控,有线、卫星、调频、中短波、地面数字电视和农村大喇叭等多种手段综合覆盖的应急广播系统,具备完善的应急广播管理法律法规,形成统一指挥、分级负责,反应快捷、调度灵活的应急广播体制机制,确保发生突发事件时,能快速有效地将应急信息发布给受众。 26. 直播卫星公共服务覆盖地区,通过直播卫星免费收听 16 套广播节目,即:中央人民广播电台 11 套(中国之声、经济之声、音乐之声、都市之声、中华之声、神州之声、民族之声、文艺之声、老年之声、娱乐广播、对农广播)、中国国际广播电台 3 套(英语综合广播、国际流行音乐广播、环球资讯广播)、自治区 2 套(汉语综合广播、蒙语综合广播) 27. 无线模拟不低于 6 套广播节目,即:中央 2 套(中国之声、经济之声)、自治区 2 套(汉语综合广播、蒙语综合广播),市级、旗县新闻广播节目各 1 套。 28. 无线数字免费收听不低于 15 套广播节目,即:中央 8 套(中国之声、经济之声、音乐之声、都市之声、文艺之声、老年之声、娱乐广播、对农广播)、自治区 4 套(汉语综合广播、蒙语综合广播、新闻综合广播、农村牧区广播),市级电台 2 套节目、旗县区 1 套新闻综合类广播节目。
	观看电视	29. 直播卫星公共服务覆盖地区,通过直播卫星免费收看 25 套电视节目,即:中央电视台 16 套(综合频道、财经频道、综艺频道、中文国际频道、体育频道、电影频道、军事农业频道、电视剧频道、纪录频道、科教频道、戏曲频道、社会与法频道、新闻频道、少儿频道、音乐频道、英语新闻频道)、中国教育电视台第 1 套、自治区 8 套(蒙古语卫视、汉语卫视、新闻综合频道、经济生活频道、文体频道、影视剧频道、蒙古语二套、少儿频道) 30. 无线模拟免费收看不低于 6 套电视节目,即:中央电视台 2 套(综合频道、军事农业频道)、自治区 2 套(汉语卫视、蒙语卫视),市级、旗县各 1 套。

续表

项目	内容	标准
	信息化服务	31. 地面数字电视免费收看不低于 16 套电视节目,即:中央电视台 12 套(综合频道、财经频道、中文国际频道、军事农业频道、纪录频道、科教频道、戏曲频道、社会与法频道、新闻频道、少儿频道、音乐频道、英语新闻频道)、自治区 2 套(汉语卫视、蒙语卫视),市级、旗县各 1 套(有蒙古语电视地区可自行调整)。 32. 旗县(区)以上公共文化机构建有面向群众的服务网站,设施内免费提供无线WiFi。 33. 市级、旗县(区)、乡镇(街道)、社区建有文化共享工程电子阅览室,并免费提供上网服务。 34. 市级图书馆整合数字文化资源不少 30TB,旗县(区)图书馆整合资源量不少于 4TB。
	看电影	35. 为农村群众提供数字电影放映服务,其中每年放映国产新片(院线上映不超过 2年)比例不少于 1/3。每个行政村每月放映 1 场以上的公益电影,其中新影片(院线上映不超过 2 年)比例不低于 1/3。 36. 为中小学生每学期提供 2 部爱国主义教育影片。 37. 支持民族地区放映民族语言译制电影,每年不少于 60 部。
	文化活动	38. 旗县(区)及以下公共文化单位深入基层开展流动文化服务,公共图书馆年开展流动图书和信息咨询服务不少 90 天,文化馆(站)年深入基层开展辅导不少于 12 次。 39. 各旗县(区)采取专业艺术团体下乡演出或政府购买服务等方式,为每个行政村群众提供文艺演出,其中农区每年平均演出不低于 1.5 场。 40. 每个文化馆每年组织开展群众文体活动不少于 60 次。 41. 乌兰牧骑每年下基层演出不少于 100 场,宣传辅导服务不少于 10 次。 42. 每个乡镇(街道)综合文化站每年组织开展群众文体活动不少于 20 场(次)。 43. 每个行政村每年组织开展群众文体活动不少于 4 场(次)。 44. 各级文化馆、乡镇(街道)综合文化站、村(社区)综合文化服务中心等每年组织开展针对残疾人、未成年人、老年人和农民工等特殊群体的文体活动。 45. 村(社区)综合文化服务中心、文体广场、公园等公共设施为城乡居民就近方便参加各类文体活动提供条件。 46. 各级公共文化服务单位均设立文化志愿者服务站,组建服务队伍,吸收社会人员参与,每月开展 1 次以上文化志愿服务活动。
	设施开放	47. 公共图书馆、文化馆(站)、美术馆、博物馆(非文物建筑及遗址类)等公共文化设施免费开放,基本服务项目健全。全年开放时间不少于 10 个月,其中公共图书馆每周开放时间不少于 56 小时,其他公共设施开放时间不少于 42 小时,其中错时开放时间不少于三分之一。 48. 公共图书馆定期举办公益展览展示、讲座、培训等活动。市图书馆每年分别不少于 6 次,旗县(区)图书馆每年分别不少于 4 次。 49. 文化馆(站)每年举办公益性展览展示和培训活动,市群艺馆每年举办展览不少于 6次,举办培训不少于 12 次,旗县(区)文化馆每年举办展览 4 次,举办培训不少于 6 次,乡镇(街道)综合文化站每年举办展览不少于 2 次,举办公益性讲座和培训不少于 4 次。

项目	内容	标准
保障措施		50. 博物馆、美术馆举办公益性公共教育活动(如培训、讲座、辅导等)每年分别不少于 12 次。 51. 每个博物馆(纪念馆)、美术馆、非遗展示馆常年设有 1 项以上基本陈列,每年举办公益性专题展览不少于 2 次。
	流动服务	52. 市、旗县(区)两级公共图书馆、文化馆等根据实际需要及当地发展水平及配备综合流动文化服务车,应具备开展公共文化流动服务能力。 53. 公共图书馆指导基层图书馆、室(草原书屋)建设,每年下基层服务次数不低于 50 次。市群艺馆和旗县(区)文化馆每年组织业余文艺队、文化志愿者到乡镇和行政村社区巡回演出、展览、辅导不少于 1 次。文化站开展流动服务每月不少于 1 次。
	经费保障	54. 市、旗县(区)级政府将基本公共文化服务保障资金纳入公共财政经常性支出预算,保障当地群众基本公共文化服务所需经费。 55. 公共文化场馆免费开放配套资金、农村文化建设配套资金、公共文化场馆运行经费等基本文化服务和活动的项目经费等纳入各级财政预算。 56. 市、旗县(区)级财政对行政村(社区)文化管理员进行资金补贴,每月补贴不低于 500 元;社区文化管理员每月补贴不低于当地最低工资标准。 57. 市、旗县(区)级财政安排专项资金通过政府购买方式面积企业、社会组织购买公共文化服务。
	人员编制	58. 旗县级以上各级名类公共文化机构按照职能职责、国家有关要求和当地人事、编办等部门核准的编制数量配齐工作人员。 59. 乡镇(街道)综合文化站配备有编制的专职工作人员 3 人。 60. 每个行政村(社区)综合文化服务中心(文化室)政府购买公益岗位不少于 1 个。 61. 旗县(区)以上文化馆办群众业余团队不少于 3 个;行政村(社区)综合文化服务中心所属群众业余团队不少于 1 个。
	业务培训	62. 旗县(区)级公共文化服务单位人员集中培训时间不少于 15 天,乡镇(街道)、村(社区)专兼职人员参加集中培训时间每年不少于 5 天。

附录二
呼和浩特市创建国家公共文化服务体系示范区大事记

2014 至 2015 年

2014 年 11 月,呼和浩特市创建国家公共文化服务体系示范区筹备工作小组成立,着手进行申报创建筹备工作。

2015 年年初,呼和浩特市政府提出"文化惠民,幸福青城"的公共文化服务体系建设理念。

2015 年 3 至 5 月,上报申报材料,参加文化部、财政部组织的申报答辩会。

2015 年 6 月 19 日,呼和浩特市图书馆理事会成立。

2015 年 7 月 22 日,呼和浩特市获得第三批国家公共文化服务体系示范区创建资格。

2015 年 9 月 10 日,内蒙古自治区文化厅公布 2013—2014 年度全区基层文化十佳单位和个人评选结果,呼和浩特市新城区文化馆荣获全区十佳图书馆、和林格尔县城关镇下喇嘛盖村绿果果文化大院和托克托县北半球文化大院荣获全区十佳文化户(大院)、呼和浩特市新城区盛世腾飞民间艺术团荣获全区十佳民间剧团称号。

2015 年 12 月,呼和浩特市文化志愿者联盟正式成立。

2015 年 12 月 12 日,印发*《呼和浩特市创建国家公共文化服务体系示范区过程管理若干制度规定》

2015 年 12 月 15 日,印发《呼和浩特市创建第三批国家公共文化服务体系示范区宣传方案》。

2015 年 12 月 16 日,呼和浩特市人民政府办公厅印发《呼和浩特市创建国家公共文化服务体系示范区规划和实施方案》。

2015 年 12 月 17 日,呼和浩特市召开创建国家公共文化服务体系示范区工作推进会暨长城保护工作会。

2015 年 12 月 20 日,印发《呼和浩特市创建国家公共文化服务体系示范区档案工作管理办法》。

2015 年 12 月 24 日,印发《呼和浩特市国家公共文化服务体系示范区创建专项资金管理办法》。

2015 年 12 月 25 日,印发《关于成立呼和浩特市创建国家公共文化服务体系示范区工作领导小组办公室内设工作组的通知》。

2016 年

2016 年,呼和浩特市群众艺术馆推出"百姓文化大讲堂"系列文化惠民活动。

＊ 无特别注明印发单位的文件,均指呼和浩特市创建国家公共文化服务体系示范区工作领导小组办公室印发,下同。

2016 年 3 月,呼和浩特市儿童探索博物馆开工。

2016 年 3 月 16 日,呼和浩特市召开 2016 年全市文化新闻出版广电工作会议暨全市文化项目申报培训会。

2016 年 3 月 28 日,内蒙古自治区党委有关领导同志前往玉泉区实地调研文化产业发展和文化体制改革工作。

2016 年 4 月 9 日,"书香青城"全民阅读活动在呼和浩特市图书馆启动。

2016 年 5 月,呼和浩特市统计局印发《呼和浩特市文化产业"十二五"发展回顾及"十三五"展望》。

2016 年 5 月 10 日,"公共文化服务体系下图书馆总分馆建设与运营研讨会"在呼和浩特市传媒大厦召开。

2016 年 5 月 14 日,呼和浩特市第十一届"文化进社区"大型公益活动启动。

2016 年 5 月 17 日,全区现代公共文化服务体系建设培训班在呼和浩特市举行。

2016 年 5 月 18 日,"博物馆与文化景观 5·18 国际博物馆日"中国主会场活动在内蒙古博物院启幕。

2016 年 5 月 30 日,昭君文化旅游区建设工程开工奠基仪式在昭君博物院举行。

2016 年 6 月 5 日,内蒙古群众艺术馆、呼和浩特市群众艺术馆举办的"十个全覆盖　美丽我家园"全区群艺馆、文化馆专题文艺演出在乌兰恰特大剧院上演。

2016 年 6 月 13 日,印发《关于建立呼和浩特市创建国家公共文化服务体系示范区工作月报制度的通知》。

2016 年 6 月 14 日,2016 年全国公共文化巡讲暨呼和浩特市创建国家公共文化服务体系示范区培训班在呼和浩特市举办。

2016 年 6 月 15 至 17 日,托克托县博物馆、图书馆、文化馆分别成立理事会。

2016 年 6 月 21 日,"数字文化走进蒙古包"第二批项目工程落地托克托县。

2016 年 6 月 23 日,呼和浩特文化人才(库)百人百组百万人带动工程大漠文化创意园体验基地揭牌仪式举行。

2016 年 7 月,呼和浩特、银川、乌鲁木齐、南宁、拉萨五个少数民族自治区首府城市群艺馆(文化馆)公共文化艺术联盟成立研讨会在呼和浩特市民族美术馆举行。

2016 年 7 月 15 日,呼和浩特地区"2016 年数字图书馆业务技能竞赛"培训暨开赛仪式在呼和浩特市图书馆举行。

2016 年 7 月 15 日,呼和浩特市紫砂创作体验基地揭牌仪式在回民区东乌素图村全红山庄举行。

2016 年 7 月 20 日,全区文化市场管理工作推进会第二阶段会议在呼和浩特市举行。

2016 年 7 月 20 日,玉泉区图书馆理事会正式成立。

2016 年 7 月 23 日,第三届内蒙古国际动漫节(呼和浩特)暨第三届浮轩动漫游戏嘉年华在呼和浩特市举行。

2016 年 7 月 30 至 31 日,图书馆营销创新研讨会在呼和浩特市召开。

2016 年 8 月 5 日,内蒙古自治区首届原创民族舞蹈展演正式拉开帷幕,呼和浩特民族演艺集团民族歌舞剧院选送的多部舞蹈作品获奖。

2016 年 8 月 9 日,首届明长城研讨会在清水河县召开。

2016年8月31日，呼和浩特市文化新闻出版广电局组织各旗县区文体（广电）局局长及文化馆馆长参加2016中国文化馆年会。

2016年9月2日，呼和浩特民族演艺集团创排的大型民族舞剧《马可·波罗传奇》获美国布兰森艺术委员会颁发的最佳戏剧作品和最佳舞蹈团队两项奖。

2016年9月2至6日，内蒙古戏剧曲艺节举行，呼和浩特民族演艺集团大型廉政题材晋剧《巡城记》获一等奖。

2016年9月5日，国家新闻出版广电总局公布2015—2016年度广播电视公益广告专项资金扶持项目评审结果，呼和浩特市托克托县广播电视台获三类优秀传播机构奖项，同时获得10万元专项资金扶持。

2016年9月14日，呼和浩特民族演艺集团表演的大型民族舞剧《马可·波罗传奇》在第五届全国少数民族文艺会演中获得音舞类剧目金奖。

2016年9月19日，"万里茶道"（中国段）沿线8省文物部门和万里茶道联合申遗办组织的专家考察团队抵达内蒙古考察，初步确定呼和浩特市、包头市、乌兰察布市和二连浩特市4城市为"万里茶道"申遗节点城市。

2016年9月22至24日，文化部公共文化发展中心对赛罕区乡镇综合文化站服务效能进行抽查，对赛罕区"十个全覆盖"农村综合文化服务中心的建设成果予以肯定。

2016年9月24日，呼和浩特市文化新闻出版广电局下发《呼和浩特市文化志愿者管理办法（暂行）》。

2016年10月20至22日，呼和浩特市创建国家公共文化服务体系示范区工作领导小组办公室组织学习交流考察团赴包头市学习交流。

2016年10月22日，文化部有关领导对玉泉区大召、塞上老街、大盛魁文化产业创业园进行实地考察。

2016年10月26至27日，呼和浩特市图书馆等有关单位派人参加在安徽省铜陵市举行的2016年中国图书馆年会，就示范区创建经验进行交流。

2016年11月，和林格尔县图书馆新馆正式对外开放。

2016年11月14日，印发《关于报送呼和浩特市创建国家公共文化服务体系示范区2016年工作总结的通知》，要求各创建单位对2016年创建工作总结进行总结，对2017年重点工作安排并报送领导小组办公室。

2016年11月18日，呼和浩特市旗县区图书馆馆长就第六次公共图书馆评估定级工作在呼和浩特市图书馆进行研讨。

2016年11月25日，内蒙古自治区文化厅有关领导对呼和浩特市文化新闻出版广电局进行调研，市文新广局汇报了2016年度工作。

2016年12月6日上午，呼和浩特市创建国家公共文化服务体系示范区领导小组办公室有关领导赴北京参加第三批创建国家公共文化示范区工作推进会，汇报示范区创建工作进展情况和制度设计课题研究情况。

2016年12月6日，呼和浩特地区公共图书馆第六次评估定级培训班在呼和浩特市图书馆举办。

2016年12月11日，印发《呼和浩特市创建国家公共文化服务体系示范区迎接中期督察档案工作方案》。

2016 年 12 月 13 日,呼和浩特市创建国家公共文化服务体系示范区工作领导小组办公室举办示范区创建工作推进培训班。

2016 年 12 月 15 日,印发《关于内蒙古呼和浩特市创建国家公共文化服务体系示范区工作进展情况的报告》

2016 年 12 月 16 日,印发《呼和浩特市创建国家公共文化服务体系示范区绩效评估考核实施办法》。

2016 年 12 月 17 日,呼和浩特地区"我最喜爱的童书"评选颁奖活动在呼和浩特市图书馆举行。

2016 年 12 月 23 日,纪念乌兰夫同志诞辰 110 周年"民族的骄傲——乌兰夫同志光辉的一生"展览在呼和浩特民族美术馆盛大开幕。

2016 年 12 月 25 至 27 日,呼和浩特市文化新闻出版广电局呼和浩特市非物质文化遗产保护中心组织相关人员参加内蒙古自治区文化厅主办的全区非物质文化遗产业务培训班。

2016 年 12 月 26 日,呼和浩特市人民政府办公厅印发《关于调整呼和浩特市创建国家公共文化服务体系示范区工作领导小组的通知》。

2016 年 12 月 26 日,昭君博物院被国家民委评为第五批全国民族团结进步教育基地。

2017 年

2017 年,呼和浩特市委宣传部、呼和浩特市文化新闻出版广电局组织了迎接十九大、庆祝自治区成立 70 周年系列文化活动,有力地促进示范区创建工作的推进。

2017 年,呼和浩特市开展"厕所革命",建设青城驿站 346 个,打造集如厕、公共服务、城市景观于一体的新型公共空间。

2017 年 1 月 10 日,蓝天·白云·内蒙古 2016 写生作品展在呼和浩特市民族美术馆开幕。

2017 年 1 月 12 日,印发《呼和浩特市创建第三批国家公共文化服务体系示范区宣传方案(修订稿)》。

2017 年 1 月 18 日,呼和浩特市创建国家公共文化服务体系示范区工作领导小组办公室举办呼和浩特市创建国家公共文化服务体系示范区档案、宣传、信息培训工作会议。

2017 年 2 月 4 日,印发《关于进行呼和浩特市创建国家公共文化服务体系示范区调研的通知》。

2017 年 2 月 26 至 28 日,托克托县古城镇举办首届民间文艺活动。

2017 年 3 月,呼和浩特市群众艺术馆新馆投入使用。

2017 年 3 月 5 至 8 日,呼和浩特市文化新闻出版广电局、呼和浩特市群众艺术馆共同举办"呼和浩特市公共文化示范区创建暨数字文化馆建设工作培训班"。

2017 年 3 月 9 日,呼和浩特文化人才(库)百人百组百万人带动工程创建国家公共文化服务体系示范区专家研讨培训会在赛罕区召开。

2017 年 3 月 10 日,印发《关于报送国家公共文化服务体系示范区创建工作相关材料的通知》,要求各创建成员单位报送示范区相关材料,迎接文化部中期督查。

2017 年 3 月 15 日,呼和浩特市群艺馆荣获呼和浩特市优秀志愿服务单位称号。

2017 年 3 月 20 日,呼和浩特市人民政府办公厅印发《呼和浩特市创建国家公共文化服务体系示范区工作任务分工方案》。

2017 年 3 月 22 日，由呼和浩特市群众艺术馆、阿盟群艺馆、阿左旗文化馆联合举办的"群众文艺骨干培训班"在阿盟群艺馆开班。

2017 年 3 月 28 日，印发《关于对〈呼和浩特创建国家公共文化服务体系示范区工作情况汇报〉征求意见的函》，征求市创建示范区领导小组各成员单位意见。

2017 年 4 月，呼和浩特市启动呼和浩特市文化客厅项目，呼和浩特市图书馆、呼和浩特市档案馆、呼和浩特市方志馆、呼和浩特市演艺中心、呼和浩特市青少年宫、呼和浩特民俗文化展示馆六大文化设施进行新馆建设。

2017 年 4 月 1 日，印发《关于呼和浩特市创建国家公共文化服务体系示范区工作进行中期自查的通知》，要求各创建单位对照各自工作任务，认真进行自查和总结，并形成自查报告。

2017 年 4 月 7 日，呼和浩特市文化新闻出版广电局召开"呼和浩特市创建国家公共文化服务体系示范区工作推进会"。

2017 年 4 月 10 日，呼和浩特市图书馆举办"呼和浩特地区公共图书馆第六次评估定级"培训班。

2017 年 4 月 15 日，绩效评估与图书馆建设研讨会在呼和浩特市召开。

2017 年 4 月 19 至 21 日，呼和浩特市创建国家公共文化服务体系示范区工作领导小组举办学习贯彻《公共文化服务保障法》暨呼和浩特市创建国家公共文化服务体系示范区培训班。

2017 年 4 月 25 日，呼和浩特市文化新闻出版广电局印发《关于开展第六次全国县级以上公共图书馆评估定级工作的通知》，部署全市公共图书馆评估定级工作。

2017 年 4 月 25 日，为迎第六次全国县级以上公共图书馆评估定级，呼和浩特市文化新闻出版广电局对全市 9 个公共图书馆进行评估检查。

2017 年 5 月 7 日，第六次全国公共图书馆评估条目详解研讨会在呼和浩特市图书馆召开。

2017 年 5 月 17 日，全国政协经济委员会调研组来呼和浩特市博物馆进行调研。

2017 年 5 月 18 日，"5·18 国际博物馆日"内蒙古自治区主会场活动在乌兰夫纪念馆开幕。

2017 年 5 月 19 日，呼和浩特市文化新闻出版广电局印发《呼和浩特市文化志愿者服务章程（试行）》《呼和浩特市文化志愿者培训制度（试行）》《呼和浩特市文化志愿者招募制度（试行）》《呼和浩特市文化志愿者管理制度（试行）》《呼和浩特市文化志愿者守则（试行）》《呼和浩特市文化志愿者礼遇办法（试行）》《呼和浩特市文化志愿者退出机制（试行）》等文件。

2017 年 5 月 20 日，内蒙古土默特博物馆建设项目正式开工。

2017 年 5 月 23 日，呼和浩特市创建国家公共文化服务体系示范区中期迎检部署工作会议在呼和浩特市文化新闻出版广电局召开。

2017 年 6 月 8 日，"庆祝内蒙古自治区成立 70 周年大型公益群众文化活动文艺展演首场海选"在满都海公园举行。

2017 年 6 月 9 日，内蒙古自治区文化厅对呼和浩特市国家公共文化服务体系示范区创建工作进行调研。

2017 年 6 月 12 日,呼和浩特市人民政府办公厅下发《关于政府向社会力量购买公共文化服务的实施办法的通知》《呼和浩特市推进基层综合性文化服务中心建设实施方案的通知》。

2017 年 6 月 14 日,"魅力呼和浩特——庆祝内蒙古自治区成立 70 周年美术作品展"在呼和浩特市民族美术馆开幕。

2017 年 6 月 19 日,呼和浩特市群众艺术馆群众文化理事会成立。

2017 年 6 月 20 日,呼和浩特市博物馆理事会成立。

2017 年 6 月 21 日,呼和浩特市人民政府办公厅印发《呼和浩特市政府关于加快构建现代公共文化服务体系的实施意见》《呼和浩特市基本公共文化服务实施标准(2015—2020)》《呼和浩特市社区与机关单位公共文化服务设施共建共用办法(试行)》《呼和浩特市公共文化服务体系建设评价考核办法(试行)》。

2017 年 6 月 22 日,呼和浩特市人民政府办公厅印发《呼和浩特市人民政府办公厅关于加快贫困地区公共文化服务体系建设的实施意见》。

2017 年 6 月 22 日,呼和浩特民族演艺集团晋剧院复排的传统经典剧目《斩唐丹》在香港尖沙咀文艺会堂上演并荣获"金紫荆花奖"组织金奖。

2017 年 6 月 24 日,呼和浩特市第十三届文化进社区大型公益活动启动。

2017 年 6 月 27 日,呼和浩特市文化新闻出版广电局印发《呼和浩特市培育和促进文化消费的实施意见》。

2017 年 7 月,第十八届中国·呼和浩特昭君文化节、第七届中国·呼和浩特少数民族文化旅游艺术活动同时同台合并举办。

2017 年 7 月 3 日,印发《呼和浩特市创建国家公共文化服务体系示范区迎接中期督查工作方案》。

2017 年 7 月 3 日,呼和浩特市人民政府办公厅印发《呼和浩特市公共文化服务体系建设协调机制实施方案》。

2017 年 7 月 3 日,呼和浩特市人民政府办公厅印发《呼和浩特市学习宣传贯彻〈中华人民共和国公共文化服务保障法〉工作方案的通知》,安排开展为期一月的集中学习和宣传活动。

2017 年 7 月 5 至 8 日,呼和浩特市迎接创建示范区中期督查。

2017 年 7 月 6 日,呼和浩特市召开第三批国家公共文化服务体系示范区(项目)创建工作汇报会。

2017 年 7 月 8 日,第三批国家公共文化服务体系示范区创建工作督查反馈会在呼和浩特市召开,督查组对呼和浩特市示范区创建工作提出反馈意见。

2017 年 7 月 10 日,呼和浩特市第二届民间文化艺术节暨第十三届文化进社区"幸福陶思浩金杏开园仪式"在土默特左旗陶思浩中心政府举行。

2017 年 7 月 13 日,内蒙古自治区文化厅公共文化处检查新城区综合文化服务中心建设情况。

2017 年 7 月 14 日,"写昭君·画昭君·颂和谐"书画展暨书画笔会在呼和浩特市群众艺术馆举行。

2017 年 7 月 16 日,托克托县革命历史纪念馆开工奠基仪式举行。

2017 年 7 月 19 日,呼和浩特第三届百姓民俗文化节暨百人百组文学作品征集启动仪式举行。

2017 年 8 月,玉泉区文化馆新馆投入使用。

2017 年 8 月 22 日,呼和浩特市群艺馆举办文化馆(站)业务自动化管理系统培训班,9 个旗县区的文化馆长和市群艺馆部分职工参加培训。

2017 年 9 月 4 至 8 日,呼和浩特市文化新闻出版广电局组织实地评估组赴各旗县区图书馆进行实地评估。

2017 年 9 月 13 至 16 日,第 26 届中国金鸡百花电影节在呼和浩特市举办。

2017 年 10 月,清水河县文化馆新馆主体工程完工。

2017 年 10 月,清水河县图书馆新馆主体工程完工。

2017 年 10 月 24 日,呼和浩特市文化新闻出版广电局召开示范区创建工作推进会暨"鸿雁阅读计划"启动动员会。

2017 年 10 月 27 日,"建设亮丽内蒙古 共圆伟大中国梦"首府群众歌舞文艺展演、展播活动玉泉区专场在玉泉区大观园剧场举行。

2017 年 10 月 31 日至 11 月 1 日,呼和浩特市政府专项督查组对清水河县、托县、武川县、回民区创建国家公共文化服务体系示范区工作完成情况进行督查。

2017 年 11 月 6 日,呼和浩特市文化新闻出版广电局召开公共文化数字服务平台创建咨询会。

2017 年 11 月 11 日,呼和浩特市群众艺术馆与南宁市、阿拉善盟、乌海市群众艺术馆签订《群众文化交流发展战略合作意向书》。

2017 年 11 月 15 日,内蒙古自治区文化厅公布 2015—2016 年度全区基层文化十佳单位和个人评选结果,呼和浩特市赛罕区文化馆荣获全区十佳文化馆、武川县西乌兰不浪镇文化站荣获全区十佳文化站、呼和浩特市赛罕区西把栅乡八拜村宝华文化大院和托克托县北半球文化大院荣获全区十佳文化户(大院)、清水河县长城新苑剧团和和林格尔县天良亲情艺术团荣获全区十佳民间剧团称号。

2017 年 11 月 17 日,呼和浩特市首届"青城杯"全民电竞实力赛正式启动。

2017 年 11 月 21 日,呼和浩特市群众艺术馆"三区人才"定向培训班开班。

2017 年 11 月 23 日,"鸿雁悦读"计划启动。

2017 年 11 月 24 日,《中国文化报》以《呼和浩特市:创新公共文化服务体制,"鸿雁悦读"接地气、得民心》为题,对"鸿雁悦读"计划进行报道。

2017 年 11 月 24 日,印发《关于收集 2017 年度呼和浩特市创建国家公共文化服务体系示范区工作档案的通知》。

2017 年 11 月 27 日,玉泉区图书馆被内蒙古自治区图书馆学会授予 2016 至 2017 年度先进集体。

2017 年 11 月 27 日,呼和浩特市文化新闻出版广电局印发《呼和浩特市群众文艺团队星级创建活动实施方案》。

2017 年 11 月 27 至 12 月 1 日,第十四届蒙古族服装服饰节在呼和浩特市举行。

2017 年 12 月,托克托县图书馆新馆建成。

2017 年 12 月,托克托县文化馆新馆建成。

2017 年 12 月 14 日,文化部第三评估组赴呼和浩特市图书馆开展第六次全国副省级以上公共图书馆实地评估工作。

2017 年 12 月 16 日,呼和浩特市非物质文化遗产传习体验基地揭牌仪式在金川开发区举行。

2017 年 12 月 26 日,和林格尔县乌兰牧骑举行挂牌仪式。

2017 年 12 月 28 日,呼和浩特市发展和改革委员会批复同意实施内蒙古革命历史博物馆新馆建设项目。

2018 年

2018 年 1 月 11 日,呼和浩特市群众艺术馆 2018 年公益培训班正式开班。

2018 年 1 月 20 日,市领导调研呼和浩特市文化场馆建设。

2018 年 3 月,土默特左旗图书馆新馆建成。

2018 年 3 月 11 日,内蒙古自治区党委宣传部组织的"鸿雁悦读"计划专家评审会暨"鸿雁悦读"平台开题报告会在北京召开。

2018 年 3 月 18 日,"鸿雁悦读"计划申报文化和旅游 2018 年度国家文化创新工程项目。

2018 年 4 月 20 日,《人民日报》以《青城区"鸿雁" 书香润心田》为题对"鸿雁悦读"计划进行报道。

2018 年 4 月 26 日,《中国文化报》以《"鸿雁悦读"计划,助力"书香呼和浩特"》为题对"鸿雁悦读"计划进行报道。

附录三
公共文化服务体系建设相关法律法规政策

说明:政策法规之后的时间为其成文或者发布时间,如有修订,则为最后一次修订时间。

1. 全国人民代表大会. 中华人民共和国宪法,2018 – 03 – 11.

2. 文化部文化科技司. 文化部办公厅关于开展 2018 年度国家文化创新工程项目申报工作的通知,2018 – 01 – 26.

3. 文化部公共文化司. 文化部、国家发展改革委、财政部、新闻出版广电总局、体育总局、中国科协办公厅关于开展《中华人民共和国公共文化服务保障法》暨公共文化领域中央重点改革任务贯彻落实情况督察工作的通知,2017 – 11 – 20.

4. 全国人民代表大会常务委员会. 中华人民共和国公共图书馆法,2017 – 11 – 04.

5. 全国人民代表大会常务委员会. 中华人民共和国文物保护法,2017 – 11 – 04.

6. 国务院办公厅. 国务院办公厅关于进一步加强文物安全工作的实施意见,2017 – 09 – 09.

7. 中共中央宣传部,文化部,中央机构编制委员会办公室等. 中共中央宣传部、文化部、中央机构编制委员会办公室等关于印发《关于深入推进公共文化机构法人治理结构改革的实施方案》的通知,2017 – 08 – 31.

8. 国务院. 志愿服务条例,2017 – 08 – 22.

9. 文化部公共文化司. 文化部关于印发《"十三五"时期全国公共图书馆事业发展规划》的通知,2017 – 07 – 07.

10. 文化部财务司. "十三五"时期文化扶贫工作实施方案,2017 – 05 – 25.

11. 中共中央办公厅,国务院办公厅. 国家"十三五"时期文化发展改革规划纲要,2017 – 05 – 07.

12. 文化部公共文化司. 文化部关于印发《"十三五"时期繁荣群众文艺发展规划》的通知,2017 – 05 – 04.

13. 中共中央宣传部,文化部,财政部. 中共中央宣传部、文化部、财政部关于印发《关于戏曲进乡村的实施方案》的通知,2017 – 04 – 28.

14. 文化部. 文化部"十三五"时期文化产业发展规划,2017 – 04 – 12.

15. 文化部公共文化司. 文化部"十三五"时期公共数字文化建设规划,2017 – 07 – 07.

16. 文化部,工业和信息化部,财政部. 中国传统工艺振兴计划,2017 – 03 – 12.

17. 国务院. 中华人民共和国文物保护法实施条例,2017 – 03 – 01.

18. 国务院. 广播电视管理条例,2017 – 03 – 01.

19. 国务院. 公共机构节能条例,2017 – 03 – 01.

20. 文化部办公厅. 文化部办公厅关于开展 2017 年中央补助地方公共数字文化建设专项资金(第二批)申报工作的通知,2017 – 02 – 27.

21. 文化部政策法规司. 文化部"十三五"时期文化发展改革规划,2017 – 02 – 23.

22. 国务院. 国务院关于印发"十三五"推进基本公共服务均等化规划的通知,2017 – 01 – 23.

23. 文化部公共文化司. 文化部、新闻出版广电总局、体育总局、发展改革委、财政部关于印发《关于推进县级文化馆图书馆总分馆制建设的指导意见》的通知,2016 – 12 – 29.

24. 全国人民代表大会常务委员会. 中华人民共和国公共文化服务保障法,2016 – 12 – 25.

25. 科技部,文化部,国家文物局. 科技部、文化部、国家文物局关于印发《国家"十三五"文化遗产保护与公共文化服务科技创新规划》的通知,2016 – 12 – 07.

26. 文化部. 世界文化遗产保护管理办法,2016 – 11 – 14.

27. 全国人民代表大会常务委员会. 中华人民共和国电影产业促进法,2016 – 11 – 07.

28. 中共中央宣传部,中央文明办,教育部,民政部,文化部,国家文物局,中国科学技术协会. 中共中央宣传部、中央文明办等 7 部门关于印发《公共文化设施开展学雷锋志愿服务的实施意见》,2016 – 10 – 18.

29. 文化部. 文化部关于印发《文化志愿服务管理办法》的通知,2016 – 07 – 14.

30. 文化部办公厅. 文化部办公厅关于做好第三批政府与社会资本合作示范项目申报筛选工作的补充通知,2016 – 06 – 27.

31. 财政部. 财政部关于下达 2016 年中央补助地方公共文化服务体系建设专项资金预算的通知,2016 – 06 – 15.

32. 文化部办公厅. 文化部办公厅关于公示第四次全国文化馆评估定级结果的公告,2016 – 05 – 11.

33. 国务院办公厅. 国务院办公厅转发文化部等部门关于推动文化文物单位文化创意产品开发若干意见的通知,2016 – 05 – 11.

34. 国务院办公厅. 国务院办公厅关于加快推进广播电视村村通向户户通升级工作的通知,2016 – 04 – 05.

35. 文化部,国务院农民工工作领导小组办公室,全国总工会. 文化部、国务院农民工工作领导小组办公室、全国总工会关于进一步做好为农民工文化服务工作的意见,2016 – 03 – 17.

36. 全国人民代表大会. 中华人民共和国国民经济和社会发展第十三个五年规划纲要,2016 – 03 – 16.

37. 国务院. 国务院关于进一步加强文物工作的指导意见,2016 – 03 – 04.

38. 国务院. 营业性演出管理条例,2016 – 02 – 06.

39. 国务院. 出版管理条例,2016 – 02 – 06.

40. 国务院. 公共场所卫生管理条例,2016 – 02 – 06.

41. 国务院. 娱乐场所管理条例,2016 – 02 – 06.

42. 财政部. 关于印发《中央补助地方公共文化服务体系建设专项资金管理暂行办法》的通知,2015 – 12 – 24.

43. 文化部,国家发展改革委,国家民委等. "十三五"时期贫困地区公共文化服务体系建设规划纲要,2015 – 11.

44. 中共中央. 中共中央关于制定国民经济和社会发展第十三个五年规划的建议,2015 – 10 – 29.

45. 国务院办公厅. 国务院办公厅关于推进基层综合性文化服务中心建设的指导意见,2015 – 10 – 02.

46. 国务院办公厅. 国务院办公厅印发关于支持戏曲传承发展若干政策的通知,2015 – 07 – 11.

47. 国务院办公厅. 国务院办公厅转发文化部等部门关于做好政府向社会力量购买公共文化服务工作意见的通知,2015 – 05 – 05.

48. 中国科学技术协会,中共中央宣传部,财政部. 关于全国科技馆免费开放的通知,2015 –

03 – 04.

49. 国务院. 博物馆条例,2015 – 02 – 09.

50. 文化部. 文化部关于贯彻落实《关于加快构建现代公共文化服务体系的意见》的通知,2015 – 02.

51. 中共中央办公厅,国务院办公厅. 中共中央办公厅、国务院办公厅印发《关于加快构建现代公共文化服务体系的意见》,2015 – 01 – 14.

52. 文化部. 文化部关于印发《全国重点美术馆评估办法》(修订稿)等文件的通知,2014 – 09 – 15.

53. 国务院. 国务院关于进一步做好为农民工服务工作的意见,2014 – 09 – 12.

54. 文化部. 国家艺术基金章程(试行),2014 – 04 – 30.

55. 国务院办公厅. 国务院办公厅关于印发文化体制改革中经营性文化事业单位转制为企业和进一步支持文化企业发展两个规定的通知,2014 – 04 – 02.

56. 文化部,中国人民银行,财政部. 文化部、中国人民银行、财政部关于深入推进文化金融合作的意见,2014 – 03 – 17.

57. 中共中央. 中共中央关于全面深化改革若干重大问题的决定,2013 – 11 – 12.

58. 国务院办公厅. 国务院办公厅关于政府向社会力量购买服务的指导意见,2013 – 09 – 26.

59. 财政部,文化部. 财政部、文化部关于印发《中央补助地方美术馆、公共图书馆、文化馆(站)免费开放专项资金管理暂行办法》的通知,2013 – 06 – 07.

60. 财政部. 关于印发《中央补助地方博物馆纪念馆免费开放专项资金管理暂行办法》的通知,2013 – 06 – 03.

61. 文化部办公厅. 文化部办公厅关于开展第一次全国乡镇综合文化站评估定级工作的通知,2013 – 04 – 01.

62. 文化部. 娱乐场所管理办法,2013 – 02 – 04.

63. 国务院. 中华人民共和国著作权法实施条例,2013 – 01 – 30.

64. 文化部公共文化司. 文化部关于印发《全国公共图书馆事业发展"十二五"规划》的通知,2013 – 01 – 30.

65. 文化部公共文化司. 文化部关于印发《文化部"十二五"时期公共文化服务体系建设实施纲要》的通知,2013 – 01 – 14.

66. 文化部. 文化统计管理办法,2012 – 07 – 11.

67. 国务院. 国务院关于印发国家基本公共服务体系"十二五"规划的通知,2012 – 07 – 11.

68. 文化部. 文化部关于鼓励和引导民间资本进入文化领域的实施意见,2012 – 06 – 28.

69. 国务院. 国务院关于大力推进信息化发展和切实保障信息安全的若干意见,2012 – 06 – 28.

70. 文化部. 文化部"十二五"时期文化改革发展规划,2012 – 05 – 10.

71. 财政部,文化部. 关于印发《国家非物质文化遗产保护专项资金管理办法》的通知,2012 – 05 – 04.

72. 中共中央办公厅,国务院办公厅. 国家"十二五"时期文化改革发展规划纲要,2012 – 02 – 15.

73. 文化部. 文化部关于加强非物质文化遗产生产性保护的指导意见,2012 – 02 – 02.

74. 文化部,财政部. 文化部、财政部关于进一步加强公共数字文化建设的指导意见,2011 – 11 – 15.

75. 中共中央. 中共中央关于深化文化体制改革　推动社会主义文化大发展大繁荣若干重大问题的决定,2011 – 10 – 18.

76. 文化部. 互联网文化管理暂行规定,2011 – 03 – 18.

77. 全国人民代表大会. 中华人民共和国国民经济和社会发展第十二个五年规划纲要,2011 – 03 – 14.

78. 卫生部. 公共场所卫生管理条例实施细则,2011 – 03 – 10.

79. 财政部. 关于加强美术馆、公共图书馆、文化馆(站)免费开放经费保障工作的通知,2011 – 03 – 07.

80. 全国人民代表大会常务委员会. 中华人民共和国非物质文化遗产法,2011 – 02 – 25.

81. 文化部,财政部. 文化部　财政部关于推进全国美术馆、公共图书馆、文化馆(站)免费开放工作的意见,2011 – 01 – 26.

82. 国务院. 互联网信息服务管理办法,2011 – 01 – 08.

83. 国务院. 广播电台电视台播放录音制品支付报酬暂行办法,2011 – 01 – 08.

84. 文化部,财政部. 关于开展国家公共文化服务体系示范区(项目)创建工作的通知,2010 – 12 – 31.

85. 全国人民代表大会常务委员会. 中华人民共和国著作权法,2010 – 02 – 26.

86. 国务院办公厅. 国务院办公厅关于促进电影产业繁荣发展的指导意见,2010 – 01 – 21.

87. 文化部社会文化司. 文化部办公厅关于贯彻实施《乡镇综合文化站管理办法》有关事项的通知,2009 – 10 – 16.

88. 文化部. 乡镇综合文化站管理办法,2009 – 09 – 15.

89. 国务院. 国务院关于进一步繁荣发展少数民族文化事业的若干意见,2009 – 07 – 05.

90. 文化部. 文化部关于扶持我国动漫产业发展的若干意见,2008 – 08 – 13.

91. 财政部. 财政部关于印发《中央补助地方文化体育与传媒事业发展专项资金管理暂行办法》的通知,2008 – 07 – 25.

92. 文化部. 国家级非物质文化遗产项目代表性传承人认定与管理暂行办法,2008 – 05 – 14.

93. 国务院. 历史文化名城名镇名村保护条例,2008 – 04 – 22.

94. 中共中央宣传部,财政部,文化部,国家文物局. 关于全国博物馆、纪念馆免费开放的通知,2008 – 01 – 23.

95. 中共中央办公厅,国务院办公厅. 中共中央办公厅、国务院办公厅关于加强公共文化服务体系建设的若干意见,2007 – 08 – 21.

96. 文化部文化科技司. 文化标准化中长期发展规划(2007—2020),2007 – 08 – 06.

97. 国务院办公厅. 国务院办公厅转发广电总局等部门关于做好农村电影工作意见的通知,2007 – 05 – 22.

98. 文化部. 文化部、财政部关于进一步推进全国文化信息资源共享工程的实施意见,2007 – 04 – 18.

99. 国务院办公厅. 国务院办公厅关于进一步加强古籍保护工作的意见,2007 – 01 – 19.

100. 中共中央. 中共中央关于构建社会主义和谐社会若干重大问题的决定,2006 – 10 – 11.

101. 国务院办公厅. 国务院办公厅关于进一步做好新时期广播电视村村通工作的通知,2006 – 09 – 20.

102. 中共中央办公厅、国务院办公厅. 国家"十一五"时期文化发展规划纲要,2006 – 09 – 13.

103. 国务院办公厅. 国务院办公厅转发财政部中宣部关于进一步支持文化事业发展若干经济政策的通知,2006 – 06 – 09.

104. 国务院办公厅. 国务院办公厅转发财政部等部门关于推动我国动漫产业发展若干意见的通知,2006 – 04 – 25.

105. 全国人民代表大会. 中华人民共和国国民经济和社会发展第十一个五年规划纲要,2006 – 03 – 14.

106. 中共中央,国务院. 中共中央、国务院关于深化文化体制改革的若干意见,2006 – 01 – 12.

107. 文化部. 国家级非物质文化遗产保护与管理暂行办法,2006 – 11 – 02.

108. 中共中央、国务院. 中共中央、国务院关于推进社会主义新农村建设的若干意见,2005 – 12 – 31.

109. 文化部. 博物馆管理办法,2005 – 12 – 22.

110. 国务院. 国务院关于加强文化遗产保护的通知,2005 – 12 – 22.

111. 中共中央办公厅,国务院办公厅. 中共中央办公厅、国务院办公厅关于进一步加强农村文化建设的意见,2005 – 11 – 07.

112. 中共中央. 中共中央关于制定国民经济和社会发展第十一个五年规划的建议,2005 – 10 – 11.

113. 文化部,国家计委,财政部. 文化部、国家计委、财政部关于进一步加强基层文化建设的指导意见,2005 – 07 – 08.

114. 国务院办公厅. 国务院办公厅关于加强我国非物质文化遗产保护工作的意见,2005 – 03 – 26.

115. 国务院办公厅. 国务院办公厅转发广电总局等部门关于巩固和推进村村通广播电视工作意见的通知,2004 – 07 – 21.

116. 国务院办公厅. 国务院办公厅转发文化部、建设部、文物局等部门关于加强我国世界文化遗产保护管理工作意见的通知,2004 – 02 – 15.

117. 国务院办公厅. 国务院办公厅关于印发文化体制改革试点中支持文化产业发展和经营性文化事业单位转制为企业的两个规定的通知,2003 – 12 – 31.

118. 文化部. 文物保护工程管理办法,2003 – 04 – 01.

119. 国务院. 公共文化体育设施条例,2003 – 06 – 26.

120. 财政部,文化部. 全国文化设施维修专项补助经费和全国万里边疆文化长廊专项补助经费管理办法,1999 – 11 – 11.

121. 文化部. 全国文化先进县、全国文化工作先进集体和全国文化系统先进工作者、劳动模范荣誉称号授予办法,1999 – 04 – 22.

参考文献

一、专著

1. 白赛宇.概念文化馆发展趋势之我见[M].长春:吉林人民出版社,2015.

2. 卜冬菊等.云时代的图书馆新理论与新技术[M].长春:吉林人民出版社,2016.

3. 陈波.公共文化服务体系建设[M].武汉:湖北人民出版社,2012.

4. 陈波.我国农村公共文化服务体系的财政保障机制研究[M].北京:中国社会科学出版社,2014.

5. 陈冀宏.区域图书馆系统一体化建设研究:以长株潭为例[M].沈阳:万卷出版公司,2017.

6. 陈立旭.创新公共文化发展模式:浙江的探索[M].北京:中国社会科学出版社,2014.

7. 陈嵘."苏州之路"诠释公共文化服务的现代化道路:苏州市创建国家公共文化服务体系示范区的探索和实践[M].苏州:苏州大学出版社,2016.

8. 陈世海,戴珩.网格化公共文化服务[M].南京:凤凰出版社,2012.

9. 陈威.公共文化服务体系研究[M].深圳:深圳报业集团出版社,2006.

10. 陈瑶.公共文化服务:制度与模式[M].杭州:浙江大学出版社,2012.

11. 陈瑛.农村公共文化信息服务研究[M].北京:国家图书馆出版社,2013.

12. 成都市龙泉驿区文体广新和旅游局.成都市"小康社会的现代公共文化服务体系建设"高峰会议论文集[C].成都:西南交通大学出版社,2017.

13. 重庆市渝中区创建国家公共文化服务体系示范区制度设计课题组.西部都市型公共文化服务探索与实践[M].重庆:重庆出版社,2013.

14. 褚树青.公共图书馆绩效与价值评价研究[M].北京:国家图书馆出版社,2016.

15. 戴珩.创新与跨越:公共文化服务体系前沿报告[M].南京:南京师范大学出版社,2014.

16. 戴珩.公共文化服务体系200问[M].南京:南京师范大学出版社,2013.

17. 戴珩,黄晓丽.长安实践与思考——新型城镇化进程中现代公共文化服务体系建设[M].广州:南方日报出版社,2015.

18. 戴珩,林红.现代型文化馆构想与实践[M].南京:南京师范大学出版社,2014.

19. 戴言.制度建设与浙江公共文化服务[M].杭州:浙江大学出版社,2013.

20. 东莞图书馆.图书馆规范管理工作手册[M].北京:国家图书馆出版社,2016.

21. 范并思.公共图书馆未成年人服务[M].北京:北京师范大学出版社,2012.

22. 房洁主,慈溪市文化馆.亮点·热点·焦点——现代公共文化服务体系建设思考[M].北京:中国文史出版社,2014.

23. 冯国权.国家公共文化服务体系示范区(项目)创建与公共图书馆发展研究[M].成都:西南交通大学出版社,2014.

24. 冯佳.公共文化服务制度建设研究[M].北京:国家图书馆出版社,2015.

25. 傅才武.中国公共文化政策研究实验基地观察报告(2016—2017)[M].北京:社会科学文献出版社,2017.

26. 傅才武,陈庚.中国公共文化政策研究实验基地观察报告(2017—2018)[M].北京:社会科学文献出版社,2017.

27. 高福安.公共文化服务体系建设创新研究[M].北京:中国传媒大学出版社,2018.

28. 高宏存.公共文化设施运行机制研究[M].北京:社会科学文献出版社,2016.

29. 高建辉,李全华.矗立在彩云之南的文化殿堂:云南小城镇公共图书馆服务定位与建设策略研究

[M].西安：西安出版社，2017.

30. 龚蛟腾.城镇化进程中基层公共图书馆建设研究[M].北京：知识产权出版社，2016.

31. 龚娅君.数字图书馆新媒体服务研究[M].北京：国家图书馆出版社，2016.

32. 关桂霞.青海藏族聚居区公共文化产品和服务供给研究[M].北京：中国社会科学出版社，2017.

33. 广州市图书馆学会等.图书馆合作创新与发展——2016年卷[M].广州：暨南大学出版社，2016.

34. 广州市文化广电新闻出版局.广州市"图书馆之城"建设规划研究与探索[M].广州：广州出版社，2016.

35. 郭佳.文化馆的职能探索[M].银川：阳光出版社，2014.

36. 郭向东，甘肃省图书馆学会.甘肃图书馆公共文化服务体系建设研究[M].兰州：甘肃民族出版社，2015.

37. 郭向东，甘肃省图书馆学会.甘肃图书馆阅读推广与服务创新[M].兰州：甘肃民族出版社，2016.

38. 韩永进.中国图书馆事业发展报告·农村图书馆卷[M].北京：国家图书馆出版社，2016.

39. 韩永进.中国图书馆事业发展报告·数字图书馆卷[M].北京：国家图书馆出版社，2017.

40. 杭州图书馆，济南图书馆.创新与发展：第28届全国十五城市公共图书馆工作研讨会论文集[M].杭州：杭州出版社，2016.

41. 洪伟达，王政.图书馆保障弱势群体公共信息获取权益的对策研究[M].北京：知识产权出版社有限责任公司，2016.

42. 胡群，韩勇.文化馆建设纵横谈[M].呼和浩特：内蒙古人民出版社，2014.

43. 胡唐明.我国公共数字文化服务体系及其治理研究[M].南京：河海大学出版社，2017.

44. 黄峻.春风化雨　文化惠民——云南省公共文化服务体系建设的实践与探索[M].昆明：云南大学出版社，2014.

45. 黄凯锋.上海公共文化设施建设——历史进程与空间布局[M].上海：学林出版社，2017.

46. 黄凯锋.现代公共文化服务体系建设：上海的实践与思考[M].上海：学林出版社，2017.

47. 黄有柱.公共文化服务体系建设中的公共艺术发展问题研究[M].武汉：武汉大学出版社，2016.

48. 霍瑞娟，刘锦山.基层图书馆建设与服务创新[M].北京：国家图书馆出版社，2016.

49. 纪丽萍.苏南农村公共文化建设[M].南京：南京师范大学出版社，2015.

50. 嘉兴市文化广电新闻出版局.嘉兴市公共文化服务创新案例[M].北京：中国社会科学出版社，2016.

51. 江苏省博物馆学会.发挥博物馆在公共文化服务体系中的重要作用[M].北京：文物出版社，2016.

52. 金武钢，李国新.公共文化政策法规解读[M].北京：北京师范大学出版社，2014.

53. 金莹.基层政府购买公共文化服务的理论与实践[M].武汉：武汉大学出版社，2017.

54. 柯平等.公共图书馆的文化功能[M].上海：上海交通大学出版社，2010.

55. 李长友，吴文平.基于文化扶贫视角下的农村公共文化产品供给机制研究[M].北京：中国经济出版社，2016.

56. 李国新，曹俊.数字文化馆[M].北京：国家图书馆出版社，2016.

57. 李国新，冯守仁，鹿勤.公共图书馆规划与建设标准解析[M].北京：国家图书馆出版社，2009.

58. 李建盛，陈玲玲.北京公共文化服务体系与惠民工程建设[M].北京：知识产权出版社，2013.

59. 李金珊，袁波，徐越.繁花似锦，中看又中用？——公共文化专项资金政策绩效研究[M].北京：中国财政经济出版社，2014.

60. 李娟，傅利平.公共文化服务水平综合评价研究[M].北京：经济科学出版社，2017.

61. 李连璞.国家公共文化示范区乡村文化阵地效能建设研究[M].北京：科学出版社，2017.

62. 廖远丽.现代图书馆建设研究[M].北京：光明日报出版社，2016.

63. 林艺，李佳.公共文化服务体系建设[M].昆明：云南人民出版社，2015.

64. 刘辉. 文化治理:公共文化服务的中国故事研究[M]. 北京:高等教育出版社,2017.

65. 刘京晶. 互联网时代:公共文化服务的治理变革[M]. 北京:知识产权出版社,2016.

66. 刘淑华,刘锦山. 沉思与对话:城市图书馆运营创新[M]. 北京:国家图书馆出版社,2014.

67. 刘小琴,吴建中. 数字图书馆发展趋势研究报告[M]. 上海:上海科学技术文献出版社,2016.

68. 刘新成. 中国公共文化服务发展报告(2014—2015)[M]. 北京:社会科学文献出版社,2015.

69. 刘秀峰. 农村文化礼堂:从公共空间到社区营造[M]. 杭州:浙江工商大学出版社,2016.

70. 刘悦笛. 公共文化服务的"嘉兴模式"[M]. 北京:社会科学文献出版社,2012.

71. 柳斌杰,雒树刚,袁曙宏. 中华人民共和国公共文化服务保障法解读[M]. 北京:中国法制出版社,2017.

72. 陆晓曦. "公共文化服务保障法"立法支撑研究[M]. 北京:国家图书馆出版社,2016.

73. 陆自荣,徐金燕. 农民工社区融合与城市公共文化服务体系研究[M]. 北京:人民出版社,2017.

74. 罗群,陈一平. 抱一分殊:杭州公共文化的协奏[M]. 杭州:浙江大学出版社,2015.

75. 罗云川. 公共文化服务的网络治理研究[M]. 北京:社会科学文献出版社,2017.

76. 马立萍. 文化馆的基层文化建设[M]. 银川:阳光出版社,2015.

77. 毛雅君. 国家图书馆业务规范[M]. 北京:国家图书馆出版社,2017.

78. 穆平潮,陕西省艺术馆. 文化馆长谈文化[M]. 西安:陕西旅游出版社,2014.

79. 彭泽明. 中国文化馆(站)发展之路[M]. 重庆:重庆出版社,2012.

80. 彭泽明. 重庆公共文化服务体系发展与展望[M]. 北京:现代教育出版社,2011.

81. 祁述裕. 文化建设专题研究集[M]. 北京:清华大学出版社,2016.

82. 祁述裕. 政府文化管理概论[M]. 北京:国家行政学院出版社,2014.

83. 钱新峰. 临安市基层公共图书馆服务体系创新研究[M]. 天津:天津大学出版社,2016.

84. 青岛公共文化课题组. 公共文化服务的实践探索与创新[M]. 青岛:山东大学出版社,2016.

85. 邱冠华,于良芝,许晓霞. 覆盖全社会的公共图书馆服务体系[M]. 北京:北京图书馆出版社,2008.

86. 全国中小型公共图书馆联合会. 新蓝图·新发展——现代公共文化服务体系下的中小型公共图书馆[M]. 北京:朝华出版社,2015.

87. 荣跃明. 上海公共文化服务发展报告2017:基层公共文化服务治理[M]. 上海:上海人民出版社,上海书店出版社,2017.

88. 阮可. 县域公共文化服务制度设计与理论探索[M]. 杭州:浙江工商大学出版社,2016.

89. 阮可,郭怡. 公共文化服务协调机制研究:以浙江拱墅"三联模式"为样本[M]. 杭州:浙江大学出版社,2015.

90. 上海图书馆. 图书馆:社会发展的助推器:第八届上海国际图书馆论坛论文集[M]. 上海:上海科学技术文献出版社,2016.

91. 深圳市博远空间文化发展有限公司. 公共文化建筑[M]. 天津:天津大学出版社,2013.

92. 孙浩. 农村公共文化服务有效供给研究[M]. 北京:中国社会科学出版社,2012.

93. 孙婧,谢艳春. 陕西公共文化服务体系现状与发展研究[M]. 西安:陕西人民出版社,2014.

94. 孙婷等. 现代图书馆服务体系建设探索[M]. 长春:吉林大学出版社,2017.

95. 孙逊. 2014年中国公共文化服务发展报告[M]. 北京:商务印书馆,2017.

96. 索晓霞等. 贵州省公共文化服务体系建设研究[M]. 北京:中国言实出版社,2012.

97. 唐健春. 公共文化背景下文化馆的实践与探索[M]. 北京:光明日报出版社,2015.

98. 唐铭杰,江晔. 互联网+:图书馆的传承与变革[M]. 上海:上海辞书出版社,2016.

99. 王列生. 国家公共文化服务体系论[M]. 北京:文化艺术出版社,2009.

100. 王琳琳. 公共文化政策理论与实践[M]. 北京:中国广播影视出版社,2017.

101. 王玲. 公共文化空间与城市博物馆旅游发展:以上海为例[M]. 杭州:浙江大学出版社,2014.

102. 王全吉.文化馆（站）服务与管理[M].北京：北京师范大学出版社,2013.

103. 王世伟.城市图书馆公共文化服务体系论丛[M].上海：上海社会科学院出版社,2008.

104. 王筱雯.走进图书馆：辽宁公共图书馆概览[M].北京：国家图书馆出版社,2016.

105. 王亚南.中国公共文化投入增长测评报告[M].北京：社会科学文献出版社,2016.

106. 韦鸿宁.贵阳市公共文化服务体系建设论文集[M].贵阳：贵州大学出版社,2015.

107. 魏后凯等.基层公共文化设施建设和管理研究[M].北京：中国社会科学出版社,2017.

108. 文化部公共文化司.2013—2014 年度国家公共文化服务体系制度设计课题研究成果选编[M].北京：光明日报出版社,2015.

109. 文化部公共文化司.2013 中国公共文化发展报告[M].北京：北京师范大学出版社,2013.

110. 巫志南.社区公共文化服务[M].北京：北京师范大学出版社,2012.

111. 吴建中.21 世纪图书馆新论[M].上海：上海科学技术文献出版社,2017.

112. 吴理财等.文化治理视域中的公共文化服务体系建设[M].北京：高等教育出版社,2016.

113. 吴理财等.中国城乡基层公共文化服务调查[M].北京：高等教育出版社,2016.

114. 吴理财等.中国公共文化服务体系建设的实践探索[M].北京：高等教育出版社,2017.

115. 向德平等.佛山文化中枢建设的实践与探索[M].武汉：华中科技大学出版社,2017.

116. 新疆维吾尔自治区图书馆,新疆维吾尔自治区图书馆协会.图书馆建设与服务创新[M].乌鲁木齐：新疆文化出版社,2017.

117. 徐常宁,刘锦山.城市图书馆发展模式研究：以铜陵市图书馆为例[M].北京：国家图书馆出版社,2016.

118. 徐华洋.图书馆绩效评估[M].北京：中国建材工业出版社,2016.

119. 徐玲.传播学视角下的现代公共文化服务体系构建[M].北京：国际文化出版公司,2015.

120. 颜玉凡.大都市社区协同治理视域下的公共文化服务[M].北京：中国社会科学出版社,2017.

121. 杨乘虎等.中国电视公共文化服务发展创新研究[M].北京：中国传媒大学出版社,2014.

122. 杨晓东,尹学梅.当代我国公共文化服务体系建设论纲[M].天津：天津社会科学院出版社,2014.

123. 杨扬.2013 公共文化服务体系发展研究[M].郑州：河南人民出版社,2013.

124. 于群,李国新.中国公共文化服务发展报告（2012）[M].北京：社会科学文献出版社,2012.

125. 于瑛.现代图书馆管理体系研究[M].哈尔滨：东北林业大学出版社,2016.

126. 张春武,董香玲.文化馆（站）发展探究[M].银川：阳光出版社,2013.

127. 张浩如.图书馆营销研究[M].北京：国家图书馆出版社,2017.

128. 张涛.移动互联网时代图书馆服务研究[M].长春：吉林科学技术出版社,2017.

129. 张伟,刘锦山.公共图书馆转型与内涵发展[M].北京：国家图书馆出版社,2017.

130. 张卫中.公共文化服务效能研究[M].北京：中国文联出版社,2014.

131. 张卫中.浙江省公共文化服务发展蓝皮书[M].杭州：浙江大学出版社,2012.

132. 张妍.文化体制改革视域下现代公共文化服务体系建设研究[M].沈阳：东北大学出版社,2015.

133. 张永新,李宏.文化馆的实践与创新[M].北京：中国文联出版社,2014.

134. 章忠平.公共图书馆服务均等化理论与实践[M].南昌：江西教育出版社,2016.

135. 赵尔奎等.陕西省现代公共文化服务体系构建研究[M].西安：西安交通大学出版社,2017.

136. 赵丽娜.黑龙江城市居民文化生活及其公共服务体系完善对策研究[M].哈尔滨：哈尔滨工业大学出版社,2017.

137. 浙江省博物馆学会,湖州市博物馆.浙江省"公共文化服务体系视野下的博物馆"学术研讨会论文集[C].合肥：安徽美术出版社,2016.

138. 甄杰.公共文化服务体制外人才队伍建设：以上海为例[M].北京：社会科学文献出版社,2017.

139. 郑楚森.转型时期公共文化服务创新研究[M].杭州：浙江大学出版社,2017.

140. 郑君平.基层图书馆特色建设与创新服务［M］.北京：国家图书馆出版社,2016.

141. 中共重庆市委宣传部.重庆市公共文化服务体系概览［M］.重庆：重庆出版社,2012.

142. 中国博物馆协会城市博物馆专业委员会,上海市历史博物馆.城市文化的共享：中国博物馆协会城市博物馆专业委员会论文集［M］.上海：上海交通大学出版社,2012.

143. 中国图书馆学会.中国图书馆学会年会论文集(2016 年卷)［M］.北京：国家图书馆出版社,2016.

144. 中国图书馆学会,国家图书馆.中国图书馆年鉴 2016［M］.北京：国家图书馆出版社,2017.

145. 周航,王全吉.浙江 100 个文化馆创新报告［M］.杭州：杭州出版社,2011.

146. 周和平.周和平文集—中卷—公共文化服务体系［M］.广州：中山大学出版社,2016.

147. 周清云,周群林,王海燕.海南省农村公共文化服务体系建设调查研究［M］.长春：东北师范大学出版社,2014.

148. 周文杰.公共图书馆体系化服务六论［M］.北京：中国社会科学出版社,2017.

149. 周晓丽.民族地区公共文化建设研究［M］.北京：中央民族大学出版社,2014.

150. 朱明.图书馆管理制度与制度化管理［M］.北京：中国社会科学出版社,2017.

二、文章

1. 毕绪龙.公共文化领域供给侧结构性改革的三个基础［EB/OL］.［2018－03－12］.http://www. ce. cn/culture/gd/201707/03/t20170703_23994910. shtml.

2. 曹娟.公共图书馆讲座衍生品发展的回顾、现状与前瞻［J］.图书馆学研究,2017(11):83－87.

3. 曹磊.建设"三昧书咖"城市阅读联盟推动江阴全民阅读社会化发展［DB/OL］.［2018－02－25］. http://www. chinalibs. net/ArticleInfo. aspx?id=379357.

4. 柴晨,郭璐,杨小薇.论国内图书馆生态建设与发展［J］.河南图书馆学刊,2016,36(3):125－127.

5. 陈波,耿达.城镇化加速期我国农村文化建设:空心化、格式化与动力机制——来自 27 省(市、区)147 个行政村的调查［J］.中国软科学,2014(7):77－91.

6. 陈波,胡小红.我国区域公共文化服务体系的实践模式及发展趋势［J］.江汉学术,2010,29(3): 69－72.

7. 陈力,魏永刚.草原处处闪烁文化之光——内蒙古自治区鄂尔多斯市公共文化服务建设调查(图) ［DB/OL］.［2018－02－06］.http://www. chinalibs. net/ArticleInfo. aspx?id=431177.

8. 陈世海.文化馆总分馆服务的张家港样板［N］.中国文化报,2015－04－27(8).

9. 陈亚亚.论政府公共文化服务绩效评估模式的改革——基于上海市公共文化服务体系绩效评估的实践经验［J］.上海文化,2013(2):79－84.

10. 陈云飞.着力构建文化馆图书馆总分馆制的"嘉兴模式"——嘉兴市推进文化馆、图书馆总分馆制建设情况介绍［DB/OL］.［2018－02－21］.http://www. chinalibs. net/ArticleInfo. aspx?id=430399.

11. 程远.公共图书馆优化跨界合作的展览服务思考［J］.图书馆建设,2015(12):79－82.

12. 迟树功,宁福海.文化与科技融合发展趋势［EB/OL］.［2018－02－02］.http://theory. people. com. cn/n/2014/0217/c40531-24379395. html.

13. 崔丽,肖厚忠.公共图书馆法人治理探索——以浦东图书馆为例［J］.图书情报工作,2016,60(12): 81－86.

14. 邓捷.浦东培育文化多元供给主体研究［J］.科学发展,2014(3):55－61.

15. 范玉刚.文化消费对健全文化产业发展体系的促进作用［J］.艺术百家,2016(3):13－20.

16. 冯源.浙江:公共文化建设着力"补短板"［EB/OL］.［2018－03－22］.http://www. xinhuanet. com/local/2017-02/13/c_1120455095. htm.

17. 傅铭.厘清文化事业与公共文化服务体系及文化产业的关系［EB/OL］.［2018－03－29］.http:// www. rmlt. com. cn/2017/0804/488078. shtml.

18. 高恩泽,毛雅君,李健.携手共建信息无障碍平台共同推进图书馆文化助残——中国盲人数字图书馆服务情况及展望[J].新世纪图书馆,2016(6):57-60.

19. 耿俪泇,刘靖.嘉兴打造公共文化"互联网+"特色品牌[N].嘉兴日报,2015-06-23(11).

20. 顾金孚,王显成,刘靖.嘉兴市文化馆总分馆服务体系研究[J].上海文化,2014(8):46-51.

21. 郭曲红.公共文化服务的均等化研究[C]//江西省图书馆学会年会论文集,2014:148-152.

22. 国家图书馆.国家图书馆年鉴2016[EB/OL].[2018-02-06].http://www.nlc.cn/dsb_footer/gygt/ndbg/nj2016/201712/P020171220526117842803.pdf.

23. 何应尧.总分馆体系下的东莞市图书馆展览资源区域共享建设研究[J].图书馆理论与实践,2016(8):65-67.

24. 贺伟.政府购买图书馆公共服务的新尝试——以无锡新区图书馆为例[J].图书馆杂志,2014,33(2):37-40.

25. 胡惠林.公共文化服务要顺民意接地气[J].人民论坛,2017(3):124-125.

26. 黄丽娟.政府购买公共文化服务探析——以江苏省南通市为例[J].行政论坛,2014(4):43-47.

27. 黄雪丽.我国农村公共文化服务"悬浮化"的阐释——基于历史制度主义的分析视角[DB/OL].[2018-03-19].http://www.chinalibs.net/ArticleInfo.aspx?id=432756.

28. 霍瑞娟.公共图书馆法人治理结构现状调研及思考[J].中国图书馆学报,2016,42(4):117-127.

29. 嵇亚林,李娟莉.公民文化权利与公共文化服务——对构建江苏公共文化服务体系的分析与思考[J].艺术百家,2006(7):121-125.

30. 伋晓光.试论如何发挥自贸区在浦东公共文化服务体系建设中的作用[J].上海文化,2014(8):79-83.

31. 纪东东,文立杰.公共文化服务供给侧结构性改革研究[J].江汉论坛,2017(11):24-29.

32. 江存彬.贴近文化民生 创新服务模式——大渡口区推进文化馆、图书馆总分馆制建设情况介绍[J].图书馆杂志,2017(3):17-19.

33. 姜浩天.现代公共图书馆建筑设计理念管窥——以辽宁省图书馆新馆为例[J].图书馆学刊,2014(12):7-9.

34. 蒋永福.文化权利、公共文化服务体系与公共图书馆事业[J].国家图书馆学刊,2007(4):16-20.

35. 金慧,余启军.湖北省公共文化服务标准化均等化问题研究[J].湖北社会科学,2017(2):63-69.

36. 金武刚,李国新.中国公共图书馆总分馆制建设:起源、现状与未来趋势[DB/OL].[2018-02-20].http://www.chinalibs.net/ArticleInfo.aspx?id=352445.

37. 柯平,朱明,何颖芳.构建我国基本公共文化服务体系研究[J].国家图书馆学刊,2015(2):24-29.

38. 柯平.《中华人民共和国公共图书馆法》全面保障我国公共图书馆体系化建设[J].图书馆建设,2018(1):19-23.

39. 蒯大申.现代公共文化服务体系的内涵与基本特征[N].文汇报,2014-02-24(10).

40. 赖柯.公共图书馆新馆建设理念与实践——以四川省图书馆新馆为例[J].四川图书馆学报,2017(2):24-28.

41. 兰晶.公共图书馆服务农民工的实践——浅析"重庆市公共图书馆文化共享农民工服务联盟[J].四川职业技术学院学报,2014,24(2):17-18.

42. 乐懿婷.上海图书馆"创·新空间"实践探索[DB/OL].[2018-03-06].http://www.chinalibs.net/ArticleInfo.aspx?id=427257.

43. 黎梅,奉晓红.高校图书馆参与地方公共文化服务体系构建研究[J].图书馆,2014(5):107-109.

44. 李国新.公共文化服务保障法的制度构建与实现路径[J].图书情报工作,2017,61(16):8-14.

45. 李国新.建立协调机制是重中之重[N].中国文化报,2014-07-30(3).

46. 李国新.我国公共文化机构的法人治理结构试点[J].图书馆建设,2015,248(2):4-7.

47. 李国新. 现代公共文化服务体系的内涵与标志[N]. 经济日报,2013 – 11 – 28(15).

48. 李国新. 现代公共文化服务体系建设的主攻方向:标准化、均等化[J]. 公共图书馆,2014(4):2.

49. 李国新. 现代公共文化服务体系建设与公共图书馆发展——《关于加快构建现代公共文化服务体系的意见》解析[DB/OL]. [2018 – 02 – 25]. http://www. chinalibs. net/ArticleInfo. aspx?id = 376442.

50. 李国新.《中华人民共和国公共图书馆法》的历史贡献[DB/OL]. [2018 – 03 – 19]. http://www. chinalibs. net/ArticleInfo. aspx?id = 433875.

51. 李景文. "十三五"时期农家书屋可持续发展探究——基于农村阅读的视角[DB/OL]. [2018 – 03 – 21]. http://www. chinalibs. net/ArticleInfo. aspx?id = 432943.

52. 李少惠,王苗. 农村公共文化服务供给社会化的模式构建[J]. 国家行政学院学报,2010(2):44 – 48.

53. 李旺珍,吴理财. 试析现代公共文化服务体系的内涵与特征[J]. 理论月刊,2016(5):144 – 147.

54. 李晓林. 解读《关于加快构建现代公共文化服务体系的意见》[DB/OL]. [2018 – 02 – 01]. http://www. chinalibs. net/ArticleInfo. aspx?id = 430879.

55. 李云喜. 潼南:完善管理促进政府购买公共文化演出服务提质增效[EB/OL]. [2018 – 02 – 25]. http://cq. cqnews. net/cqqx/html/2016-08/08/content_37990795. htm.

56. 廖小梅. 新馆建设浪潮中的图书馆物理空间观念变革[J]. 图书馆,2010(6):90 – 91.

57. 林红宣. 少儿图书资源全域共享服务体系构建研究——以大连地区为例[J]. 图书馆学刊,2017(11):94 – 98.

58. 林金华. "1 + 1 + N":社会力量参与公共文化服务的制度范本[N]. 中国文化报,2016 – 01 – 07(9).

59. 林理. 张家港全力构建基层公共文化服务网格化模式[N]. 中国文化报,2012 – 10 – 08(7).

60. 刘芳. "互联网 + 公共图书馆":服务创新与转型发展[J]. 图书馆杂志,2016,35(8):42 – 48.

61. 刘锦山,李国新. "十三五"时期现代公共文化服务体系建设的重点任务(图)[DB/OL]. [2018 – 03 – 19]. http://www. chinalibs. net/ArticleInfo. aspx?id = 404174.

62. 鲁直. 图书馆对文化馆职能领域的"侵蚀"[EB/OL]. [2018 – 02 – 05]. http://www. jslib. org. cn/pub/njlib/njlib_zzjg/njlib_tsgzc/njlib_tsgzcml/201207/t20120709_113003. htm.

63. 雒树刚. 加快构建现代公共文化服务体系[EB/OL]. [2018 – 02 – 21]. http://theory. people. com. cn/n/2015/0708/c40531-27269888. html.

64. 苗美娟,刘兹恒. 近五年我国公共文化服务研究综述[J]. 图书馆论坛,2016(2):35 – 42.

65. 彭利芳. 县级图书馆总分馆建设探析——以宁乡县图书馆为例[C]//全国中小型公共图书馆联合会. 2017 年全国中小型公共图书馆联合会研讨会论文集,2017:98 – 101.

66. 齐勇锋,李平凡. 完善公共文化服务体系 提高国家文化软实力[J]. 中国特色社会主义研究,2012(1):64 – 72.

67. 秦毅,田建,刘莹. 以人民为导向 推动文化强市建设:陕西省渭南市创建国家公共文化服务体系示范区纪实[N]. 中国文化报,2016 – 04 – 08(8).

68. 邱方明. 文化领域也要进行供给侧结构性改革[EB/OL]. [2018 – 02 – 21]. http://www. chinareform. org. cn/Economy/consume/Practice/201602/t20160209_243185. htm.

69. 邱冠华. 新世纪以来国内公共图书馆总分馆建设回顾与思考[J]. 中国图书馆学报,2017,43(4):18 – 31

70. 邱均平,李小涛. 公共文化服务标准体系的基本理论问题研究[J]. 重庆大学学报(社会科学版),2015,(21)5:122 – 127.

71. 商建中. "小广场 大舞台"模式探索[J]. 上海文化,2014(10):46 – 49.

72. 宋薇. 渭南主城区文化设施配置绩效评估及优化布局策略研究[D]. 西安:西安建筑科技大学,2015:78.

73. 苏曼. 文化信息资源共享工程培训的实践和思考——以四川省为例[J]. 四川图书馆学报,2016

（1）：11 – 14.

74. 孙丹. 新时期文化产业建设考察［J］. 当代中国史研究，2003（1）：85 – 96.

75. 孙浩，朱宜放. 公共文化服务供给中的农民需求表达研究［J］. 湖北工业大学学报，2012，27（6）：9 – 12.

76. 孙乐，周晓分. 论公共图书馆与其他公共文化服务机构的合作——基于公共文化服务体系建设的背景［J］. 国家图书馆学刊，2013，22（2）：33 – 39.

77. 万群华. 论湖北省图书馆新馆建筑与人文关怀［J］. 图书馆，2014（1）：110 – 112.

78. 王春. 数字美术馆标准规范建设刍议［DB/OL］.［2018 – 02 – 05］. http://www. namoc. org/cbjy/cbw/qks/qikan/qikan6/201501/t20150108_285362. htm.

79. 王迪. 从国家包揽到多方参与——公共文化服务体系建设中的社会治理理念与实践［J］. 学术论坛，2017，40（1）：35 – 41.

80. 王鹤云. 公民文化权利的实现与公共文化服务［J］. 语言文化研究辑刊，2014（2）：133 – 142.

81. 王惠，李小聪，丁瑾. 我国公共图书馆财政支出与经济增长关系再审视［DB/OL］.［2018 – 03 – 02］. http://kns. cnki. net/kcms/detail/44. 1306. G2. 20170508. 1914. 002. html

82. 王军伟，杨太康. 农村公共文化服务供需矛盾分析——以西安为例［J］. 西安财经学院学报，2017（5）：78 – 82.

83. 王列生. 论公民基本文化权益的意义内置［J］. 学习与探索，2009（6）：54 – 61.

84. 王世伟. 关于加强图书馆公共文化服务体系结构与布局的若干思考［J］. 图书馆，2008（2）：5 – 7.

85. 旺楚格. 鄂尔多斯农村牧区"文化日"探究［J］. 鄂尔多斯文化，2013（4）：11 – 13.

86. 魏大威. 数字图书馆推广工程"十三五"规划思考［J］. 图书馆杂志，2015，34（6）：4 – 10.

87. 魏大威，邵燕. "十二五"时期国家数字图书馆的建设与发展［DB/OL］.［2018 – 02 – 05］. http://www. chinalibs. net/ArticleInfo. aspx?id =409086.

88. 魏鹏举，戴俊骋. 中国公共文化经济政策探析［J］. 中国行政管理，2016（12）：100 – 104.

89. 吴昊. 新技术应用在公共数字文化建设中的实践与思考［J］. 图书馆研究与工作，2017（1）：26 – 30.

90. 吴建中. 走向第三代图书馆［DB/OL］.［2018 – 03 – 06］. http://www. chinalibs. net/ArticleInfo. aspx?id =404984.

91. 吴理财. 非均等化的农村文化服务及其改进对策［J］. 华中师范大学学报（人文社会科学版），2008，47（3）：10 – 17.

92. 吴理财. 文化权利概念及其论争［J］. 中共天津市委党校学报，2015（1）：53 – 61.

93. 吴理财，洪明星，刘建. 基本文化权益保障：内涵、经验与建议［J］. 桂海论丛，2015（2）：15 – 20.

94. 吴理财，王前. 文化权利导向下的国家基本公共文化服务保障范围研究［J］. 湖北大学学报（哲学社会科学版），2015，42（5）：126 – 131.

95. 吴韬. 石家庄市社区图书馆调查报告［D］. 石家庄：河北大学，2013：18 – 27.

96. 武婷婷. 公共文化服务体系建构中多元主体合作模式研究——以上海市市民文化节为分析个案［D］. 上海：华东政法大学，2017：12 – 21.

97. 夏国锋，吴理财. 公共文化服务体系研究述评［J］. 理论与改革，2011（1）：156 – 160.

98. 肖希明，完颜邓邓. 以数字化促进基本公共文化服务均等化的实践研究［J］. 图书馆工作与研究，2016，1（8）：5 – 10.

99. 谢敏仪. 农村公共文化服务新模式——"流动的农家书屋"发展构想［J］. 图书馆理论与实践，2017（10）：81 – 84.

100. 解胜利. 互嵌——非遗保护与公共文化服务相结合的渭南实践［J］. 华中师范大学研究生学报，2014（3）：1 – 5.

101. 徐军华，覃仕莲. "互联网＋"环境下省级公共图书馆公益讲座的现状及建议［J］. 图书情报工作，

2016,60(14):75 - 83.

102. 徐益波. 我国公共图书馆总分馆制实践案例比较分析[J]. 图书馆建设,2010(8):2 - 6.

103. 许晓霞. "苏州模式"的演进及价值再挖掘——写在苏州图书馆服务体系建设十周年之际[DB/OL].[2018 - 02 - 21]. http://www. chinalibs. net/ArticleInfo. aspx?id =402711.

104. 许心怡. 杨志今:实现公共文化服务均等化就是要"补短板兜底线"[EB/OL].[2018 - 03 - 21]. http://culture. people. com. cn/n/2015/0121/c87423-26423573. html.

105. 许子媛. 论图书馆联盟在公共文化服务体系中的定位[J]. 情报理论与实践,2012,35(5):44 - 47.

106. 闫平. 试论公共文化服务体系建设[J]. 理论导刊,2007(12):112 - 116.

107. 杨晓丽. 基本公共文化服务均等化实践探析——以大连市少儿图书资源全域共享项目建设为例[J]. 图书馆学刊,2017(3):87 - 90.

108. 叶艳萍. 杭州地区公共图书馆总分馆制的实践与思考——以桐庐县总分馆制建设为例[J]. 图书馆论坛,2012(6):155 - 158.

109. 银晶. 国内公共电子阅览室建设与思考[J]. 图书馆理论与实践,2017(5):75 - 79.

110. 虞崇胜. 制度建设是国家治理现代化的题中应有之义[J]. 福建论坛(人文社会科学版),2014(2):5 - 12.

111. 袁锦贵. 我国公共图书馆建筑面积影响因素的实证研究[J]. 图书馆理论与实践,2017(2):78 - 82.

112. 张华春. 城乡统筹视域下农村公共文化服务体系的完善[J]. 西南石油大学学报(社会科学版),2017,19(3):32 - 37.

113. 张敏. 安徽省公共图书馆 RFID 技术应用的调查与研究[D]. 合肥:安徽大学,2017:15 - 17.

114. 张卫枚. 农民工公共文化服务现状、问题及改善途径——以长沙市为例[J]. 城市问题,2013(7):64 - 68.

115. 张鑫等. 面向农民工的公共图书馆信息服务调查与分析[J]. 图书与情报,2017(2):76 - 83.

116. 郑满生等. 我国农村图书馆可持续发展动力机制研究——上篇:"经济驱动模式"运行原理及影响力分析[J]. 图书馆,2016(9):17 - 21.

117. 周鸿雁. 我国公共文化服务供给侧存在的问题及对策——从公众评价的视角[J]. 华中科技大学学报(社会科学版),2016,30(6):21 - 27.

118. 周玮. 补短板　兜底线　建机制　畅渠道　促发展——聚焦"十三五"时期贫困地区公共文化服务体系建设规划纲要[EB/OL].[2018 - 03 - 21]. http://www. gov. cn/xinwen/2015-12/09/content_5021953. htm.

119. 周玮. 政府主导·提高效能·精准扶贫——聚焦公共文化服务保障法三亮点[EB/OL].[2018 - 02 - 23]. http://www. xinhuanet. com/politics/2016-12/25/c_1120184148. htm.

120. 周笑梅. 以社会主义核心价值观引领公共文化服务体系建设[EB/OL].[2018 - 02 - 23]. http://theory. people. com. cn/n/2015/0726/c40531-27361305. html.

121. 周新辉,刘佳. 农村公共文化服务体系建设现状及多维思考——以山东省为例[J]. 安徽农业科学,2017,45(22):203 - 206.

122. 朱伟芬. 讲座交流在城市公共文化建设中的实践与思考——上海图书馆公益讲座服务基层为例[J]. 图书馆杂志,2017,36(8):59 - 61.

123. 邹广文,王毅. 文化自信的三重内涵[N]. 光明日报,2018 - 01 - 12(6).

三、网站

1. e 线图情 http://www. chinalibs. net

2. 碧远网 http://www. biyuan. club

3. 财政部 http://www. mof. gov. cn

4. 国家发展和改革委员会 http://www. ndrc. gov. cn

5. 国家广播电视总局 http://www. sapprft. gov. cn

6. 国家数字文化网 http://www. ndcnc. gov. cn

7. 国家图书馆 http://www. nlc. gov. cn

8. 国务院新闻办公室 http://www. scio. gov. cn

9. 科学技术部 http://www. most. gov. cn

10. 人民网 http://www. people. com. cn

11. 文化和旅游部 http://www. mcprc. gov. cn

12. 新华网 http://www. xinhuanet. com

13. 中国人大网 http://www. npc. gov. cn

14. 中国图书馆学报 http://www. jlis. cn

15. 中国图书馆学会 http://www. lsc. org. cn

16. 中国文化馆协会 http://www. cpcca. org. cn

17. 中国文明网 http://www. wenming. cn

18. 中国文艺网 http://www. cflac. org. cn

19. 中国政府法制信息网 http://www. chinalaw. gov. cn

20. 中国政府网 http://www. gov. cn

后　记

　　2017 年,受呼和浩特市文化新闻出版广电局委托,北京碧虚文化有限公司为呼和浩特市公共文化服务体系建设工作提供创意支持和决策咨询顾问服务,一方面研究总结各地公共文化服务体系建设经验并提出具有针对性的建议,供呼和浩特市国家公共文化服务体系示范区创建工作参考借鉴,另一方面对呼和浩特市自身的创建实践进行总结,协助呼和浩特市文化新闻出版广电局提炼具有当地特色和广泛参考价值的公共文化服务体系建设之呼和浩特经验。

　　理论从来都不是纯粹的理论,实践从来都不是纯粹的实践,二者总是相互纠缠在一起,你中有我,我中有你,相互促进,相互生成,相互发展。呼和浩特模式就是在示范区创建实践过程中,在理论与实践的互动过程中逐步萌芽、形成、成熟和发展起来的。因此,从某种意义上而言,呼和浩特模式是顶层设计与创建实践交互驱动下的产物,由此也决定呼和浩特模式既有高大的格局和宽广的视野,又有扎实的基础和普遍的意义。

　　本书就是呼和浩特市创建示范区过程中理论与实践互动的结果,也是我们与呼和浩特市文化新闻出版广电局等有关方面共同工作的成果。本书从理论和实践两个维度系统记录呼和浩特市的创建历程,总结呼和浩特市的创建经验,阐释呼和浩特模式的深刻内涵,同时还梳理公共文化服务体系建设根据、内容,以及部分地区国家公共文化服务体系示范区创建案例。在呼和浩特市示范区创建工作即将收官之际,本书的出版是一件非常有意义的事情。通过本书,读者朋友既可以详细了解我国 2011 年开始的示范区创建工作及其所取得的成就,又可以具体知晓呼和浩特市的创建经验和呼和浩特模式的独特之处,点面结合,从而可以更加全面、更加深刻地体会我国公共文化服务事业波澜壮阔的发展历程。

　　在本书写作过程中,我们得到诸多专家、领导和同人的热情支持和帮助,在此我代表编委会对大家的关心和支持表示衷心的感谢。

　　由于时间紧张,编著者水平有限,本书肯定存在着诸多不足,请读者朋友多多包涵为盼。

刘锦山

2018 年 4 月 18 日